AF901067

THE PHOTO SHOP
TEL 563403
EXCLUSIVELY
DOC BAUMANN
CHRISTOPH KÜNNE
DIE BESTEN
PHOTOSHOP
WORKSHOPS AUS
DOCMA
BAND 2

Die Autoren widmen dieses Buch
Christoph Sahner und Alexander Hopstein

Bibliografische Information Der Deutschen Bibliothek
Die Deutsche Bibliothek verzeichnet diese Publikation in der Deutschen Nationalbibliografie; detaillierte bibliografische Daten sind im Internet über http://dnb.ddb.de abrufbar.

Die Informationen in diesem Produkt werden ohne Rücksicht auf einen eventuellen Patentschutz veröffentlicht. Warennamen werden ohne Gewährleistung der freien Verwendbarkeit benutzt. Bei der Zusammenstellung von Texten und Abbildungen wurde mit größter Sorgfalt vorgegangen. Trotzdem können Fehler nicht vollständig ausgeschlossen werden. Verlag, Herausgeber und Autoren können für fehlerhafte Angaben und deren Folgen weder eine juristische Verantwortung noch irgendeine Haftung übernehmen. Für Verbesserungsvorschläge und Hinweise auf Fehler sind Verlag und Autoren dankbar.

Alle Rechte vorbehalten, auch die der fotomechanischen Wiedergabe und der Speicherung in elektronischen Medien. Die gewerbliche Nutzung der in diesem Produkt gezeigten Modelle und Arbeiten ist nicht zulässig.

Fast alle Hardware- und Softwarebezeichnungen, die in diesem Buch erwähnt werden, sind gleichzeitig auch eingetragene Warenzeichen oder sollten als solche betrachtet werden.

Umwelthinweis: Dieses Produkt wurde auf chlorfrei gebleichtem Papier gedruckt.

Die verwendeten Fotos stammen, soweit nicht anders angegeben, von den Autoren.
Das Porträt von Doc Baumann auf dem Cover fotografierte Christian Popkes;
der Illustration auf Seite 1 liegt das Bild eines Fotoladens in Valetta (Malta) zu Grunde.

© 2006 by Addison-Wesley Verlag,
ein Imprint der Pearson Education Deutschland GmbH
Martin-Kollar-Straße 10–12, D-81829 München/Germany

ISBN-13: 978-3-8273-2400-9
ISBN-10: 3-8273-2400-9

10 9 8 7 6 5 4 3 2 1

08 07 06

Alle Rechte vorbehalten
Einbandgestaltung: Marco Lindenbeck, webwo GmbH, (mlindenbeck@webwo.de)
Lektorat: Cornelia Karl, ckarl@pearson.de
Herstellung: Philipp Burkart, pburkart@pearson.de
Satz und Layout: Doc Baumann, Gabriele Hofmann
Druck und Verarbeitung: Kösel, Krugzell (www.KoeselBuch.de)
Printed in Germany

Auswahl transformieren
Auswahl laden...
Auswahl speichern...
Strg/⌘

Strg/⌘
/

Herzlich willkommen zum zweiten Band von „Die besten Workshops aus DOCMA"! Falls Sie uns, also DOCMA, noch nicht kennen oder nur über Dritte von uns gehört haben, möchten Sie sicher wissen, ob sich dieses Buch für Sie lohnt oder ob Sie vielleicht doch eher ein anderes Photoshop-Buch kaufen sollten. Ich will daher versuchen, Ihnen mit einigen sachdienlichen Fragen die Entscheidung zu erleichtern:

Sie kennen schon ein oder mehrere Auswahlwerkzeuge, wissen aber noch nicht genau, wie man einen Haarschopf, filigrane Radspeichen oder andere komplexe Formen effizient und schnell freistellt?

Sie wissen, was ein Histogramm ist, und möchten nun auch herausfinden, wie man es nutzt, um am Ende zu technisch besseren Bildern zu kommen?

Sie fragen sich, warum es erfahrenen Bildbearbeitern gelingt, in jedes Detail eines Fotos Zeichnung hineinzubringen, während bei Ihnen immer Schattenpartien zulaufen und/oder Lichter überstrahlen?

Wenn Sie wenigstens eine dieser Fragen mit einem „Ja" beantworten konnten, sind Sie bei uns zumindest nicht falsch. Verspüren Sie gleichzeitig den Wunsch, in Photoshop-Disziplinen jenseits der klassischen Bildoptimierung vorzudringen? Oder anders ausgedrückt: Möchten Sie wissen, wie Sie mit diesem Werkzeug normale Fotos in Infrarotaufnahmen verwandeln, durchschnittliche Fotomodelle zu glamourösen Stars oder zu Karikaturen machen, wie Sie Gruppenbilder mit einer einzigen Person gestalten, Zigarettenrauch in jede gewünschte Form bringen, Menschen, Tiere und Gegenstände in Eisblöcke verwandeln, mit Pixeln sticken, Tageslicht- in Nachtaufnahmen umwandeln oder aus Ihren eigenen Fotos Grafiken im Stil der Apple iPod-Werbung machen?

Ja? Dann sind Sie bei uns goldrichtig.

Herzlich willkommen also in der Welt von DOCMA! Damit Sie sich eine etwas genauere Vorstellung von uns machen können, möchte ich Ihnen ein wenig darüber erzählen, was DOCMA genau ist, in welchen Formen es auftritt und wie Sie selbst das „DOCMA-System" am besten für Ihre Photoshop-Weiterbildung nutzen.

DOCMA, Doc Baumanns Magazin für digitale Bildbearbeitung, gibt es seit dem Jahr 2002 alle drei Monate als Fachmagazin am Kiosk. Das Heft, in dem es (fast) ausschließlich um Pixel-Grafikthemen geht, adressiert in erster Linie professionelle und semiprofessionelle Fotografen, Bildbearbeiter, Illustratoren und Grafiker, die eins gemeinsam haben: Sie arbeiten mit Photoshop – und das nicht erst seit gestern.

Hinter DOCMA stehen zwei Köpfe mit zwei Themenschwerpunkten: Doc Baumann, promovierter Kunstwissenschaftler, betrachtet des Thema „digitale Bilder" eher aus der grafischen Perspektive. Er zeigt Ihnen nicht nur, wie Sie aus vielen einzeln fotografierten Bildelementen glaubwürdige Montagen zaubern, sondern führt Sie auch in die Geheimnisse der Mal-, Filter- und Auswahltechniken ein. Seinen unangefochtenen Ruf als deutscher Photoshop-Papst hat er sich allerdings mit seinen Kreativ-Workshops verdient. In denen demonstriert er immer wieder aufs neue unkonventionelle Techniken, um mit den Programm-Werkzeugen (foto-)grafische Effekte zu gestalten, die so eigentlich gar nicht vorgesehen waren.

Der zweite DOCMA-Kopf, Christoph Künne, Verfasser dieser Zeilen, ist Kulturwissenschaftler und betrachtet die Welt der digitalen Bilder aus der fotografisch-technischen Perspektive. Von mir erfahren Sie, wie man fotografische Stile simuliert, am Bildschirm klassische Dunkelkammerarbeiten erledigt, digitale Farben soweit unter Kontrolle bringt, dass

Doc Baumann

Monitoranzeige und gedrucktes Ergebnis einander entsprechen, oder wie Sie längst verblichenen Fotos wieder Leben einhauchen.

Bevor wir beide DOCMA auf die Welt gebracht haben, erschienen unsere Workshops viele Jahre lang in zahlreichen Magazinen. Exemplarisch stehen dafür Computerfoto, die c't, Page, Photographie, Digital Imaging oder MACup. Doch die Darstellbarkeit komplexerer Themen auf wenigen Seiten musste irgendwann an ihre Grenzen stoßen. Es ist durchaus nachvollziehbar, dass Magazine, die einen großen Teil des Heftumfangs der Vorstellung der neuesten Kameras oder Drucker widmen, solche Workshops nicht in dem Maße und mit den Bildgrößen, die wir für sinnvoll und notwendig erachteten, drucken können.

Aber wir wollten etwas anderes, und so war das die Geburtsstunde von DOCMA, einem Heft, das möglichst viel Praxis-Wissen vermitteln will, ohne Hardware-Tests auskommt und in dem auch komplexere Themen genügend Raum finden. Inzwischen ist DOCMA natürlich gewachsen. Es gibt das beliebte Online-Portal DOCMA.info mit täglich frischen News aus der Szene, Surf- und Download-Tipps, Photoshop-Tricks, Materialien für die Workshops in den Heften und Büchern sowie einen wöchentlichen Newsletter.

Weil uns immer wieder Anfragen von Einsteigern erreichten, die darum baten, die Workshops auf etwas einfacherem Niveau abzuhandeln, haben wir seit 2004 außerdem die Edition DOCMA entwickelt – wie dieser Titel im Verlag Addison-Wesley. Dabei handelt es sich um eine Buchreihe mit mindestens acht Bänden pro Jahr. Jeder Band ist einem einzigen Teilaspekt von Photoshop gewidmet und behandelt Grundtechniken der Arbeit mit digitalen Bildern so ausführlich, dass auch wenig erfahrene Photoshopper nach der Lektüre das jeweilige Thema beherrschen.

Das Grundprinzip ist bei der Edition und bei unseren „normalen" Workshops, wie Sie sie in diesem Buch finden, sehr ähnlich. Um die Inhalte zu verstehen, reicht es im Prinzip aus, die großformatigen Illustrationen zu „lesen". Erfahrene und eilige Anwender finden so bereits Lösungen für ihre Probleme, Anregungen für neue Projekte und lernen Wege kennen, die Zeit sparen helfen. Der Text vertieft das im Bild Gezeigte und liefert zusätzliche Informationen, so dass auch der Profi vom Nachlesen der Details profitiert.

In diesem Buch erwarten Sie also Workshops, Workshops und nochmal Workshops. Über die Hälfte stammt aus älteren, teilweise vergriffenen DOCMA-Ausgaben, der Rest sind speziell für dieses Buch verfasste Workshops der beiden Autoren und solche, die in „Photographie", „Fotoheft" und „Chip Foto-Video digital" erschienen sind.

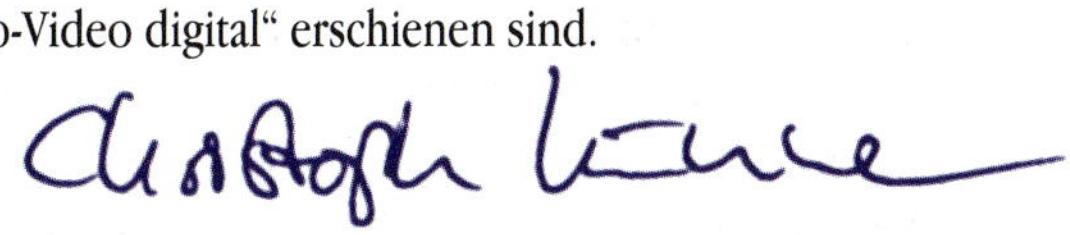

Christoph Künne

Das Bildmaterial, um die Workshops dieses Buches am eigenen Rechner „nachbauen" zu können, liegt zum Gratis-Download auf der Webseite von DOCMA:

www.docma.info

Daher ist dem Band keine CD beigefügt. Auf der genannten Webseite finden Sie weitere Informationen, die für Bildbearbeiter interessant sind: täglich aktuelle Meldungen, das DOCMA-Forum, Buchbesprechungen zu Photoshop, DOCMA-Award, den Webshop und vieles mehr.

Dieses alpabetische Verzeichnis bietet einen kurzen Überblick darüber, auf welchen Seiten bestimmte Programmfunktionen ausführlich vorgestellt oder eingehend erwähnt werden. Die Schwerpunktthemen der Artikel ergeben sich aus dem Inhaltsverzeichnis ab Seite 3.

Technische Grundlagen

Details freistellen

Photoshop bietet zahlreiche Auswahlwerkzeuge mit unterschiedlicher Vorgehensweise an. Zum Einstieg zeigen wir Ihnen, wie Sie viel Zeit sparen, indem Sie immer die für ein Projekt geeignetsten Tools verwenden. | **Doc Baumann**

Viele **Photoshop-Anwender** haben beim Einstieg in das Programm bestimmte Verfahren für diesen oder jenen Eingriff kennengelernt, sei es bei einer Schulung oder auf Grund der Lektüre eines Lehrbuchs. Da sie zu ihrer vollen Zufriedenheit funktionieren, scheint kein Grund zu bestehen, alternativ mit anderen Werkzeugen zu experimentieren. Selbst wenn ich erfahrenen Profis mit langer Praxis über die Schulter schaue, sehe ich zu meiner Verwunderung immer wieder den Zeichenstift als nahezu ausschließliches Freistellungs-Tool im Einsatz – ich selbst verwende dieses Verfahren auf Pfad-Basis vergleichsweise selten. Aber an freigestellten Haaren, die wie mit der Heckenschere ausgeschnitten wirken, ist häufig abzulesen, dass der Zeichenstift aus unerfindlichen Gründen noch immer als das professionelle Werkzeug gilt.

Dabei bietet Photoshop zahlreiche Alternativen, die oft zu deutlich besseren Ergebnissen führen. Passend zum Einstieg in dieses Buch habe ich als Horrormotiv jedes Bildbearbeiters ein dicht mit Speichen bestücktes Vorderrad eines Motorrads gewählt – ein Alptraum für jeden, der sich mit Pfaden oder dem Lasso an diese Aufgabe wagt. Dabei lässt sich ein solches Motiv durchaus in wenigen Minuten sauber freistellen, wenn man sich zuvor ein paar Gedanken über die optimale Vorgehensweise macht.

Da alle Speichen dieselbe Dicke haben, bietet sich der Einsatz eines Werkzeugs an, das das berücksichtigt. Der Pinsel mit seinem definierbaren Spitzendurchmesser kann auf verschiedene Weise zum Freistellen eingesetzt werden: In einer Ebenenmaske, einem Alphakanal, im Maskierungsmodus.

Betrachten wir die letzte Variante. Mit der Q-Taste wechseln Sie vom Standard- in den Maskierungsmodus. Hier verändern Sie mit Malstrichen nicht das Bild selbst, sondern Sie erzeugen eine – in der Grundeinstellung rot angezeigte – überlagernde Maske. Schwarze Spuren erzeugen diese Maske, weiße löschen sie, graue maskieren mit anteiliger Deckkraft. Kehren sie zum Standardmodus zurück, so werden die nicht-maskierten Bereiche zur Auswahl.

1 Ausgangsfotos

Ein Vorderrad wie das auf dem oberen Foto, das ich anlässlich der Bike Week in Daytona Beach aufgenommen habe, ist der Alptraum jedes Bildbearbeiters. Das Freistellen der Speichen mit Pfadwerkzeug oder Lasso für eine Montage mit der Landschaft aus Rhodos würde viel Zeit in Anspruch nehmen.

2 Ellipse transformieren

Ich möchte Ihnen ein anderes Verfahren vorstellen: Erzeugen Sie eine ungefähr passende Auswahlellipse für den Innenbereich der Felge. Rufen Sie „Auswahl transformieren“ auf und passen Sie die Ellipse durch Rotation und freies Verzerren an den Eckpunkten diesem schrägen Oval an.

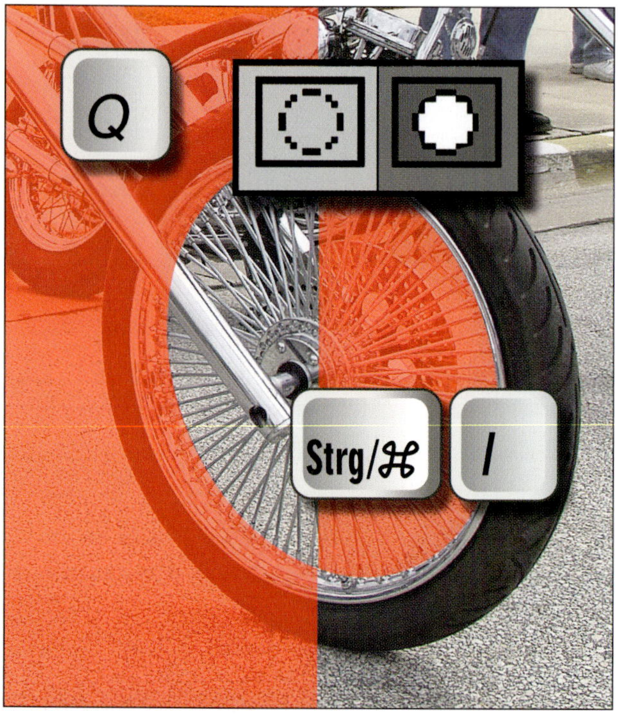

3 Maskierungsmodus

Anschließend bestätigen Sie die Transformation mit der Eingabetaste. Drücken der Q-Taste oder Anklicken des rechten Symbols führt Sie vom Standard- in den Maskierungsmodus: Die Auswahl erscheint transparent, der umgebende Bereich maskiert. Invertieren Sie die Maske zum Negativ (rechte Hälfte).

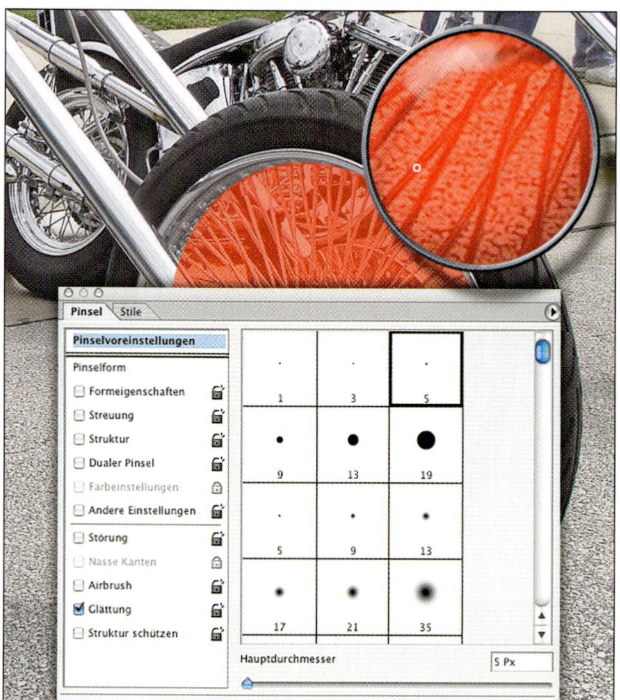

4 Pinselspitze

Nun suchen Sie in der Pinsel-Palette eine Werkzeugspitze mit einem Durchmesser, der dem der Speichen entspricht. In diesem Fall sind das 5 Pixel. Im numerischen Eingabefeld für „Hauptdurchmesser" (unten) können Sie für eine optimale Anpassung sogar Stellen hinter dem Komma festlegen.

5 In Maske freigestellt

Wählen Sie für den Pinsel Weiß als Vordergrundfarbe, setzen Sie die Werkzeugspitze auf den Anfang einer Speiche, drücken Sie die Umschalttaste und klicken Sie ans andere Ende der Speiche (nicht ziehen!). Photoshop erzeugt zwischen Start- und Endpunkt automatisch eine gerade Linie.

6 Durchmesser für Hülsen

Da die Hülsen, in welche die Speichen geschraubt werden, dicker sind, erhöhen Sie dafür den Werkzeugdurchmesser. Um das genau beurteilen zu können, wählen Sie in Photoshops „Voreinstellungen > Bildschirm- und Zeigerdarstellung“ die Option „Größe der Spitze“, die dann am Monitor angezeigt wird.

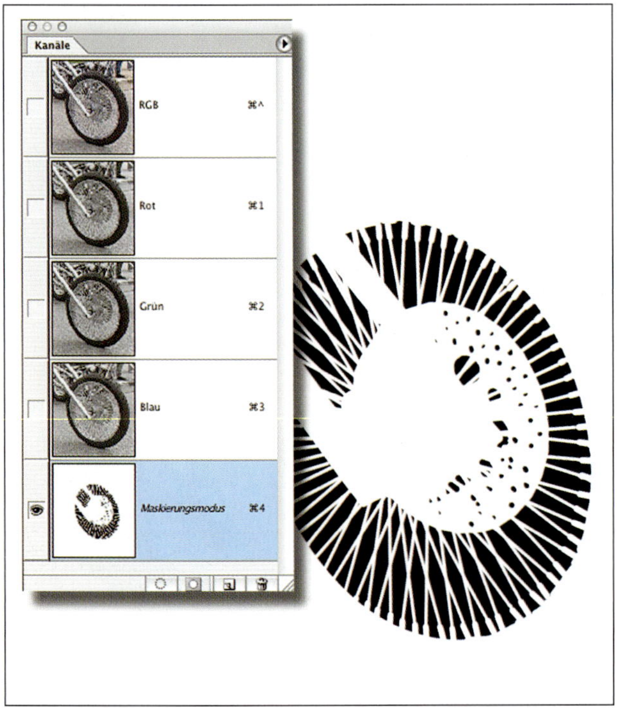

7 Binnenraum freigestellt

Blenden Sie in der Kanäle-Palette das Bild aus, sehen Sie nur noch die Maske. Im Bild transparente Bereiche sind hier weiß, Schwarz entspricht der – in der Grundeinstellung roten – Maskierungsdarstellung. Bei Hauttönen empfiehlt sich dafür eher Blau oder Grün wegen des besseren Kontrastes.

8 Rad freigestellt

Nach Fertigstellung der Maske wechseln Sie per Q-Taste vom Maskierungs- in den Standardmodus, der nicht-maskierte Bereich wird zur Auswahl. Deren Inhalt können Sie nun kopieren und über die Zwischenablage in das andere Bild einfügen oder mit Strg-/Befehlstaste-J auf eine neue Ebene duplizieren.

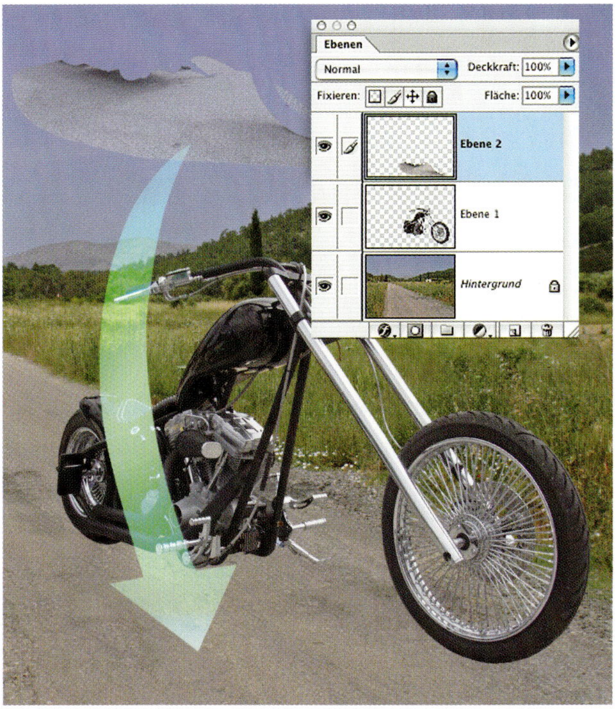

9 Schatten kopieren

Noch wirkt das Motorrad aus Florida in der griechischen Landschaft wie ein beziehungslos über dem Boden schwebender Fremdkörper. Um das zu ändern, versehen Sie es mit einem Schlagschatten. Am einfachsten verwenden Sie den aus seinem Ausgangsfoto und kopieren ihn auf eine neue Ebene.

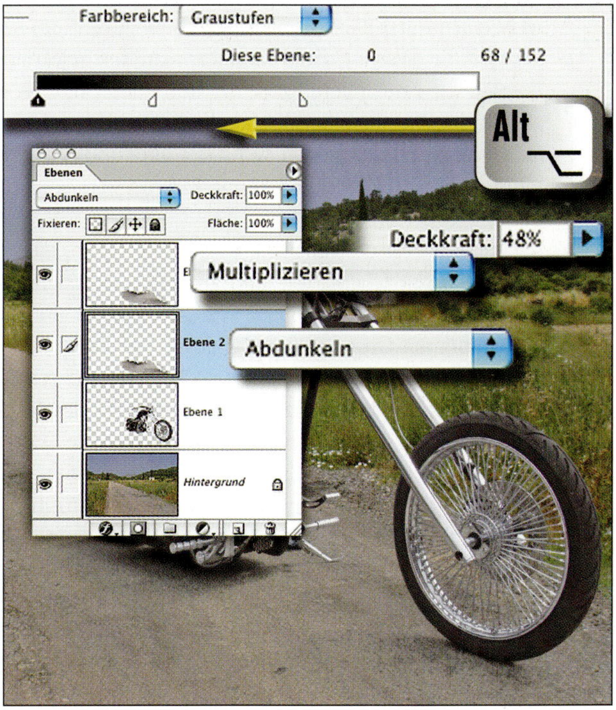

10 Schattenwurf

Da sich ein weicher Schatten nur schwer auswählen lässt, gehen Sie anders vor: Setzen Sie die neue Schatten-Ebene einfach auf den Modus „Abdunkeln". Da das hier noch zu schwach ist, habe ich ein Duplikat der Ebene auf „Multiplizieren" bei halbierter Deckkraft gesetzt und helle Bereiche ausgeblendet (oben).

Helle Konturen entfernen

Werden Objekte vor einem hellen Hintergrund ausgewählt und dann vor einen dunklen gesetzt, zeigen sie oft eine störende Kontur. Das liegt nicht nur an einer unzureichenden Auswahl. Wir zeigen Ihnen, wie Sie dieses Problem beheben können. | **Doc Baumann**

Sie kennen das sicherlich aus der eigenen Praxis: Da hat man eine exakte Auswahl für ein Objekt im Vordergrund angelegt – bei gleichförmigem Hintergrund teilweise auch durch Einsatz einer, später umgekehrten, Farbauswahl für diesen –, dann montiert man den selektierten Bereich vor eine andere Szene … und entdeckt, dass das Objekt ringsum von einer dünnen Kontur umgeben ist. Auffällig ist das besonders dann, wenn sich alter und neuer Hintergrund hinsichtlich Helligkeit und Farbton stark voneinander unterscheiden.

Zum Teil liegt das möglicherweise auch daran, dass die Auswahl unzureichend war und zu viele der ehemaligen Hintergrundpixel übernommen wurden. Aber es gibt noch einen anderen Grund: Dünne Objekte wie Äste oder gar Haare haben auf Bildern tatsächlich keinen ganz scharfen Rand, an dem die Objektfarbe endet und jene des Hintergrunds beginnt. Durch Lichtbeugung und partielle Transparenz entsteht eine Vermischungszone.

Zwei Lösungen scheinen sich unmittelbar anzubieten: Man setzt die Objekte über den neuen Hintergrund (also nicht den Hintergrund auf eine neue Ebene mit Ebenenmaske der Objekte) und nimmt „Basis: Rand entfernen“ im Ebenen-Menü zu Hilfe. Aber auch das hilft nicht immer; der Wert von 1 Pixel ist oft zu wenig, bei 2 Pixel entsteht ein störender Farbsaum. Weg zwei: Helle Bereiche der Maske um ein Pixel ausdehnen, so dass die Kontur verschwindet. Das funktioniert zwar, aber blendet gleichzeitig alle fragilen Objekte aus, die dünnsten Zweige oder gar freie Haare werden unsichtbar.

Nun gibt es ein Verfahren, Maskenbereiche praktisch um weniger als ein Pixel auszuweiten, auch wenn das theoretisch eigentlich nicht funktioniert, weil es eben keine anderthalb Pixel gibt: Zeichnen Sie die Ebenenmaske ein wenig weich und schieben Sie anschließend den Weißpunktregler im Tonwertkorrektur-Einstellungsfenster ein Stück nach links, den Schwarzpunkt etwas nach rechts. Damit wird der transparente Maskenbereich minimal ausgedehnt und die Maskenkontur wieder geschärft. Aber auch so fällt noch vieles weg, was man gern erhalten würde.

Der bessere Weg ist, die zuvor ausgewählte Kontur oder die kompletten Details in solchen Bereichen entweder mit dem Nachbelichter abzudunkeln oder mit dem Pinsel im Modus „Abdunkeln“ zu übermalen. Das führt zu den besten Ergebnissen.

Der Ersatz des blauen Himmels links durch dunkle Wolken führt in der rechten Hälfte zu hellen Konturen entlang der Äste. Vergrößern der Maske um ein Pixel würde viele der dünnen Zweige wegbrechen lassen. Der Ast ganz rechts wurde entlang seiner Ränder nachbearbeitet und passt sich gut an. ▶

1 Baum ohne Blätter

Das Problem, zu dem dieser Workshop Lösungswege aufzeigen will, entsteht natürlich nicht nur bei der Auswahl dunkler Objekte vor einem hellen Hintergrund, sondern auch bei anderen Kombinationen von Vorder- und Hintergrund. Wehende blonde Haare vor einer dunklen Wand zum Beispiel führen zu vergleichbaren Schwierigkeiten, wenn eine Person in eine neue Szene übertragen werden soll. Zunächst einmal ist es für die weitere Bearbeitung der Bildelemente in Photoshop sehr hilfreich, wenn wie in diesem Falle zwischen Ästen und Himmel ein starker Helligkeits- und Farbkontrast besteht.

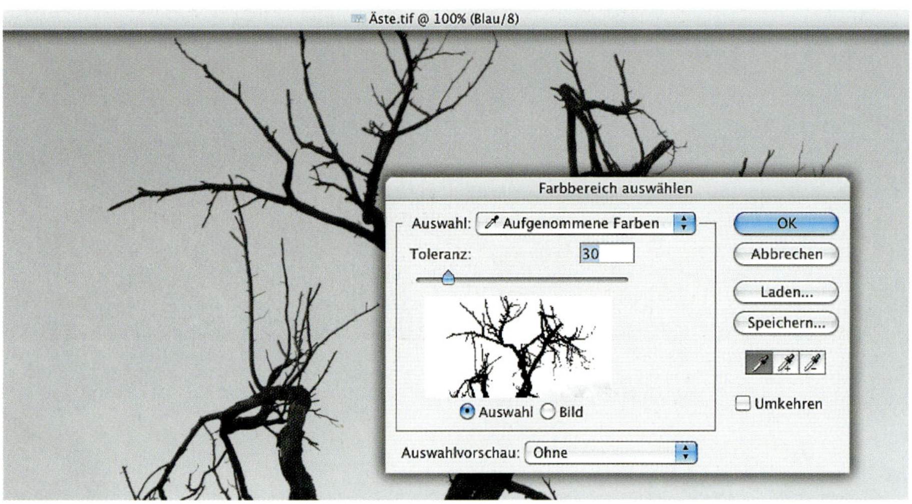

2 Farbauswahl im Blau-Kanal ▲

Bei einem Beispiel wie diesem ist es fast überflüssig, den Farbkanal mit dem stärksten Kontrast von Vorder- und Hintergrund zu ermitteln, weil auch im Kompositkanal selbst sehr gute Ausgangsbedingungen bestehen. Ich pflege in solchen Fällen folgendermaßen vorzugehen: Nach dem Aufsuchen des am besten geeigneten Kanals selektiere ich mit „Farbbereich auswählen" aus dem Auswahl-Menü die Hintergrundfarbe über „Aufgenommene Farbe". Mehrere addierte Farbbereiche bei einem geringen Toleranzwert führen dabei in der Regel zu besseren Ergebnissen als eine hohe Toleranzeinstellung.

3 Bild und Maske

Die Toleranz sollte nicht so hoch sein, dass dünne Objektbereiche angefressen werden oder ganz verschwinden; dagegen ist es hinzunehmen, wenn im Vorder- oder Hintergrund vereinzelte Bereiche mit ausgewählt werden, die eigentlich unerwünscht sind. Diese werden im nächsten Schritt entfernt, nachdem Photoshop die so zustande gekommene Auswahl durch Drücken der Q-Taste in eine Maske umgewandelt hat, die (meist rot getönt) über dem sichtbaren Bild liegt. Hier können Sie mit dem Pinsel graue Bereiche des Hintergrunds weiß übermalen beziehungsweise umgekehrt helle Stellen in maskierten Objektbereichen schwärzen. Sichern Sie den Maskierungsmodus in einem neuen Alphakanal.

4 Neuen Hintergrund einfügen ▲

Um den toten Baum in ein von der Stimmung her besser passendes Umfeld zu überführen, habe ich das Foto eines dunklen Himmels (oben links) ausgesucht und über die Zwischenablage übertragen. Dabei benutzte ich nach Anklicken des vorbereiteten Alphakanals mit gedrückter Strg-/Befehls-Taste den Befehl „In die Auswahl einfügen“. (Die Alternative dazu wäre, den Ersatz-Himmel als neue Ebene einzufügen, die aus dem Alphakanal geladene Auswahl umzukehren, damit den Baum auf eine neue Ebene zu duplizieren und über die des Himmels zu schieben.) Die Lupe zeigt die hellen Konturen entlang der dünnen Äste.

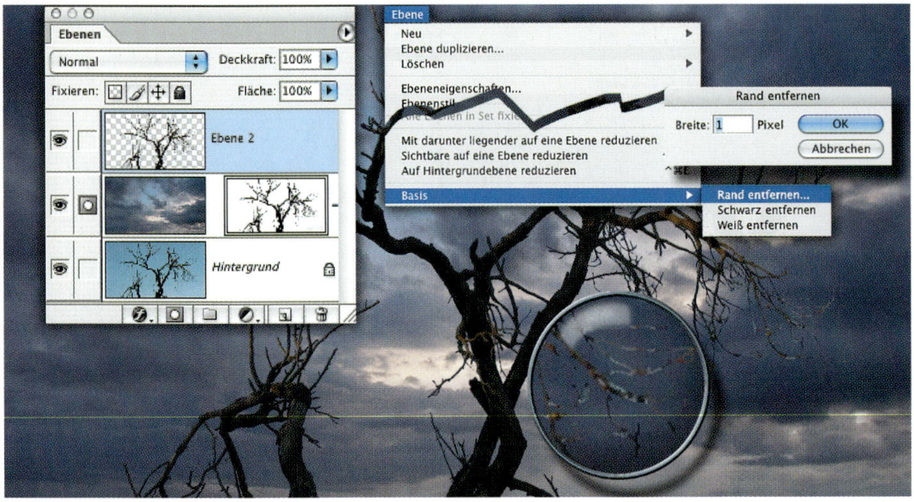

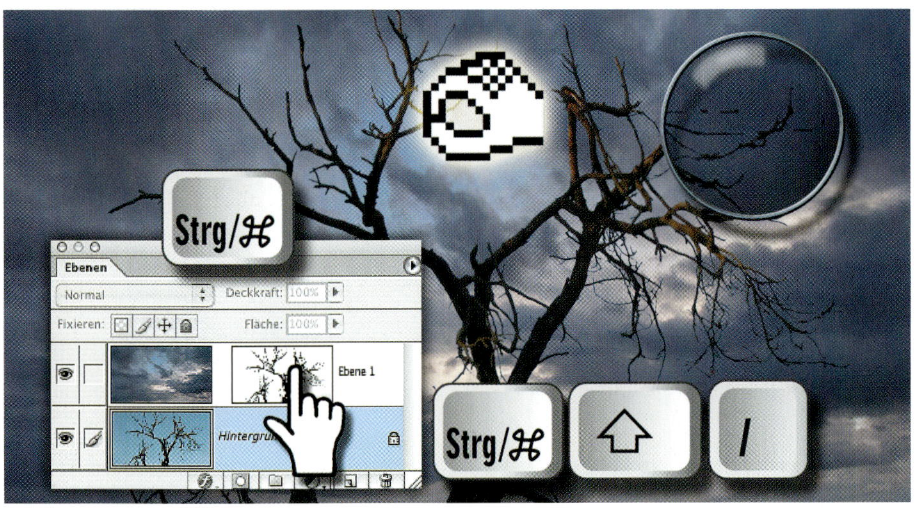

5 Rand entfernen

Der in Photoshop – neuerdings etwas schwer nachvollziehbar unter „Basis" untergebrachte – Befehl „Rand entfernen" kann dabei helfen, störende Konturpixel zu entfernen, wenn sich das freigestellte Objekt auf einer eigenen Ebene befindet (hier in der Ebenen-Palette oben). So hilfreich dieser Eingriff auch ist, er hat seine Grenzen. In unserem Beispiel verbessert „Rand entfernen" mit einer Breite von 1 Pixel das Bild zwar, aber es verbleiben hellblaue Farbreste. Bei einer Breite von 2 Pixel dagegen entsteht ein störender Farbsaum.

6 Abdunkeln per Nachbelichter ▲

Hier habe ich den ursprünglichen Himmel als Auswahl geladen und den neuen in diese eingefügt; die entstehende Ebene wird dabei automatisch mit einer – nicht verketteten – Ebenenmaske ausgestattet. Auf der im Bereich des Baums sichtbar bleibenden Hintergrundebene dunkeln Sie die Äste mit dem Nachbelichter ab; wählen Sie als Wirkungsbereich „Lichter" und eine nicht zu hohe Deckkraft. Gegebenenfalls laden Sie vorher die Ebenenmaske als Auswahl und kehren sie um. Sie können zusätzlich im „Auswahl"-Menü unter „Auswahl verändern > Umrandung" einen Auswahlrand von 1 bis 2 Pixel erzeugen und gezielt nur innerhalb dieser Zone abdunkeln.

7 Kontur der Äste färben

Mitunter werden die so bearbeiteten Details trotz geringer Deckkraft des Nachbelichters zu dunkel. Eine andere Möglichkeit besteht darin, nach der beschriebenen Auswahl einer schmalen Randzone mit dem Pinsel Farben der Äste aufzunehmen (durch Klicken auf entsprechende Pixel bei gedrückter Alt-/Options-Taste) und diese Elemente mit passenden Farben zu übermalen. Wenn Sie dies ohne die Randauswahl tun, empfiehlt es sich, den Pinsel auf den Modus „Abdunkeln" zu setzen und mit etwas helleren Farben zu arbeiten. Damit vermeiden Sie, im Bereich sich kreuzender Äste dunkle Klumpen zu erzeugen.

8 Vorgehensweise bei Haaren ▲

Bei Haaren, insbesondere bei blonden, sind die beschriebenen Phänomene noch ausgeprägter als bei vergleichsweise dicken Ästen. Das im Studio aufgenommene Originalfoto (unten links) erschiene nach einer Montage über einen neuen Hintergrund visuell unglaubwürdig. Die Haare müssen also vor allem dort, wo sie frei vor dem Hintergrund stehen, diesem farblich angepasst werden. Dies geht zum Beispiel durch Übermalen mit dem Pinsel im Modus „Farbe" mit benachbarten Hintergrundfarben. Hier habe ich eine Luminanzauswahl des Gesichts auf den Hintergrund übertragen, diesen auf eine neue, leicht multiplizierende Ebene dupliziert, und Bereiche innerhalb des Objekts mit einer Ebenenmaske ausgeblendet.

Freistellen durch Ausblenden

Das Freistellen von Objekten gehört zu den häufigsten und aufwendigsten Arbeitsschritten bei der digitalen Bildbearbeitung. Photoshops „Farbbereich ausblenden" bietet ein alternatives Verfahren, mit dem Sie viele komplex oder weich begrenzte Objekte schnell und sauber freistellen können. | **Doc Baumann**

Haben Sie schon einmal versucht, Feuer freizustellen? Oder Wolken? Dampf, Zigarettenrauch oder einen halb durchsichtigen Wasserstrahl? Dann wissen Sie, wie viel Arbeitszeit Sie dafür aufwenden müssen, und dass man so etwas nur dann tut, wenn es unvermeidlich ist.

Auf das ultimative Auswahl- und Freistellungswerk, ob aus Photoshop oder als Plug-in, wartet die Bildbearbeitergemeinde noch immer vergeblich: Sind die Farb- und Helligkeitsunterschiede zwischen Objekt und Hintergrund ausreichend groß, reichen vergleichsweise einfache Werkzeuge, sind sie zu gering, helfen auch alle magnetischen und ähnlichen Tools nicht weiter und man verlässt sich lieber auf Handarbeit.

Daher ist es erstaunlich, dass selbst viele ausgewiesene Profis bisher Photoshops hilfreiche Funktion „Farbbereich ausblenden" übersehen haben. Sie erreichen diese Einstellungen, indem Sie in der Ebenen-Palette doppelt auf den Thumbnail einer Ebene klicken, die nicht die Hintergrundebene sein darf. Dort funktioniert das Verfahren nicht.

Der erscheinende Einstelldialog „Ebenenstil", den Sie alternativ auch über das Ebenen-Menü erreichen, hält im unteren Teil im Feld „Farbbereich" zwei Schieberegler bereit – einer für „diese Ebene", der andere für „darunter liegende Ebene". Jeder der beiden verfügt über zwei Schieberegler für Schwarz- und Weißpunkt unter einem Verlaufsbalken (vergleiche Abbildung 1, Seite 24). Verlagern Sie einen der Regler, so werden in der Grundeinstellung die Graustufen zwischen neuer und ursprünglicher Endposition ausgeblendet; wahlweise in der aktuellen Ebene und/oder der darunter.

Dieses harte Ausblenden hilft nur beim Unsichtbarmachen monochromer Bereiche; Wolken oder Flammen wirken nach dieser Behandlung dagegen wie mit der Heckenschere beschnitten. Das i-Tüpfelchen des Verfahrens besteht darin, die Regler mit gedrückter Alt-Taste zu splitten. Nun wird der Helligkeitsbereich, der den Werten zwischen den beiden Hälften entspricht, weich ausgeblendet.

Sie können statt der Graustufen auch Farben ausblenden, wobei sich hier mitunter der CMYK-Modus als geeigneter erweist als RGB, das wegen seines additiven Farbmodells zu unerwarteten Ergebnissen führen kann.

Die Illustration rechts basiert auf einem Foto, das ich in New York aufgenommen habe. Es zeigt die St.-Patrick's Cathedral, im Vordergrund die vor dem Rockefeller Center stehende Atlas-Statue. Die verschiedenen Wolken-Ebenen wurden mit „Farbbereich ausblenden" freigestellt und mit Ebenenmasken der Skulptur sowie der Bäume versehen. ▶

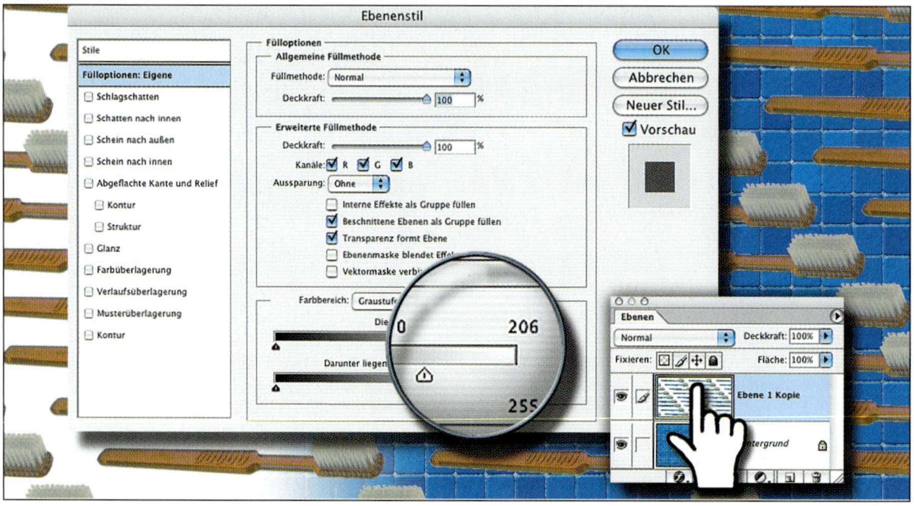

1 Einstellfeld „Ebenenstil"

Das Feld „Ebenenstil" mit den „Fülloptionen" rufen Sie wahlweise über einen Doppelklick auf das Icon der zu bearbeitenden Ebene in der Ebenen-Palette auf oder über Ebenen-Menü > Ebenenstil > Fülloptionen. Im unteren Drittel finden Sie den Eintrag „Farbbereich" mit zwei Verlaufsbalken für „Diese Ebene" und „Darunter liegende Ebene". Den weißen Fond des Zahnbürsten-Musters (links im Hintergrund) können Sie nun ausblenden, indem Sie den Weiß-Regler für „Diese Ebene" von seiner Endposition mit dem Wert 255 nach links schieben.

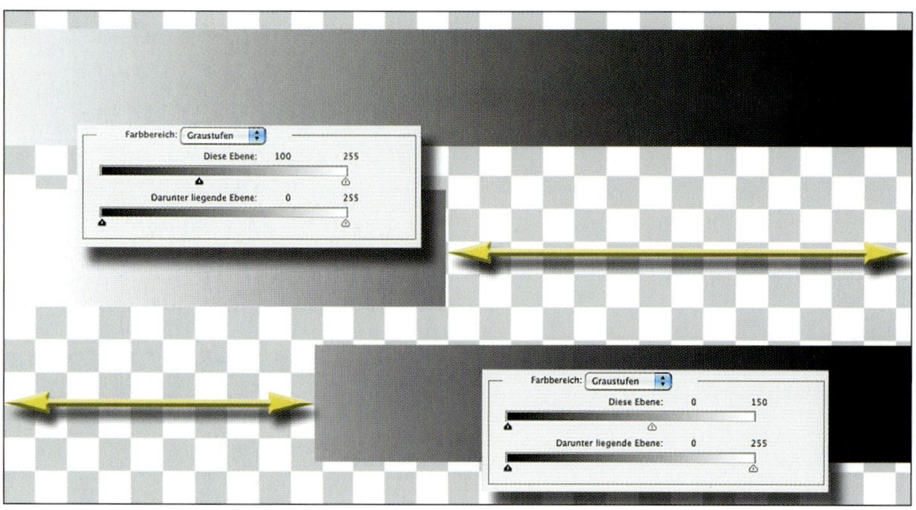

2 Aus oberer Ebene ausblenden ▲

Auf der Hintergrund-Ebene dieser Datei befindet sich ein grau-weißes Schachbrettmuster, auf Ebenen darüber Streifen mit einem Schwarzweiß-Verlauf. Schieben Sie unter „Farbbereich" den Schwarzpunkt-Regler dieses Streifens nach rechts, so blendet Photoshop alle Graustufen der Ebene aus, die dunkler sind als der Reglerposition entsprechend. Für den mittleren Streifen steht der Schwarzpunktregler auf 100; damit werden alle Graustufen zwischen 0 (reines Schwarz) und 100 unsichtbar. Der gelbe Pfeil markiert diesen Helligkeitsbereich. Schieben Sie dagegen den Weißpunkt-Regler nach links (unten; hier auf die Position 150), verschwindet der entsprechende helle Bereich.

3 Aus unterer Ebene ausblenden

Umgekehrt wirkt sich der Regler für „Darunter liegende Ebene“ aus. Hier ist der Hintergrund mit einem Schwarzweiß-Verlauf gefüllt, darüber liegen auf Ebenen Streifen in umgekehrter Richtung. Blenden Sie für den mittleren Streifen den Graustufenbereich von 0 bis 100 aus der darunter liegenden Ebene aus, so wird er dort unsichtbar, wo sich im Hintergrund diese dunklen Grautöne befinden (gelber Pfeil). Ebenso verschwinden die Bereiche des Streifens, unter denen helle Pixel mit Werten zwischen 150 und 255 liegen (unten), wenn diese ausgeblendet werden. (Falls die Enden Ihrer Balken beim Ausprobieren nicht glatt beschnitten, sondern leicht ausgefranst sind, ist für das Verlaufswerkzeug die Option „Dither“ aktiviert.)

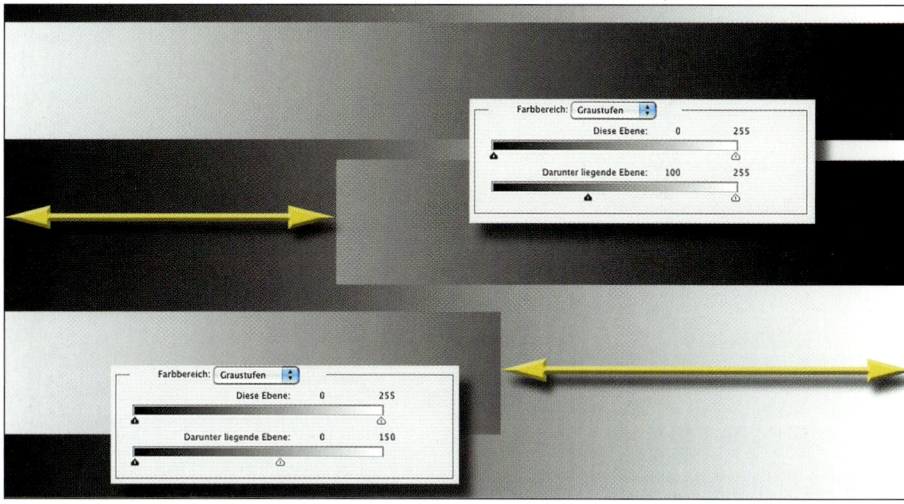

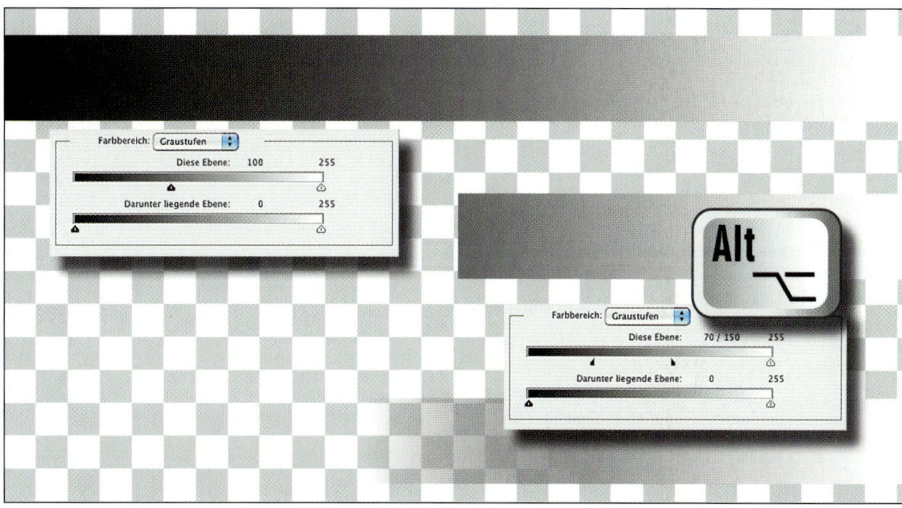

4 Splitten der Regler ▲

Bei genauer Betrachtung bestehen die Schieberegler nicht aus *einem* Dreieck, sondern sie sind aus zwei Teilen zusammengesetzt. Diese können Sie splitten, indem Sie eine Reglerhälfte erfassen, die Alt-Taste gedrückt halten und den nun geteilten Regler zur Seite ziehen. Aus dem Streifen mit dem Schwarzweißverlauf (oben) entfernen Sie durch einfaches Ausblenden dunkle Bereiche bis zum Wert 100 (Mitte, Schwarzpunkt-Regler auf 100). Teilen Sie den Regler, so dass eine Hälfte auf 70, die andere auf 150 steht, wird der Bereich zwischen Ihnen weich ausgeblendet. Diese Option erlaubt in der Praxis bemerkenswerte Effekte.

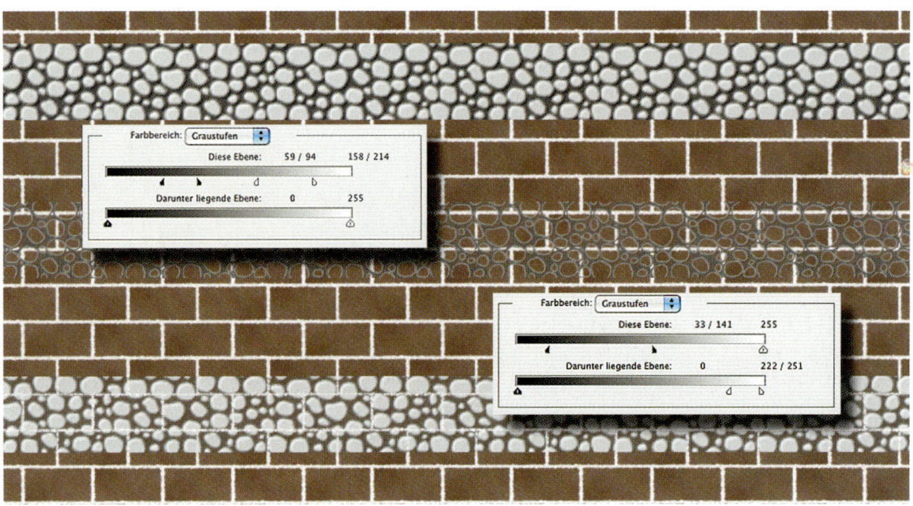

5 Weich ausblenden

Mit diesem Verfahren eröffnen sich Ihnen Möglichkeiten des Freistellens, die zwar auch auf der Basis von Helligkeitswerten – oder Farben, dazu gleich mehr – aufbauen, aber mit üblichen Auswahlmethoden kaum oder nur nach langem Probieren zu erreichen wären. Das bedeutet allerdings auch, dass bei zu starker Farbähnlichkeit von Auszuwählendem und Hintergrund das Ausblenden nur begrenzt funktioniert. Dieses Beispiel eines Verlaufsbalkens über einem Backsteinmuster zeigt noch einmal den Unterschied der Einflussnahme auf die aktuelle und die untere Ebene.

6 Ausblenden aus beiden Ebenen ▲

Der Aufbau des Einstellfeldes legt nahe, die Regler nicht nur alternativ für die aktivierte *oder* die darunter liegende Ebene einzusetzen, sondern beide Möglichkeiten miteinander zu kombinieren. Aus dem Streifen mit einem Schuppenmuster (oben) wurden so die Helligkeitsstufen 0 bis 58 hart und 59 bis 94 weich ausgeblendet, zusätzlich die entsprechenden Bereiche 158 bis 214 mit weichem Übergang und 215 bis 255 hart beschnitten (Mitte). In gleicher Weise habe ich unten nur die hellen Flecken des Musters stehen gelassen und die hellen Fugen des Hintergrunds durchscheinen lassen.

7 Farbige Variante

Der besseren Nachvollziehbarkeit wegen wurden für die bisherigen Beispiele Graustufenbilder verwendet. Selbstverständlich funktioniert das Verfahren in derselben Weise auch bei farbigen Dateien. Hier liegt auf der Hintergrundebene das Muster einer Bretterwand, auf der darüber eins aus Kieselsteinen. Oben habe ich durch Ausblenden heller Bereiche einige Steine transparent gemacht, unten die Fugen der Bretter durch weiches Ausblenden dunkler Pixel aus dem Streifen herausgeschnitten.

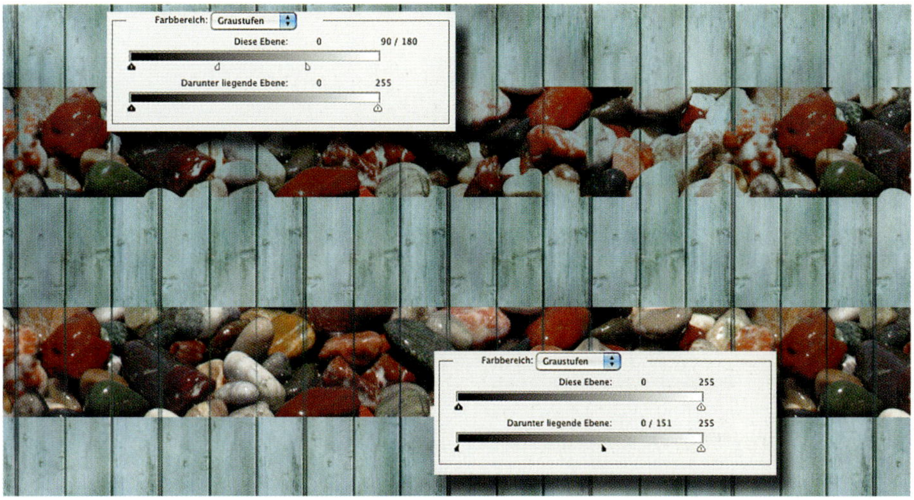

Tipp:

Es ist nicht möglich, nur die noch sichtbaren Pixel einer Ebene mit ausgeblendeten Bereichen farbbasiert auszuwählen. Um das tun zu können, legen Sie darunter eine neue Ebene an, die Sie mit einer im Bild nicht vorkommenden Farbe füllen. Nach dem Vereinigen der beiden Ebenen wählen Sie diese Farbe, kehren die Auswahl um und können nun direkt auf diese Pixel zugreifen.

8 Mischungsbeispiel: Schale und Feuer ▲

Nach diesen Trockenübungen, um sich überhaupt einmal mit den Möglichkeiten des Ausblendens von Farbbereichen vertraut zu machen, möchte ich Ihnen an einigen Beispielen die Vorzüge dieses Verfahrens demonstrieren. So ist zum Beispiel das Freistellen von Flammen mit ihren teils harten, teils weichen Begrenzungen für Bildbearbeiter immer wieder eine Geduldsprobe. Üblicherweise würde man hier mit „Farbbereich auswählen" und Ebenenmaske arbeiten.

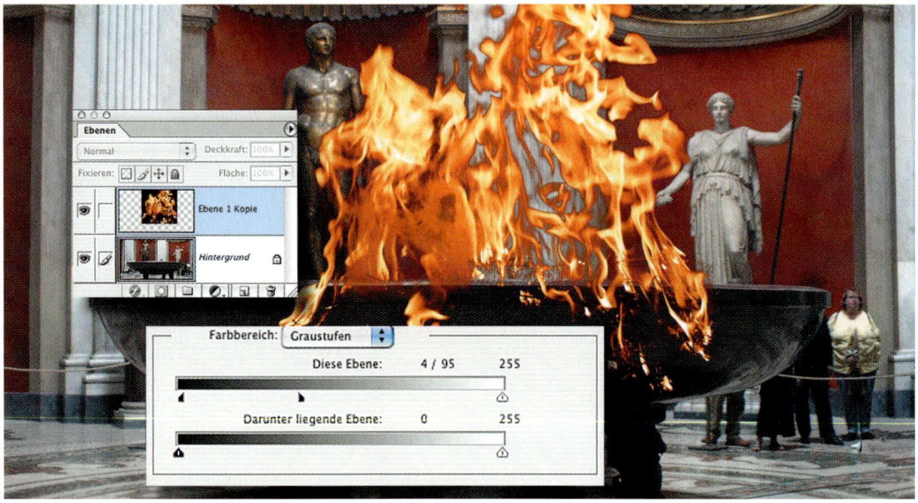

9 Dunkle Bereiche ausblenden

Statt viel Zeit mit Farbauswahlen dunkler Bereiche und deren Übertragung in Ebenenmasken zu verschwenden, doppelklicken Sie das Icon der Flammen-Ebene und setzen die „Farbbereich"-Regler ein.

Tipp:

Verwenden Sie für solche Farbauswahlen übrigens immer „Farbbereich auswählen" im Auswahl-Menü, das Farben in weiche Auswahlen umsetzt, im Gegensatz zum Zauberstab mit harten Auswahlkonturen.

Der deutliche Vorzug des Ausblendens von Farbbereichen besteht im gleichzeitigen Zugriff auf acht Regler, der direkten Beurteilung des Ergebnisses am Monitor und der Möglichkeit, die Reglerpositionen wie bei Einstellungsebenen jederzeit zu verändern.

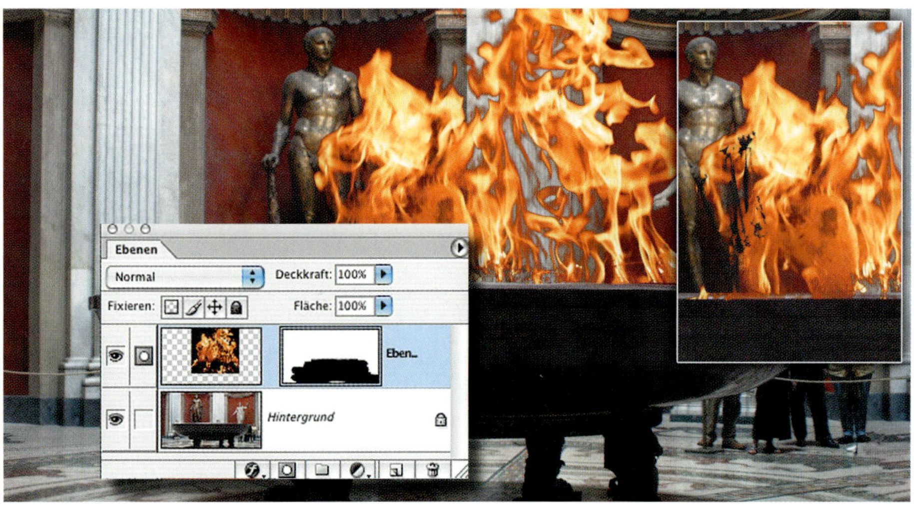

10 Ebenenmaske ▲

Auf den ersten Blick scheint es sich anzubieten, die Flammen im unteren Bereich – wo sie vor der Wandung der Schale entfernt werden müssen – ebenfalls mit dem Ausblenden von Farbbereichen verschwinden zu lassen. Der Versuch zeigt jedoch (rechts), dass dabei sowohl dunkle Bereiche des Hintergrunds ausgespart werden wie auch Flammen auf dem helleren Schalenrand unerwünscht sichtbar bleiben. Hier hilft also nur eine Ebenenmaske für die Flammen-Ebene, wo Sie mit schwarzem Pinsel das Feuer entfernen.

11 Zweite Flammen-Ebene

Die nun völlig durchsichtigen Stellen zwischen den Flammen in Abbildung 10 wirken visuell noch etwas unglaubwürdig und zu leer. Ich habe daher diese Ebene dupliziert, die Regler von „Farbbereich" auf der unteren Ebene wieder auf ihre Ausgangspositionen zurückgeschoben, die Deckkraft der Ebene um etwa ein Drittel reduziert und mit einer hinzu gemalten Ergänzung in der ebenfalls duplizierten Ebenenmaske die Flammen entlang ihrer Außenkonturen ausgeblendet. Damit sind nun die nur noch leicht abdunkelnden Bereiche zwischen den Flammen wieder sichtbar geworden und verleihen dem Feuer so mehr Tiefe und Brillanz.

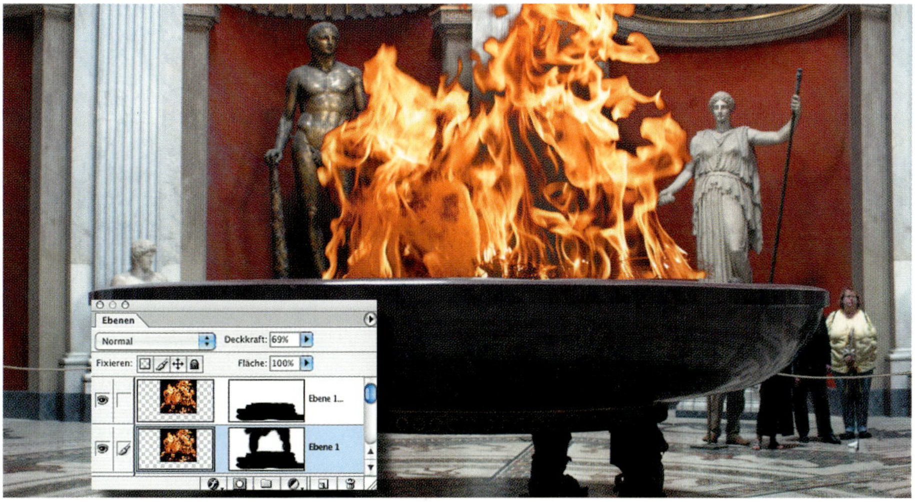

12 Fertige Feuerschale ▲

Hätte in der großen Schale tatsächlich ein solches Feuer gebrannt, würde sich das natürlich auch auf die Beleuchtungsverhältnisse und Farben des Raums auswirken (... mal ganz abgesehen von den Reaktionen des Museumspersonals). Um das zu simulieren, erzeugte ich zwischen Hintergrund- und Flammen-Ebenen eine weitere, die ich mit dem Rendering-Filter „Wolken" bei Gelb als Vorder- und Orange als Hintergrundfarbe füllte. Das entstandene Fleckenmuster tönt im Modus „Farbe" bei herabgesetzter Deckkraft die Museumsszene. Ich habe die Deckkraft auf einen höheren Wert gesetzt, als eigentlich angemessen wäre, um den Effekt in der Abbildung deutlicher wiedergeben zu können.

13 Verschüttetes Wasser

Seine besonderen Stärken beweist das Verfahren des Ausblendens von Farbbereichen dort, wo es um die Montage von „Objekten“ geht, die teilweise transparent sind. Viele Bildbearbeiter geben bei solchen Projekten völlig auf, andere würden hier zu dem Corel-Plug-in „KnockOut“ greifen. Eine weitere Alternative wäre, den ausgeschnittenen und zweimal duplizierten Wasserbereichs als multiplizierende und negativ/umgekehrt multiplizierende Ebenen zu kombinieren, gegebenenfalls auch der Modus „Hartes Licht“.

14 Auswahl vor neuem Hintergrund ▲

Damit das Wasser nicht wie in der Originalaufnahme aufs Straßenpflaster geschüttet wird, sondern in einen Gartenteich, müssen Sie die zuvor ausgeschnittene Auswahl aus Armen, Eimer und Inhalt zunächst trennen: Auf der unteren Ebene befinden sich die noch unveränderten Pixel, auf der oberen ist der Wasserschwall per Ebenenmaske entfernt, so dass dort nur Eimer und Arme zu sehen sind. In der Ansicht wird diese Staffelung zunächst noch nicht deutlich, da beide Ebenen noch auf voller Deckkraft stehen.

15 Farben ausblenden

Wegen dunkler Stellen innerhalb des Wassers würde es in diesem Fall nicht viel bringen, dunkle Farbbereiche auszublenden. Aber auch der Einsatz der Regler für die Farbkanäle des Bildes bliebe bei einer RGB-Datei erfolglos, da bei diesem additiven Farbmodell das Ausblenden einzelner Komponenten zu unerwünschten Ergebnissen führen kann. Insofern ist es hier ausnahmsweise sinnvoll, die Bearbeitung im CMYK-Modus vorzunehmen. Achten Sie darauf, dass bei der Konvertierung die Ebenen erhalten bleiben! Da sich die übernommenen Farben der Hauswand aus Magenta- und Gelb-Anteilen zusammensetzen, gehen Sie im Menü erst zu der einen, dann zu der anderen Farbe und blenden interaktiv bei visueller Kontrolle die Bereiche aus, die nötig sind, um gezielt das Rot aus dem Wasser zu entfernen.

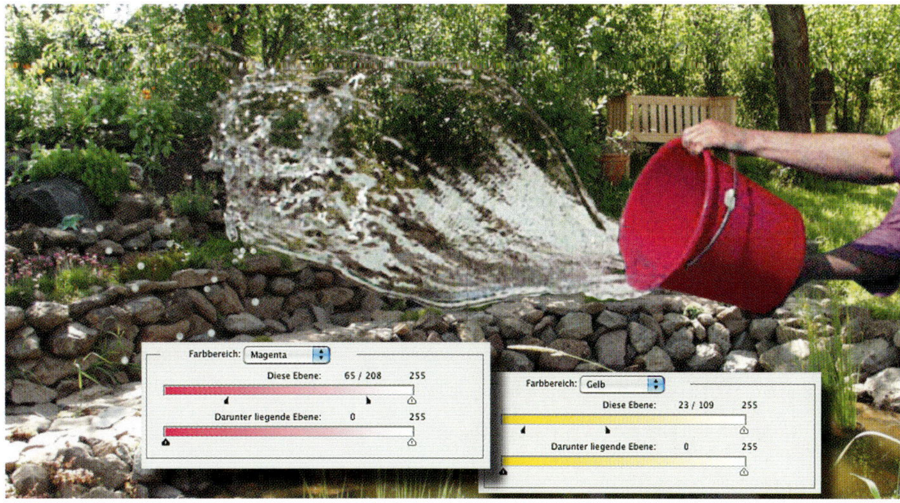

16 Fertige Wasser-Montage ▲

Wahrscheinlich klappt das Ausblenden nicht gleich beim ersten Anlauf. Aber da Sie es nicht mit endgültig zugewiesenen Effekten zu tun haben, sondern die einzelnen Farbkanäle immer wieder aufrufen und neu justieren können, nähern Sie sich so Schritt für Schritt dem bestmöglichen Resultat. Probieren Sie einfach aus, was herauskommt, wenn Sie auch für andere Farbkanäle Regler-Verschiebungen vornehmen. Da Abbildung 15 das Wasser noch immer ein wenig rötlich erscheinen lässt, überlagerte ich der Wasser-Ebene eine Einstellungsebene, um eine leichte Blautönung als Reflexion des Himmels hinzuzufügen. Ändern Sie gegebenenfalls auch die Farben der Ebene selbst mit „Farbton/Sättigung“.

17 Petersdom

Bei ausreichend großem Kontrast zwischen Vorder- und Hintergrund ist es mit dieser Technik sogar kein Problem, einen kompletten Himmel zu ersetzen. Hier habe ich eine Aufnahme des Petersdoms in Rom ausgesucht, die sich für dieses Vorhaben recht gut eignet. Der dort vorhandene Himmel ist zwar ganz ansprechend, aber oft hat man es ja mit einem überbelichteten oder diesigen und strukturlosen Himmel zu tun, den man gern austauschen möchte, zum Beispiel gegen den auf dem eingeblendeten Foto.

18 Wolken mit eingeblendetem Dom ▲

An dieser Montage sind drei Aspekte bemerkenswert: Zum einen hat das einfache Ausblenden der Helligkeitsstufen zwischen 0 und 47 sowie das weiche Ausblenden zwischen 48 und 154 ausgereicht, um ohne weitere Auswahlen oder Masken den neuen Himmel gegen den alten auszutauschen, wobei auch kleinste Durchblicke bei Fensteröffnungen, Gittern, Balustraden oder Skulpturen automatisch berücksichtigt wurden. Zum anderen wurde gleichzeitig – und gar nicht geplant – die etwas zu dunkle Architekturmasse aufgehellt und damit deutlich besser strukturiert. Drittens schließlich gibt es ein paar Stellen, die eine Ebenenmasken-Retusche benötigten, etwa der blaue Streifen auf dem Dach des Gebäudes rechts unten.

19 Landschaft

Am deutlichsten machen sich die Vorzüge des Ausblendens von Farb- und Helligkeitsbereichen dort bemerkbar, wo es um das Freistellen von sehr komplexen Formen mit Aussparungen und Transparenzzonen geht. Neben dem verschütteten Wasser sind das zum Beispiel Wolken, deren Bearbeitung bei weichen Übergangsbereichen zum dahinter liegenden Himmel mit sehr viel Aufwand verbunden ist, wenn man sie wie hier oder in unserer Aufmacher-Illustration über eine andere Szene legen will. Ich habe für dieses Bild zunächst eine Maske für den Baum-Vordergrund angelegt, dann drei Fotos von Wolken eingefügt und zwei davon mit der Maske als Ebenenmaske ergänzt und den Baum-Vordergrund leicht aufgehellt.

20 Landschaft mit Dunst und Wolken ▲

Aus der klaren Sommerszene in Abbildung 19 ist durch diese weiteren Ebenen nun ein dunstiger Landschaftsausblick mit tiefhängenden Wolken geworden. Wie neblig diese Aussicht wirkt, hängt meist davon ab, wie stark Sie die linke Hälfte des geteilten Schwarzpunkt-Reglers der Wolken-Ebene nach rechts verschieben; bei weniger ausgeprägter Verlagerung bleiben bläuliche Bereiche sichtbar, die sich über das Bild legen. Erscheint Ihnen das Weiß einiger Wolken zu stark, können Sie die Deckkraft der Ebene ändern, einen anderen Verrechnungsmodus wählen oder in der Ebenenmaske mit Grau retuschieren.

Haare freistellen per Ausblenden

Das Freistellen von Objekten ist Pflicht, das von Haaren die Kür. Mit dem Ausblenden von Farbbereichen geht auch das oft sehr schnell und effektiv. | **Doc Baumann**

Porträt: Corel Stock Photo Library

1 Haare vor grünem Hintergrund ▲

Es gibt wohl kaum eine Photoshop-Schulung, in deren Verlauf ich nicht irgendwann gefragt werde: ... und wie stellt man am besten Haare frei? Wie bei so vielen Problemen gibt es auch dafür kein Patentrezept. Aber das auf den vorausgehenden Seiten ausführlich erläuterte Ausblenden von Farbbereichen kann auch hier in Sekundenschnelle zu überraschend perfekten Ergebnissen führen. Wichtig dabei: Das Interessante bei einem solchen Eingriff ist nicht der ganze Kopf, sondern nur die Randzone der Haare, zwischen denen der Hintergrund sichtbar ist – hier also die graugrüne Studiowand. Vor einer vielfarbigen Szene mit starken Helligkeitsunterschieden und zu wenig Kontrast zu den Haaren kann auch diese Technik nicht ohne zusätzliche Eingriffe weiterhelfen.

2 Helle Bereiche ausblenden

Erzeugen Sie zunächst ein Duplikat der Kopf-Ebene. Am besten ist es, wenn Sie den neuen Hintergrund vor dem Ausblenden bereits einfügen; manche schwachen Überlagerungen, die zum Beispiel auf einer weißen Fläche sofort ins Auge fallen, fallen vor starken Strukturen und Farben gar nicht auf. Wie jede farbbasierte Maskierung hat auch das Ausblenden seine Grenzen: Einzelhaare, deren Farbe und Helligkeit sich mit der des Hintergrunds mischen, werden dabei ebenso unsichtbar wie Glanzstellen der Haare. Mitunter bekommt man das in den Griff, indem man mehrere identische Ebenen übereinanderschichtet und in jeder nur enge Bereiche sichtbar lässt.

3 Grüne Pixel ausblenden ▲

Bei diesem Bild – beziehungsweise bei dunklen Haaren überhaupt – können Sie auch im RGB-Modus mit den Farbkanälen arbeiten, da dieses Modell helle Farben aus hohen Anteilen der Grundfarben addiert. Das Herausnehmen des Grün-Anteils macht zwar auch Gesicht und Kleidung transparent und führt zu einem sehr ähnlichen Ergebnis wie in Abbildung 2, aber da jedes Bild anders aufgebaut ist, kann das Manipulieren der Farbkomponenten durchaus weiterhelfen. Die roten Lippen dagegen, für deren Zusammensetzung der Grün-Kanal keine große Bedeutung hat, bleiben beim Ausblenden weitgehend unverändert.

4 Ebenenmasken-retusche des Kopfes

Da uns beim Freistellen der Haare, wie erwähnt, nur deren Randbereiche interessieren, muss das Freistellen per Ausblenden von Farbbereichen auch nur dort überzeugend aussehen. Was dabei im Binnenbereich des Kopfes geschieht, ist völlig unwichtig. Die bislang unbearbeitete Ebene des Kopfes legen Sie über oder unter die, die Sie soeben vorbereitet haben. Dann löschen Sie in einer Ebenenmaske mit schwarzem Pinsel den Hintergrund und die Randzone der Haare.

5 Kombinierte Kopf- und Haar-Ebene ▲

Da durch das Ausblenden auch solche Stellen transparent geworden sind, die nicht den Hintergrund repräsentieren, sondern aus hellen Reflexen auf den Haarlocken entstanden, ist es sinnvoll, die Retusche in der Ebenenmaske nur so weit vorzunehmen, dass die freistehenden Haare und Strähnen in der äußersten Randzone freigegeben werden. Reicht die Auswahl zu weit nach innen, können solche Transparenzen sich mitunter später störend bemerkbar machen. Selbst, wenn Sie sie vor dem neuen Hintergrund nicht bemerken, kann es vorkommen, dass Sie sie später beim Verschieben der – gruppierten oder bereits vereinigten – Kopf- und Haar-Ebene übersehen, wenn sie vor andersfarbigen Pixeln stehen. Zur Kontrolle blenden Sie die Ebene mit Ausblendungen bei stark herabgesetzter Deckkraft bei der Retusche ein.

6 Blonde Haare

Bei hellen Haaren gehen Sie in derselben Weise vor, vorausgesetzt, das Foto wurde vor einem dunklen Hintergrund aufgenommen. Wie der Screenshot des „Farbbereich“-Feldes zeigt, habe ich hier bei einem Ebenenduplikat die Helligkeitsbereiche bis 45 durch Verschieben des Schwarzpunkt-Reglers völlig transparent gemacht und die Werte zwischen 46 und 163 weich ausgeblendet. In unklaren Randbereichen können Sie das Bild mitunter vorbereiten und klarer strukturieren, indem Sie mit dem Abwedler-Werkzeug und der Option „Lichter“ zu dunkle Haare – die sonst beim Ausblenden verschwinden – aufhellen.

Porträt: Corel Stock Photo Library

7 Fertige Montage ▲

Das Freistellen der blonden Haare mit diesem Verfahren ist im Handumdrehen erledigt – in dieser Zeit haben Sie gerade damit begonnen, zum Beispiel den „Extrahieren“-Dialog zu öffnen und die Umrandung nachzuzeichnen. Eine Problemstelle des Porträts ist der graue Bereich rechts oben. Hierfür legte ich ein weiteres Ebenenduplikat an, blendete das Grau aus und löschte den Rest der sichtbaren Ebene in einer Ebenenmaske. Auch bei der „Ausblenden“-Technik kommen Sie eventuell nicht darum herum, einzelne Haare später hinzuzumalen. Aber bei einer guten Studioaufnahme mit abgestimmter Hintergrundfarbe ist dieser Weg sicherlich der schnellste und effektivste.

Freistellung vorbereiten

Arbeiten Sie in Photoshop mit Freistellungspfaden und haben beim Platzieren im Layout Probleme mit unerwünschter Farbigkeit in den Randzonen, finden Sie hier ein paar Tricks, die Ihnen zu besseren Ergebnissen verhelfen können. | **Doc Baumann**

Wenn Sie statt mit Pfaden ein Bild mittels eines Alpha-Kanals im Layout freistellen, sind die hier aufgeführten Vorschläge zum Teil verzichtbar. Jeder hat seine bevorzugte Arbeitsweise – ich verwende Pfade nur dann, wenn es um Objekte mit langen, geschwungenen Konturen geht, ansonsten bevorzuge ich neben Farbauswahlen und Kanälen manuelles Nachmalen im Maskierungsmodus oder in der Ebenenmaske. Aber wenn ein Pfad zum Freistellen beim Export benötigt wird, muss man irgendwie mit dem Problem klar kommen, dass mitunter Reste des Hintergrunds ungewollt mit übertragen werden. Dagegen gibt es ein paar Rezepte.

1 Raubvogel mit Pfad ▲

Angesichts der vielen einzelnen Federn, die bei der Kontur dieses Vogels zu berücksichtigen wären, würde der saubere Einsatz des Pfadwerkzeugs einige Zeit benötigen. Schneller ginge auf jeden Fall eine Farbauswahl des blauen Himmels, Auswahlumkehr und anschließende Umwandlung mit hoher Präzision in einen Pfad. Um das Problem deutlicher zu zeigen, habe ich den Pfad hier absichtlich recht grob angelegt.

2 Vogel auf Farbfläche platziert

Sie kennen das Problem aus der Praxis: Wurde der Pfad nicht absolut sauber angelegt, bleiben beim anschließenden Übertragen in ein Layout-Programm an manchen Rändern störende Säume übrig, die nicht zum Objekt, sondern zu seinem Hintergrund gehören. Manchmal hat man Glück und es fällt auf dem neuen Untergrund nicht weiter auf – vertrauen darf man darauf allerdings nicht. Selten ist der Effekt dabei so auffällig wie in diesem Beispiel, aber damit die hier demonstrierten Verfahren leicht nachvollziehbar sind, ist eine Übertreibung abgemessen. Ansonsten hätte man bereits beim Anlegen des Pfades leicht erkennen können, dass dieser etwa zwischen den Federn der Flügelspitzen noch deutliche Nachbearbeitung erfordert.

3 Umfeld mit Farbe füllen ▲

Photoshop bietet Ihnen ab Version CS einen Filter im Menü der Weichzeichnungsfilter mit der Bezeichnung „Durchschnitt", der die durchschnittliche Farbe eines Bildes oder einer Auswahl erzeugt. Damit können Sie schnell die „typische" Farbe eines Objekts ermitteln – die allerdings nicht immer der Erwartung entspricht und mitunter der Nachbearbeitung bedarf. Die mittlere Farbe des Vogels etwa (links) erschien mir für diesen Zweck zu dunkel. Nachdem Sie die Farbe festgelegt haben, wählen Sie in Photoshop den Bereich außerhalb des Pfades aus (Pfad in Palette mit gedrückter Strg-/Befehlstaste anklicken, entstehende Auswahl umkehren) und füllen ihn per Tastatur oder Farbeimer damit.

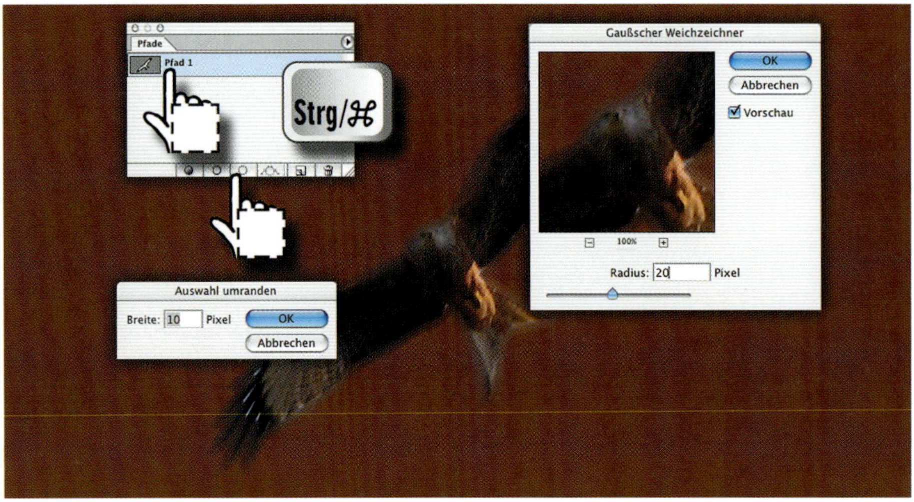

4 Randzone nachbearbeiten

Objekt und Farbfläche liegen auf einer Ebene. Den Pfad sichern Sie vorsichtshalber unter einem eigenen Namen, mit dem er in der Pfade-Palette erscheint. Klicken Sie, wie soeben bereits beschrieben, den Pfadeintrag mit gedrückter Strg-/Befehlstaste an, so wird er als Auswahl geladen. Gehen Sie im Menü „Auswahl" zu der Zeile „Auswahl verändern" und öffnen Sie dort den Eintrag „Auswahl umranden". Photoshop trägt nun mit der Hälfte des eingegebenen Wertes zu beiden Seiten der Auswahlkante eine Auswahlzone auf, die insgesamt also die Breite der Eingabe hat. Soften Sie innerhalb dieser Zone mit einem relativ hohen Wert – hier sind es 20 Pixel – mit dem Gaußschen Weichzeichner. (Wäre die Umgebungsfarbe der alte Hintergrund oder Transparenz, entstünde in der Auswahlzone eine unpassende Farbe.)

5 Verbesserte Darstellung ▲

Dieses Ergebnis ist weit davon entfernt, perfekt zu sein, aber es ist sichtbar besser als die erste Version. Da nun farblich angeglichene Pixel in der Nähe der Pfadkontur eingefügt wurden, wird zumindest der sich zuvor deutlich abhebende Rand des ursprünglichen hellblauen Himmels überlagert. Sollten Sie diese Methode für geeignet halten und bei Ihrer Arbeit häufig einsetzen, so empfiehlt es sich, die diversen Arbeitsschritte zu einer Aktion zusammenzufassen und etwa an der Stelle der Farbfestlegung eine Unterbrechung vorzusehen.

6 Mehrfarbiges Objekt

Bei einem solchen Objekt wie der Marc-Aurels-Säule mit ihren unterschiedlichen Farben ist es nicht möglich, einfach die Durchschnittsfarbe als Umgebungsfarbe zu verwenden – sie wäre an vielen Stellen zu hell, an anderen zu dunkel, und richtig passen würde sie fast nie. Selbst ohne Vergrößerung (rechts unten) ist leicht zu erkennen, dass der Freistellungspfad etliche der hellen Hintergrundpixel eingeschlossen hat. (Ein kulturgeschichtlicher Hinweis zur Unterscheidung am Rande: Auf der Marc-Aurels-Säule steht heute eine Statue des Apostels Paulus; die sehr ähnliche Trajans-Säule wird dagegen von Petrus besetzt, der zwei Schlüssel in der Hand hält.)

7 Manuelle Vorarbeit ▲

Vor den Eingriffen, die ab Abbildung 3 erläutert wurden, habe ich hier unter der Ebene mit dem vom Pfad freigestellten Objekt eine neue, leere Ebene eingezogen. Dort nahm ich mit Pinsel und Alt-Taste benachbarte Farben des Objekts auf und malte damit. Die Alternative, auf derselben Ebene im Modus „Dahinter auftragen" zu malen, ist nicht zu empfehlen, weil Sie damit keine bereits aufgetragenen Farben übermalen können. Vereinigen der beiden Ebenen, Erzeugen der Auswahlumrandung, Weichzeichnen und schließlich Freistellen mittels des Pfades führt zu dem Ergebnis rechts. Auch dies ist kein wirklich hochwertiges Resultat, aber der Vergleich mit Abbildung 6 zeigt eine offensichtliche Verbesserung.

8 Kirchenuhr

In dem kleinen Dorf auf Rhodos, wo ich diese schöne Uhr fotografiert habe, ist es immer zehn vor sieben – der Zeitmesser ist lediglich aufgemalt, das erübrigt das Aufziehen und Nachstellen. Links ist das echte Umfeld zu sehen, rechts das Objekt nach dem Freistellen per Pfad und Platzierung auf einem blauen Fond. Auch hier habe ich die Ungenauigkeit wieder übertrieben, um die Auswirkungen deutlicher sichtbar zu machen.

9 Rand entfernen ▲

Für schwebende Auswahlen und Ebenen, die keine Hintergrundebene sind, bietet Photoshop schon sehr lange eine Funktion namens „Rand entfernen" an, die sich am unteren Ende des Ebenen-Menüs findet. Von seiner Aufgabenstellung her soll dieser Eingriff unerwünschte Farben entlang der Außenkante innerhalb einer wählbaren Breite zum Verschwinden bringen, indem die Zone mit den Farben aufgefüllt wird, die am Ende der gewählten Breite liegen. Für schwarze und weiße Pixel gibt es an derselben Stelle einen Extra-Eintrag. In der Praxis funktioniert das allerdings nur bei sehr schmalen Rändern. Der Vergleich der Original-Uhr (links) mit ihrem so bearbeiteten Duplikat (rechts oben) zeigt nahezu keinen Unterschied. Besteht der Rand aus einer weichen Kante (rechts unten), sieht das Ergebnis ein wenig besser aus. Bei Randstreifen üblicher Breite arbeitet das Werkzeug allerdings recht zuverlässig.

Freisteller

Jede bessere Bildbearbeitungsoperation erfordert die Auswahl von Elementen. Mal ist das mehr, mal weniger komplex. Photoshop hält dazu eine ganze Reihe von Werkzeugen bereit. Die meisten davon erklären sich nicht von selbst und sie haben versteckte Zusatzfeatures. | **Christoph Künne**

Fotos: Oliver Meyer

Irgendetwas auswählen muss man bei der Nachbearbeitung digitalisierter Bilder immer. Sei es zur Vignettierung, um Bildteile farblich umzugestalten, Objekte von einem Bild ins andere zu kopieren oder Elemente in Bildern zu vervielfachen. Jede Auswahl folgt dabei ihrer eigenen Logik. Mal ist diese motivabhängig, mal von der Idee des Ergebnisses geleitet. Nur in den einfachsten Fällen bleibt sie standardisierbar.

Beim Auswählen geht es nicht nur darum, welches Werkzeug in welchen Arbeitssituationen zum Einsatz kommt, sondern auch, wie man sich durch geschickte Kombination der einzelnen Möglichkeiten unnötige Umwege erspart. Denn schließlich sind Freistellungsoperationen eine der zeitintensivsten Beschäftigungen des Bildbearbeiters. Intelligenteres Vorgehen eröffnet hier ungeahnte Zeitsparpotentiale.

Das beliebteste Verfahren ist sicherlich, Freistellungen oder Auswahlen ohne viel Feingefühl vorzunehmen. Zwar reicht das manchmal für grobe Layoutzwecke oder einfache Visualisierungen völlig aus, wer aber qualitativ Hochwertiges produzieren will, sollte sich zur Optimierung des eigenen Arbeitsablaufs intensiver damit beschäftigen, welche Techniken ihm softwareseitig zur Verfügung stehen.

Zwar haben sich die Grundtechniken seit den Anfängen von Photoshop nur wenig verändert, doch wurde von den Entwicklern gerade im Bereich der Komfortfunktionen einiges hinzugefügt. Doch gibt es trotz aller Mühen leider immer noch nicht das ultimative Werkzeug, mit dem man jede Situation bewältigen kann. So kommt der Praktiker nicht um die Tiefenkenntnis der Optionen herum, sofern er nicht teure Arbeitszeit mit frustrationslastigem Herumexperimentieren verbringen will.

In diesem Workshop befassen wir uns mit den Feinheiten des Lassos, der Formauswahlen, dem Extrahieren-Modus und damit, wie man Auswahlen nach ihrer Erzeugung noch weiter bearbeiten kann. Daneben lernen Sie, mit Hilfe von Tastenkombinationen und gezieltem Vorgehen, knifflige Aufgaben schneller in den Griff zu bekommen.

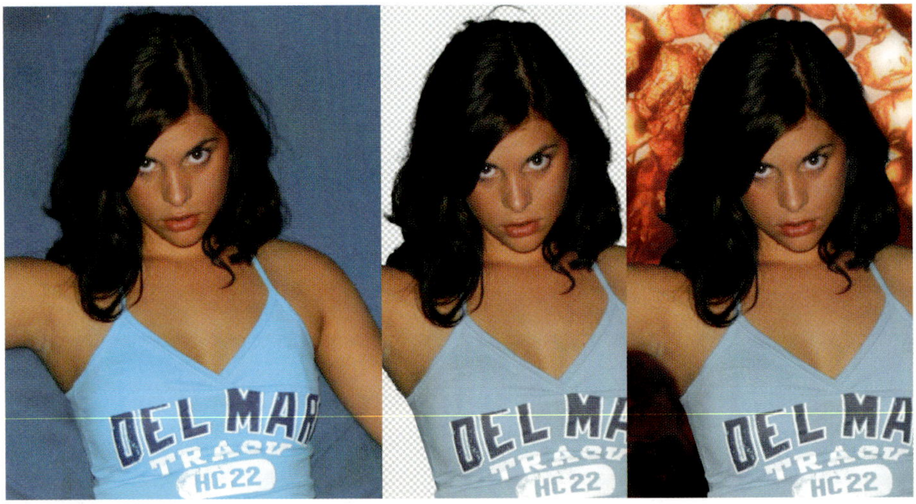

1 Das Prinzip der Freistelltechnik

Beim Freistellen geht es grundsätzlich darum, einen Bildteil aus seinem ursprünglichen Hintergrund herauszulösen. Anschließend wird der freigestellte Bereich vor eine farbige Fläche gesetzt oder, wenn die Umgebung transparent gelöscht wurde, vor einen anderen Hintergrund montiert. Man kann aber den ausgewählten Bildteil auch umfärben, entfärben, in ein anderes Bild kopieren, mit einem Filter nachbearbeiten, vergrößern oder mit einer Kante beziehungsweise mit einem Schatten versehen. Die Möglichkeiten auf frei wählbare Bildbereiche nachträglich Einfluss zu nehmen sind grenzenlos – vorausgesetzt man beherrscht die verschiedenen Auswahltechniken.

2 Rechteckige Auswahlen ▲

Rechteckige Auswahlen sind die einfachste Form, mit der sich Bildbereiche von ihrer Umgebung trennen und so separat bearbeiten lassen. Aktivieren Sie zunächst das Auswahlwerkzeug in der Werkzeug-Palette und ziehen Sie einen rechteckigen Bereich auf dem Bild auf. Da man mit diesem Tool nur in den seltensten Fällen Bildobjekte komplett freistellen kann, eignet sich der Einsatz der Technik vornehmlich um Bildbereiche umzufärben. In unserem Beispiel haben wir zunächst ein Konstrukt aus Hilfslinien gebildet und anschließend einige Rechtecke farblich verfremdet.

3 Elliptische Auswahlen

Hinter dem rechteckigen Auswahlwerkzeug befindet sich die elliptische Auswahl. Mit ihr lassen sich runde Bildbereiche freistellen. Soll die Auswahl kreisrund werden, müssen Sie beim Aufziehen die Shift-Taste gedrückt halten. In der Praxis nutzt man diese Auswahl, um so genannte Vignetten zu erzeugen. Damit diese weich auslaufen, rufen sie im zweiten Schritt den Dialog „Weiche Auswahlkante" aus dem Auswahl-Menü auf und wählen einen Wert von wenigstens 10 Pixeln. Soll das Bild wie im Beispiel in einen einfarbigen Hintergrund übergehen, kehren Sie die Auswahl um und füllen den Bereich anschließend mit einer Farbe.

4 Arbeiten mit dem Lasso ▲

Mit dem Lassowerkzeug stellen Sie unregelmäßig geformte Objekte frei. Von daher ist das Lasso in der Praxis für die meisten Arbeiten geeignet und wird entsprechend oft eingesetzt. Je nach persönlicher Vorliebe, Art der Bildvorlage und Qualitätsanforderungen an das Ergebnis bedienen Sie sich der unterschiedlichen Lassotypen. Das „Lasso-Werkzeug" ist die Urform dieses Tools und nur mit viel Erfahrung auch bei komplexen Arbeiten verlässlich bedienbar. Grundsätzlich wählen Sie damit ein Motivteil in einer einzigen Bewegung aus, ohne zwischendurch die Maustaste loszulassen.

5 Polygon-Lasso

Bei Auswahlen mit dem „Polygon-Lasso-Werkzeug“ arbeiten Sie in einer Art Gummibandmodus. Mit dem ersten Klick legen Sie einen Ausgangspunkt fest. Der nächste Klick an einem zweiten Punkt verbindet diesen und den Ausgangspunkt mit einer Geraden. Das Werkzeug eignet sich vorzüglich, um in wenigen Schritten mehr oder weniger gradkantige Objekte freizustellen. Bei Rundungen müssen Sie mit sehr vielen Punkten arbeiten, damit die Krümmung trotz der geraden Verbindungen erhalten bleibt. In unserem Fall wird das Ergebnis auf Anhieb deutlich besser.

Tipp:
Je weiter Sie sich in ein Bild einzoomen, desto präziser können Sie arbeiten.

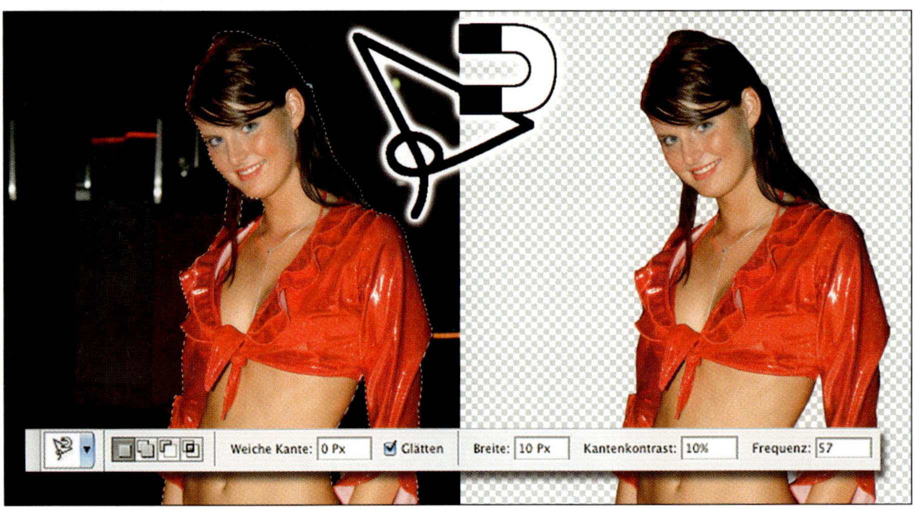

6 Magnet-Lasso ▲

Das „Magnetische-Lasso-Werkzeug“ ist gleichsam der Lasso-Automatikmodus. In den Werkzeugoptionen legen Sie mit Pixelmaßen die Suchumgebung fest und wählen einen Wert für den Kantenkontrast. Anschließend umfahren Sie das freizustellende Objekt und lassen die Automatik selbstständig nach den Konturen suchen. Für die dunklen Haare vor dem dunklen Hintergrund ist das Magnetlasso aber zum Beispiel ungeeignet, da es dort keine klaren Kontrastkanten gibt.

Tipp:
Wer die Werkzeuge beherrscht, kombiniert die Stärken der einzelnen Tools bei komplexen Freistellungsaufgaben. So kann man zum Beispiel bei der Arbeit mit dem manuellen Lasso durch zwischenzeitliches Halten der Alt-Taste in den Polygon-Modus umschalten. Auswahlen können Sie über das Auswahl-Menü übrigens auch sichern und später wieder laden.

7 Lasso-Auswahlen korrigieren

Keine Lasso-Auswahl gelingt auf Anhieb, das zeigen die Ergebnisse deutlich. Auch bei viel Erfahrung im Umgang mit diesem Werkzeug ist es fast immer nötig Korrekturen vorzunehmen. Dazu nutzt man wiederum das Lasso, allerdings im Additions- oder im Subtraktions-Modus. Hierbei wählen Sie kleinere Bereiche aus, die Sie der Auswahl hinzufügen oder von ihr abziehen wollen. Wahlweise aktivieren Sie die Modi in den Werkzeugoptionen oder durch Halten der Shift- (Hinzufügen) beziehungsweise der Alt- (Abziehen) Taste.

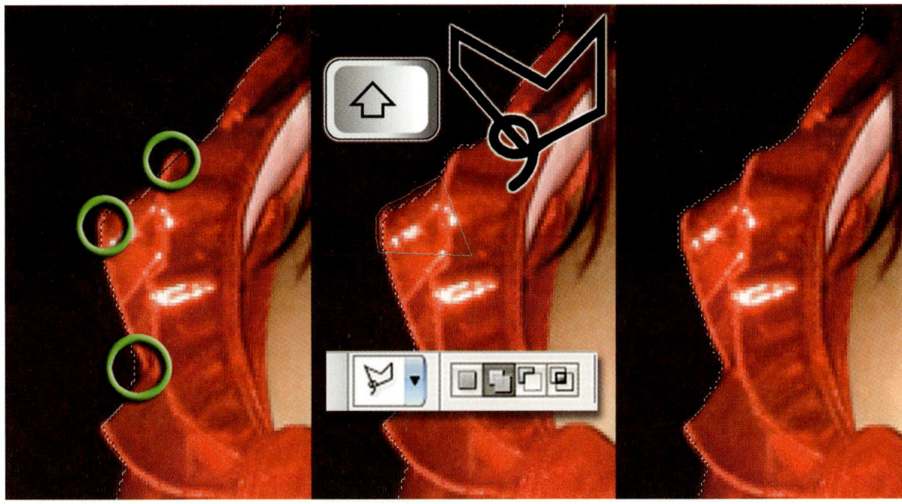

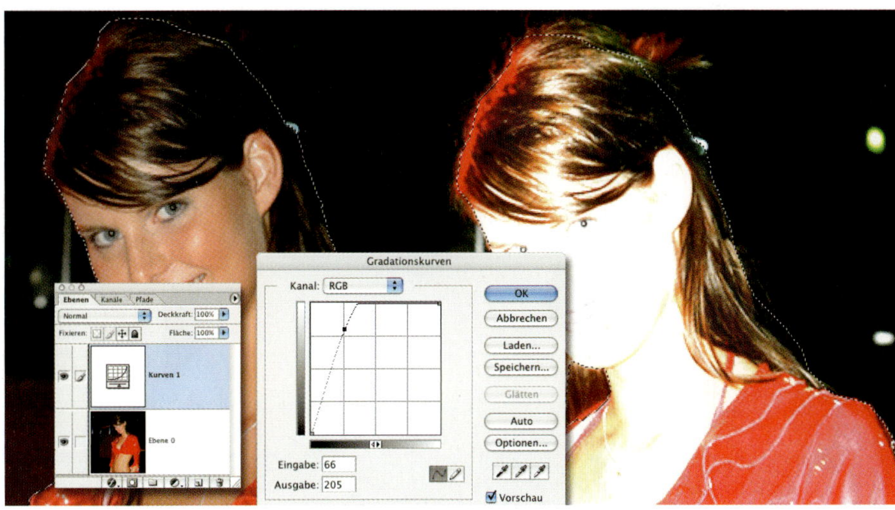

8 Einstellungsebenen als Freistellhilfe ▲

Wenn einige Teile des bearbeiteten Bildes wie hier so geringe Helligkeitswerte aufweisen, dass es schwierig wird, die bestehenden Konturen zu erkennen, hilft es, wenn man den Kontrast und die Helligkeit mit einer nur temporär angelegten Einstellungsebene erhöht. So werden die Konturen zwischen Vorder- und Hintergrund besser sichtbar, ohne dass das Bild Schaden nimmt. Den Befehl zum Anlegen einer neuen Einstellungsebene finden Sie im Ebenenmenü. Wählen Sie als Typ „Gradationskurven". Hellen Sie das Bild durch Anheben der Mitteltöne auf. Nach Abschluss der Korrekturarbeiten löschen Sie die Einstellungsebene wieder, indem Sie ihre Miniatur auf das Mülleimersymbol der Ebenenpalette ziehen.

Tipp:
Sie können die Parameter der Einstellungsebene bei Bedarf auch während der Korrekturarbeiten jederzeit ändern, indem Sie doppelt auf die Ebenenminiatur klicken und die Gradationskurve nachbearbeiten.

9 Das Freistelltool

Sie finden den Dialog „Extrahieren“, der das Freistellen komplexer Motive fast selbstständig erledigt, im Filter-Menü von Photoshop. Bildbereiche, die nicht eindeutig zuzuordnen sind, malen Sie kräftig aus. Eindeutige Randbegrenzungen versehen Sie mit einer schmaleren Kontur. Wichtig ist es, dass alle Kanten am Ende undurchlässig sind. Nach Abschluss der Umrandungsarbeiten aktivieren Sie das Füllwerkzeug in der Dialog-Palette und klicken einmal in den zu erhaltenden Bereich innerhalb der Kantenlichtbegrenzung. Dieser ist anschließend blau gefärbt. Auf der Basis des Kantenlichts errechnet das Tool anschließend die Trennung zwischen Vorder- und Hintergrundbereichen.

10 Vorschau-Funktion ▲

Die „Vorschau“-Funktion zeigt Ihnen das Ergebnis der Freistellung. Um für weitere Arbeiten zum Ausgangsbild zurückzukehren, wechseln Sie unter „Einblenden“ von „Extrahiert“ auf „Original“. Auf die Darstellung der Voransicht haben Sie weitere Möglichkeiten der Einflussnahme. Zum einen können Sie aussuchen, ob das Objekt vor transparentem, weißem, grauem, schwarzem oder individuell gefärbtem Hintergrund dargestellt wird. Die Ansicht „Maske“ zeigt den Alphakanal.

11 Freistellen mit dem Zauberstab

Eine einfache und schnelle Methode Bilder mit ähnlich- oder einfarbigem Hintergrund freizustellen ist der Zauberstab. Wählen Sie den Zauberstab aus und klicken zunächst mit voreingestelltem Toleranzwert und aktivierter Option „Benachbart" auf den farbigen Hintergrund. Wenn zuviel ausgewählt wurde, heben Sie die Auswahl auf, senken den Toleranzwert und versuchen es erneut. Wurde beim ersten Versuch zu wenig ausgewählt, erhöhen Sie den Wert. Auf diese Weise ermitteln Sie in recht kurzer Zeit eine für dieses Bild passende Einstellung.

12 Farbkanäle kontrollieren ▲

Bei vielen Bildern kommen Sie schneller zum Ziel, wenn Sie, statt in der farbigen Komposit-Ansicht zu arbeiten, die Kanäle einzeln aufrufen und ermitteln, ob es einen Farbauszug gibt, der eine Auswahl des ganzen Hintergrunds mit wenigen Zauberstab-Klicks erlaubt. Hier eignet sich der rote für die Freistellung der Hose sowie der Haut und der blaue für T-Shirt, Haare, Hintergrund und Haut. Nach dem Auswahlvorgang kehren Sie in die Komposit-Ansicht zurück und arbeiten dort weiter.

Tipp:
In ähnlicher Form, nur komfortabler, dabei allerdings ohne den Zugriff auf unterschiedliche Farbkanäle während der Bearbeitung funktioniert der Dialog „Farbbereich auswählen" aus dem Auswahl-Menü.

Pixel in Masken einfügen

Es ist in Photoshop zwar durchaus möglich, Pixel aus der Zwischenablage in einen Alphakanal oder eine Ebenenmaske einzufügen, aber viel mehr als Verschieben können Sie diese Bereiche nicht. Wir zeigen Ihnen Verfahren mit größeren Eingriffsmöglichkeiten. | **Doc Baumann**

Alphakanäle, Ebenenmasken, der Maskierungsmodus – eigentlich sind sie alle nichts anderes als Graustufendateien. Organisiert allerdings noch wie in der Zeit, bevor Photoshop das Ebenenkonzept einführte. Sie können daher zwar im Prinzip mit diesen Kanälen oder Masken alles machen, was auch in einem Graustufenbild erlaubt ist – wollen Sie allerdings einen Bildbereich über die Zwischenablege dort einfügen, wird es problematisch.

Der erste Ärger meldet sich bereits, wenn die Pixel nach dem Einfügen nicht im Kanal oder der Ebenenmaske landen, sondern auf einer neuen Ebene. Verzweifelte Mails von Lesern, denen das ständig passierte, ohne dass sie eine Lösung dafür gefunden hätten, waren letztlich der Auslöser zu diesem Workshop. In der Ebenen-Palette haben sie das Icon für die Ebenenmaske einer Ebene aktiviert, dennoch führt der Befehl „Einfügen" immer wieder zu einer neuen Ebene. Und dort bewirken die Pixel ja nicht das, was sie sollten. Die Lösung ist ganz einfach: Klicken Sie mit gedrückter Alt-/Options-Taste auf das Bildchen der Ebenenmaske: Damit wird die Maske selbst sichtbar und das Bild ausgeblendet. In der Kanäle-Palette ist nun die Zeile der Ebenenmaske farbig unterlegt und mit dem Augensymbol versehen, die Bildkanäle sind deaktiviert.

Allerdings hilft auch das nur dabei, die Auswahl überhaupt in die Maske zu bekommen. Handelt es sich um ein entlang seiner Konturen ausgeschnittenes Objekt, können Sie es immerhin verschieben und mit allen Transformationen behandeln. Aber sämtliche Eingriffe, die Sie sonst mit Hilfe der Ebenen-Verrechnungsmodi oder der Deckkraft vornehmen, bleiben Ihnen verwehrt.

Kein Grund zur Verzweiflung! Denn es gibt (mindestens) zwei Wege, um diese Beschränkung zu umgehen. Kopieren Sie den kompletten Inhalt der Ebenenmaske und setzen Sie ihn als neue Ebene ein. Alternativ können Sie ein neues Graustufendokument anlegen, das auf Grund der Größe der Datei in der Zwischenablage automatisch die richtigen Abmessungen erhält.

Nehmen Sie nun alle Eingriffe mittels der normalen Ebenen vor. Zum Schluss füllen Sie die Ebenenmaske schwarz, klicken mit gedrückter Strg- (Mac: Befehls-) Taste in die Kompositansicht der Kanäle-Palette (was eine Luminanzauswahl erzeugt) und füllen die Auswahl mit Weiß oder invertieren sie. So erhalten Sie genau die gewünschte Ebenenmaske. Einziger Nachteil: Während ihrer Bearbeitung erkennen Sie nicht direkt, was diese mit dem Bild macht.

1 Ausgangsfoto

Um beim bayerischen König Ludwig II. zu bleiben: Dies ist seine weniger bekannte Burg „Hohenschwangau", gegenüber von Neuschwanstein gelegen und erbaut von seinem Vater Maximilian. Ich habe das Foto ausgesucht, weil es sich gut dazu eignet, den vorhandenen Himmel gegen einen anderen zu ersetzen. Dazu habe ich im Blau-Kanal den Himmel mit dem Zauberstab ausgewählt, die Auswahl im Bereich der Bäume mit dem Lasso manuell erweitert, dann per „Farbbereich auswählen" innerhalb dieser Auswahl die zum Himmel gehörenden Bereiche selektiert.

2 In die Auswahl einfügen ▲

Die so gewonnene Auswahl wurde in einem neuen Alphakanal gesichert. Sehr dünne Elemente wie einige Masten und die Geländer im Dachbereich rekonstruierte ich im Alphakanal mit dünner Pinselspitze bei eingeblendetem Kompositkanal. In meinem Archiv suchte ich nach einem passenden Wolkenfoto und übertrug es in die Zwischenablage. Den nachbearbeiteten Alphakanal lud ich im Burg-Bild als Auswahl und setzte die Pixel aus der Zwischenablage mit der Tastenkombination Strg-/Befehls-Taste, Umschalt- und V-Taste in eine neue Ebene ein. Dabei wird automatisch eine nicht-verkettete Ebenenmaske für die neuen Pixel erzeugt; die zuvor nicht ausgewählten Bereiche erscheinen in der Maske schwarz.

3 Neue Ebene statt Maskenergänzung

Ich wählte in einem weiteren Bild eine Baum- und Pflanzengruppe im Vordergrund aus, die ich durch Einsetzen aus der Ebenenmaske aussparen wollte, und kopierte sie in die Zwischenablage. Danach kehrte ich zum Burg-Bild zurück, aktivierte die Ebene der neu eingesetzten Wolken und dort durch Anklicken die Ebenenmaske, erkennbar an dem Kreissymbol neben dem Ebenen-Thumbnail (links). Doch trotz aktivierter Ebenenmaske landen die eingefügten Pixel nicht in der Ebenenmaske, sondern in einer neuen Ebene (rechts oben).

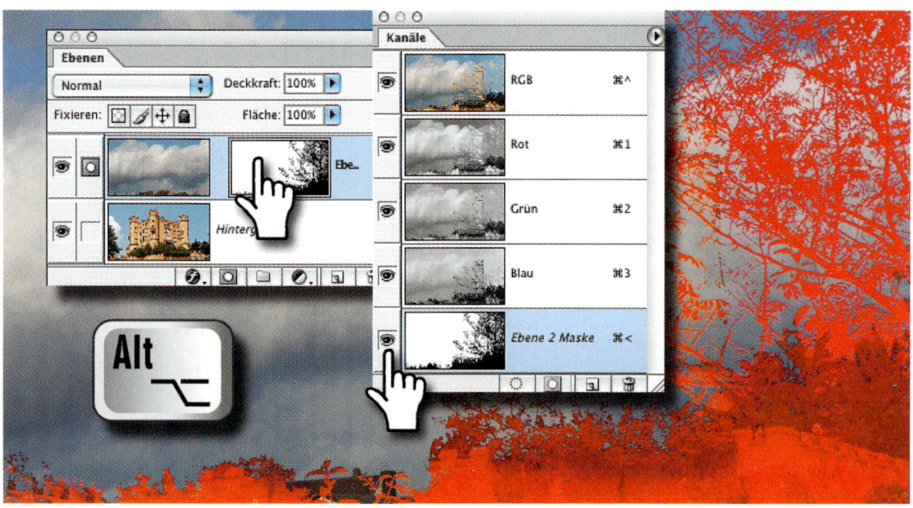

4 Ebenenmaske sichtbar machen ▲

Es reicht also offensichtlich nicht aus, die Ebenenmaske in der Ebenen-Palette zu aktivieren, um etwas in sie einfügen zu können. Sie müssen zuvor eine weitere kleine Vorbereitung treffen. Eine Ebenenmaske wird parallel in der Kanäle-Palette als Kanal angezeigt. Um nur diesen Kanal – und nicht das Bild selbst – direkt anzuzeigen, klicken Sie mit gedrückter Alt-/Options-Taste auf das Bildchen der Ebenenmaske in der Ebenen-Palette. Nun wird Ihnen diese am Monitor in Graustufen engezeigt (was auch sonst hilfreich ist, wenn Sie die Maske selbst und nicht nur ihre Wirkung beurteilen wollen.) Die Alternative: In der Kanäle-Palette das Augen-Icon der Maske anklicken und – anders als hier – die Farbkanäle ausblenden.

5 In Maske oder Kanal einfügen

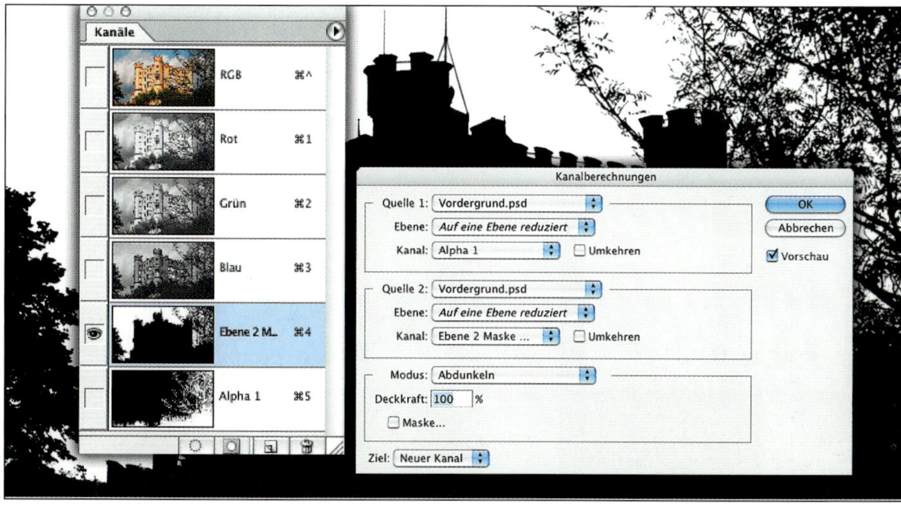

Haben Sie auf diese Weise den Ziel-Kanal nicht nur in der Ebenen-, sondern auch in der Kanäle-Palette aktiviert, führt das Einsetzen der zuvor kopierten Baumsilhouette nicht mehr zu einer neuen Ebene. Die eingefügten Pixel erscheinen jetzt wunschgemäß in der Ebenenmaske beziehungsweise in einem Alphakanal. Allerdings nicht in der sonst gewohnten Weise mit einem neuen Thumbnail als Ebene oder Kanal, sondern wie eine sogenannte „schwebende Auswahl" – ein Begriff, den man heute kaum noch verwendet: Die Pixel „darunter" bleiben erhalten; Löschen der schwebenden Auswahl führt nicht zu einem Loch.

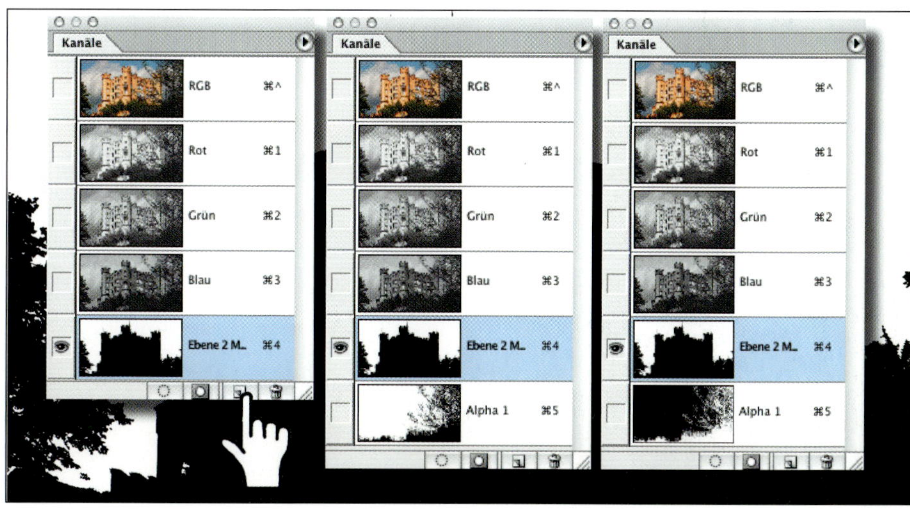

6 Neuen Kanal anlegen ▲

Die so in den Kanal oder die Maske eingefügten Pixel können nun lediglich verschoben oder transformiert werden; Sie können nicht ihre Deckkraft ändern oder Verrechnungsmodi nutzen. Eine Möglichkeit, um etwas mehr damit tun zu können, sieht so aus: Erzeugen Sie einen neuen leeren Alphakanal (links). Fügen Sie den Inhalt der Zwischenablage dort ein (Mitte unten). Um nun die Äste aus dem Kanal der Burg auszuschließen, invertieren Sie die Baumsilhouette im Kanal, wechseln zum Kanal, der die Ebenenmaske repräsentiert, und laden die Luminanz des Silhouettenkanals durch Anklicken mit der Strg-/Befehls-Taste.

7 Auswahl füllen / Kanalberechnungen

Die geladene Auswahl füllen Sie im Kanal der Ebenenmaske mit schwarzer Farbe; damit wird dieser Bereich aus dem eingezogenen Himmel entfernt. Ein alternatives Verfahren, das Ihnen mehr Möglichkeiten eröffnet, finden Sie unter „Kanalberechnungen“ im „Bild“-Menü. Sie geben dort zwei Quellkanäle an, die auch aus einer anderen, gleichzeitig geöffneten Datei stammen können, und legen unter „Modus“ die Verrechnung fest, außerdem Deckkraft und den Zielkanal (der ein neuer Kanal sein kann, eine neue Datei oder eine Auswahl).

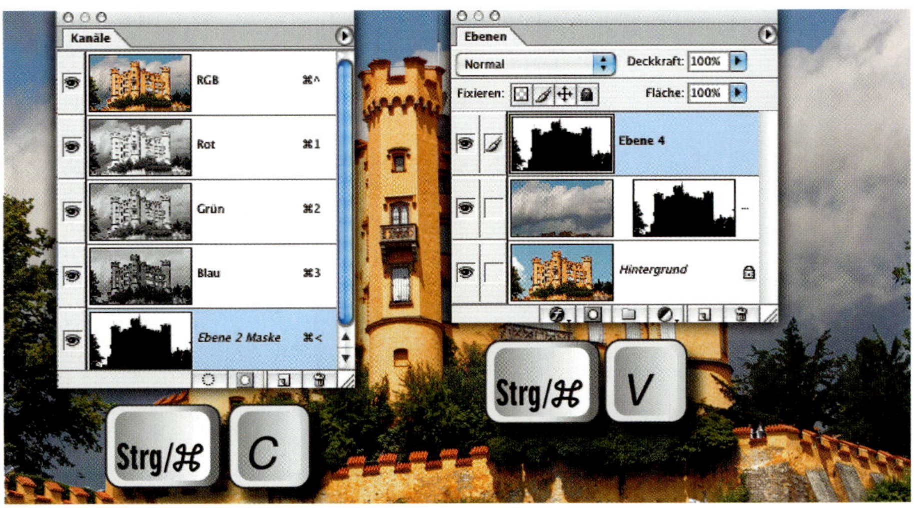

8 Ebenen als Ersatzkanäle verwenden ▲

Da es in Photoshop offenbar nicht möglich ist, Einfügungen mit Ebenenmasken und Kanälen in derselben Weise zu kombinieren wie bei Ebenen, nehmen Sie einfach den Umweg über diese. Dazu stehen Ihnen zwei Methoden zur Verfügung: Sie kopieren den Inhalt des Kanals per „Alles auswählen“, erzeugen eine neue, automatisch gleich große, Graustufendatei, setzen das Bild dort ein und kombinieren es beliebig mit weiteren Elementen. Am Ende reduzieren Sie die Ebenen, kopieren das Bild erneut und ersetzen damit den alten Kanal. In der Regel ist es einfacher, diese Schritte innerhalb derselben Datei auf Ebenen vorzunehmen, die Sie nach Fertigstellung zu einer zusammenfassen und diese in den Alphakanal oder die Ebenenmaske überführen.

9 Ebenenmaske übertragen

Neben dem beschriebenen Weg gibt es weitere, falls Sie die einzelnen Ebenen, die die Maske bilden, erhalten wollen: Vorausgesetzt, nur die vorbereiteten Graustufen-Ebenen sind sichtbar, gehen Sie zu „Alles auswählen“ und „Auf eine Ebene reduziert kopieren“ (Umschalt-, Steuerungs-/Befehls- und C-Taste). Diese reduzierte Ansicht setzen Sie dann nach ihrer zuvor beschriebenen Aktivierung in die Ebenenmaske ein. Oder Sie reduzieren die beteiligten Ebenen tatsächlich per Strg-/Befehls- und E-Taste. (1 und 2).

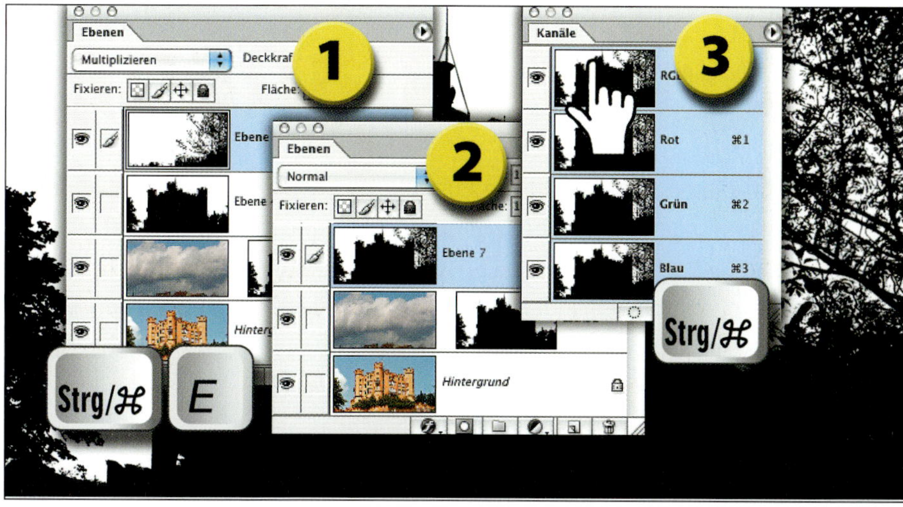

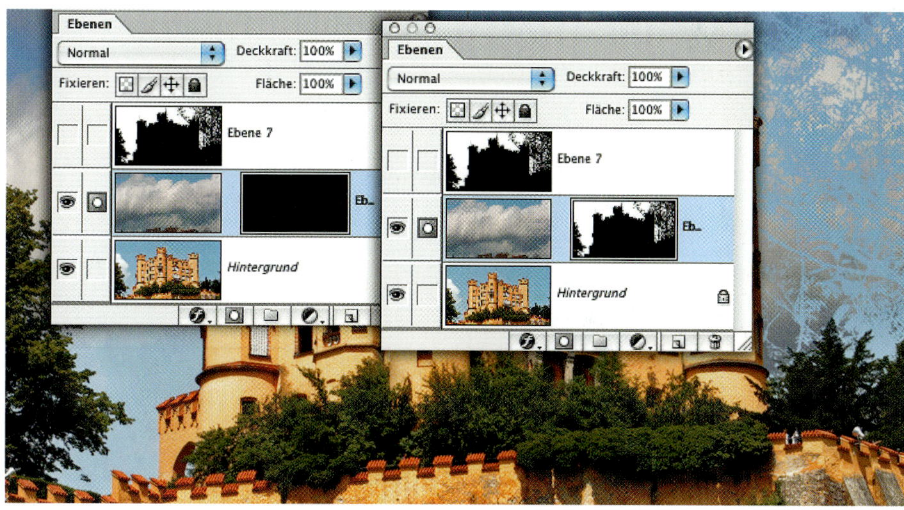

10 Maskenkanal füllen ▲

Alternative: Füllen Sie die Ebenenmaske schwarz, klicken Sie mit gedrückter Strg-/Befehls-Taste in den Kompositkanal, um die Bildluminanz zu laden (Abbildung 9, Schritt 3; dazu müssen die Ebenen nicht reduziert werden). Wechseln Sie in die geschwärzte Ebenenmaske, wobei es diesmal egal ist, ob Sie nur das Ebenenmasken-Icon aktiviert haben oder den Kanal direkt anzeigen lassen. Nun können Sie entweder über Strg-/Befehls- und I-Taste die schwarzen Bereiche zu weißen umkehren oder die Auswahl weiß füllen. Die Baumsilhouette wurde so aus den Wolken ausgespart (rechts). Direkte Sichtkontrolle der Ausblendung durch die Maske ist bei den hier beschriebenen Verfahren allerdings nicht möglich.

CS-Farbmanagement

Beim Kalibieren reicht nicht die Einstellung des Monitors aus; nachdem Sie diesen eingerichtet haben, geht es ans Anpassen der Software-Arbeitsumgebung. Seit Adobe CS ist eine konsistente Abgleichung der Applikationen untereinander recht einfach geworden. | **Christoph Künne**

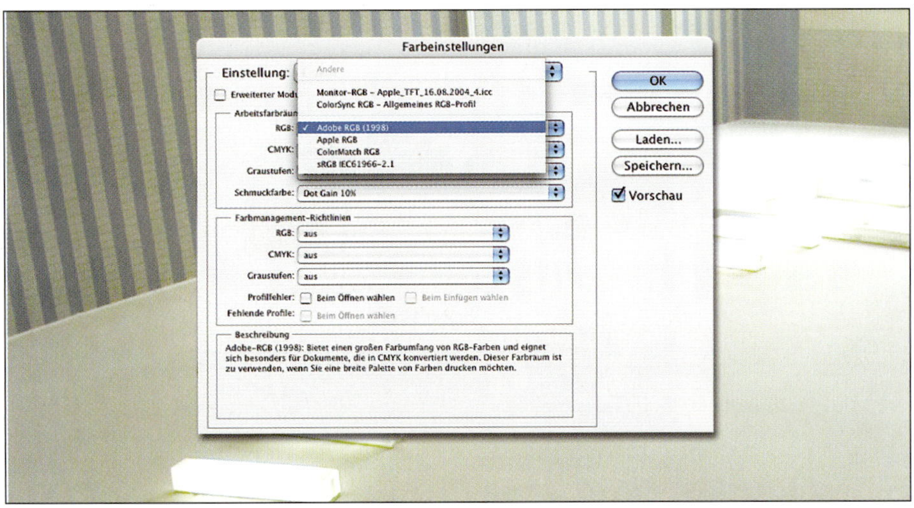

Foto: PhotoCase

1 Photoshop RGB ▲

Photoshop erlaubt die meisten Einstellungsparameter zur Profilierung. Das zuvor erzeugte Monitorprofil wirkt sich dank des systemweiten Farbmanagements am Mac und unter den meisten Windows-Versionen (eine Ausnahme bildet hier zum Beispiel Windows NT) ohnehin auf die Darstellung aus. Wählen Sie deshalb hier ein Standard-Profil wie „Adobe RGB" für den allgemeinen Einsatz oder „ICE-RGB" für die Druckvorstufe. Damit sehen Sie die Farben von extern zugeführten Daten so, wie sie der Erzeuger angelegt hat. Ihr selbst erzeugtes Monitor-Profil sollten Sie nur dann auswählen, wenn Sie eigene Farben kreieren und diese Dokumente mit eingebundenem Profil weitergeben.

2 RGB – eigene Experimente

Um sich einen Eindruck davon zu verschaffen, wie unterschiedlich sich die verschiedenen RGB-Farbräume auf ein Bild auswirken, starten Sie ein Experiment. Wählen Sie eine Datei aus und wechseln im Bild-Menü unter „Modus" den Dialog „Profil zuweisen". Hier können Sie nun alle verfügbaren Farbprofile bei aktivierter „Vorschau" ausprobieren und sich selbst eine Meinung darüber bilden, welche Darstellung die für Ihre Ansprüche besten geeignet ist. Die Zuweisung der Profile ändert nur die Wiedergabe, nicht aber die Bilddaten.

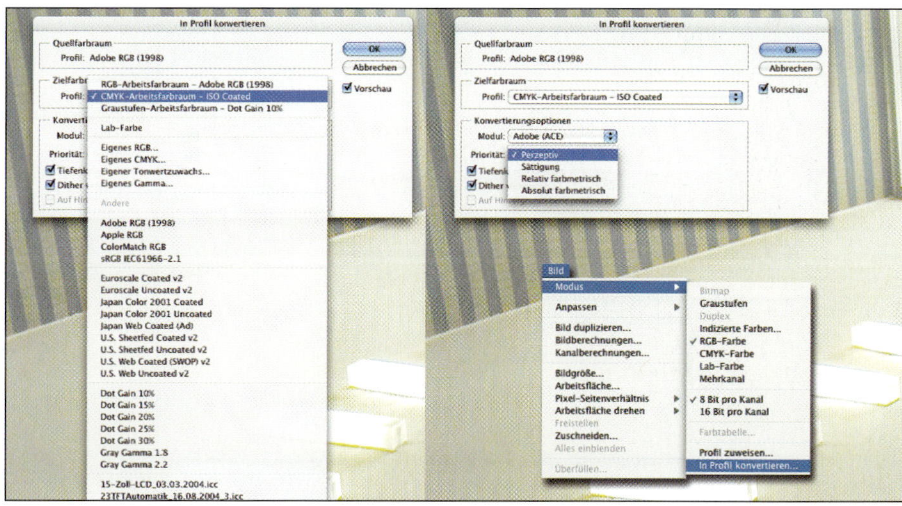

3 Gezielte Konvertierung ▲

Wenn Sie ein Bild von einem Farbraum profilgenau in einen anderen konvertieren wollen, rufen Sie den Befehl „In Profil konvertieren" in demselben Untermenü auf. Hier stehen Ihnen alle im System verfügbaren Profile aller Farbräume zur Wahl. Um die Konvertierung möglichst verlustfrei ohne optische Einbußen vorzunehmen, können Sie bei den „Konvertierungsoptionen" verschiedene Prioritäten wählen. Im Idealfall sieht das Bild nach der Konvertierung genauso aus wie vorher.

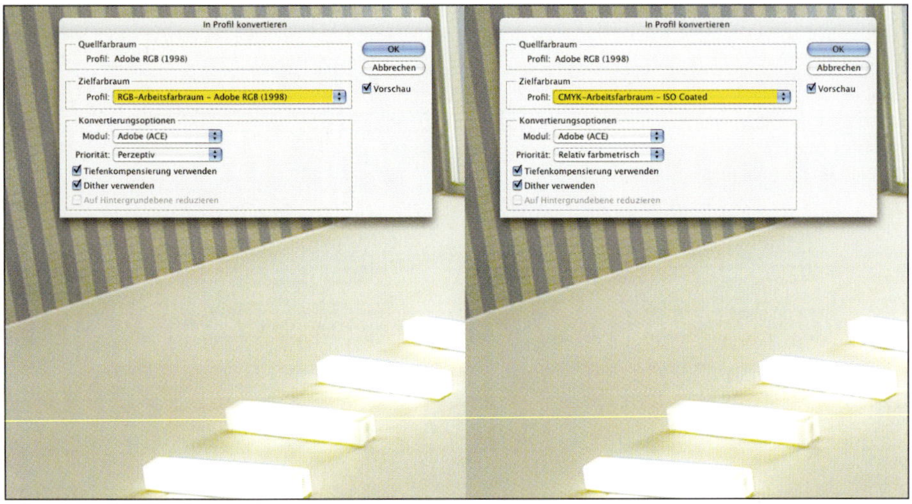

4 Druckprofile

Die Wahl des Druckprofils wirkt sich auf die Umsetzung der RGB-Daten bei der Wandlung in CMYK aus. Wer seine Daten für den Offsetdruck separiert, wählt hierzulande je nach Bedruckmedium „Euroscale coated" (gestrichene Papiere) oder „Euroscale uncoated" (ungestrichene Papiere) aus. Etwas besser als die mitgelieferten Profile sind die der Fogra (www.fogra.org). Dort können Sie für diese beiden Medientypen ISO-zertifizierte Profile laden. Um auf zusätzliche Profile zuzugreifen, legen Sie diese unter Windows in „System > System32 > Spool > Driver > Color" und unter MacOS X unter „User > Library > ColorSync > Profile" ab.

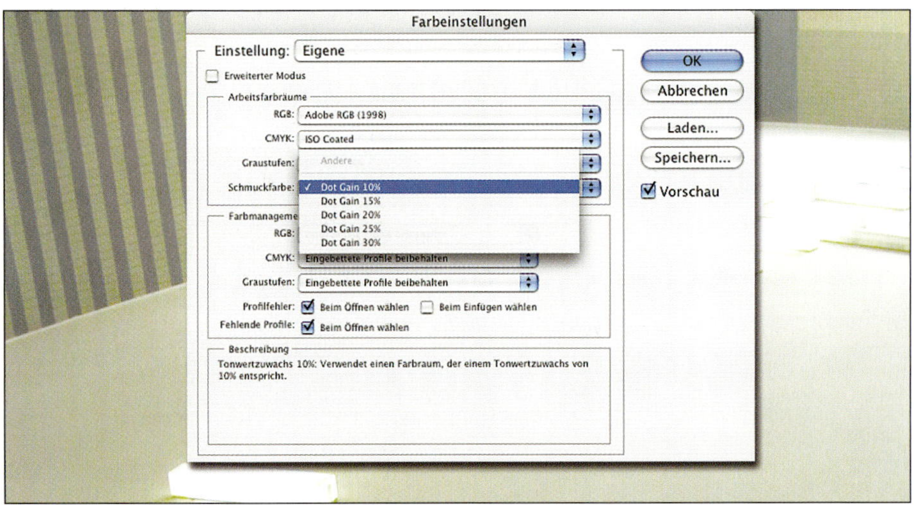

5 Dot Gain & Richtlinien ▲

Den Tonwertzuwachs für Graustufen und Schmuckfarben geben Sie bei gestrichenem Papier mit zehn Prozent an. Die „Farbmanagement-Richtlinien" folgen einem Muster: Soweit die Profile mit den eigenen harmonieren, sollen sie beibehalten werden. Wenn nicht, muss Photoshop ebenso nachfragen wie bei Profilfehlern. In solchen Fällen achten Sie darauf, die Profile so zu konvertieren, dass sie zu Ihren vorgewählten Farbraumeinstellungen passen.

6 Konvertierungsoptionen

Bei der Wahl des Moduls in den erweiterten Einstellungen sollte man sich auf eins festlegen, besonders wenn plattformübergreifend gearbeitet wird. Für Windows und Macintosh empfiehlt sich „Adobe (ACE)“. Entscheiden Sie sich am Mac für „Apple CMM“, ist das entsprechende Windows-Pendant „Heidelberg“. Für die Priorität gelten folgende Empfehlungen: Bei einer Konvertierung von RGB nach CMYK „Perzeptiv“. Bleibt man bei der Profilkonvertierung innerhalb eines Farbraums (CMYK nach CMYK) ist dagegen „Relativ farbmetrisch“ die richtige Wahl. Inwieweit man die Tiefenkompensierung nutzt, ist individuell zu entscheiden. Hilfreich sind die Hinweise, die Sie im unteren Bereich des Dialog finden, wenn Sie die Maus über eine Einstellung bewegen.

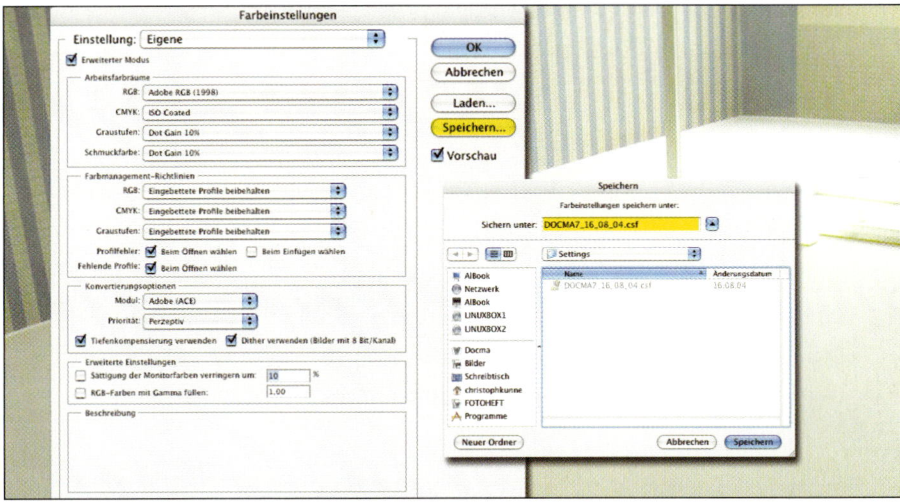

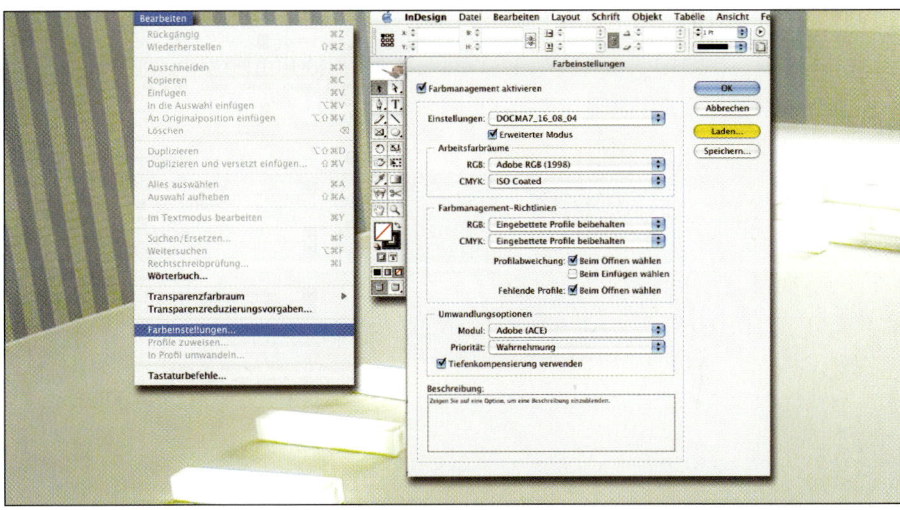

7 InDesign und der Rest ▲

Speichern Sie das neue Profil in Photoshop direkt aus dem Dialog heraus als „*.csf“-Datei. Sie können dieses Set anschließend in alle anderen Adobe CS Applikationen unter „Farbeinstellungen“ laden. Um herauszufinden, ob die Farben danach wirklich identisch aussehen, machen Sie einen Test. Speichern Sie in Photoshop ein Bild als PDF, öffnen Sie es danach in allen Programmen und machen Sie Ausdrucke. Es sollten zwischen den Bildschirmansichten und den Ausdrucken keine Unterschiede mehr zu sehen sein.

Monitorkalibration

Monitore werden mit speziellen Messgeräten eingestellt. Sie ermitteln die Ist-Werte des Bildschirms und gleichen sie gegen die Soll-Werte des Farbmanagements ab. | **Christoph Künne**

Bei der Installation der Software des Gretag-Messgeräts landen bis zu drei Programme auf der Festplatte. Am wichtigsten ist „Match". „Diagnostics" und „Share" braucht man für die normale Kalibration nicht. Match arbeitet in zwei Modi.

Der erste erledigt seine Arbeit ohne Nachfrage, im zweiten, „Erweiterten Modus" lassen sich Faktoren wie die Farbtemperatur individuell festlegen. Zunächst aber muss das Messgerät selbst kalibriert werden, indem man es auf einen dunklen Untergrund legt und „Weiter" klickt.

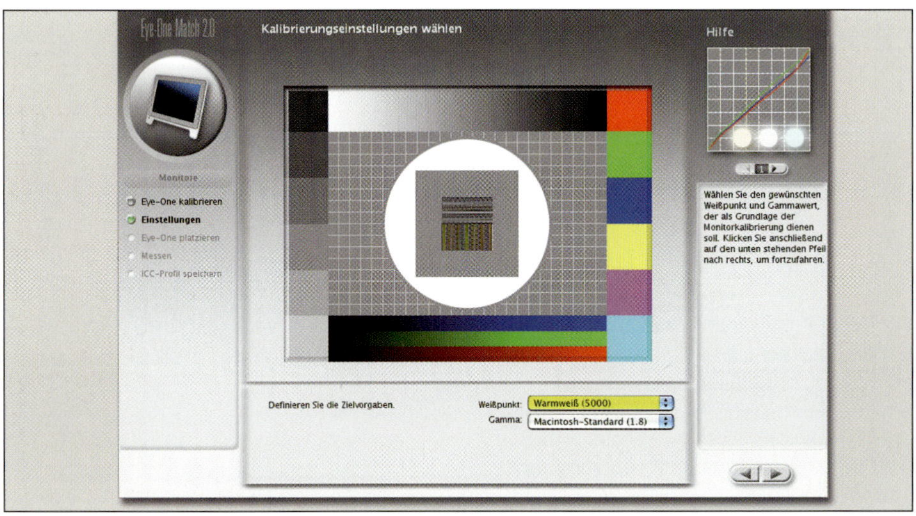

Foto: ColorVision

1 Farbtemperatur ▲

Bei der Bearbeitung von Positivdias und in der Videoproduktion arbeitet man mit einer Farbtemperatur von 6500 Kelvin (D65). Die Druckvorbereitung setzt dagegen traditionell auf den Wert 5000 (D50). Lassen Sie sich nicht von dem im ersten Moment sehr gelblichen Weißton abschrecken, schon nach kurzer Zeit haben sich die Augen daran gewöhnt. Der Gamma-Wert ist systemspezifisch. Unter Windows wählt man hier 2,2 am Mac 1,8. Der Unterschied kommt noch aus der Zeit, als Windows-Rechner vornehmlich im Büro-Umfeld und Macs an grafischen Arbeitsplätzen zu finden waren. 1,8 ist etwas heller und besser zur Betrachtung von Bildern geeignet, während 2,2 eher zur optimierten Darstellung von Text ausgelegt ist.

2 Farbmessung

Positionieren Sie den Eye One auf der Oberfläche Ihres Bildschirms. Bei TFT-Geräten wie dem hier eingesetzten HP 2335 empfiehlt es sich, den Monitor leicht schräg nach hinten zu neigen, damit der Farbmesser aufliegen kann, ohne dass Seitenlicht einfällt. Die Software ermittelt im nächsten Schritt selbstständig die Position und beginnt gleich anschließend mit der Messung. Zum Abschluss sichern Sie die Messergebnisse als Profil unter einem aussagekräftigen Namen.

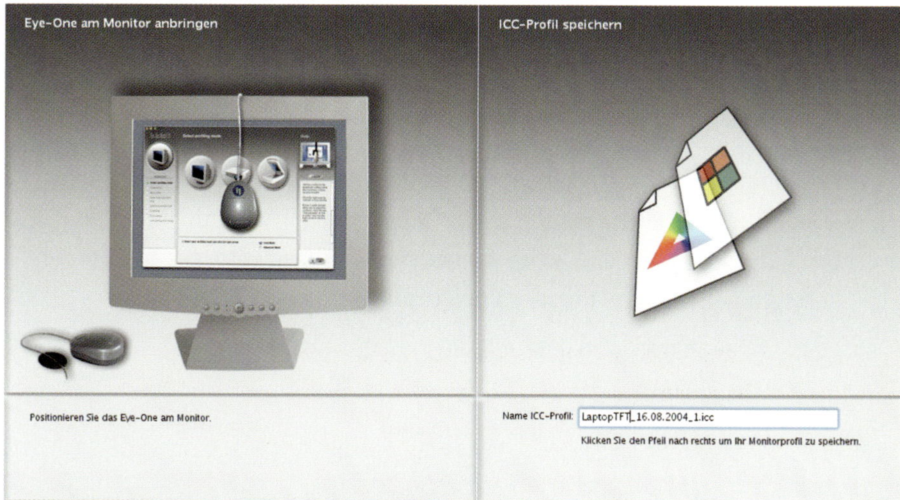

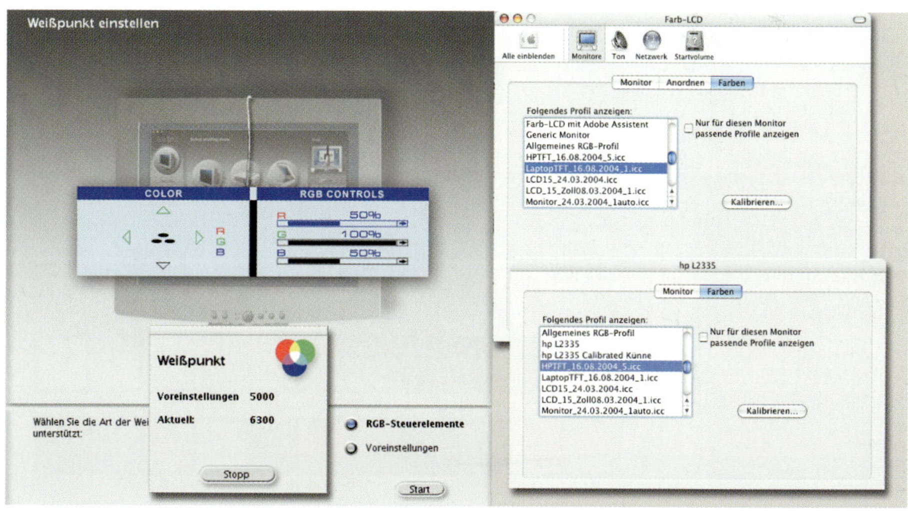

3 Zweiter Monitor ▲

Viele Bildbearbeiter und Grafiker arbeiten mit zwei Monitoren. Damit diese unterschiedlich konfiguriert werden können, ist entweder eine Grafikkarte erforderlich, die für den Betrieb mit zwei Monitoren mit zwei unterschiedlichen Farbprofilen angesteuert werden kann (wie im Fall unseres Powerbooks). Anderenfalls muss man mit zwei unterschiedlichen Grafikkarten arbeiten. Auch manche „Dualhead"-Modelle unterstützen nur ein Farbprofil. Eine Notfall-Lösung sind zwei identische Monitore und die Hoffnung, dass deren Fertigungstoleranzen nicht ins Gewicht fallen. Bei Problemen beim Einstellen einer Farbtemperatur für beide Monitore (in unserem Test wollte das HP-TFT keine Farbtemperatur per Hardwarekonfiguration unter 6300 Kelvin darstellen), sollte man beide Geräte auf einen identischen Wert setzen.

Druckmarken

Passkreuze, Beschnittzeichen, Graukeile, Farbauszüge und Farbskalen – jeder hat sie schon gesehen, aber wer nicht täglich mit ihnen zu tun hat, weiß oft nicht, wozu genau sie beim Druckprozess und in der Vorstufe gebraucht werden. | **Christoph Künne**

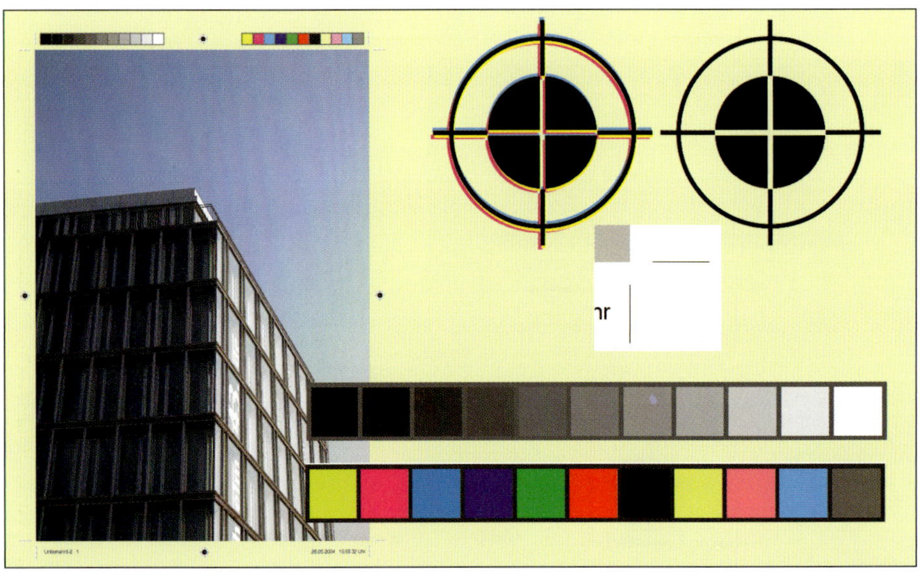

1 Passkreuze (Passermarken) und Beschnittzeichen ▲

Die Passkreuze, an Fadenkreuze erinnernden Marken, helfen dem Druckfachmann bei der Montage der Farbauszüge. Beim Druckvorgang kann er damit die Passgenauigkeit der Maschine prüfen. Inwieweit dabei Farben versetzt werden, zeigt ein Blick auf das Druckresultat. Im Idealfall drucken die Farben ohne Versatz übereinander. Dann ist das mittlere Kreuz im Kreis weiß. Anderenfalls muss die Druckmaschine justiert werden. Die waagerechten und senkrechten Striche der Beschnittzeichen begrenzen das Format der layouteten Fläche. Nach dem Druck wird das Medium an den angedeuteten Linien in der Endgröße aus dem übergroßen Druckbogen herausgeschnitten.

2 Graukeil und Farbskala

Am Graukeil liest der Druckfachmann etwas über die Graubalance des Drucks und damit den Farbaufbau ab. Der Graukeil ist wenigstens einmal als Skala schwarz gerasterter Felder vorhanden. Je nach Ausgabeprogramm unter Umständen auch noch ein weiteres Mal mit aus den bunten Druckfarben (CMY) erzeugten Grautönen. Die Farbskala dient zur Überprüfung der farblichen Güte des Drucks. Sie enthält Felder mit den reinen Druckfarben, mit Sekundärfarben, die aus jeweils zwei reinen Farben bestehen, und mit Tertiärfarben, bei denen drei Druckfarben miteinander gemischt werden. Diese Werte können zur Überprüfung mit einem Densitometer genannten Messgerät kontrolliert werden.

3 Farbauszüge ▲

Farbauszüge sind bei der Belichtung Graustufenbilder, die jeweils die Information für den Auftrag einer der Druckfarben Cyan, Magenta, Gelb und Schwarz enthalten. Damit diese Filme zwischen Filmausgabe, Plattenerstellung und Maschineneinrichtung nicht durcheinandergeraten, sollte man sie mit so genannten „Auszugsbeschriftungen" versehen lassen. Dabei wird der Farbname mit auf jeden Auszug gedruckt.

PDF-Präsentationen

Daten, Fakten und Zusammenhänge ansprechend zu präsentieren, ist normalerweise ein Job für Microsofts PowerPoint. Aber auch mit PDFs lassen sich animierte Präsentationen gestalten. Wie das geht, erfahren Sie in diesem Workshop. | **Christoph Künne**

Können wir das mal powerpointen?" Dieser Wunsch klingt nach Sprachvergewaltigung. Dennoch ist er vielerorts zum stehenden Ausdruck geworden, wenn es um die Visualisierung von Zusammenhängen geht. Wer auf sich hält, untermalt im Geschäftsleben Vorträge, Präsentationen, Referate, Trainings oder Beratungsgespräche ganz selbstverständlich mit bunten Folien. Natürlich längst nicht mehr handgemalt und über einen Overheadprojektor an die Wand geworfen, sondern je nach Gruppengröße per Notebookdisplay oder Beamer präsentiert.

Man könnte fast glauben, live kommunizierte Inhalte ließen sich gar nicht mehr ohne die Funktionen von Microsofts Präsentationssoftware PowerPoint an den Mann oder die Frau bringen. Dabei gerät ein wenig aus dem Blick, dass es auch noch andere Methoden zur Visualisierung von Inhalten gibt. Es finden sich sogar eine ganze Menge darauf spezialisierter Produkte am Markt. Zum Beispiel das ähnlich funktionale, aber kostenlose „Impress" aus der OpenOffice-Familie. Oder für Mac-Anwender Apples „Keynote", das für seine ästhetisch sehr ansprechenden Vorlagen bekannt ist.

Relativ weit reichende Präsentationsfunktionen bietet auch Adobes PDF-Standard. Nur weiß das kaum jemand. Schließlich hat die Software ihr Kerneinsatzgebiet bei der layoutsicheren Übermittlung von gestalteten Dokumenten in der Druckvorstufe und im Web.

Auch wenn sich PDF-Präsentationen nicht so weit gehend animieren lassen wie mit Spezialprogrammen erzeugte Lichtbildshows, bieten sie doch einen zentralen Vorteil: Jeder PC ist zum Abspielen geeignet, auch ohne dass man spezielle Tools außer dem meist mitgelieferten Acrobat Reader installieren muss. Dieser ist zudem auf fast allen Systemplattformen zu Hause.

Also nicht nur unter Windows und am Mac, sondern auch unter Linux, auf Pocket-PCs, Palms, Sun-Rechnern oder unter OS/2. Erzeugen kann man PDF-Präsentationen als Diashow in der Grundform schon mit ein paar Klicks in Photoshop ab Version CS. Voraussetzung sind nur Bildvorlagen in gängigen Grafikformaten. Zieht man die Vollversion von Acrobat hinzu und nimmt sich ein wenig Zeit, lassen sich allerhand zusätzliche Spielereien einbauen. Wer eine ältere Photoshop-Version besitzt, muss zur Erzeugung der Präsentationen komplett auf Acrobat ausweichen.

Da man hier ohne die mehr oder weniger geschmackvollen Gestaltungsvorlagen auskommen muss, die bei spezialisierter Software in großen Umfang mitgeliefert werden, steigt die Chance, dass Folien entstehen, an deren Optik sich die Zuschauer später auch noch erinnern werden, da sie sich vom gewohnten Einerlei deutlich abheben.

Die hier vorgestellten Techniken eignen sich übrigens besonders gut, um Diavorträge vorzubereiten.

Fotos: Corel

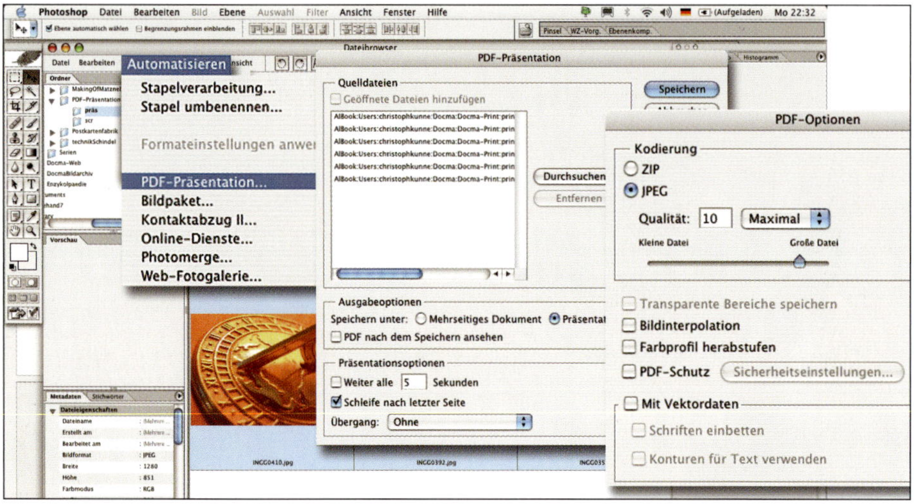

1 Photoshops schnelle PDF-Diashow

Ab Photoshop CS und Elements 2 suchen Sie einfach im Datei-Browser die Bilder zusammen, aus denen Ihre Präsentation bestehen soll und rufen via Browser-Menüpunkt „Automatisieren" oder unter demselben Stichwort im Datei-Menü die PDF-Präsentation auf. Einbinden lässt sich alles, was der Datei-Browser anzeigen kann. Im Automatisierungsdialog kürzen oder ergänzen Sie die Dateiliste, korrigieren die Reihenfolge, legen „Präsentation" als Ausgabemodus fest und speichern das Ergebnis. Sie können hier auch einen Übergang wählen und den Folienwechsel zeitlich gesteuert automatisieren. In den Folgedialogen legen Sie nur noch den Namen und den Kompressionsmodus fest.

2 Problematische Ergebnisse ▲

Hat man seine Daten hinsichtlich der äußeren Parameter wahllos zusammengesammelt, folgt die Strafe meist auf dem Fuß. Große Scans oder Digitalfotos werden nicht auf die Bildschirmgröße heruntergerechnet, sondern nur verkleinert dargestellt. Das verzögert den Bildaufbau. Kleine Bilder, die zum Beispiel von einer Webseite stammen, werden nicht automatisch interpoliert, was zu einer unnötig starken Aufpixelung führen kann. Vektordaten rendert Photoshop bei der Umrechnung – auch wenn man in den „PDF-Optionen" festlegt, dass die Vektorinformationen erhalten bleiben sollen. Vor grober Aufpixelung kann man sich durch einen Klick auf die Funktion „Bildinterpolation" schützen.

3 Gezielte Vorarbeiten

Damit die Vorlagen nicht zu klein und nicht zu groß sind, sollten Sie vor Einsatz der Automatik zunächst alle Bilder in einem extra Verzeichnis für die Bildschirmdarstellung vorbereiten. In erster Linie geht es darum, unnötigen Ballast abzuwerfen. Informieren Sie sich, welche Pixel-Auflösung für Ihren Ausgabezweck gebraucht wird und passen Sie die Bilder mit dem Bildgrößen-Dialog und dem Freisteller-Werkzeug an. Achten Sie darauf, den Farbmodus auf RGB einzustellen und überflüssigen Ebenen oder Alpha-Kanäle aus der Datei zu löschen. Rendern Sie Vektordaten zuvor in der Zielgröße.

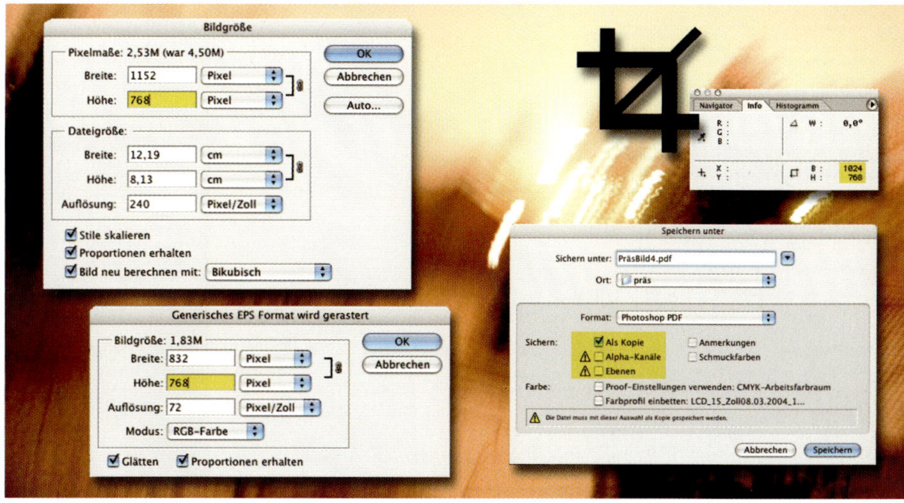

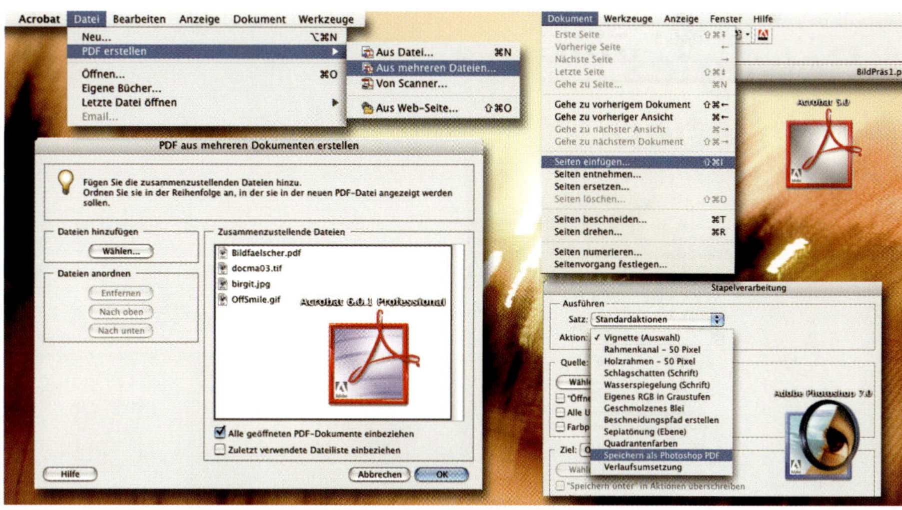

4 PDF-Diashow mit älteren Versionen ▲

Wer noch nicht mit Photoshop ab Version CS arbeitet, muss etwas umständlicher vorgehen. Photoshop 6 und 7 bieten die Möglichkeit, Bilder als Photoshop-PDF abzuspeichern. Sie müssen also nur die Bilder mit Photoshop vorbereiten und anschließend in einer Acrobat Vollversion oder einem Tool wie Jaws zusammensetzen. Ab Acrobat 6 besteht die Möglichkeit, direkt aus dem Programm Bild-Dokumente in Standardformaten wie TIFF oder JPG zusammenzusammeln oder direkt einzuscannen und daraus ein PDF-Dokument zu erzeugen. Der Acrobat Reader beherrscht einen Vollbildmodus, in dem das PDF dann auch mit animierten Übergängen gezeigt werden kann.

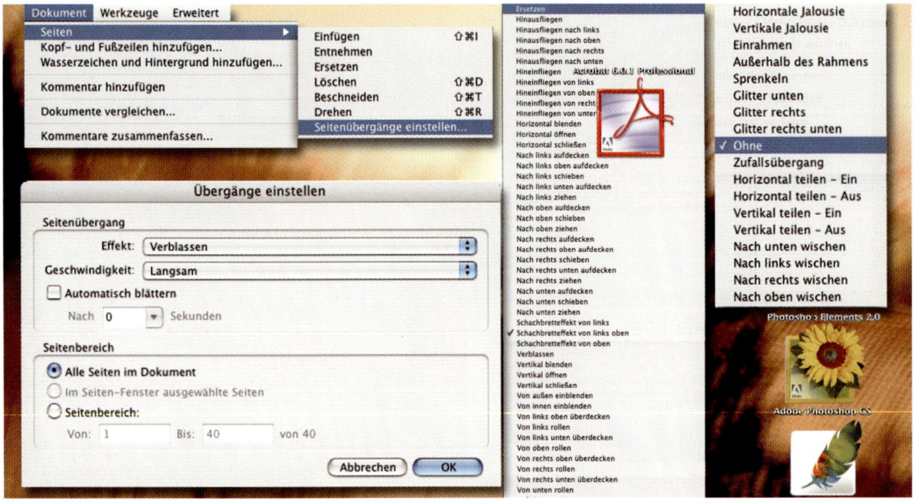

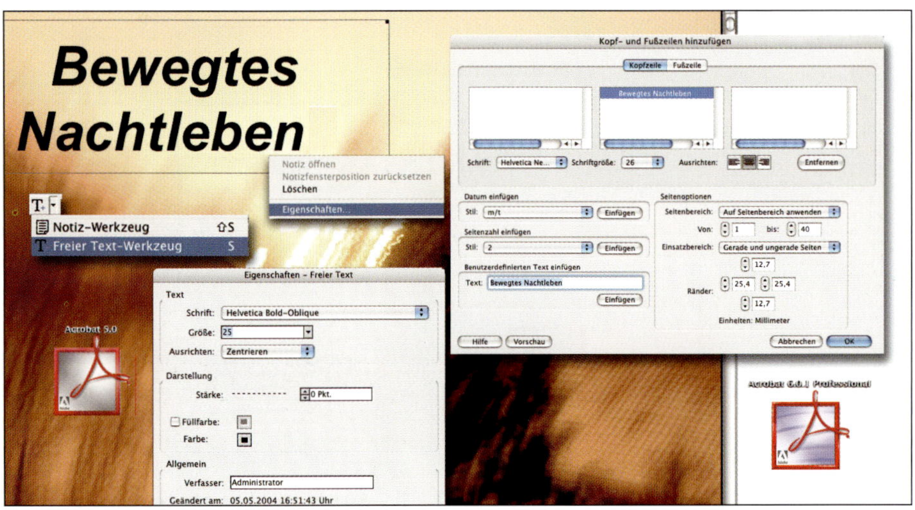

5 Übergänge gestalten

Die Art, wie eine Folie in eine andere überwechselt, ist in Photoshop und in Acrobat konfigurierbar. In Acrobat lässt sich ab Version 6 für jede Folie einzeln bestimmen, welcher Übergang gewünscht wird. Zur Auswahl stehen in Photoshop ab CS und Elements 17 Übergänge und ein Zufallsgenerator. Acrobat beherrscht dagegen ab Version 6 in Vollprodukt und Reader 50 Übergänge. In der Vorversion sind es auch hier nur 17. Zu finden sind die Übergangsdefinitionen normalerweise bei den Vollbild-Einstellungen, in der Acrobat 6-Vollversion allerdings im Dokument-Menü unter „Seiten". Grundsätzlich sollte man sich hier für einen Überblenden-Typus pro Präsentation entscheiden, außer ein Wechsel dient dem besseren Transport der vermittelten Inhalte.

6 Textelemente einfügen (Acrobat) ▲

Nachträglich Textelemente einfügen ist in Acrobat 5 noch sehr mühselig. Man zieht dazu mit dem „Freier-Text-Werkzeug" einen Textrahmen auf, tippt den Text ein und kann ihn anschließend im Eigenschaftsdialog formatieren. Version 6 gestattet dagegen die auf einzelne Seiten beschränkte oder die durchgängige formatierte Beschriftung von Kopf und Fußzeilen. Hier lassen sich Ränder einstellen, Seitenzahlen einsetzen, rechte und linke Seiten unterschiedlich betexten oder Datumsstempel einfügen. Allerdings hat man keinen Einfluss auf die Schriftfarbe oder andere typografische Feinheiten. Und es fehlt das „Freier-Text-Werkzeug".

7 Textelemente einfügen (Photoshop)

In Photoshop ist die Gestaltung typografischer Elemente dank der überarbeiteten Text-Engine seit Photoshop 6 kaum Beschränkungen unterworfen. Ganz gleich, ob man einfache Erklärungstexte über ein Bild legen will oder aufwändige und effektreiche Headlines einbauen möchte, die Werkzeuge dazu stehen zur Verfügung. Dank der Einbindung von Schriften in Photoshop-PDFs ist es möglich, scharfe, ungepixelte Buchstabenkanten zu erhalten – auch wenn das Bild nur in Bildschirmauflösung angelegt ist. Der einzige Wermutstropfen besteht in der mangelnden Animierbarkeit der Typo-Elemente. Doch hier kann man bei Bedarf ein wenig tricksen. Wie, erfahren Sie im Workshop ab Seite 70.

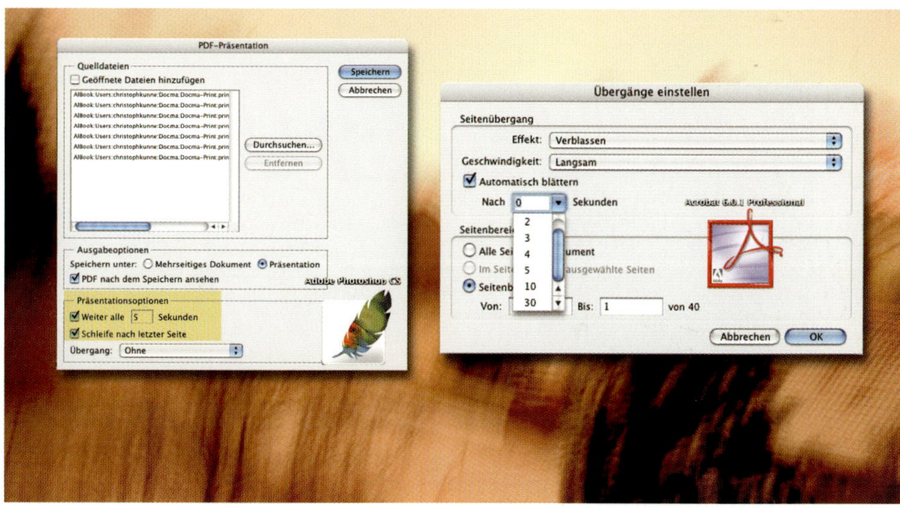

8 Vorführung automatisieren ▲

Wenn Sie die Präsentation für einen Diavortrag nutzen, ist es oft unsinnig, mit selbstständig wechselnden Folien zu arbeiten. Kein Redner kann seine Texte sekundengenau vorkalkulieren. Soll die Präsentation später jedoch im Hintergrund einer Veranstaltung oder ohne Vortragenden im Kiosk-Modus ablaufen, ist eine zeitgesteuerte Automatisierung durchaus angebracht. Ab Version CS können Sie direkt bei der Zusammenstellung eine einheitliche Zeit sowie den Ablauf als Schleife vorgeben. Jede Folie einzeln lässt sich bei der späteren Überarbeitung in Acrobat 6 in ihrer Darstellungslänge abstimmen.

Animierte Präsentationen

Auch mit Photoshop und Acrobat lassen sich Präsentationen mit Bewegungselementen erstellen. Allerdings ist die Animation etwas aufwändiger als bei PowerPoint & Co. | **Christoph Künne**

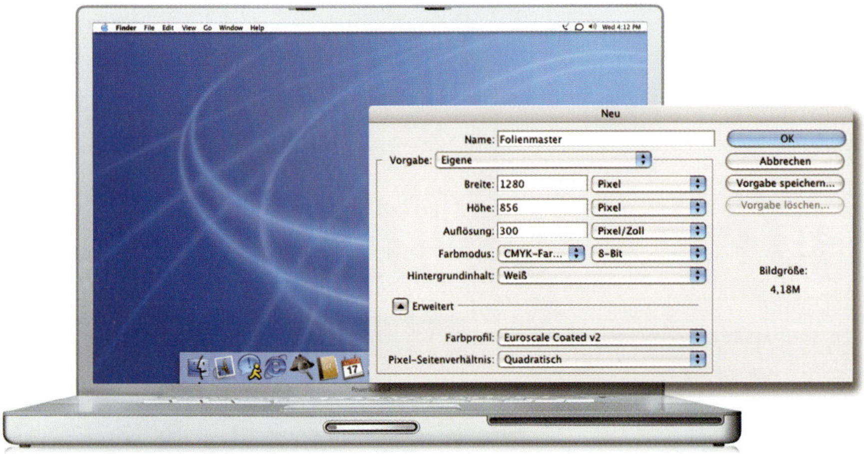

1 Foliengröße ▲

Bei der Gestaltung der einzelnen Folien einer PDF-Präsentation haben Sie alle erdenklichen Freiräume. Es ist im Prinzip völlig egal, mit welchem Programm Sie arbeiten, solange sich das Ergebnis als Photoshop-kompatibles Bild oder als PDF sichern lässt. Wir arbeiten in diesem Beispiel direkt in Photoshop und legen zunächst eine Art Masterdatei an, auf die wir für alle Folien zurückgreifen. Die Größe richtet sich in erster Linie nach der späteren Anwendung. Auf Nummer sicher gehen Sie mit Kantenlängen von 1024 Pixeln Breite und 768 Pixeln Höhe. Wir haben uns hier allerdings für ein Querformat mit 1280 mal 856 Pixeln entschieden, weil die Präsentation ein mobiles 15-Zoll-Breitband-Display voll ausfüllen soll.

2 Bild anpassen

Öffnen Sie nun eine Bilddatei, die als Basis für Ihr Gestaltungsvorhaben dienen soll. Wenn das Bild später auf dem Beamer oder auf einem bestimmten Monitor präsentiert wird, reicht dessen Auflösung als Grundlage vollauf. Größere Bilddateien brauchen nur mehr Rechenzeit, um aufgebaut zu werden. Sie sehen aber nicht, wie man es von Druckdaten kennt, auch gleichzeitig besser aus. Passen Sie also die Bildgröße mit dem gleichnamigen Dialog des Bild-Menüs weitestgehend an die Foliengröße an und positionieren Sie sie danach im Anschnitt. Zum Abschluss speichern Sie diese Datei mit einem aussagekräftigen Namen und dem Zusatz „01“.

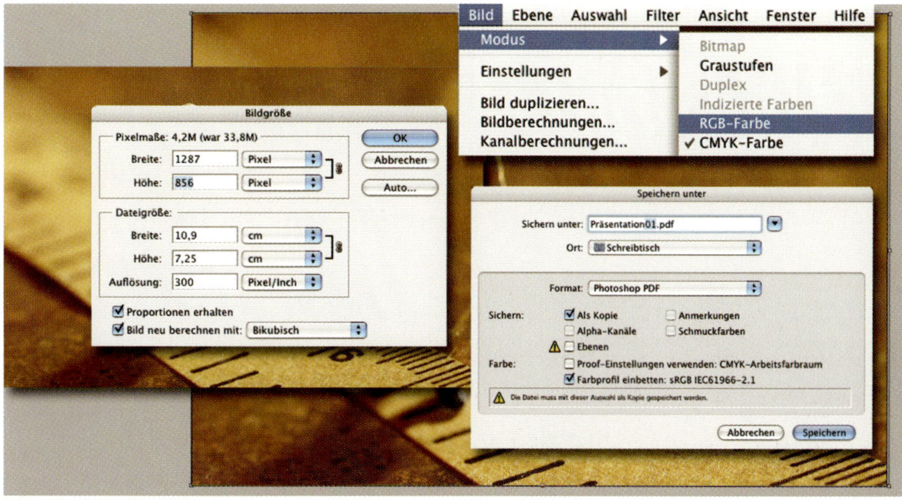

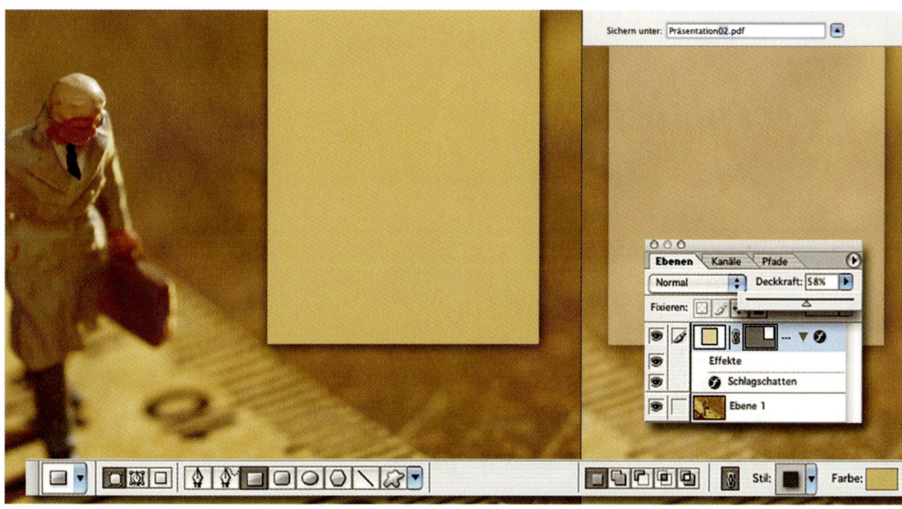

3 Fond einfügen ▲

Wie bei einem Daumenkino wird die Animation der Folien Stück für Stück von Ihnen selbst zusammen gebaut. Sie müssen sich also im Vorfeld überlegen, welche Einzelschritte später zu sehen sein sollen. Damit die Schrift sich besser vom Bilduntergrund abhebt, legen Sie nun einen farblich abgestimmten Fond auf den Bildbereich an, auf dem hinterher die Schrift stehen soll. Dazu eignet sich besonders eine rechteckige Form, deren Deckkraft Sie bei Bedarf teilweise reduzieren. Diese Datei speichern Sie unter demselben Namen, nur mit dem Zusatz „02“.

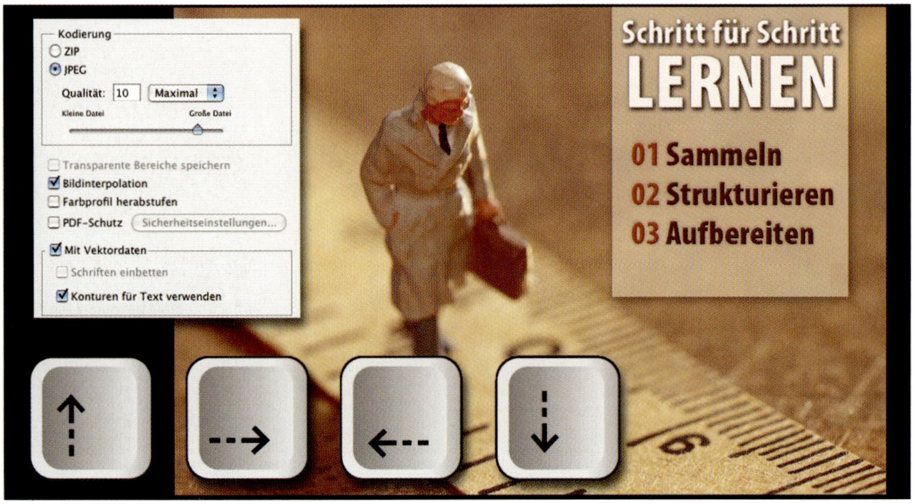

4 Einfache Textelemente

Soll nur eine einzelne Bildbeschriftung eingefügt werden, kommen Sie mit einer dritten „03" genannten Folie aus, die nun zusätzlich den Schriftzug enthält. Bei Aufzählungen, die mehrere nacheinander eingeblendete Textelemente enthalten sollen, müssen Sie für jedes zusätzliche eine weitere Version abspeichern. Da dieser Gestaltungsvorgang sehr arbeitsaufwändig ist und Fehler langwierige Korrekturen erfordern, sollten Sie hierbei gewissenhaft arbeiten.

5 Montage und Kontrolle ▲

Die zusammenfassende Montage erfolgt mit dem Dialog „PDF-Präsentation" aus dem Datei-Menü. Hier sollten Sie auf eine zeitliche Ablaufautomatisierung ebenso verzichten wie auf einen Übergang. Beide Funktionen sind bei Bedarf leichter und besser nachträglich in Acrobat einstellbar. Aktivieren Sie den Schalter „PDF nach dem Speichern ansehen". Anschließend öffnet sich automatisch Ihr im System vorkonfigurierter PDF-Betrachter und die Darstellung startet im Vollbildmodus. Den Wechsel der Folien steuern Sie über einen Pfeiltastendruck oder einen Mausklick. Den Vollbildmodus verlassen Sie mit der „Esc"-Taste. Sollten Sie eine bereits vorhandene mehrseitige PDF-Datei dauerhaft in eine Präsentation umwandeln wollen, müssen Sie in der Acrobat Vollversion die Dokumenteigenschaften entsprechend verändern und die Datei danach sichern.

6 Übergangs-experimente

Wenn Sie sich in Photoshop für den Übergang „Ohne" entschieden haben, wechselt Acrobat die Folien einfach nur aus. Da ein großer Bildbereich identisch bleibt, werden die neu hinzugekommenen Elemente entsprechend hart eingeblendet. Etwas geschmeidiger sieht es aus, wenn Sie sich in Acrobat im Dokument-Menü unter „Seiten" im Dialog „Seitenübergänge einstellen" für den Effekt „Verblassen" entscheiden. Alle anderen Effekte sind mehr oder minder Geschmacksache. Sie sollten aber nicht zögern, damit zu experimentieren.

7 Alternative Bildhinterlegung ▲

Wer seine Präsentationstexte bereits in einem anderen Programm geschrieben und layoutet hat, kann mit einer neuen Funktion in Acrobat 6 Hintergrundbilder hinzufügen. Sollen die Textelemente animiert werden, müssen auch hier zunächst wieder einzelne Folien mit allen Zwischenzuständen als durchnummerierte PDFs abgespeichert werden. Nach dem Zusammenfügen zu einer Präsentation rufen Sie im Dokument-Menü den Befehl „Wasserzeichen und Hintergrund hinzufügen" auf und positionieren ein zuvor ebenfalls als PDF-Datei angelegtes Bild mit den dort verfügbaren Funktionen. Gut für die Lesbarkeit ist eine Erhöhung der Bildhelligkeit.

Für das Web optimierte JPEGs

Fotos, die fürs Internet aufbereitet werden, folgen ihren eigenen Gesetzmäßigkeiten. Erfahren Sie, was man beachten muss, damit die Bilder flink laden und dennoch gut aussehen. | **Christoph Künne**

Fotos: Corel, Bild des Apfels: Free Objects

Jeder kennt das Problem. Sie besuchen eine grafisch aufwändige Website, doch bis alle Bilder geladen sind, hätten Sie entspannt Kaffee trinken gehen können. Stattdessen ärgern Sie sich und warten. Damit so etwas den Besuchern Ihrer eigenen Website nicht widerfährt, genügt ein wenig Auseinandersetzung mit den Werkzeugen von Photoshop.

Es reicht halt nicht aus, ein Foto einfach als JPEG-Datei zu komprimieren und ins Web zu stellen. Auch wenn schnelles Surfen mit DSL-Zugängen immer mehr zur Regel wird – voraussetzen darf man einen solchen Highspeed-Zugang noch lange nicht. Die Kunst der Bildkompression ist indes nicht mehr nur erfahrenen Webmastern oder spezialisierten Grafikern mit besonderen Werkzeugen vorbehalten. Seit Photoshop 6 und Elements 2 gibt es einen sehr komfortablen und hocheffektiven Dialog, mit dem sich alle Arten von Fotos und Grafiken in unterschiedlichen Formaten für den Einsatz im Web optimieren lassen. Dieser wird von Version zu Version um das eine oder andere Detail ergänzt. Damit haben Sie nicht nur absolute Sichtkontrolle über die Auswirkungen ihrer Kompressionseinstellungen, Sie können sich bei Bedarf auch bis zu vier alternative Kompressionsergebnisse gleichzeitig anzeigen lassen. Falls Sie noch mit einer älteren Photoshop-Version arbeiten, werden Sie wahrscheinlich nicht alle Funktionen an den beschriebenen Stellen finden. Das Prinzip dahinter lässt sich aber dennoch ungeschmälert nachvollziehen.

Wer es vorzieht, solche Bilder in dem Photoshop-Schwesterprodukt ImageReady zu bearbeiten, findet dort übrigens fast dieselben Möglichkeiten; nur nicht in einem kompakten Dialog, sondern über die ganze Programmoberfläche verteilt. Im Gegenzug beherrscht ImageReady aber auch noch ein paar zusätzliche Kunststücke, auf die wir allerdings in diesem Artikel nicht weiter eingehen, da sie für die Abstimmung von JPEG-Dateien keine nennenswerten Vorzüge bringen.

1 Das JPEG-Prinzip

Was macht die JPEG-Kompression mit dem Bild? Zunächst werden Helligkeits- und Farbinformationen getrennt. Dann wird die Farbinformation reduziert. Um zu verdeutlichen, was passiert, hilft ein kleines Experiment: Öffnen Sie ein Farbfoto und rufen Sie den Gaußschen Weichzeichner auf. Variieren Sie die Stärke. Damit verringern Sie die Qualität, da durch die Veränderung Details verloren gehen. Sie werden feststellen, dass Sie nicht viel weichzeichnen müssen, um einen bedeutenden Unterschied im Bild sehen zu können.

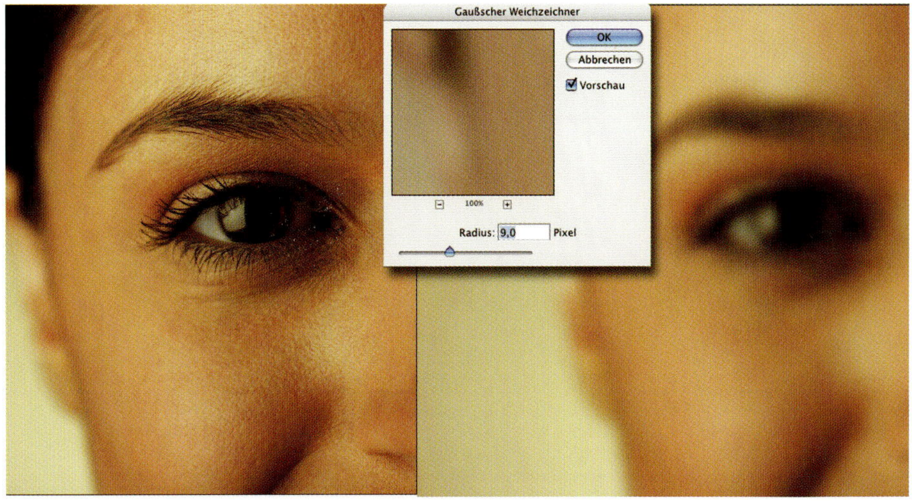

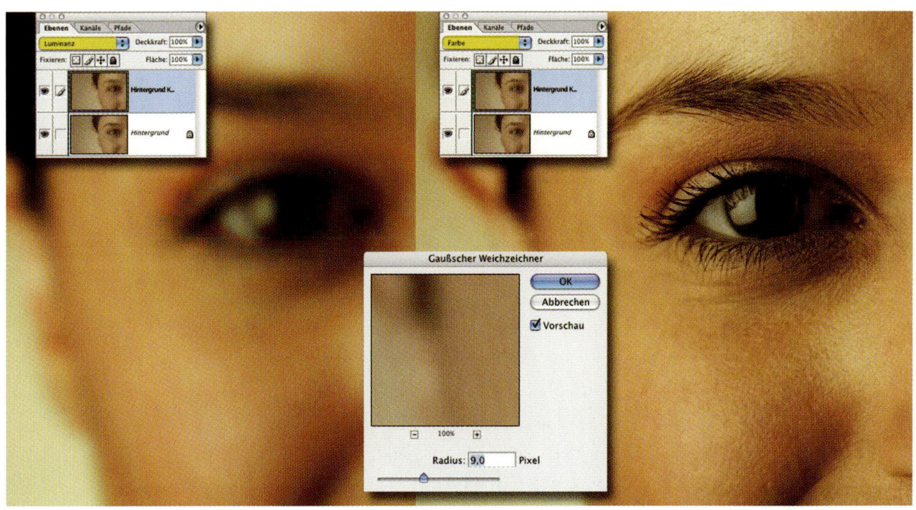

2 Luminanz- und Farb-Ebene ▲

Kehren Sie zum Ausgangsbild zurück und duplizieren die Bildebene. Im ersten Schritt setzen Sie den Verrechnungsmodus auf „Luminanz". Dadurch wird nur die Helligkeitsinformation der neuen Ebene gezeigt. Wenn Sie diese wiederum weichzeichnen, bleibt das Ergebnis fast dasselbe wie bei der Weichzeichnung des ganzen Bildes. Wählen Sie hingegen „Farbe" als Verrechnungsmodus, ist das Bild trotz Informationszerstörung fast ebenso klar zu erkennen wie zuvor. Die Reduktion der Farbinformation ist für die optische Bildqualität also zweitrangig. Und genau darauf baut die JPEG-Kompression auf. Natürlich hat auch das seine Grenzen, aber die Bildgröße lässt sich so um 80 Prozent verringern.

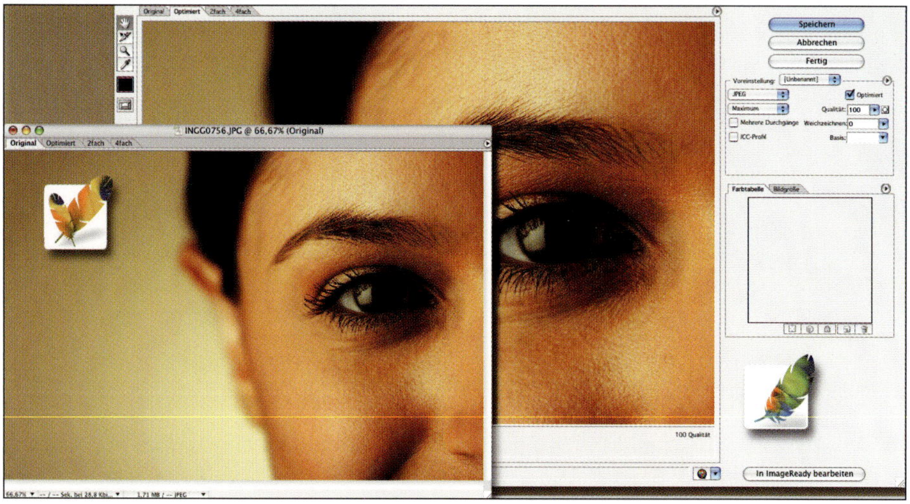

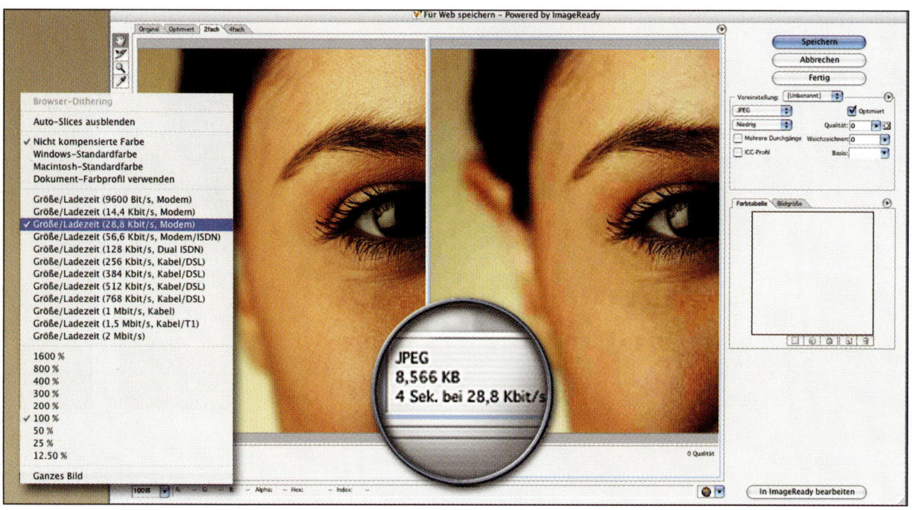

3 „Für Web speichern"

Wenn Sie nun ein Foto für den Einsatz im Internet optimieren möchten, stehen Ihnen in Photoshop und ImageReady verschiedene Wege offen. Sie können das Bild einfach im JPEG-Format speichern, die Kompressionsstärke festlegen und anschließend das Ergebnis prüfen. So hat man das früher gemacht, aber dieser Weg lässt ihnen kaum Kontrolloptionen. Photoshop verfügt im Datei-Menü über den Befehl „Für Web speichern", wo es eine Vielzahl von Parametern gibt, die Ihnen helfen, das Beste aus dem Bild heraus zu holen. In ImageReady sind diese Funktionen ebenso vorhanden, aber etwas anders zugänglich.

4 Standardprozedur ▲

Bei der Bildabstimmung wägen Sie jedes Mal zwei sich widersprechende Parameter gegeneinander ab: Einerseits sollen alle Bilddetails erhalten bleiben, andererseits darf die Datei kaum Speicher belegen, damit sie schnell über die relativ schmalen Datenleitungen des Internets übertragen werden kann. Wie weit die Bildinformation unter der Kompression leidet, sehen Sie am deutlichsten, wenn Sie in der „2fach"-Ansicht das Ausgangsbild mit dem Resultat direkt vergleichen. Wie groß die komprimierte Datei ist und wie lange der Download der Datei dauert, erfahren Sie aus den Angaben am unteren Rand des Dialogfeldes.

5 Brillante Ergebnisse

Damit das JPEG am Ende brillant wirkt, ist jedoch auch Vorbereitung erforderlich. Digitalisieren Sie das Ausgangsbild mit Scanner oder Kamera möglichst hoch auflösend wie für den Druck und sichern Sie es zunächst in einem verlustfreien Dateiformat wie TIFF. Nehmen Sie alle Nachbearbeitungen an der hoch auflösenden Ausgangsdatei vor. Reduzieren Sie die Bildgröße erst unmittelbar vor oder während der Abstimmung auf die Kantenlängen für den Internet-Einsatz. Beachten Sie dabei, dass Sie sich an den Pixelmaßen und nicht an auflösungsabhängigen Millimeterangaben orientieren. Die Anpassung der Bildgröße können Sie auch im Bereich „Dateigröße“ des „Für Web speichern“-Dialogs in Photoshop vornehmen.

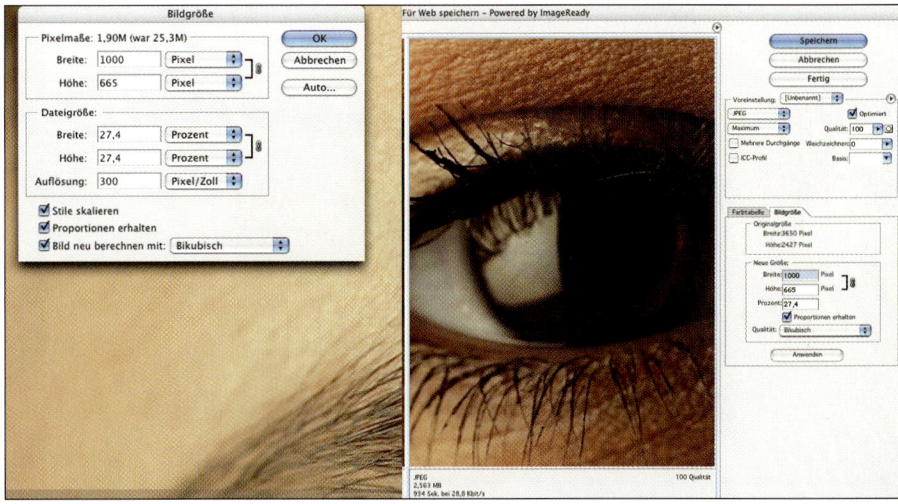

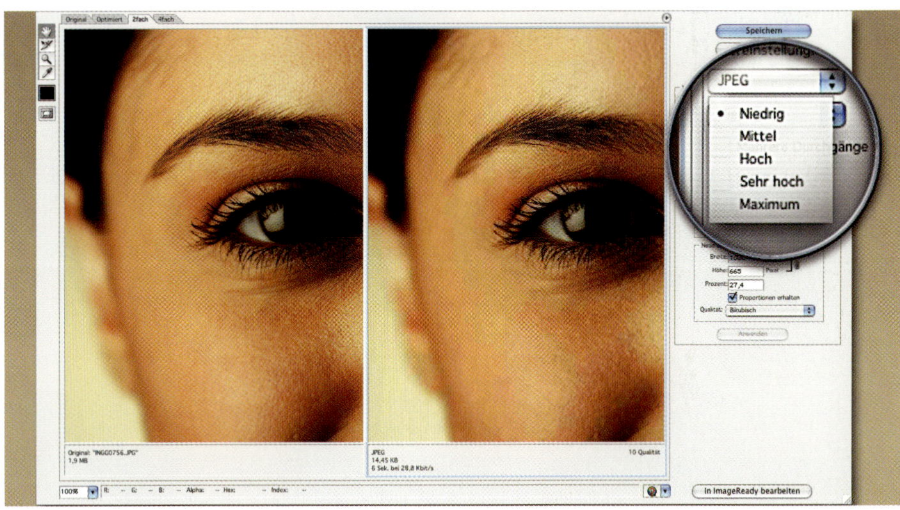

6 Qualitätseinstellungen ▲

Die Abstimmung des Bildes nehmen Sie in zwei Schritten vor. Zunächst wählen Sie eine der fünf Qualitätsstufen aus und kontrollieren die Bildgröße. Eine komplette HTML-Seite sollte nicht größer als 40 Kilobyte sein, damit die Ladedauer sich auch für Modemnutzer noch in Grenzen hält. Das ist zumindest die Faustregel. Seit der Verbreitung von DSL sind die Webgrafiker hier jedoch etwas flexibler geworden. Je nachdem, wie viele Bilder darauf Platz finden müssen, entsteht eine Größenvorgabe für das einzelne Bild.

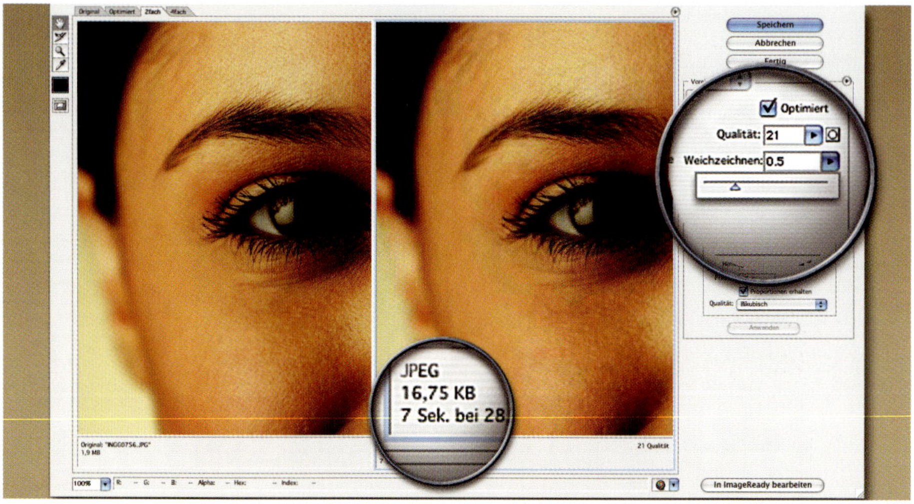

7 Feinabstimmung

Im zweiten Schritt optimieren Sie das Bild manuell. Wählen Sie eine Vorgabe, die etwas unter dem Optimum liegt, in der also schon deutlich Artefakte zu sehen sind. Wenn die Bildschärfe nicht unbedingt hundertprozentig erhalten werden muss, nehmen Sie mit dem Weichzeichnungsregler leichte Korrekturen vor. Abschließend klicken Sie in das „Stärke"-Feld und verändern die Kompression mit Hilfe der Pfeiltasten auf Ihrer Tastatur, bis Sie ein optimales Ergebnis erhalten haben. Im Beispiel haben wir die Größe von 1,9 MB auf knapp 17 Kilobyte geschrumpft – wohlgemerkt bei einer Datei, die 1000 mal 665 Pixel groß ist.

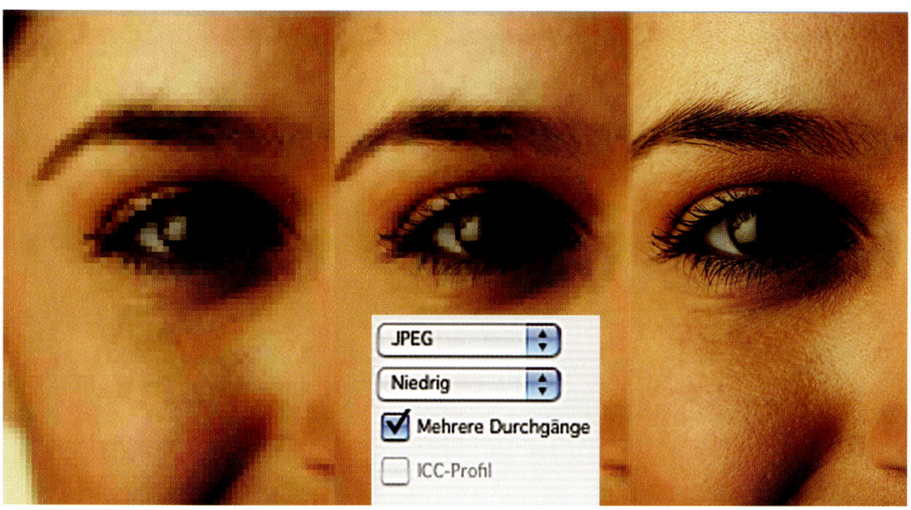

8 Weitere Optionen ▲

Die Option „Mehrere Durchgänge" lädt die Datei später im Webbrowser zunächst in niedriger Auflösung und erst nach und nach alle vorhandenen Details. Das macht Sinn, wenn Sie auf einer Website mehrere große Bilder unterbringen müssen, Ihre Besucher aber nicht mit unnötig langen Wartezeiten quälen möchten. Sie sollten diese Checkbox grundsätzlich bei Bildern über 20 Kilobyte einschalten. Von der Einbindung des ICC-Profils der Datei ist abzuraten, wenn Sie nicht mit sehr farbkritischen Aufnahmen zu tun haben, da diese Profile zusätzlichen Speicherplatz belegen.

Gewichtete Optimierung

Nicht immer ist eine einzige Kompressionseinstellung für alle Bildbereiche gleichermaßen geeignet. Damit Sie wichtige Bilder präziser abstimmen können, unterstützen Photoshop und ImageReady die Slice-Technik ebenso wie Alpha-Kanäle zur Steuerung der Kompression im Bild. | **Christoph Künne**

1 Slices ▲

Mit Slices unterteilen Sie Bilder in rechteckige Kacheln. Dieser Kunstgriff beschleunigt die Übertragung. Mehrere kleine Grafiken laden schneller als eine große. Außerdem kann jedes Slice unabhängig vom Rest komprimiert und gespeichert werden. Dadurch kombiniert eine optisch einheitliche Grafik die Vorzüge von GIFF, JPEG- und PNG-Dateien. Aktivieren Sie zum Slicen das entsprechende Werkzeug und ziehen Sie an einer sinnvoll gewählten Bildstelle ein Rechteck auf. Zum Slicen geeignet sind Bilder mit gut voneinander trennbaren Motivteilen, zum Beispiel Layouts mit mehreren Elementen. Bei der Erzeugung einer Slice-Kachel entstehen automatisch mehrere andere Kacheln, da durch den Eingriff das ganze Bild in Rechtecke eingeteilt werden muss.

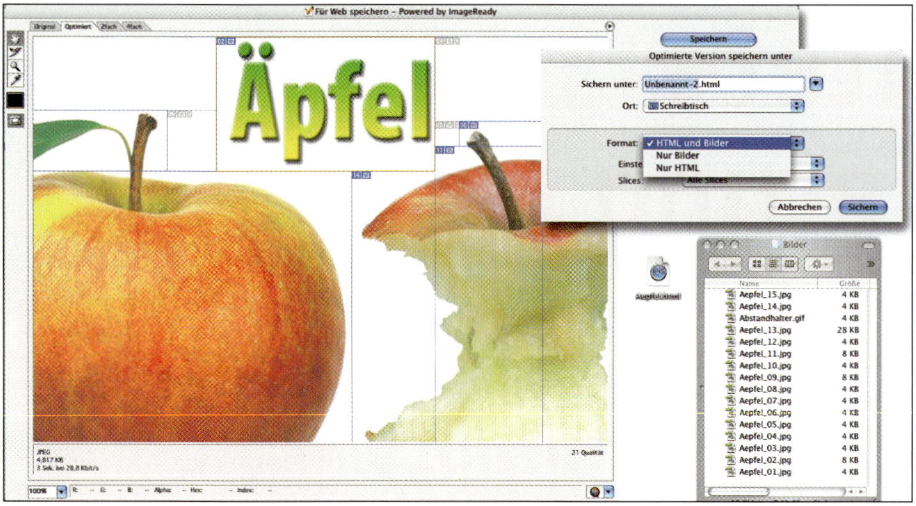

2 Slices sichern

Im Gegensatz zu gewöhnlichen Webgrafiken besteht ein geslictes Bild aus mehreren Dateien. Zusätzlich zu den einzelnen Bildteilen entsteht beim Slicen noch eine Datei mit Information in der Webseiten-Beschreibungssprache HTML, wie die Bilder zusammen gehalten werden. Wenn Sie zehn Slices in einem Bild definieren, entstehen beim Speichern zehn Bilddateien, ein Ordner zu deren Aufbewahrung und die HTML-Datei. Den Code aus der HTML-Datei kopieren Sie anschließend beim Gestalten der Webpage in deren Quellcode, den Sie in einem HTML-Editor Ihrer Wahl bearbeiten.

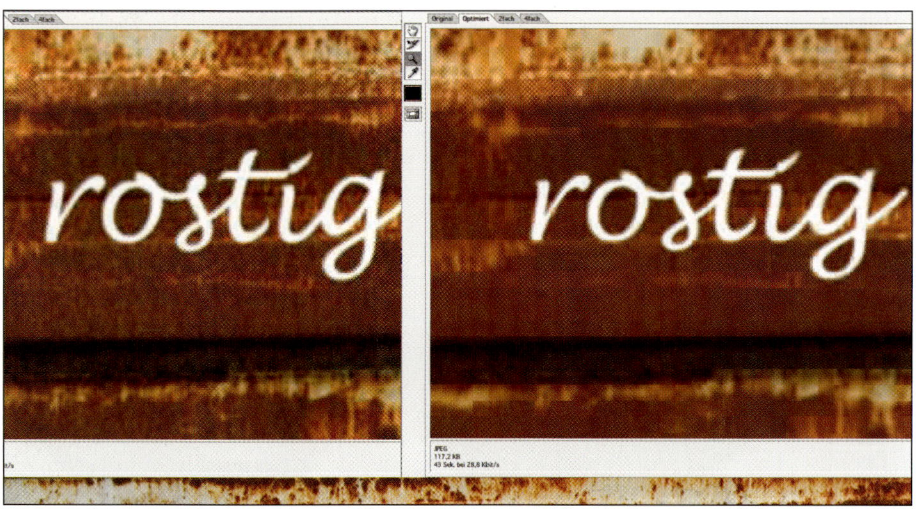

3 Textkompression ▲

Ebenfalls sehr geeignet für die Kompression von Layouts ist die Arbeit mit Alpha-Kanälen. Wenn Sie zum Beispiel ein Foto mit einem Schriftzug komprimieren wollen, lässt sich das Bild meist bei guter Qualität weit stärker verkleinern als der Text. Soll der Text dagegen gut lesbar bleiben, steigt der Speicherbedarf der Datei überproportional an. Schließlich nimmt der Textbereich nur einen kleinen Teil der Fläche ein, aber der ganze Rest muss deswegen weniger stark komprimiert werden. Um solche Probleme zu vermeiden, arbeiten moderne Webeditoren mit Layer-Techniken, mit denen man Texte und Bilder getrennt anlegt und erst beim Seitenaufruf kombiniert. Leider verstehen noch nicht alle Browser diese Kunstgriffe anstandslos.

4 Objektmaske

Wegen dieser Inkompatiblilität ist es oft sicherer, stattdessen die Möglichkeiten der Kompressionstechnik voll auszuschöpfen. Wenn Sie Text- oder Vektor-Elemente und Bilder auf unterschiedlichen Ebenen anlegen, erzeugt Photoshop für das interne Datenhandling einen Alpha-Kanal auf Basis der Ebenentransparenz der jeweiligen Objekt-Ebene. Auf diese intern vorhandene Freistellungsmaske können Sie auch bei dem Kompressionsvorgang zurückgreifen. Das Bild wird also in zwei Bereiche aufgeteilt, in denen Sie unterschiedlich starke Komprimierungseinstellungen anwenden können. Klicken Sie einfach im „Für Web speichern“-Dialog auf das kleine Kanal-Symbol und trennen Sie per Klick auf die Checkboxen alle Text- und Vektor-Elemente vom Bildhintergrund.

5 Alpha-Kanäle erzeugen ▲

Sollen einige Bereich des Bildes weniger stark komprimiert werden als andere und lassen sich die Grenzen nicht rechteckig mit dem Slice Werkzeug festlegen, können Sie auch hier wieder mit Alpha-Kanälen arbeiten. Allerdings geht das nicht in ImageReady, sondern nur in Photoshop. Erzeugen Sie einen neuen Alpha-Kanal, ist dieser zunächst schwarz. Sie können nun die zu schützenden Bereiche mit weißer Farbe einmalen. Oder Sie arbeiten im Vorfeld mit einer Auswahl und sichern diese anschließend als Alpha-Kanal; je nachdem, welches Vorgehen sich besser für das Motiv eignet.

6 Maskenkompression

Wenn Sie nun erneut den „Für Web speichern"-Dialog aufrufen und auf das Kanalmasken-Symbol klicken, rufen Sie als „Kanal" Ihren selbst erzeugten Alpha-Kanal auf. Bei komplexen Konstruktionen können Sie auch alle Text- und Vektor-Ebenen gemeinsam mit einem Alpha-Kanal laden. Die weißen Bereiche des Kanals (und auch der Voransicht) kennzeichnen die höchste Stufe der Bildqualität, die schwarzen zeigen die am stärksten komprimierte Fläche. Mit dem Qualitäts-Schieberegler bestimmen Sie die prozentualen Werte der minimalen und der maximalen Kompression.

7 Masken optimieren ▲

Einfache Masken mit schwarzen und weißen Bereichen sind nicht für jedes Motiv die beste Wahl. Oftmals verbessern weiche Übergänge zwischen minimaler und maximaler Kompression das Ergebnis, indem sie den Wechsel harmonischer erscheinen lassen. Um solche Übergänge zu erhalten, arbeiten Sie mit weichen Kanten im Alpha-Kanal. Diese können Sie entweder mit einer weichen Werkzeugspitze nach Bedarf auftragen oder mit dem Gaußschen Weichzeichner erzeugen. Falls Sie eine Kantenaufweichung auch bei Text- oder Vektor-Elementen vorzunehmen wünschen, müssen Sie die Ebeneninhalte zunächst auswählen und dann durch Sichern der Auswahl einen Alpha-Kanal dafür anlegen.

Adobe Bridge

Bridge ist ein eigenständiges Programm, das funktional auf Photoshops altem Datei-Browser aufsetzt, diesen aber in vielfältiger Form erweitert. Mit Bridge verwalten Sie nun alle Dateiformate der in der Creative Suite enthaltenen Programme. | **Christoph Künne**

Fotos: Schritt1 Adobe Stock Photos, Rest: photocase.de

1 Adobe Stock Photos ▲

Diesen Service, der sich an Grafiker und Bildredakteure richtet, haben die Adobe-Programmierer sicherlich mit einem Seitenblick auf den Erfolg von Apples iTunes installiert. Stock Photos ist eine virtuelle Bilderhandlung. Braucht man Material zur Illustration oder für Montagen, reicht es aus, einfach ein Suchwort einzutippen, und Bridge durchstöbert die Bestände von zahlreichen Fotoagenturen. Wer mehr als eine rund 500 Pixel große Voransicht herunter laden möchte, muss allerdings dafür – abhängig von der Datenmenge – bezahlen.

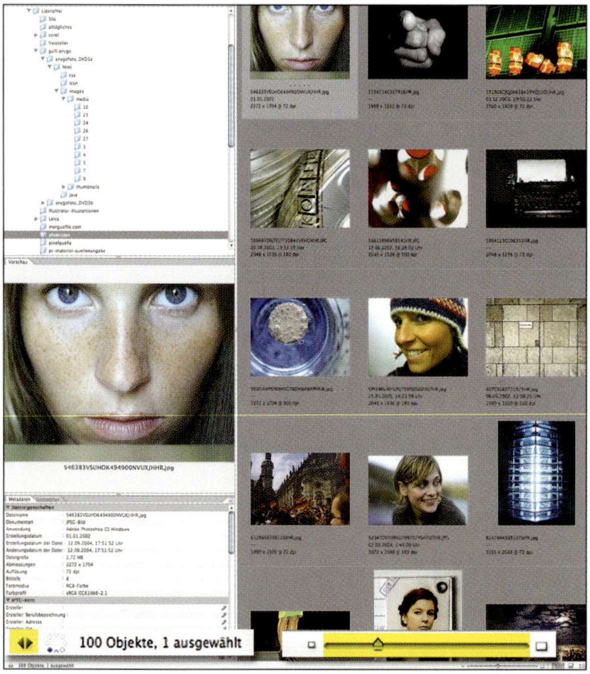

◀ 2 Das Leuchtpult

Auf der normalen Oberflächenansicht navigieren Sie über den Verzeichnisbaum links oben durch Ihre Laufwerke und sehen im Anschluss im großen Fenster Thumbnail-Voransichten von allen in dem jeweiligen Verzeichnis gefundenen Dateien. Bei Medien-Dateien wie Fotos, PDFs, InDesign-Dokumenten, Filmen oder Vektorgrafiken aus Illustrator erzeugt Bridge automatisch eine Voransicht. Dateien, deren Inhalte es nicht darstellen kann, wie Musik-Clips, Excel-Dateien oder Textdokumente, zeigt es mit einem Programm-Icon an. Per Schieberegler am rechten unteren Fensterrand lässt sich die Größe der Thumbnails an die eigenen Anforderungen anpassen. Haben Sie eine Datei ausgewählt, werden auf der linken Seite davon eine vergrößerte Vorschau sowie technische Zusatzinformationen eingeblendet. In Verzeichnissen mit vielen Dateien geht es aber zunächst meist darum, sich einen Überblick zu verschaffen und möglichst viele Bilder zu sehen. Ein Klick auf das Doppelpfeilsymbol unten links blendet dann die Zusatzinformationen temporär aus.

3 Andere Ansichten ▶

Auch wenn die Leuchttischansicht mit den skalierbaren Thumbnails für die meisten Fälle das beste Werkzeug sein dürfte, kennt Bridge noch andere Ansichtsmodi. Eine einfache Diaschau starten Sie mit der Tastenkombination Strg-/Befehlstaste+L. Drücken Sie bei der Diashow die H-Taste, so werden alle hier verfügbaren Steuerbefehle eingeblendet. „Filmstreifen“ heißt eine Ansicht, bei der die Leuchtpultfläche in eine sehr große Voransicht und einen Bilderstreifen zur Navigation eingeteilt wird. Der Ansichtsmodus „Details“ listet die Thumbnails untereinander auf und zeigt Ihnen rechts daneben die wichtigsten Bildinfos an. Wenn Sie mit der Versionsverwaltung „Version Cue“ arbeiten, können Sie sich auch für jedes Bild die von Ihnen gespeicherten Alternativen anzeigen lassen. Wer Bridge immer eingeblendet sehen möchte, lässt es sich einfach im „Kompakt“-Modus als immer oben liegende Palette anzeigen.

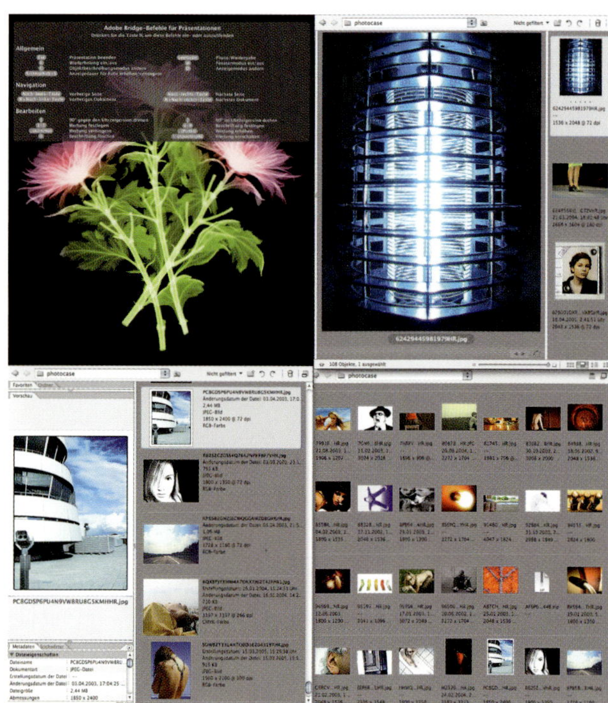

4 Sortierfunktionen

Digitalfotografen stellen bald fest, dass durch den Wegfall von Filmkosten weit mehr Bilder als zuvor entstehen. Damit die digital erzeugten Bildersammlungen nicht außer Kontrolle geraten, muss man die Einzelfotos nicht nur möglichst exakt beschriften, sondern auch möglichst bald nach der Aufnahme sortieren und bewerten. Das wird besonders dann nötig, wenn es sehr viele Varianten eines Motivs gibt. Bridge bietet zum Sortieren zwei neue Techniken: Zum einen können Sie Bilder bewerten, indem Sie jeder Datei zwischen keinem und fünf Sternen zuordnen. Außerdem besteht die Möglichkeit, parallel dazu fünf unterschiedliche, von Ihnen frei benennbare Farbmarken zuzuweisen. Damit das schnell geht, sind alle diese Auszeichnungsfunktionen über Tastenkürzel zugänglich. Gespeichert werden solche Zusatzinfos übrigens in Adobes XMP-Format. Bietet ein verwendetes Dateiformat dafür keine Unterstützung, landen die Beschriftungszusätze nur im Cache, nicht aber in der Datei selbst.

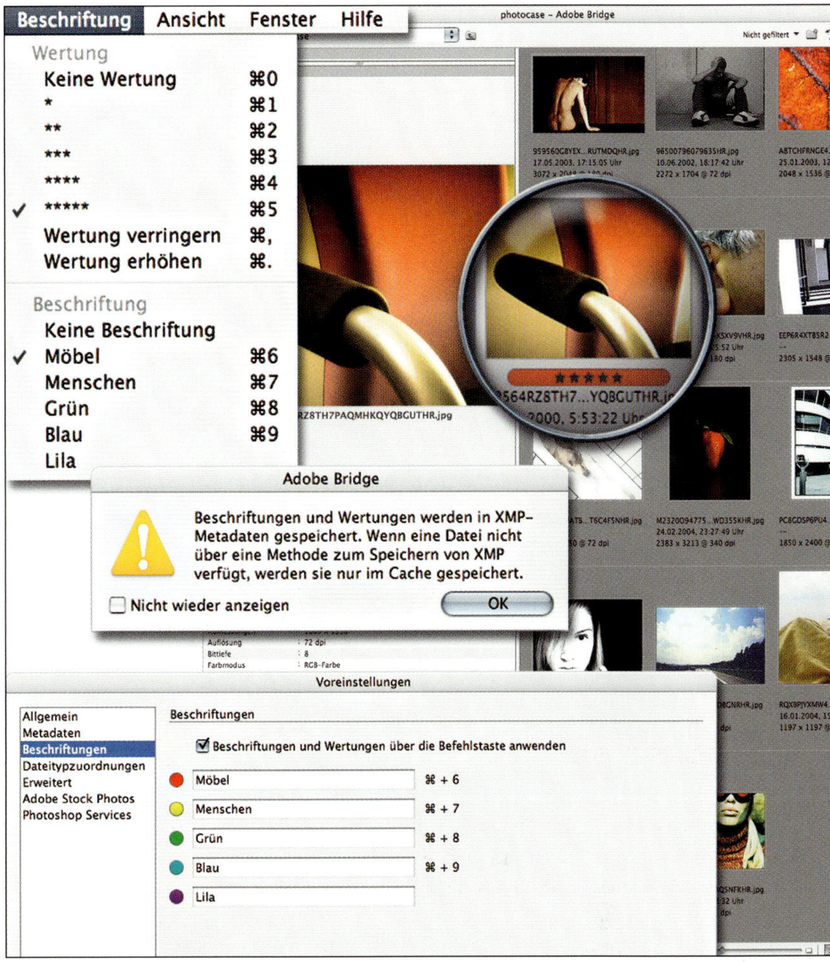

Photoshop als digitale Dunkelkammer

Bildbeurteilung

Bilder am Monitor zu beurteilen, ist nur auf den ersten Blick einfach. Will man mehr als nur eine ungefähre Vorstellung von Farben und Schärfe gewinnen, muss man sich mit den verschiedenen Bildansichten auseinandersetzen. In diesem Workshop gehen wir der Frage nach, wann die unterschiedlichen Ansichtsoptionen nützen. | **Christoph Künne**

Es ist ein Bild, und doch ist es kein Bild. Will man Fotos und andere Bilder am Monitor beurteilen, führt dies zu vielen schmerzlichen Fehleinschätzungen, besonders beim noch wenig erfahrenen Bildbearbeiter. Was auf dem Monitor ausreichend gut zu sein scheint, kann bei der Druckausgabe zum Desaster werden. Mal verändern sich dort die Farben bis zur Unkenntlichkeit, mal bilden sich sonderbare Oberflächenstrukturen. In den meisten Fällen aber löst sich einfach nur die erwartete Brillanz der Bildkontraste in grau vermanschtes Unwohlsein auf.

Die dem Problemkomplex zu Grunde liegende Logik erinnert stark an René Magrittes Bild „Getäuschte Vorstellung". Dort ist die Darstellung einer Pfeife mit dem Schriftzug „Dies ist keine Pfeife" zu sehen. Das Sprachspiel ist einfach: Man sieht zwar eine Pfeife, aber materiell ist es ein Stück Leinwand.

Genauso wie die Abbildung einer Pfeife keine Pfeife, sondern eine Abbildung ist, die eine Pfeife darstellt, ist ein Bild am Monitor kein Bild im eigentlichen Sinne. Vielmehr handelt es sich um die Darstellung eines Datensatzes, der dann – der Software sei gedankt – aussieht wie ein Foto. Aber ebenso wie eine Pfeife aus Holz besteht und nicht aus Papier, basiert die Monitordarstellung eines Bildes auf Lichtfarben, während sich ein reales Bild aus stofflichen Farben zusammensetzt.

Der Unterschied mag auf den ersten Blick nicht so gewaltig erscheinen, dennoch ist er es. Das weiß jeder, der einmal versucht hat, im RGB-Modus mit den Reglern des Dialogs „Kanalmixer" Farbkorrekturen vorzunehmen. Nicht umsonst gibt es eine ganze Branche, die sich damit befasst, im wesentlich größeren Farbraum der additiven Lichtfarben den kleineren, aber in einigen Punkten stark abweichenden, Farbraum der subtraktiven Druckfarben abzubilden. Man kann sich leicht vorstellen, dass dieser Kampf gegen die physikalischen Gesetzmäßigkeiten noch lange nicht endgültig ausgefochten ist.

Doch der über den ganzen Workflow konsistente Farberhalt, von der Bilderfassung bis zur Ausgabe auf unterschiedlichen Medien, ist nicht das einzige Problem. Zur Beurteilung der Qualität eines Bildes muss man sich auch seine Pixelstruktur genauer ansehen. Manches Bild ergibt höchst unterschiedliche Darstellungen, je nachdem, mit welcher Zoomgröße man es sich auf dem Bildschirm anschaut. Aber auch die eigenen Änderungen, zum Beispiel bei kunstvollen Stempelarbeiten, wollen, um am Ende überzeugend zu erscheinen, in mehr als einer Ansichtsgröße beurteilt werden.

Auch die Bildqualität lässt sich nur durch genaue Untersuchung des Bildes beurteilen. Manches Bild, gerade aus einer billigen Digitalkamera, sieht im ersten Moment ansprechend aus, doch wenn man es weiter bearbeiten will, treten plötzlich zuvor unsichtbare Störungen oder Farbabrisse in den Vordergrund. Um die Bildqualität einzuschätzen, hilft ein Blick in die Farbkanäle oder auf das Histogramm.

Foto: photocase.de: Handbremse

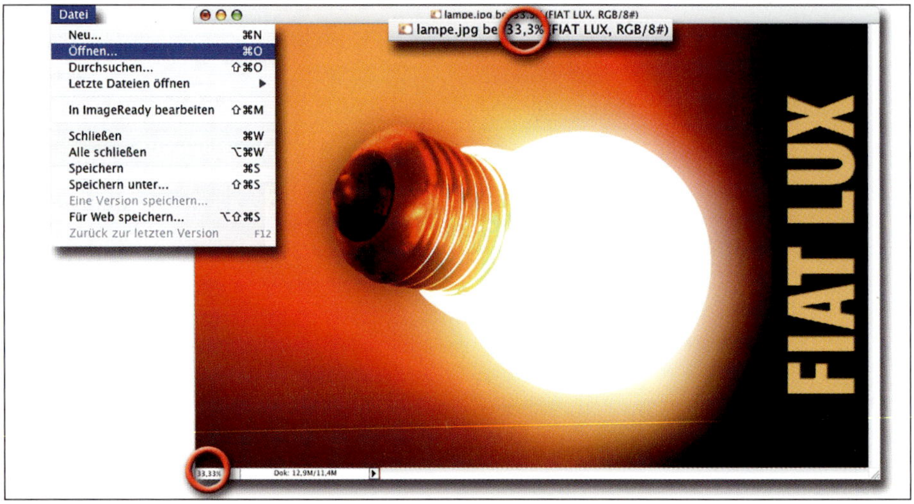

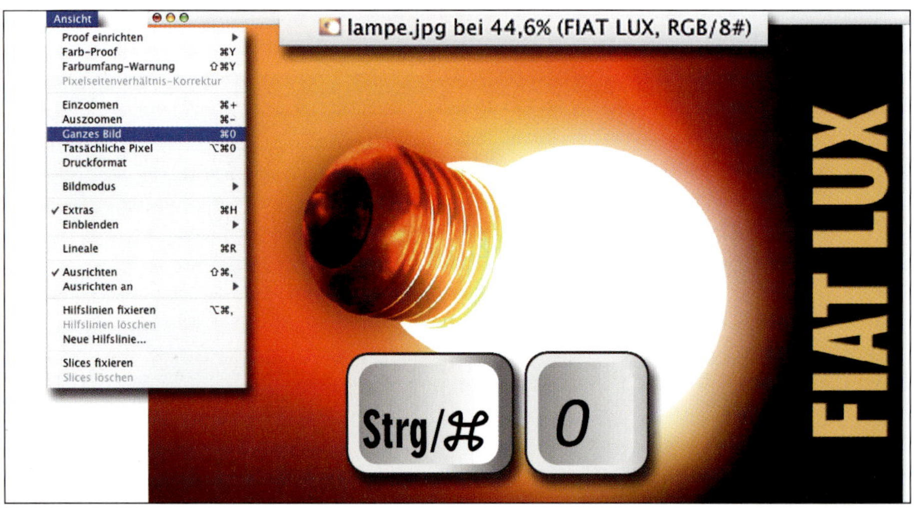

Zoomen

1 Die Standardansicht

Beim Öffnen eines Bildes legt Photoshop automatisch die Darstellungsgröße unter Berücksichtigung der Bildschirmauflösung fest. Je nachdem, wie groß der Datenbestand der Ursprungsdatei ist, zeigt das Programm das geöffnete Bild in einer Darstellung zwischen etwa einem und 100 Prozent an. Allerdings ist die Bilddarstellung auf die Standardzoomstufen (1; 2; 3; 4; 5; 6,2; 8,3; 12,5; 16,7; 25, 33,3; 50; 66 und 100 Prozent) beschränkt, was dazu führt, dass der Bildschirm nur in den seltensten Fällen in voller Höhe oder Breite ausgenutzt wird. In welcher Darstellungsgröße ein Bild zu sehen ist, lesen Sie in der Griffleiste des Dokuments ab.

2 Das ganze Bild ▲

Wählt man den Befehl „Ganzes Bild" aus dem „Ansicht"-Menü, versucht Photoshop, den vorhandenen Platz auf dem Bildschirm in Breite oder Höhe bestmöglich auszunutzen. Bei dieser Darstellungsvergrößerung verwendet die Software dann auch „krumme" Darstellungsgrößen und auch Vergrößerungen über 100 Prozent, bis der Monitor gefüllt ist.

3 Zoomen

Natürlich kann man sich auch im Zoommodus durch die unterschiedlichen Größendarstellungen des Bildes bewegen. Die nötigen Befehle dafür heißen „Einzoomen“ zur Vergrößerung und „Auszoomen“ zur Verkleinerung. Allerdings gibt es auch hier die festen Abstufungen, mit denen das Zoom arbeitet. Wer lieber Tastenkombinationen nutzt, kann unter Windows mit der Kombination von -/Befehlstaste und „+“ beziehungsweise „–“ die Zoomstufe verändern.

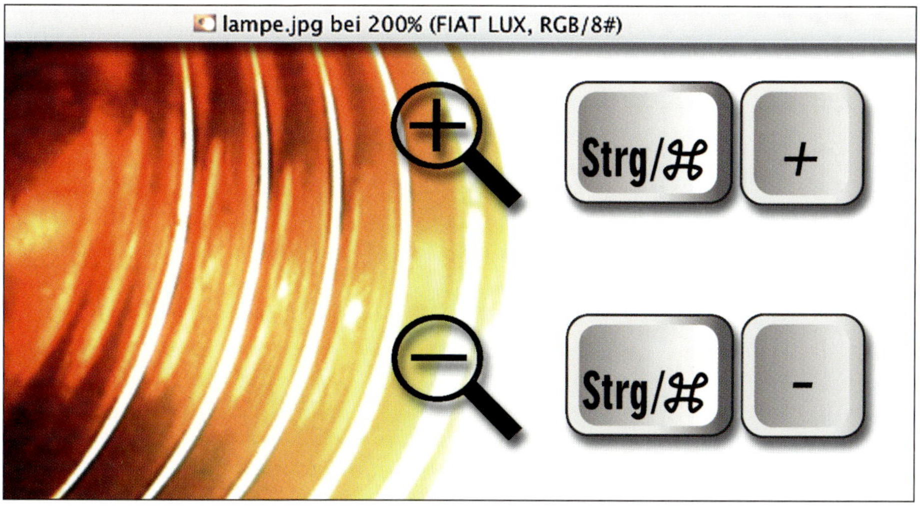

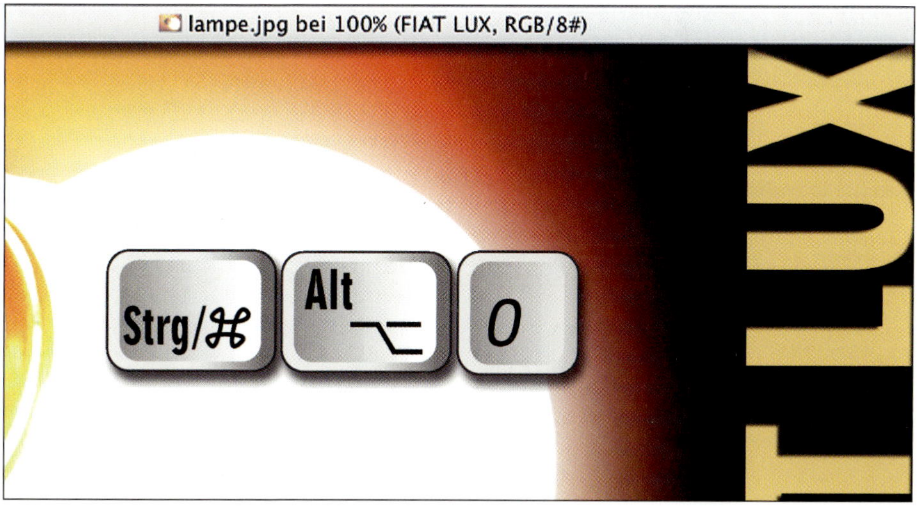

4 „100 Prozent“ ▲

Will man ein Bild „wirklich“ beurteilen, ist es unerlässlich, es in der 100-Prozent-Ansicht zu betrachten – aufzurufen schrittweise per Zoomtastenkombination oder über den Menübefehl „Tatsächliche Pixel“. Nur in dieser Darstellung sehen Sie alle Pixel und damit das Bild in allen Einzelheiten. Wählen Sie dagegen zum Beispiel eine 66-Prozent-Ansicht, stellt Ihnen das Programm nur zwei von drei vorhandenen Pixeln dar. Wie sich von der 100-Prozent-Ansicht abweichende Darstellungen auf die Bildwiedergabe auswirken, sehen Sie bei einem kleinen Versuch: Betrachten Sie ein Bild mit runden und diagonalen Linien oder Typoelementen bei unterschiedlichen Prozentstufen. Wer es noch deutlicher sehen mag, kann auch ein Bild mit der Diffusion-Dither-Modus ansehen. Oft vermitteln aber auch die „geraden“ Darstellungsgrößen 25 und 50 Prozent einen verlässlichen Bildeindruck.

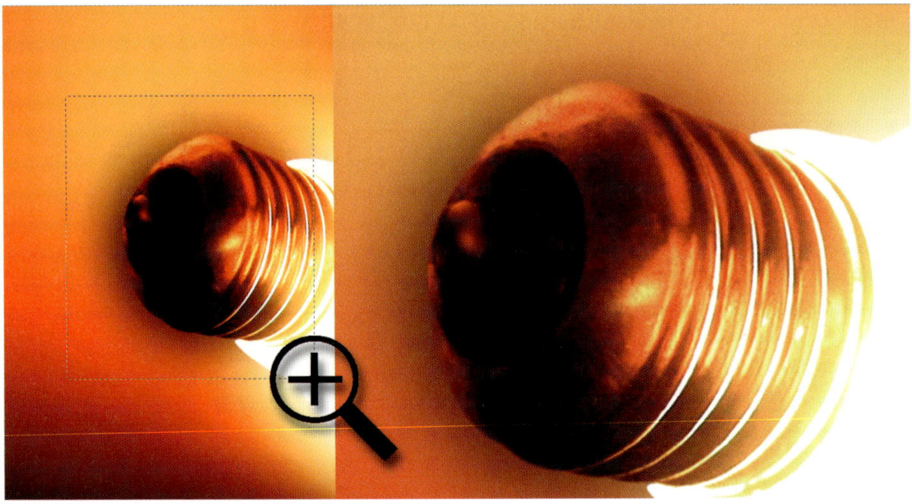

5 Ausschnitts-Zoom

Sollen bestimmte Bildbereiche vergrößert werden, ist es oft einfacher, mit dem Lupenwerkzeug zu arbeiten. Um nicht nur die einfache Zoomfunktion zu benutzen, halten Sie die Maustaste gedrückt und ziehen eine Auswahl auf. Danach wird der von Ihnen zuvor gewählte Bildbereich nach Höhe oder Breite dem in diesem Moment geöffneten Bildfenster angepasst. Je nachdem, wie die Proportionen des Ausschnitts und des Fensters miteinander harmonieren, desto besser stimmt der vergrößerte Ausschnitt mit der Arbeitsfläche überein. Wählen Sie bei einem querformatigen Fenster einen schmalen hochformatigen Zoom-Ausschnitt, passt dieser sich nur in der Höhe dem Bildfenster an.

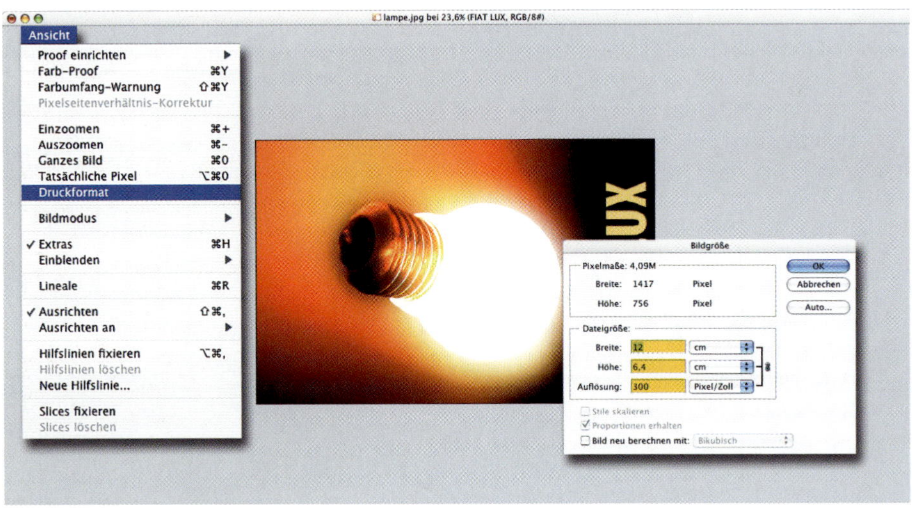

6 Ausgabegröße ▲

Aus der Ansichtsgröße am Monitor kann man nicht auf die Kantenlänge des gedruckten Bildes schließen. Photoshop wertet einfach nur die vorhandenen Pixelmaße aus und stellt sie entsprechend der Bildschirmauflösung dar. Um zu erfahren, wie groß das Bild ausgedruckt wird, steht der Befehl „Druckgröße“ (in älteren Versionen „Ausgabegröße“) zur Verfügung. Damit zeigt das Programm die Kantenlängen an. Inwieweit diese Darstellung weiterhilft, ist fraglich, da etwa die 22 Zentimeter unseres Screenshots auf dem Monitor nur 16 Zentimeter lang waren.

7 Bildnavigation

Korrekturen sollte man immer in einer möglichst großen Darstellung vornehmen. Doch verliert man bei der Arbeit am Detail zu leicht den Überblick. Damit das nicht passiert, gibt es Techniken, die Ihnen helfen, die Übersicht zu behalten. Mit der Navigator-Palette haben Sie eine Art Kompass für Ihre Bilddateien. Ein rotes Rechteck zeigt Ihnen Größe und Ort des Ausschnitts, den Sie gerade bearbeiten, in der Gesamtansicht an. Aber der Navigator kann auch aktiv genutzt werden: Das rote Rechteck lässt sich auf der Voransicht verschieben, und der Schieberegler am unteren Rand erlaubt stufenlose Veränderungen an der Zoomgröße. Die Größe der „Navigations“-Palette kann man über die Skalierungsfunktion am unteren rechten Palettenrand den eigenen Vorstellungen entsprechend anpassen.

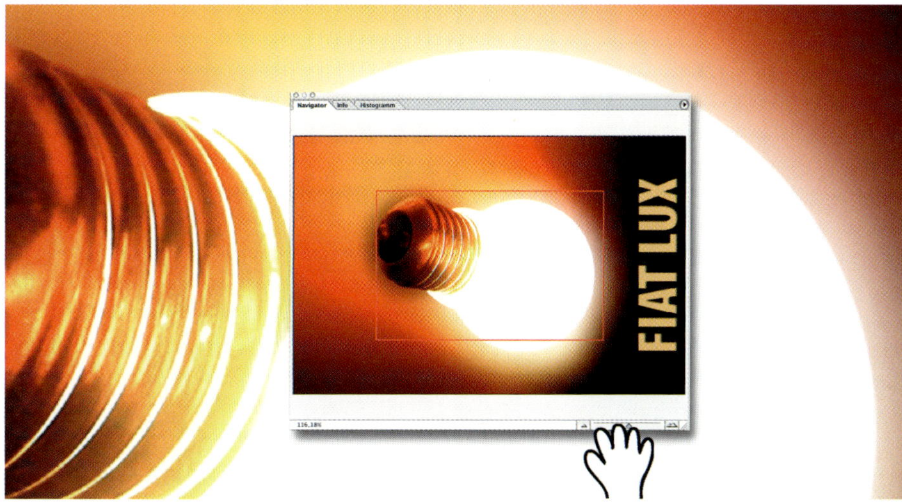

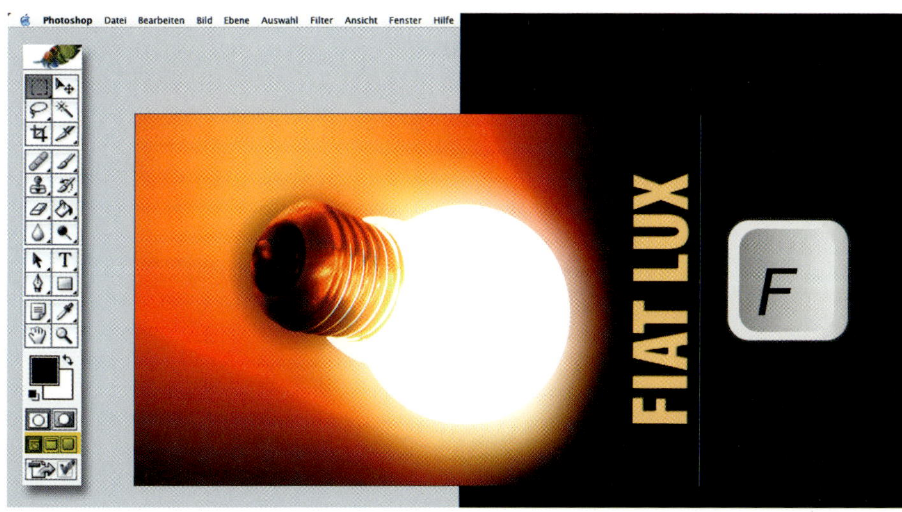

8 Bildmodus ▲

Photoshop kennt drei Bildmodi. Im „Standardmodus“ liegt das Bild am Mac vor dem Schreibtisch oder vor der grauen Hintergrundfläche der Photoshop-Applikation beziehungsweise vor anderen geöffneten Bildfenstern unter Windows. Um ein Bild ohne diese ablenkenden Bildschirmelemente zu betrachten, kann man über das „Ansicht“-Menü im Eintrag „Bildmodus“ in den „Vollbildmodus mit Menüleiste“ oder den „Vollbildmodus“ umschalten.

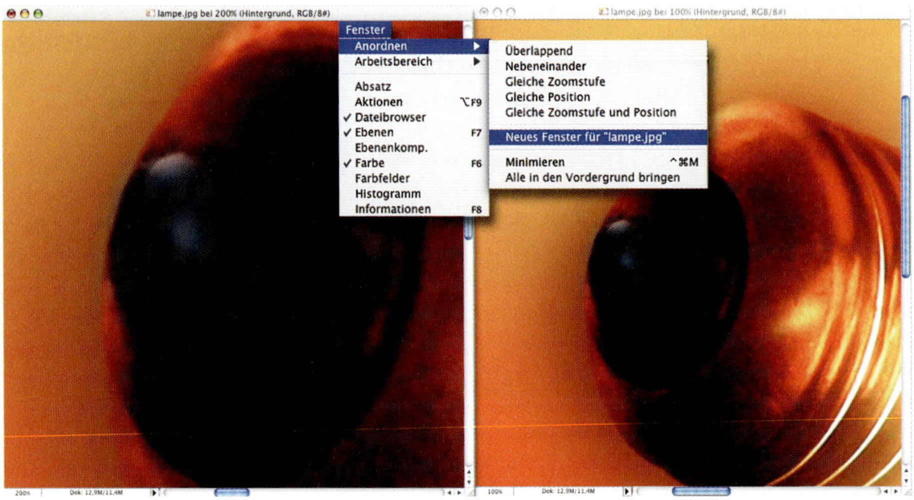

9 Zwei Ansichten

Manche aufwändige Retuschearbeit erfordert aber noch mehr Sichtkontrolle. Dann ist es oftmals sinnvoll, neben der eigentlichen, zumeist stark vergrößerten „Baustelle", eine zweite Ansicht in der 100-Prozent-Ansicht zu benutzen, um die Wirkung der Änderungen am Original besser nachvollziehen zu können. Für solche Fälle öffnet der Befehl „Neue Ansicht" ein weiteres Bildfenster, das man sich je nach Bedarf einrichten kann. Wer so arbeitet, sollte auch unbedingt mit zwei Monitoren zu Werke gehen. Sich gegenseitig überdeckende Fenster, wie man sie bei der Arbeit auf einer einzigen Bildschirmfläche kaum vermeiden kann, veringern die Vorzüge der Zwei-Ansichts-Technik erheblich.

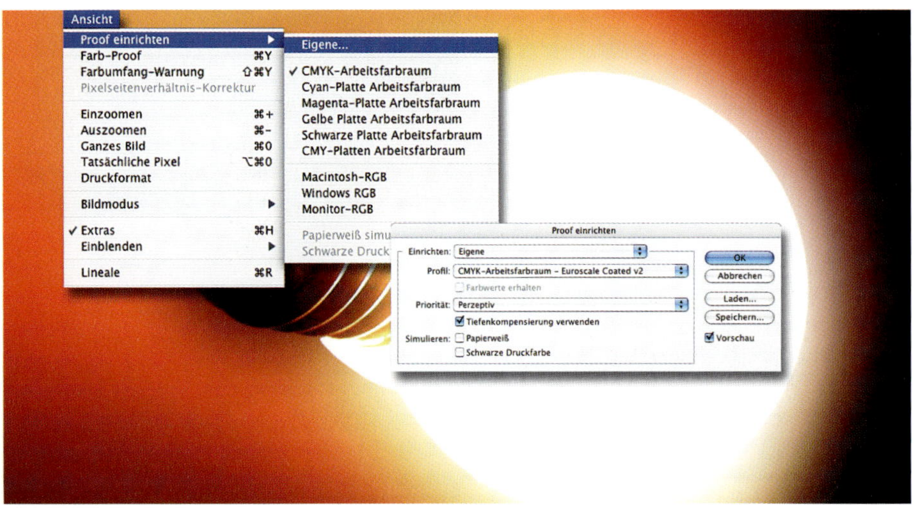

Farbansichten

10 Farbansicht einstellen ▲

Am Monitor zu beurteilen, wie die Bildfarben im Druck wiedergegeben werden, ist, wie eingangs angedeutet, ein nicht zu unterschätzendes Problem. Aber auch hierfür bietet Photoshop Hilfsmittel. Zunächst legen Sie über den Befehl „Eigene", den Sie im Menü „Ansicht" unter „Proof einrichten" finden, das Profil für Ihre Druckausgabe fest. Um herauszufinden, welches das für Ihren Zweck Richtige ist, fragen Sie im Zweifelsfall in der Druckerei Ihres Vertrauens nach.

11 CMYK-Voransicht

Ist im „Ansicht“-Menü die Option „Farb-Proof“ aktiviert, sehen Sie, welche Farben sich beim Vierfarbdruck verändern werden. Diese Funktion ist besonders für unerfahrene Bildbearbeiter von hohem Wert, da sie meist noch kein Gespür dafür entwickelt haben, welche leuchtenden Farben sich ohne Verluste konvertieren lassen und welche nicht. Da man Bilder auch in dieser Ansicht bearbeiten kann, lassen sich die Effekte von Farb- oder Filterkorrekturen halbwegs farbverbindlich einschätzen – zumindest wenn der Monitor kalibriert ist.

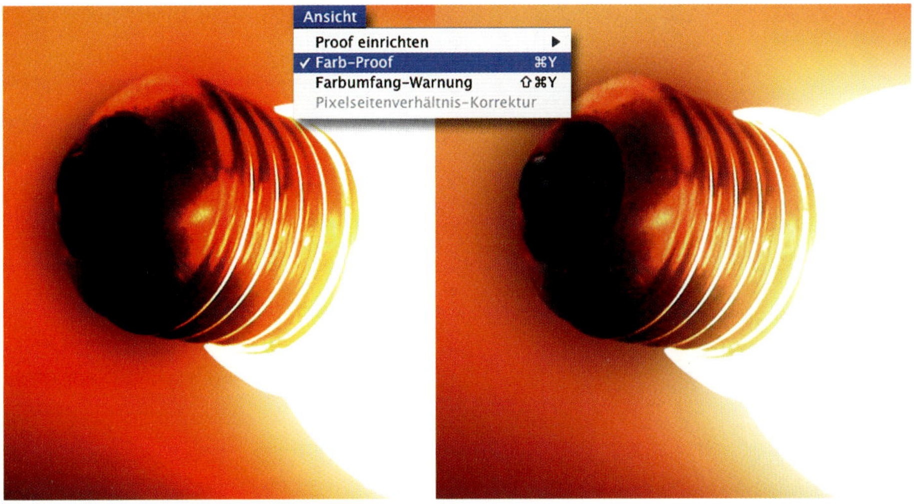

12 CMYK-Auszüge simulieren ▲

Im gleichen Submenü können Sie sich die jeweiligen CMYK-Farbauszüge einzeln und auch das CMY-Komposit ansehen, ohne die Datei bereits von RGB nach CMYK konvertiert haben zu müssen. Zuvor ist es allerdings nötig, im „Ansicht“-Menü die Option „Farb-Proof“ zu optimieren. Mit dieser Funktion können Sie sich auch die unterschiedlichen Farbvarianten ansehen, wenn Sie bei der Proof-Einrichtung die Voreinstellungen verändern. Das macht jedoch nur bei Dateien wirklich Sinn, in denen sich extrem schwierig zu konvertierende Farben befinden.

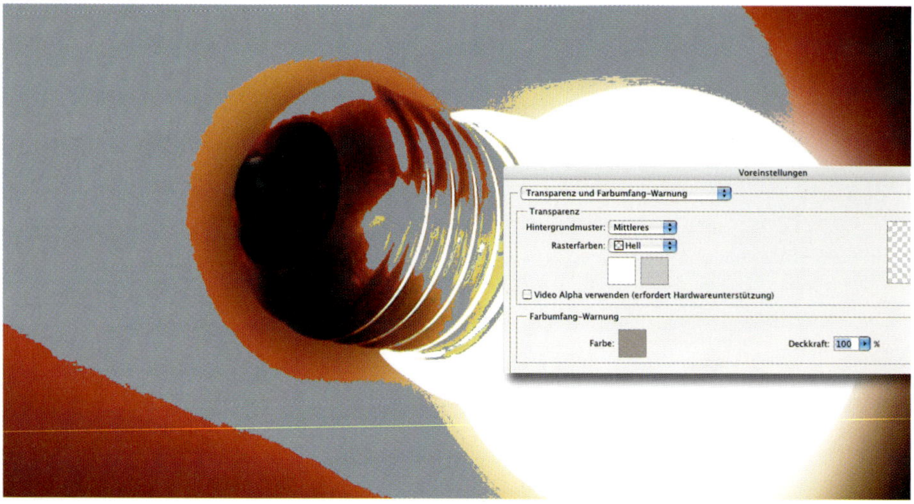

13 Farbumfang Warnung

Sind die Veränderungen wie bei unserem Beispiel nur gradueller Art, zeigt die Funktion „Farbumfang Warnung" die Problemzonen besser an. Hier werden alle Farben, die sich nicht ausgeben lassen, wie im RGB-Farbraum des Monitors dargestellt, in einer vorher in den Voreinstellungen definierten Kontrastfarbe überdeckt. Diese Darstellung ermöglicht auch, sehr feinen Farbveränderungen auf die Spur zu kommen, die sich nur auf Schattierungen eines Farbtons auswirken. Für den Normalanwender ist so etwas kein Thema, aber wer für seine Auftraggeber hundertprozentig farbverbindlich arbeiten muss, weiss derartige technischen Finessen zu schätzen.

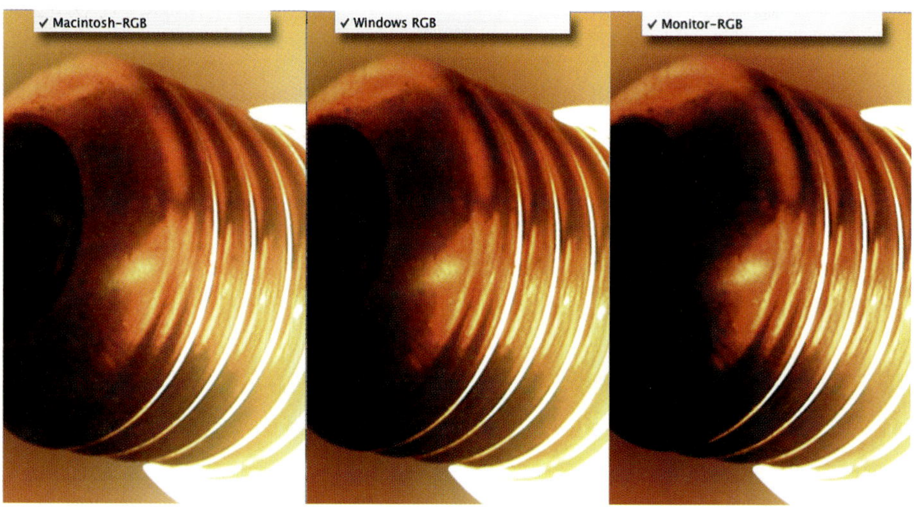

14 RGB simulieren ▲

Je nachdem, mit welchem Betriebsystem und welchem Monitor Sie arbeiten, können die RGB-Daten sehr unterschiedlich dargestellt werden. Welche Differenzen es geben kann, zeigen die drei Voransichtsvarianten unter Ansicht > Proof einrichten > „Macintosh-RGB", „Windows-RGB" und „Monitor-RGB". Hier werden die Standardeinstellungen der Systeme beziehungsweise ein Standard-Monitor-RGB simuliert. Solche Abstimmung eignet sich besonders für Webgrafiker, die kontrollieren wollen, ob die Details ihrer Grafiken auch an anderen Monitoren noch zu erkennen sind.

Qualitätsansichten

15 Kanal-Check

Oft sieht das Farbbild zunächst relativ gut aus, doch sobald man ihm mit größeren Korrekturvorhaben zu Leibe rückt, treten plötzlich unerwartete Störungen auf. Um diese schon im Vorfeld zu lokalisieren, hilft ein Blick in die Farbkanäle. Klicken Sie dazu in der „Kanäle“-Palette nacheinander die einzelnen Auszüge an. Die meisten Störungen bei Kameras mit Neigung zum Farbrauschen gibt es im Blaukanal. Kompressionsartefakte, die bei einer starken JPEG-Kompression entstehen, finden Sie in allen Kanälen gleichmäßig verteilt.

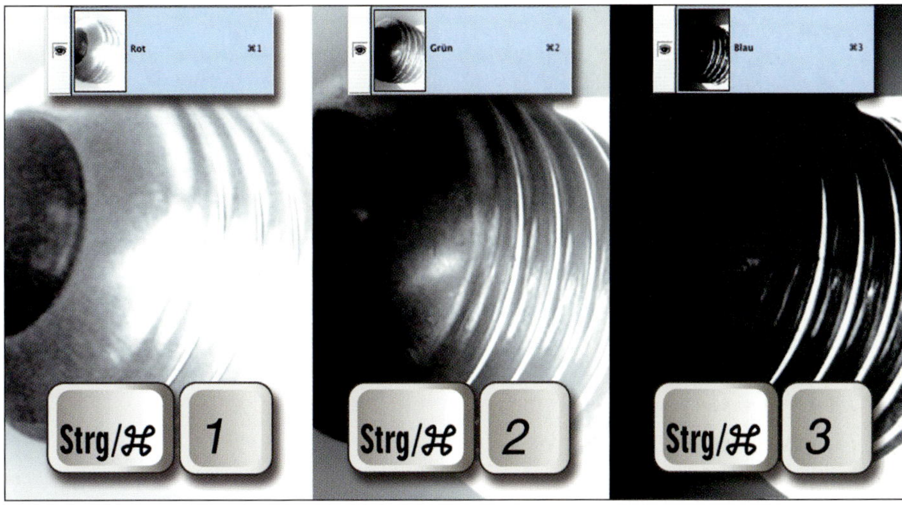

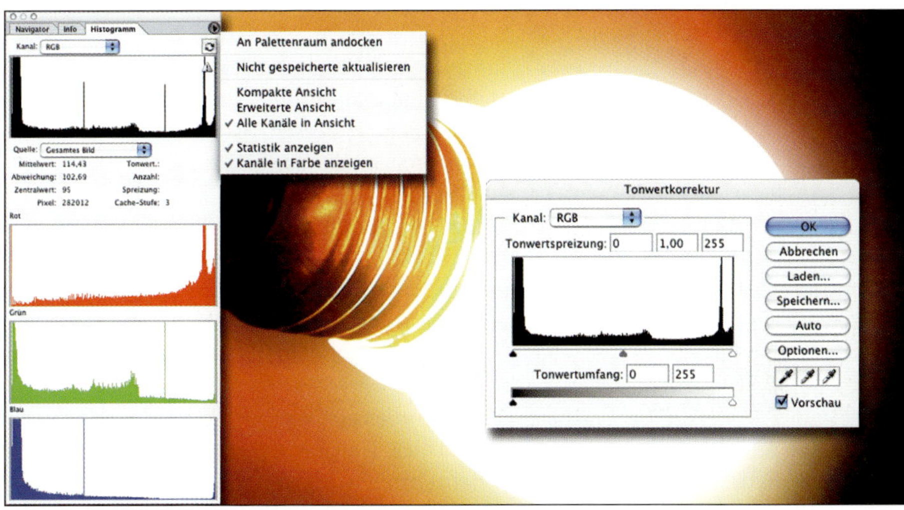

16 Histogramm ▲

Inwieweit ein Bild über ein ausgewogenes Tonwertspektrum verfügt, das vor Farbabrissen bei Tonwertkorrekturen schützt, zeigt das Histogramm. Diese Verteilungsansicht der Helligkeitswerte finden Sie im „Bild“-Menü, im Dialog „Tonwertkorrektur“ und ab Photoshop CS als Palette, die auf Wunsch neben der Helligkeitsverteilung des Komposits die Ansicht der Verteilung in den einzelnen Kanälen in Echtzeit gestattet. Als Faustregel gilt: Je löchriger und je unregelmäßiger das Histogramm, desto schlechter das Ausgangsmaterial.

Tonwertlandschaften

So wie der Pfadfinder eine Fährte liest und der Detektiv Indizien auswertet, können Fotografen und Bildbearbeiter aus dem Histogramm viel über ein Bild erfahren. Lernen Sie in diesem Beitrag, welche Informationen Ihnen die Histogrammdarstellung gibt. | **Christoph Künne**

Ein Histogramm ist die effektivste Kontrollmöglichkeit für die technische Qualität von Bildern. Dieser Umstand ist inzwischen selbst in Profikreisen nur noch den wenigsten bekannt. Doch die Histogrammansicht ist wieder auf dem Vormarsch. Man findet sie im Display jeder besseren Digitalkamera.

Im Gegensatz zu visuell vergleichenden Kontrollfunktionen wirkt das Histogramm recht technisch. Das bekommt besonders zu spüren, wer seine Bilder mit dem Tonwertkontroll-Dialog abstimmen will. Soviel Technik schreckt ab, wenn sie unverhüllt daherkommt – besonders den gewöhnlichen Augenmenschen. Von daher neigen viele Fotografen dazu, Bildkorrekturen mit dem überschaubareren Dialog „Helligkeit/Kontrast" vorzunehmen. Das ist einfach. Doch wissen die meisten gar nicht, was sie ihren Bilddaten damit antun, denn der Tonwertumfang leidet erheblich unter solchen Eingriffen. Ein anschließender Blick aufs Histogramm spricht Bände – zumindest wenn man es lesen kann.

Durch eine geübte Interpretation der dargestellten Berg- und Tallandschaften lassen sich mit diesem Hilfsmittel zum Beispiel Farbstiche entfernen, selbst wenn man das Bild nur an einem Graustufen-Monitor betrachten kann. Noch bis vor etwa 20 Jahren, nach der Zeitwahrnehmung des Digitalzeitalters also in der frühen Neuzeit, stellten abstrakte Tonwertkurven und Histogramme die Standardwerkzeuge zur Bildabstimmung in der Druckvorstufe dar. Damals wurden Vorlagen allerdings fast ausschließlich von sündhaft teuren Trommel-Scannern digitalisiert, deren Operatoren Bilder nur auf der Basis von Histogramm-Informationen beurteilen konnten.

Das war lange, bevor die Verbreitung grafikfähiger Desktop-Rechner alle dafür nötigen technischen Voraussetzungen auf jedem besseren Büroarbeitsplatz zugänglich machte. Allerdings bedingt das bloße Vorhandensein von technischen Möglichkeiten noch lange nicht den kompetenten Umgang damit.

So gerieten das Histogramm und das Wissen um seine Funktionalität lange in Vergessenheit. Zeit also, etwas dagegen zu tun und das Histogramm wieder aus der Ecke der Geheimwissenschaften hervorzuholen.

Das Prinzip

Ein Histogramm gibt die Tonwertverteilung der Bilddaten in grafisch aufbereiteter Form wieder. In 8-Bit-Dateien stellt es auf der Grundlage von 256 unterschiedlichen Abstufungen von links (Schwarz: Tonwert 0) bis rechts (Weiß: Tonwert 255) die im Bild vorkommenden Pixel dar.

Der jeweils darüber angeordnete Balken zeigt die Häufigkeit des Wertes in Form eines Säulendiagramms an. Da sich die Balken berühren, entsteht ein Tonwertgebirge. Je öfter der Ton im Bild vorhanden ist, desto höher ist sein Balken.

Foto: Corel

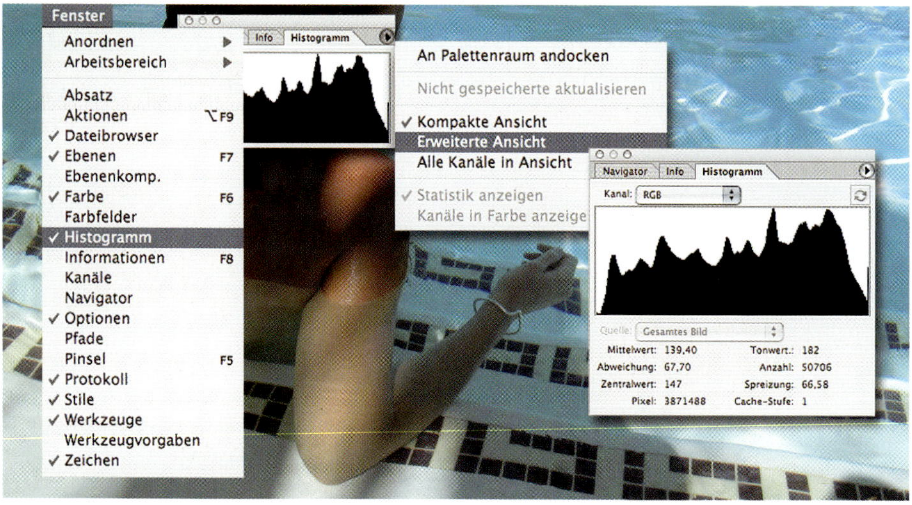

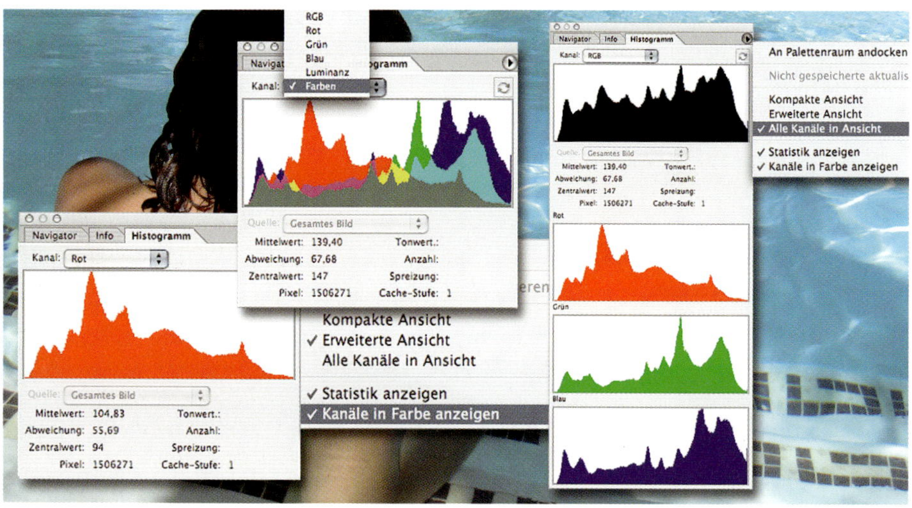

Foto: 1-4: stockxchng|M.Bowden

1 Die Palette

Rufen Sie ein beliebiges Ausgangsbild auf und aktivieren Sie seine Histogrammansicht über das Menü „Fenster“. In der Histogramm-Palette sehen Sie zunächst eine Darstellung, die an den Schattenriss eines Querschnitts durch eine bergige Landschaft erinnert. Gezeigt wird die Helligkeitsverteilung im aktuellen Bildmodus, also in der farblich nicht spezifischen Darstellung. Sie sehen hier eine Tonwertverteilung, in der alle 256 Werte vorkommen, wenn auch mit unterschiedlicher Häufigkeit. Wenn Sie im Kontextmenü der Palette auf „Erweiterte Ansicht“ schalten, sehen Sie die Zusatzinformationen.

2 Farbige Darstellung ▲

Wählt man im Kontextmenü die Option „Kanäle in Farbe anzeigen“, stellt Photoshop die Histogramme der Farbauszüge, die Sie durch Wechsel der Kanal-Ansicht ansteuern, in den jeweiligen Farben dar. Ein Klick auf „Alle Kanäle in Ansicht“ verlängert die Histogramm-Palette um ein Vielfaches – je nach dem Farbraum, in dem sich das Bild befindet. Die kompakteste und informativste Ansicht ist die Kanaldarstellung „Farben“, in der alle einzelnen Farbkanal-Histogramme zusätzlich zu Helligkeitsverteilung (Luminanz) dargestellt werden.

3 Statistische Erhebungen

Wird die Bildstatistik angezeigt, erhält man viele technische Informationen über sein Foto. Der „Mittelwert" entspricht dem durchschnittlichen Helligkeitswert. Die Scheidegrenze zwischen einem tendenziell dunklen oder hellen Bild liegt bei 128. Ein kleinerer Wert kennzeichnet ein dunkles, ein größerer wie hier ein eher helles Bild. Die „Abweichung" gibt einen statistischen Wert an, nach dem hier im Bild fast 70 Prozent der Tonwerte innerhalb der durch die Standardabweichung gegebenen Grenzen liegen, also nur wenige Tonwerte hell oder dunkel ausreißen. Der „Zentralwert" von 147 gibt in einer nach Tonwerten geordneten Reihenfolge genau den statistisch in der Mitte liegenden Wert an. Die Pixelanzahl kennzeichnet die Bildgröße. Hier 1 506 271 Pixel, also rund 1,5 Megapixel.

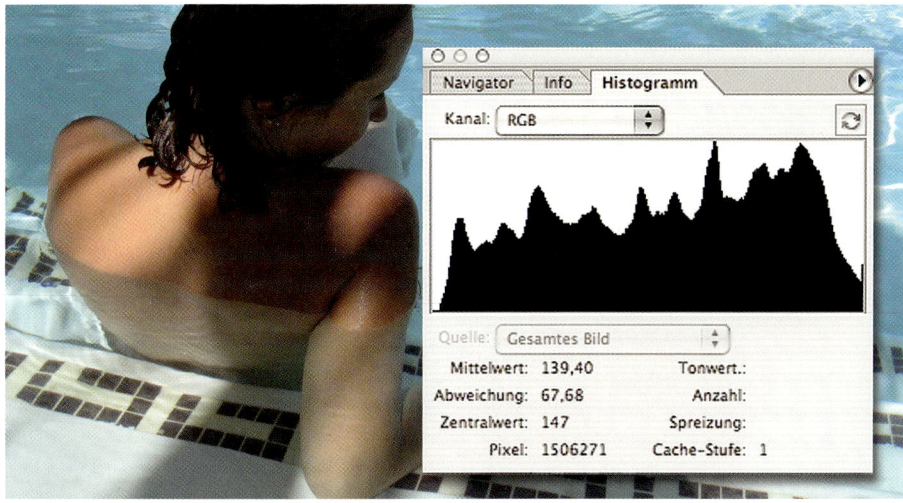

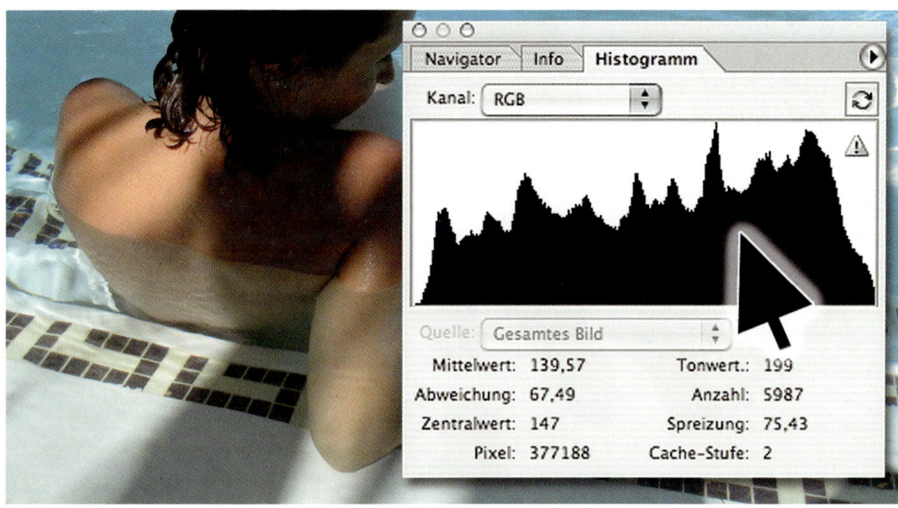

4 Detail-Informationen ▲

Legt man den Mauszeiger auf einen der Balken, so zeigt der Tonwert die Helligkeitsstufe (hier 199) an. Die Anzahl sagt uns, dass dieser Tonwert 5 987-mal im Bild vorkommt. Die Spreizung gibt an, wie viel Prozent der im Bild befindlichen Pixel dunkler als unser Tonwert sind. Die Cache-Stufe bezieht sich auf die Voreinstellungen des Bildcaches. Ein hoher Wert bedeutet eine genauere Darstellung des Histogramms. Doch dreht es sich dabei meist um Feinheiten mit wenig Bedeutung für die tägliche Arbeit eines kreativen Bildbearbeiters.

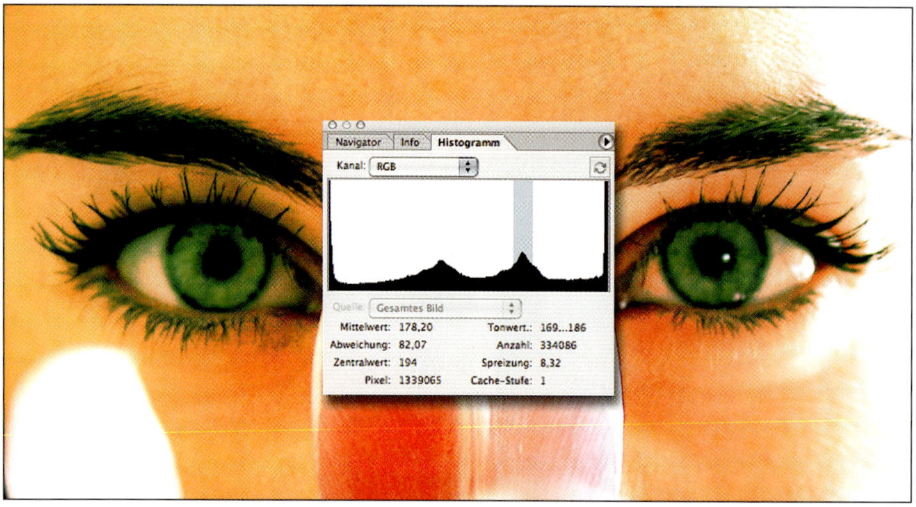

Foto: stockxchng|Daniel V.

Foto: stockxchng

5 Die Interpretation

Nachdem Sie nun wissen, welche Werte sich mit Hilfe der Histogrammdarstellung ablesen lassen, geht es an die Analyse. Zahlen und Diagramme sind gut und schön, doch was sagen sie zur Beurteilung Brauchbares über das Bild aus? An unserem ersten Testbild lassen sich neben der Tatsache, dass die Tonwerte zwischen 98 und 108 sowie zwischen 169 und 186 überproportional oft vertreten sind, vor allem Rückschlüsse auf den Scan erkennen. Rechts und links drängen sich die Pixel an den Seiten. In solchen Fällen kann man Zeichnungsverluste gegenüber der Vorlage vermuten, was im Bild als harte Tonwertabrisse in den Lichtern und Tiefen zu sehen ist. Einen Tonwertbereich markiert man übrigens ganz einfach durch Festhalten der Maustaste beim Bewegen auf dem Balkendiagramm.

Hinweis:
In den Programmversionen vor Photoshop CS fand sich der Befehl zum Aufruf der Histogrammansicht im „Bild"-Menü und bot weniger Optionen zur Darstellung der Informationen.

6 Harte Kontraste ▲

Das zweite Testbild ist ein ganz übles Beispiel. Sein Histogramm erinnert an den Querschnitt einer Schlucht. In den extremen Lichtern und Schatten türmen sich die Häufigkeiten, in den Mitten, wo eigentlich die Zeichnung sein sollte, findet sich nur ganz wenig Information. In solchen Fällen lässt sich kaum noch etwas retten.

7 Überbelichtet

Raum für mannigfaltige Tonwertkorrekturen erkennt man im Histogramm des dritten, sichtlich überbelichteten Testbilds. Die dort enthaltenen Helligkeitswerte decken nur knapp die Hälfte des vorhandenen Spielraums ab. Das ändert sich auch nicht wesentlich, wenn man einen Blick auf die Farbkanäle wirft. Hier kann man mit der Tonwertkorrektur eingreifen, um mehr Details sichtbar zu machen. Es reicht aus, die Markierung für den Schwarzpunkt nach rechts zu verschieben. Während des Vorgangs zeigt die Histogramm-Palette die Veränderung.

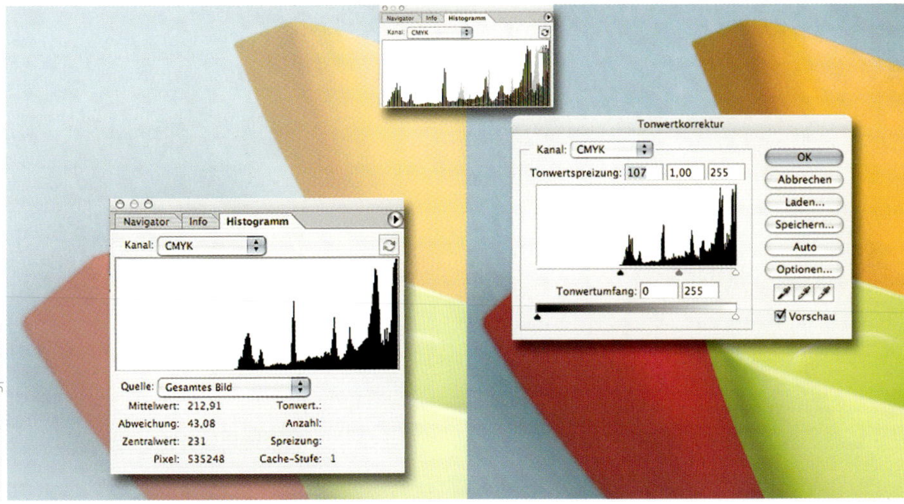

Foto: stockxchng|Daniel V.

Fotos: stockxchng|Y.Stepanow; photocase.de| M.Link

8 High- & Low-Key ▲

Nicht jedes Bild mit einseitiger Tonwertverteilung ist deshalb schlecht oder unbrauchbar. So genannte High- oder Low-Key-Bilder dominieren im Gegensatz zu Average-Key-Bildern deutlich in den Lichtern oder Tiefen. Wenn sie jedoch wie unsere beiden Beispiele von guter Qualität sind, enthalten sie die meisten anderen Tonwerte ebenfalls, nur nicht mit so ausgeprägter Häufigkeit.

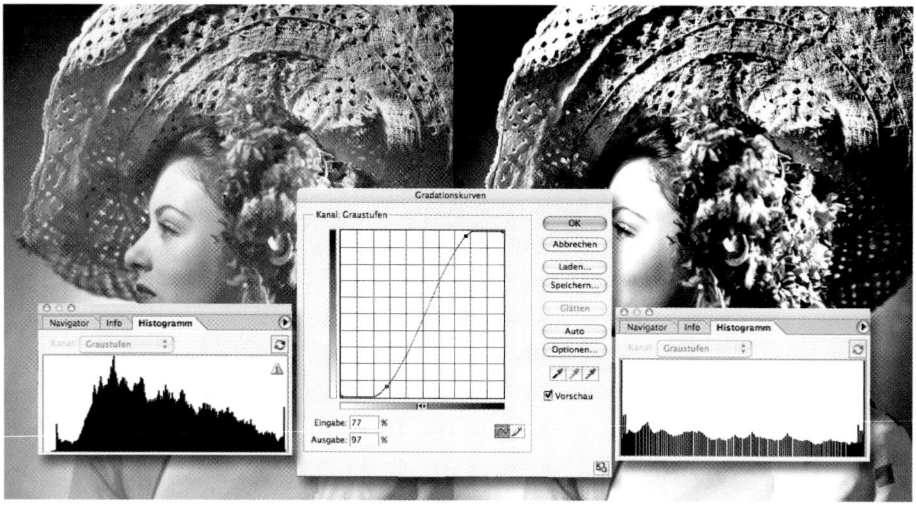

9 Informationsverlust durch Korrektur

Dem fünften Testbild wird anscheinend Gewalt angetan. So sieht es zumindest auf den ersten Blick aus, wenn man das Histogramm eines per Tonwertkorrektur nachbearbeiteten Bilds sieht. Durch die Spreizung der Tonwerte, mit denen sich im Ausgangsbild kaum sichtbare Konturen wiederbeleben lassen, ergibt sich als Nebeneffekt ein Aufreißen der Tonwertverteilung. Zwischen den ursprünglich vorhandenen Werten auf unserer 256-Stufen-Skala werden bei dieser Neuverteilung der Werte Lücken gerissen.

Fotos 9-11: photodisc

10 Reproduktionsqualität ▲

Lücken führen aber nicht automatisch zu einer schlechte Wiedergabe. Gerade bei Graustufenbildern sind im Druck weit weniger Tonwerte als die verfügbaren 256 von Nöten, um alle Details des Bilds wiederzugeben. Machen wir mit dem Werkzeug „Tontrennung", das Sie im Bild-Menü unter „Anpassen" (früher: „Einstellen") finden, die Probe aufs Exempel. Um die feinen Tonwerte des linken Bildes wiederzugeben, reichen 64 Graustufen. Für die kontrastverstärkte rechte Fassung genügen 32 Stufen. Ein Hinweis am Rande: Auch den höchsten Ansprüchen bei Schwarzweiß-Reproduktionen genügen rund 100 Tonwertstufen. Alle weiteren Feinheiten gingen, auch wenn sie am PC sichtbar wären, im Offsetdruck unter.

11 Schöngerechnet

Ebenso bedeutet ein lückenloses Histogramm keineswegs, dass das Bild tonwerttechnisch nicht bearbeitet worden wäre. Lange galt nämlich ein Histogramm ohne Lücken besonders unter selbsternannten Experten als vermeintlicher Qualitätsbeweis. Mit einem simplen Trick lassen sich die Zwischenräume wieder künstlich auffüllen. Rechnen Sie einfach im Dialog „Bildgröße“ mit der bikubischen Interpolationsmethode die Bildauflösung um einen Pixel hoch. So schön das dann auch aussieht, die Bildqualität hat sich deswegen keineswegs verbessert. Bei unserer Hochrechnung von 44 Graustufen sieht man die Manipulation noch ein wenig, bei leicht besseren Vorlagen fällt die Umrechnung indes gar nicht auf.

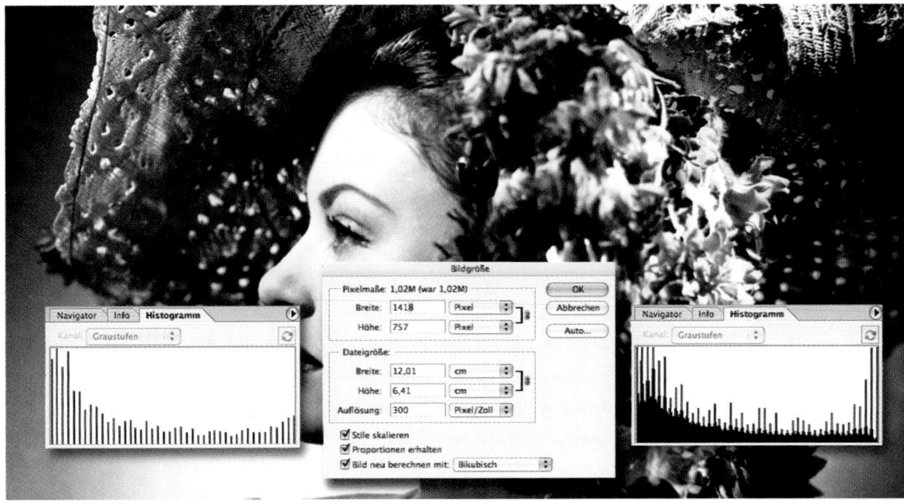

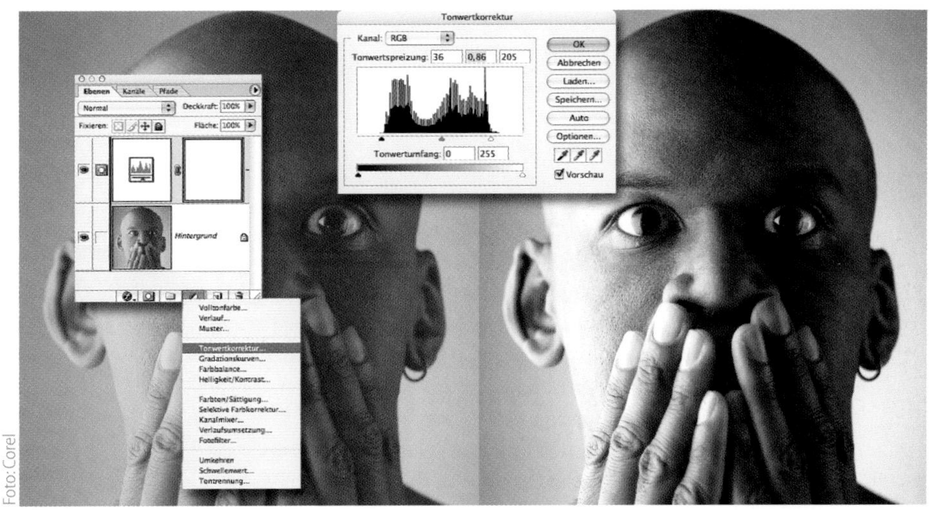

Foto: Corel

12 Korrekturen ▲

Was aber tun, um die Kontraste herauszuarbeiten, ohne gleichzeitig den Tonwertumfang zu schmälern? Seit einigen Versionen gibt es in Photoshop „Einstellungsebenen“. Mit ihnen erfolgen die Veränderungen „virtuell“, also ohne sich auf die Ausgangsdaten auszuwirken. Sie stimmen damit Ihre Fotos ganz nach optischen Gesichtspunkten ab, können diese Änderungen aber jederzeit verwerfen, ohne das Bild dabei kaputtzumachen. Änderungen der Tonwerte mit Histogrammansicht erfolgen im Dialog „Tonwertkorrektur“, den Sie als Einstellungsebene am unteren Rand der Ebenen-Palette finden.

Randabschattung

Objektive verteilen das einfallende Licht nicht gleichmäßig auf Film oder Chip, sondern erzeugen oft an den Rändern leicht abgedunkelte Zonen, sogenannte Vignettierungen. Wir zeigen Ihnen, wie Sie das Problem ohne Einsatz teurer Zusatz-Software in den Griff kriegen. | **Doc Baumann**

Von verschiedenen Anbietern sind Programme am Markt, die digitale Fotos mehr oder weniger automatisch korrigieren; zu ihren Funktionen gehören neben Schärfung, Reduzierung von Farbstichen oder Rauschunterdrückung mitunter auch das Entfernen von Vignettierungen sowie die Korrektur objektivbedingter tonnen- oder kissenförmiger Verzerrungen.

Die beiden zuletzt genannten Mängel entstehen durch die Eigenarten der Linsengruppen in Objektiven, daher arbeiten die hoch professionellen Programme dieser Klasse nicht nur mit allgemeinen Parametern, sondern lassen sich oft hardwarespezifisch anpassen. Übrigens verfügt auch Photoshop beim Öffnen von Bildern im RAW-Modus unter „Erweitert" über eine solche Funktion (links).

Das hier vorgestellte Verfahren ist zwar nicht ganz so hochwertig und vielseitig, wie Spezialsoftware das anbietet – dafür kostet es nichts. Und es ist exakt auf ihr eigenes Objektiv abgestimmt, selbst dann, wenn dieses in keiner Vorgabenliste auftaucht. Sie können es übrigens auch als Aktion anlegen, indem Sie die Maske einmal in die Zwischenablage kopieren, dann jeweils in den Alpha-Kanal einfügen, die resultierende Auswahl aufhellen und den Kanal wieder entfernen.

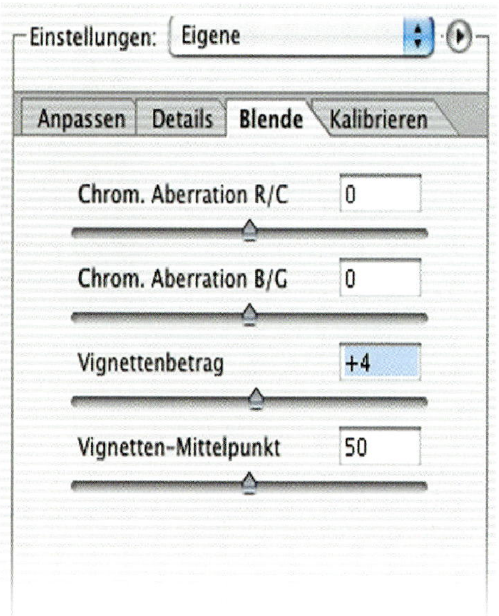

In Photoshop CS unterstützt das RAW-Plug-in bei Fotos dieses Formats auch die Vignettierungskorrektur; in CS2 finden Sie Regler unter den Verzerrungsfiltern als „Blendenkorrektur".

1 Weiße Fläche fotografieren

Die Vignettierung eines Bildes hängt vom verwendeten Objektiv ab. Deshalb ist die Bilddatei, die Sie für eine Vignettenkorrektur anlegen, immer nur für das Objektiv geeignet, mit dem das Referenzbild aufgenommen wurde. Die Vorbereitungen nehmen nur ein paar Minuten Zeit in Anspruch: Suchen Sie eine weiße, gleichmäßig beleuchtete Fläche ausreichender Größe, gegebenenfalls hängen Sie ein Stück Papier an die Hauswand, ohne dass Schatten darauf fallen. Es macht gar nichts, falls das nur eine kleine Fläche ist und Sie diese mit dem Weitwinkelobjektiv nicht scharf einstellen können, ohne auch die Umgebung mit abzulichten – es ist sogar besser, wenn die Aufnahme unscharf wird, dann müssen Sie nämlich später keine Fehlstellen wegen Flecken oder dergleichen retuschieren. Die Aufnahme muss bildfüllend sein. Wichtig ist die Ausrichtung der Aufnahme, da die Vignettierung nicht symmetrisch ist. Wenn Sie Hochformatfotos aufnehmen, muss also klar sein, dass die obere Kante des zu bearbeitenden Bildes auch die obere Kante Ihrer Referenzdatei ist, sonst hellen Sie das Foto an den falschen Stellen auf.

2 Farbmodus ▲

Obwohl das hinterher keine sehr große Rolle spielen wird, sollten Sie darauf achten, die Datei im RGB- oder Graustufenmodus zu bearbeiten. Eine zwischenzeitliche Umwandlung in CMYK führt zu einem scheinbaren Rotstich. Das ändert zwar nichts an der Helligkeitsverteilung, ist aber irritierend.

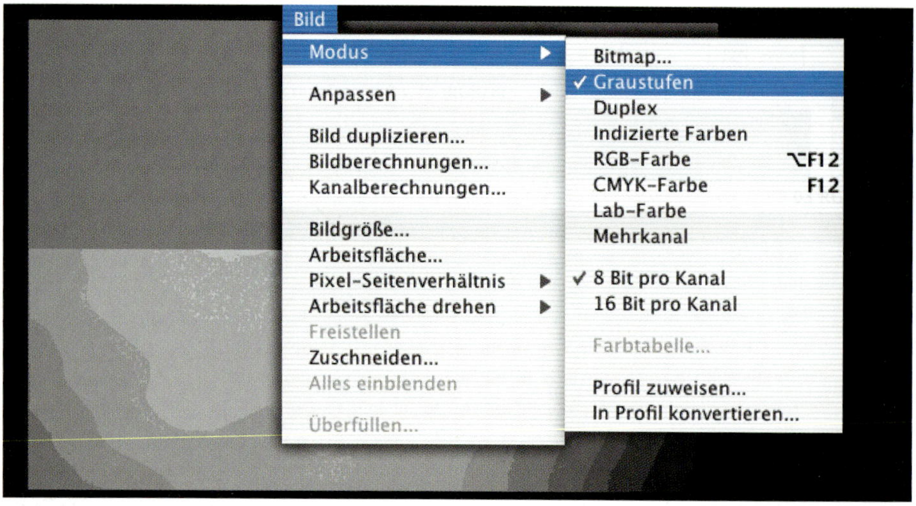

3 Graustufen-umwandlung

Vorsichtshalber können Sie den Befehl aus dem „Bild"-Menü „Sättigung reduzieren" unter „Anpassen" anwenden. Im Prinzip ist es aber völlig ausreichend, direkt zu einer Graustufenumwandlung durch Änderung des „Modus" überzugehen, da es in diesem Fall nicht auf subtile Details wie bei Farbbildern ankommt, sondern nur um die Helligkeitsverteilung geht. Die Abweichungen sind zwar gering, weswegen die Fläche dem Auge fast gleichmäßig grau erscheint (oben) – die Anwendung der Tontrennung (unten) zeigt jedoch deutlich, dass das verwendete Weitwinkel-Zoom vor allem auf der rechten Seite einen deutlichen Helligkeitsabfall aufweist.

4 Tonwertkorrektur ▲

Die im letzten Schritt vorgenommene Tontrennung diente nur der Visualisierung der Verteilung. Aber auch für unsere Zwecke benötigen wir eine akzentuiertere Variante. Die erreichen Sie schnell, indem Sie mit der eingeblendeten Tastenkombination eine automatische Tonwertkorrektur vornehmen (oben). Für die weiteren Schritte benötigen wir allerdings genau das Gegenteil dieser Helligkeitsverteilung, nämlich helle Bereiche in den Zonen stärkster Abschattung und dunkle dort, wo das Bild geschützt werden soll. Das erzielen Sie durch eine einfache Invertierung (unten) zur Negativ-Darstellung.

5 Verzerrung

Das mit dem Weitwinkel-Zoom aufgenommene Foto eines Garagentors führte zu dieser tonnenförmigen Verzeichnung; die Horizontalen wirken wie aufgeblasen. (Die Brennweite des Objektivs betrug bei der Aufnahme 20 mm, multipliziert mit dem kameraspezifischen Verlängerungsfaktor von 1,6 auf Grund der kleineren lichtempfangenden Fläche ergeben sich also 32 mm.) Im Unterschied dazu würden bei einer kissenförmigen Verzeichnung die Linien zum Bildzentrum hin gebogen erscheinen.

6 Referenzdatei in Alpha-Kanal ▲

Damit uns die aus dem Helligkeitsabfall des verwendeten Objektivs abgeleitete Referenzdatei dabei helfen kann, die Randabschattung rückgängig zu machen, muss sie mit dem zu bearbeitenden Foto verbunden werden. Dazu gibt es unterschiedliche Möglichkeiten. Eine habe ich hier dargestellt: Sie kopieren die vorbereitete Referenzdatei in die Zwischenablage, erzeugen einen neuen Alpha-Kanal und setzen sie dort ein. Dann laden Sie den Kanal als Auswahl, indem Sie sein Icon in der Kanäle-Palette mit gedrückter Strg-/Befehls-Taste anklicken und die Auswahl aufhellen. Alternativ können Sie die Referenzdatei auch als neue Ebene über die des Fotos legen und ihren Modus auf „Umgekehrt" beziehungsweise „Negativ multiplizieren" setzen. Reduzieren Sie die Deckkraft der Ebene, bis der Helligkeitsabfall nach Augenschein ausgeglichen ist.

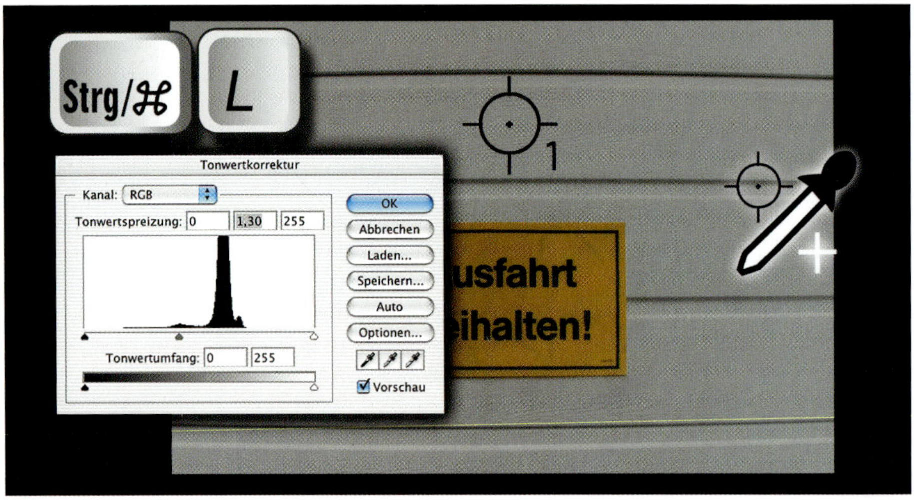

7 Auswahl aufhellen

Der Rest ist schnell erledigt: Innerhalb der Auswahl hellen Sie das Foto nun auf. Ich habe dazu den Gamma-Regler der „Tonwertkorrektur" verwendet, Sie können aber ebenso die Gradationskurven einsetzen. Eine Möglichkeit besteht darin, nach Augenschein vorzugehen und die Auswahl so weit aufzuhellen, bis sie mit dem maskierten, unveränderten Bereich im Zentrum übereinstimmt. Wenn Sie sicher gehen wollen, wenden Sie das Farbaufnahme-Werkzeug an – in der Werkzeug-Palette bei der Pipette – und setzen Sie einen Kontrollpunkt in den richtig belichteten Teil und einen weiteren in die Randzone; die ursprünglichen Objektfarben müssen dort natürlich übereinstimmen. In der Info-Palette können Sie nun die Farbanteile der beiden Kontrollpunkte ablesen und sie zur Übereinstimmung bringen.

8 Exkurs: Verzeichnung korrigieren ▲

Während dieser Eingriff zu recht guten Ergebnissen führt, war das Entzerren der Verzeichnung vor CS2 schwieriger; diese Version bietet ebenfalls unter „Blendenkorrektur" die Möglichkeit zur Entzerrung. Bei älteren Programmfassungen könnte man mit sehr aufwendigen Eingriffen zwar unsere Referenzdatei als Matrix gemeinsam mit dem Verzerrungsfilter „Versetzen" sogar für diesen Zweck gebrauchen. Es geht dort aber einfacher: Neben den erwähnten Spezialprogrammen gibt es etwa ein günstiges Plug-in von Andromeda namens „LensDoc". Die schlimmsten Beulen korrigieren Sie direkt mit Photoshops Verzerrungsfiltern „Wölben" oder „Distorsion".

9 Quadratische Auswahl

Um zu einem halbwegs brauchbaren Ergebnis wie in Abbildung 8 zu gelangen, müssen Sie unbedingt berücksichtigen, dass diese beiden Filter dafür gedacht sind, innerhalb einer Kreis-Auswahl angewandt zu werden. Wenden Sie daher „Wölben" innerhalb der gesamten Arbeitsfläche an (linke Hälfte), so zeigen sich merkwürdige Abknickungen, weil der Effekt die Randzonen außerhalb der dann umgerechneten Ellipse unberücksichtigt lässt. Rechts dagegen ist das Ergebnis deutlich besser, wenn auch hier die Bildränder leicht eingezogen sind, was Sie durch Freistellen ausblenden können. Dabei wurde ein Auswahlquadrat – mit gedrückter Umschalttaste – aufgezogen; das funktioniert auch dann, wenn die Fläche um die Pixel herum transparent ist.

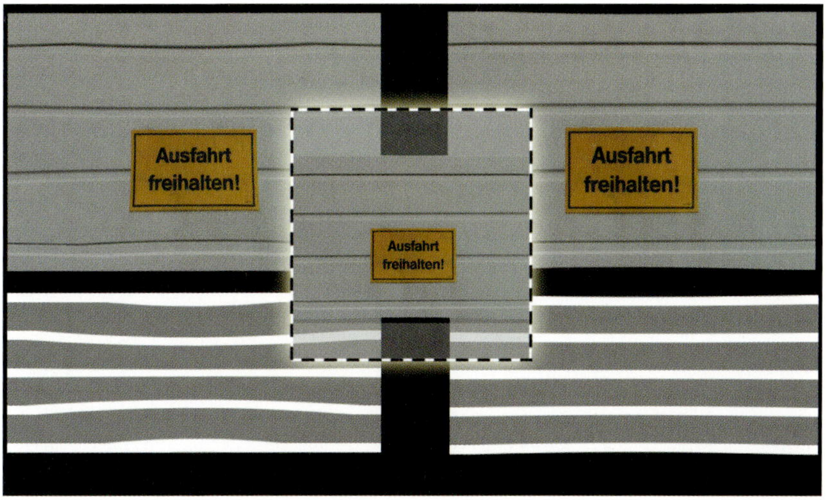

10 Aufhellungsbeispiel Pantheon ▲

Um die Kuppel des Pantheons in Rom aufs Foto zu bekommen, bedarf es eigentlich einer Fisheye-Linse, aber das würde zu einer erheblichen Verzerrung – wie in den Stichen Piranesis – führen. Aber bereits ein moderater Weitwinkel macht die Großartigkeit der Konstruktion sichtbar. Bezahlt wird das mit entsprechender Vignettierung. (Wobei es von der Bildwirkung her übrigens gar nicht so eindeutig ist, dass die rechts gezeigte Variante nach der Aufhellung der Randabschattung ein befriedigenderes Bild ergibt als das Original.) Zu sehen ist jeweils die rechte Hälfte des kompletten Fotos.

11 Beispiel Forum Romanum

Für sich genommen wirkt dieses Foto des römischen Forums kaum auffällig; der dunkle Bereich in der unteren rechten Ecke sowie die in Vergleich zu ihrer Nachbarschaft etwas dunkleren Wolken am rechten Bildrand ziehen kaum Aufmerksamkeit auf sich.

12 Vignettierung korrigiert ▲

Erst nach der Korrektur wird deutlich, dass in einigen Bereichen sehr viel mehr Information steckt, als ohne Nachbearbeitung sichtbar war. Viele Details an den Bildrändern, vor allem rechts, sind nun deutlich besser zu erkennen. Der Eingriff lohnt also – auch wenn eine gezielt eingesetzte Vignettierung mitunter dabei helfen kann, ein Foto visuell stärker als Einheit erscheinen zu lassen. Man *muss* diese Korrektur ja nicht einsetzen; es reicht zu wissen, dass es ein recht einfaches Mittel gibt, um es im Bedarfsfall tun zu können. Praktisch ist, dass Sie dabei immer auf dieselbe Referenzdatei zurückgreifen können, solange das Foto nicht beschnitten wurde. Und dank der Möglichkeiten der Stapelverarbeitung können Sie eine große Anzahl von Bildern korrigieren. Wenn Sie Bilder nicht einfach auf die Festplatte speichern, sondern sie mit einem Spezialprogramm übertragen, das sie bereits richtig ausrichtet, wird es schwieriger; auch, falls Sie die Kamera beim Hochformat mal in die eine und mal in die andere Richtung drehen sollten.

Wiederbelebung – alte Bilder wie neu

Hat der Zahn der Zeit an einem Bild genagt, hilft meist nur noch die professionelle Retusche. Wie Sie ein altes Foto handwerklich sauber erneuern, erklärt Ihnen **Christoph Künne.**

Foto: Fred Machner

Jede Familie hat irgendwo eine Sammlung historischer Ahnen-Fotos. Diese Bilder sind aber oftmals in den Wirren der Weltkriege oder einfach durch unsachgemäße Lagerung fast bis zur Unkenntlichkeit dahingerafft worden. Mit Photoshop lässt sich jedoch vieles wiederbeleben. Leistungsfähige Werkzeuge wie der Reparaturpinsel machen einfache Bildretuschen fast zum Kinderspiel. Zumindest solange es sich um Ausfleckarbeiten handelt. Musste man früher den Resten von Flusen, Fusseln und Flecken auf dem Papierabzug oder schon auf dem Film mit Schabewerkzeugen, Feinhaarpinseln und einer riesigen Palette an Lasurfarben entgegenwirken, bedarf es heute nur noch einiger weniger Klicks, und schon hat das Stempelwerkzeug intakte Bildteile auf angegriffene Bereiche übertragen. Auch verschütt gegangene Kontraste in ausgeblichenen Bildern sind im Regelfall mit wenigen wohl dosierten Korrekturen der Tonwertstruktur schnell in den Griff zu bekommen.

Merklich schwieriger wird das Unterfangen allerdings, wenn man sich an die Wiederbelebung echter Bildruinen macht. Dann sind mehr handwerkliche Fähigkeiten gefragt. Und natürlich systematisches Vorgehen. Das beginnt damit, die in aller Regel papierene Vorlage mit der höchsten verfügbaren optischen Auflösung des Scanners zu digitalisieren, um weiteren Qualitätsverlusten entgegenzuwirken. Anschließend werden die einzelnen Bildelemente isoliert, kopiert und neu geschichtet, wobei jeder auf diese Weise isolierte Bildteil eine individuelle Tonwertabstimmung erhält, teilweise nachbelichtet oder abgewedelt und zum Schluss eingefärbt wird.

Wichtig bei solchen Projekten ist neben dem technischen Know-how viel Geduld und vor allem auch eine komfortable Arbeitsspeicherausstattung, da sich das Bild dabei bis zum Zehnfachen seiner ursprünglichen Größe aufblähen kann.

1 Elemente auswählen

Der aufwendigste Part der Bearbeitung besteht darin, alle Elemente des Bilds zu isolieren. Am einfachsten ist der Weg über das magnetische Lasso. Mit diesem umfahren Sie das jeweilige Objekt. Photoshop sucht automatisch nach Kontrastkanten und bildet daraus eine Auswahl. Bei der Mütze ist das Ergebnis mit den Werkzeuggrundeinstellungen jedoch noch nicht wirklich befriedigend. Die Änderung der Einstellungen bringt eine deutliche Verbesserung.

2 Besser auswählen mit Einstellungsebenen ▲

Als etwas weniger experimentierbedürftig erweist sich der Einsatz einer temporären Einstellungsebene. Dazu klicken Sie auf das Kontrastsymbol unten in der Ebenenpalette und wählen dort den Typ Gradationskurven. Die Kurve verändern Sie so, dass Sie das freizustellende Objekt deutlich sichtbar vor seinem Hintergrund sehen. Dann setzen Sie das Lasso noch einmal ein.

3 Arbeiten im Maskierungsmodus

Das Ergebnis bedarf noch der Korrektur. Wechseln Sie in den Maskierungsmodus. Sie sehen die nicht ausgewählten Bereiche rot überlagert. Diese Maske bearbeiten Sie mit dem Pinselwerkzeug. Mit weißer Farbe vergrößern und mit schwarzer Farbe reduzieren Sie die Auswahl. Ist die Maske fertig, wechseln Sie in den Standardmodus und löschen die Korrekturebene. Bereits jetzt können Sie zu helle oder zu dunkle Bereiche zeichnerisch in das Objekt einbinden.

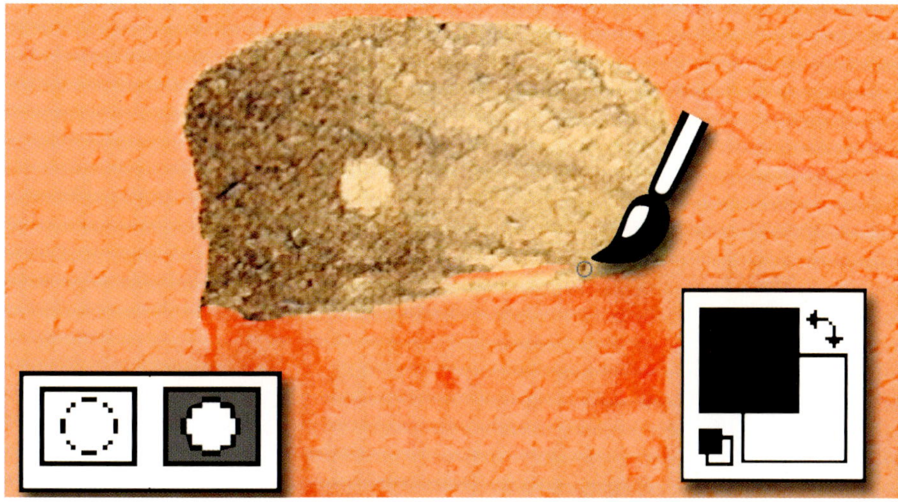

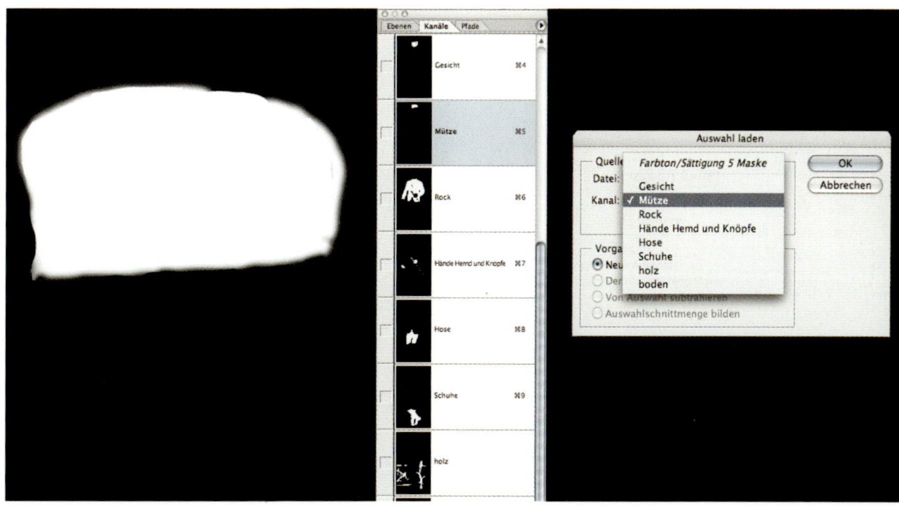

4 Auswahlen sichern ▲

Um später jederzeit auf die Auswahlen zugreifen zu können, empfiehlt es sich, jede als eigenen Kanal zu sichern. Zudem lassen sich damit die folgenden Auswahlarbeiten durch den Einsatz der Verrechnungsoptionen beim Laden einer Auswahl vereinfachen. Legen Sie nun für alle Bildelemente, die Sie später unterschiedlich einfärben möchten, eigene Auswahlen an.

Tipp:
Achten Sie auf eine sinnvolle Benennung der Kanäle, das erspart Ihnen später viel Arbeit.

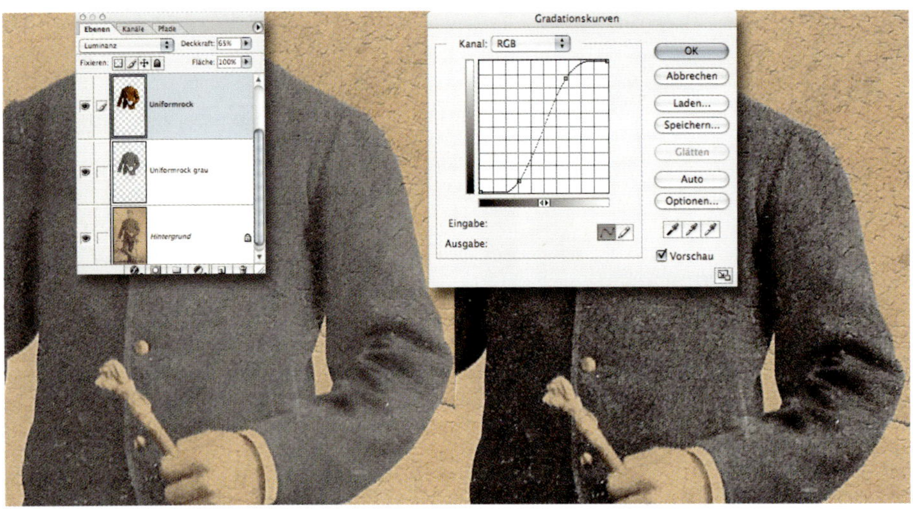

5 Auswahlen in Ebenen umwandeln

Laden Sie nacheinander alle gespeicherten Auswahlen. Kopieren Sie nach jedem Ladevorgang das entsprechende Bildelement von der Hintergrundebene, und setzen Sie es wieder ein. Danach duplizieren Sie die neu erzeugte Ebene, indem Sie sie auf das kleine Abreißblocksymbol am unteren Palettenrand ziehen oder mit der Tastenkombination „Strg/Befehl+J“ . Achten Sie darauf, die Ebenen zu benennen. Dazu müssen Sie per Klick mit der rechten Maustaste auf den Ebeneneintrag im Kontextmenü den Dialog „Ebeneneigenschaften“ öffnen.

6 Konturebene ▲

Der unteren der neuen Ebenen entziehen Sie mit dem Befehl „Sättigung verringern“ die Farbigkeit. Die obere Ebene belassen Sie in der Ausgangsfarbe, setzen deren Ebenen-Verrechnungsmodus jedoch auf „Luminanz” und reduzieren die Ebenen-Deckkraft auf etwa 65 Prozent. Danach steilen Sie die obere Konturebene in dem Dialog „Gradationskurven“ auf, bis das Ergebnis plastisch erscheint, ohne dabei allzu viele Tonwertfeinheiten einzubüßen.

7 Sortierhilfe Ebenenpaletten

Wenn Sie in einer aktuellen Photoshop-Version arbeiten, können Sie sich eines Features bedienen, das Ihnen die weitere Arbeit mit vielen Ebenen erleichtert: Legen Sie über das Kontextmenü der Ebenenpalette mehrere nach den Gruppen der Bildelemente benannte Ebenensets an. In diese lassen sich später die einzelnen Ebenen hineinziehen und so verwalten, wie Sie es von der Arbeit mit Ordnern auf der Systemebene kennen.

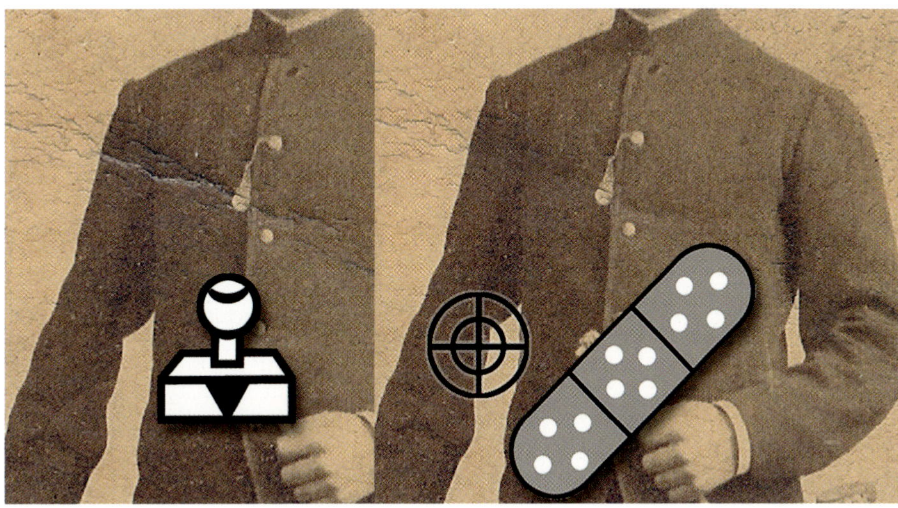

8 Bildschäden entfernen ▲

Kratzer, Risse, Flecken und andere Bildschäden entfernen Sie wahlweise mit dem Stempelwerkzeug oder dem Reparatur-Pinsel auf der farbigen Konturebene. Hier sollten Sie je nach Schadensgröße eine angemessene, aber möglichst kleine Werkzeugspitze wählen. Achten Sie vor allem darauf, den Referenzpunkt, mit dem Sie den unversehrten Bildteil kopieren, häufig, möglichst vor jedem neuen Klick, zu wechseln.

9 Strukturen herausarbeiten

Wenn in einem Bereich, wie in unserem Beispiel dem Gesicht, Konturen und Feinheiten im Lauf der Jahre verblichen sind, muss man oft mit zeichnerischen Mitteln nachhelfen. Eine Technik besteht darin, mit dem Nachbelichter Schatten aufzutragen oder flaue Mitteltöne zu verstärken. Bei der Arbeit mit diesem Werkzeug ist es besser, eine weiche Spitze zu wählen und den Auftrag in mehreren Durchgängen mit geringer Belichtungsintensität durchzuführen als in einem Rutsch und zu heftig.

10 Hintergrund retuschieren ▲

Sind alle isolierten Bildbereiche als Einzelebenen abgelegt, angeordnet und nachbearbeitet, wenden Sie sich dem Hintergrund zu. Suchen Sie sich einen Bereich, den Sie leicht mit dem Stempel oder dem Reparatur-Pinsel restaurieren können. Ist er rundum erneuert, ziehen Sie ein Auswahlrechteck mit sehr weicher Kante auf und kopieren diesen Bereich auf eine neue Ebene. Auch diesen Bereich wählen Sie erneut aus und duplizieren ihn innerhalb der Ebene, indem Sie die Alt-, die Strg-/Befehls- und die Umschalttaste festhalten.

11 Punktuelle Einfärbungen

Einfärbungen nehmen Sie auch für jedes Bildobjekt einzeln per Einstellungsebene vor. Da eine neu gesetzte Einstellungsebene aber das komplette Bild überlagert, müssen Sie den Bildbereich zuvor auswählen. Sie können dies mithilfe der gespeicherten Kanäle tun oder per Klick auf die Ebenenminiatur bei gehaltener Strg-/Befehls-Taste. Wenn Sie dann etwa den Typ „Farbton-Sättigung" wählen, bildet sich eine Ebenenmaske, die Sie ebenso wie den Farbauftrag jederzeit weiterbearbeiten können.

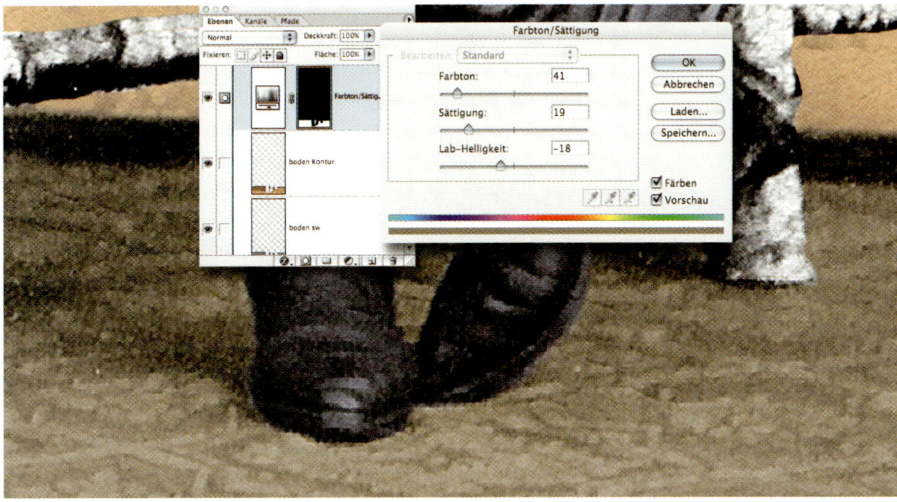

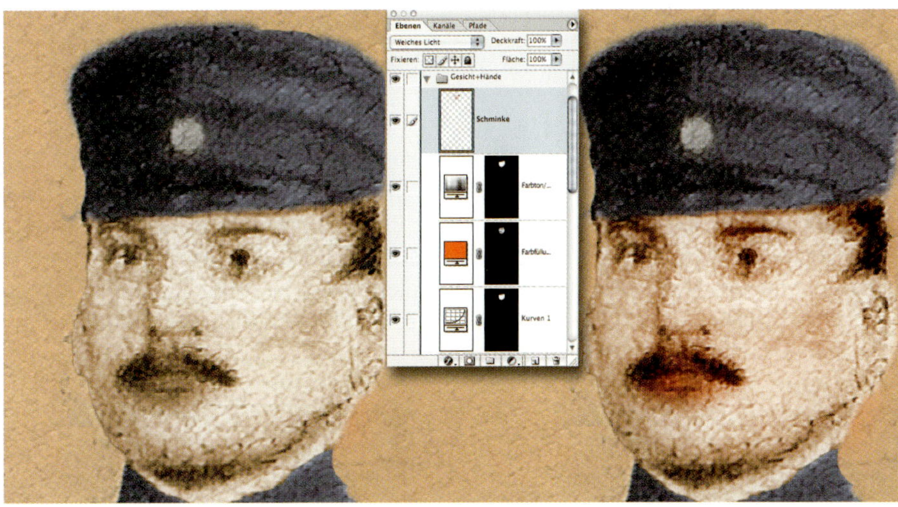

12 Digital aufgetragene Schminke ▲

Dem Gesicht die verloren gegangene Lebendigkeit zurückzugeben, ist eine schwere Aufgabe. Oft hilft in solchen Fällen der direkte Auftrag von Farben auf einer wiederum in den Feinheiten per Verrechnungsmodus und Deckkraft optimierten neuen Ebene. Hier habe ich ein wenig Rot aufgelegt, sodass der Herr nicht mehr ganz so eingefallen an den Wangen wirkt und wieder erahnbare Lippen erhält.

Digitale Schärfe

Im diesem Beitrag befassen wir uns intensiv mit den unterschiedlichen Herangehensweisen, Bilder digital zu schärfen. | **Christoph Künne**

Schärfe ist ein zentrales Thema in der Fotografie. Viele Amateure neigen dazu, die Qualität eines Bildes maßgeblich an der Schärfe zu bemessen. Für sie hat eine Kamera oder ein Objektiv nur dann Wert, wenn deren Ergebnisse in allen Details scharf sind. Um das zu erreichen, geben sie viel Geld aus und tauschen regelmäßig die Bestandteile ihrer Fotoausrüstung aus. Profis dagegen wollen nicht nur scharfe Fotos, sondern sie möchten die Schärfe im Bild hundertprozentig kontrollieren können. Um das zu erreichen, geben sie noch mehr Geld aus. Schließlich erfordert jede Bildkomposition spezielle Ausrüstungsgegenstände.

Was aber ist nun Schärfe eigentlich genau? Eine verallgemeinerbare Definition gibt es im Grunde nicht. „Schärfe" steht für eine Wahrnehmungsempfindung, die hauptsächlich auf Kontrast und Auflösung beruht. Wir empfinden ein Bild als scharf, wenn wir dort feinste Details ebenso erkennen wie klar voneinander getrennte Strukturen. Entsprechend entsteht Unschärfe als Abbildungsmangel – gewollt oder ungewollt – durch das Fehlen dieser Merkmale. Ursachen dafür können neben einer schlechten Optik, einem mangelhaft auflösenden Bildchip oder Film auch Luftflimmern oder flaue Lichtverhältnisse sein. Seit es die digitale Bildbearbeitung gibt, ist noch ein weiterer Aspekt hinzugekommen. Neben der optischen Aufzeichnungsleistung besteht die Möglichkeit, fehlende Schärfe nachträglich hinzuzurechnen.

Die Wunschvorstellung, was damit alles machbar sein könnte, präsentieren uns regelmäßig Filmsequenzen aus Hollywood. Ein beliebtes Sujet ist die demonstrativ zur Schau gestellte Analyse von Bildern aus Überwachungskameras. Man sieht dann zum Beispiel ein in großer Entfernung vorbeifahrendes Auto. Nachdem ein Computerprogramm dessen Kennzeichen tausendfach vergrößert hat, ist der Monitor nur noch mit riesigen, strukturlosen Pixelblöcken gefüllt. Soweit ist die Darstellung real. Technisch völliger Unsinn ist der darauf folgende Knopfdruck, mit dem das Kennzeichen klar lesbar wird.

Aus dem Nichts, beziehungsweise aus groben Pixelblöcken detaillierte Informationen zu gewinnen, ist ein Ding der Unmöglichkeit. Da kann der Rechner auch noch so leistungsfähig sein. Digitales Nachschärfen ist eine Verstärkung vorhandener Information, die das Auge betrügt und ihm nur den Eindruck von Schärfe vorgaukelt.

Dieses Täuschungsmanöver ist aber so überzeugend, dass heute keine Digitalkamera mehr ohne zusätzliche Scharfzeichnung auskommt. Die damit verbundenen Probleme werden erst sichtbar, wenn man die Bilder nachbearbeiten will. Entsprechend bieten bessere Digicams auch einen Schalter zur Reduktion der integrierten Scharfrechnung.

Da digitale Schärfe das Bild aber oftmals verbessert, stellt sich die Frage, wann der richtige Zeitpunkt zum Schärfen ist. Die Diskussion darüber ist akademisch. In der Praxis erweist sich eine Nachschärfung am Ende der Nachbearbeitung als die sinnvollste Lösung.

Hat man das einmal geklärt, gerät der Schärfungsumfang in den Fokus. Je nach Ausgabemedium ist ein anderer Schärfungsgrad optimal. Am Monitor darf es nicht zu viel sein. Beim Ausdruck auf einem Tintendrucker oder bei der Belichtung im Labor sollte man etwas stärker schärfen und im Offsetdruck muss man die Werte noch einmal deutlich höher ansetzen. Welche Werte das im Einzelnen sind, zeigt die individuelle Erfahrung. Prinzipiell gibt es keine falschen Einstellungen zur Scharfzeichnung eines Bildes – nur unangemessene. Wir wollen uns im Folgenden mit den verschiedenen Werkzeugen und Techniken zur Nachschärfung auseinandersetzen.

Foto: Corel

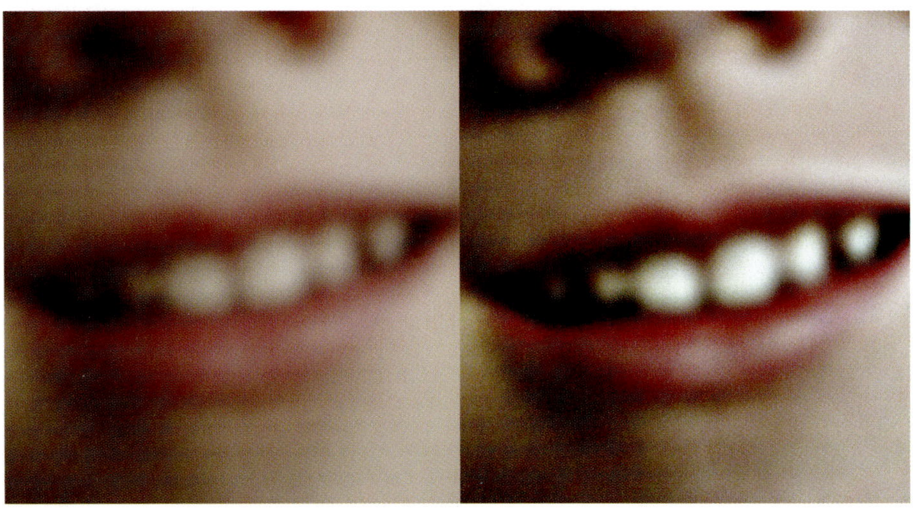

1 Das Prinzip

Um das Grundprinzip der Schärfung zu verdeutlichen, nehmen wir ein Beispielbild, das an einem dunstigen Wintermorgen in Berlin entstanden ist. Durch die flachen Kontraste der ursprünglichen mit der Automatikfunktion belichteten Aufnahme erscheint das Bild verwaschen und unscharf. Eine Kontrastverstärkung mit dem Dialog „Helligkeit/Kontrast" – von dem man wegen seiner schlechten Steuerbarkeit normalerweise die Finger lassen sollte – lässt das Ergebnis gleich brillanter und für das Auge schärfer erscheinen. Dieser Eindruck wird durch die nun auch besser erkennbaren Details der Wandstruktur unterstützt.

2 Grenzen ▲

Bilder, bei denen im Moment der Aufnahme deutlich erkennbare Unschärfen, wie in unserem Beispiel, entstanden sind, lassen sich nachträglich mit Schärfungstechniken bestenfalls in interessante grafische Adaptionen verwandeln. Aber nicht in scharfe Fotos. Diese Einschränkung greift eine Frage auf, die man als Photoshop-Kundiger sehr häufig von Laien gestellt bekommt, die zu viele schlechte Hollywoodfilme gesehen haben. Korrigiert werden können allenfalls leichte Unschärfen. Ein Reproduktionstrick aus analoger Zeit besteht jedoch darin, die geschärften Resultate deutlich kleiner als im Original angelegt auszugeben, dann fallen die Unschärfen bei der Wahrnehmung nicht so sehr ins Gewicht.

3 Automatische Schärfung

Jede Digitalkamera arbeitet neben anderen automatischen Korrekturberechnungen mit einer integrierten Nachschärfungsfunktion, um die Wirkung der Bilder zu verbessern. Modelle mit gehobener Ausstattung erlauben es, dieses Feature stillzulegen. Allerdings wird dabei die Nachschärfung meist nur reduziert. Volle Kontrolle darüber erhält man nur durch die Arbeit im RAW-Modus und passende Software, um auf alle nachträglichen Korrekturfunktionen zugreifen zu können. Im Gegensatz zu nachträglichen Schärfungen am PC geht die Kamerasoftware meist relativ vorsichtig zu Werke, wie der Vergleich einer Aufnahme in Photoshops RAW-Modul zeigt.

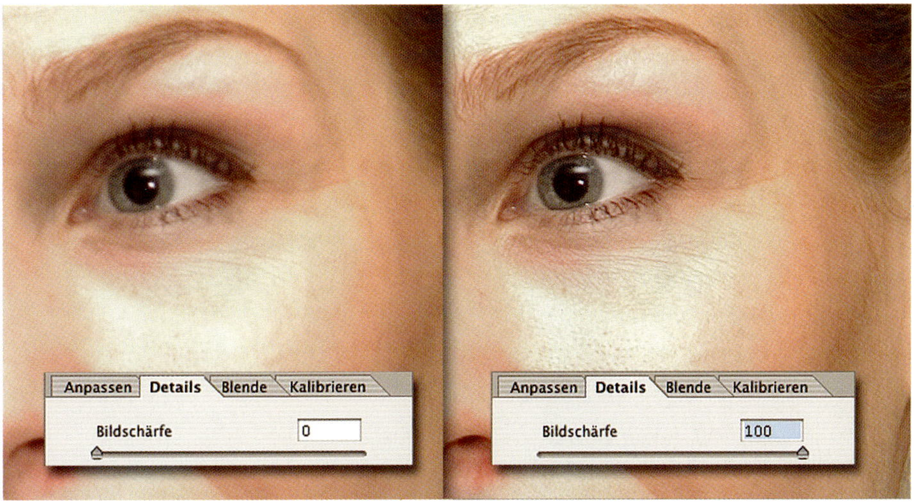

4 Schärfen beim Scannen ▲

Eingebaute Funktionen für nachträgliches Schärfen sind nicht auf Digitalkameras beschränkt. Auch Scanner bieten solche in der Regel abschaltbaren Features im Rahmen der mitgelieferten Scan-Programme oder Treiber. Probleme machen die Schärfungsroutinen zum Beispiel beim Digitalisieren von sehr feinkörnigen Dias. Durch das Schärfen werden nämlich nicht nur die Bildkontraste verstärkt, sondern auch das Filmkorn. Dadurch entsteht eine ungewollte Bildverschlechterung. Problematisch ist auch das Einlesen von bereits gedruckten Vorlagen. Je stärker der Scharfzeichner, desto höher ist die Neigung zur Moiré-Bildung aus den Strukturen, die beim Vierfarbauftrag angelegt wurden.

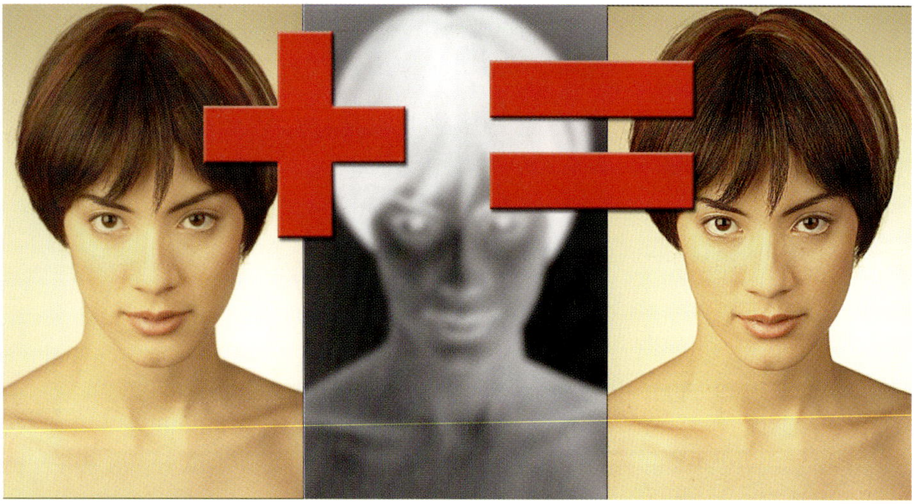

Die Unscharfmaskierung

5 Technik

„Unscharfmaskierung" ist ein ungewöhnlicher Name für einen Prozess, durch den ein Bild für den menschlichen Betrachter schärfer wird. Er stammt aus der konventionellen Farbseparation, in der unscharfe Masken zum Einsatz kamen, um die Kontraste zu verstärken. Man duplizierte ein Negativ mit einer dazwischengelegten Milchglasscheibe auf ein Stück Film, so dass das resultierende Positiv unscharf wurde. Exakt übereinander gelegt, bildeten diese zwei Filme die »Unscharfmaske«, mit der das Fotopapier kurz belichtet wurde. Anschließend erfolgte die normale Belichtung mit dem Negativ – das Resultat war eine Kontrastverbesserung an den kontrastreicheren Kanten des Motivs.

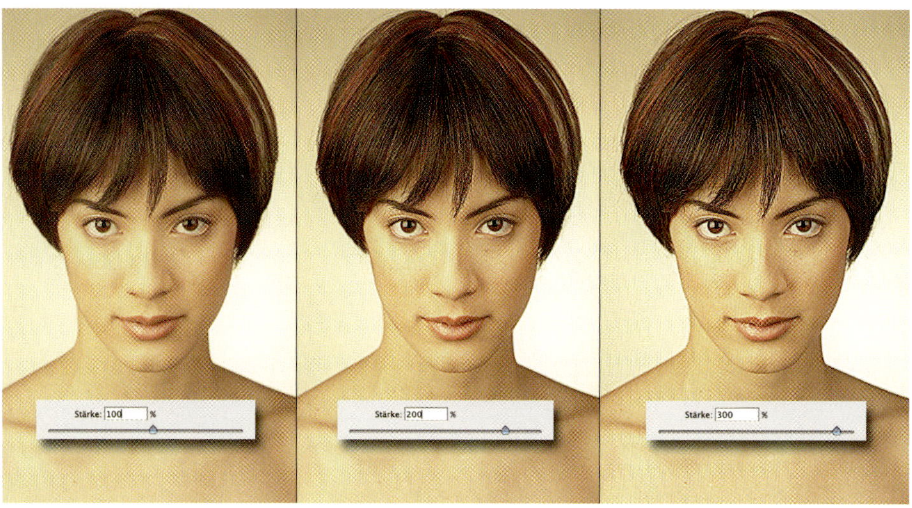

Fotos 5-16: Corel

6 Stärke ▲

Der Dialog befindet sich unter dem Eintrag „Scharfzeichnungsfilter" des Filter-Menüs. Er bietet neben einer Vorschau drei Schieberegler. „Stärke" entspricht etwa dem Lautstärkeregler am Radio. Je höher der Wert, desto auffälliger wird geschärft. Starten sollte man zwischen 120 und 200 Prozent für die Verwendung im Offsetdruck. 40 bis 80 Prozent reichen dagegen für eine Ausbelichtung oder die Ausgabe auf Fotodruckern. Für Monitor und Web-Ausgabe reicht die Einschätzung am Monitor. Anschließend kann man das Ergebnis mit den beiden anderen Reglern modifizieren.

7 Radius

Der Radius bestimmt, wie groß der Bereich um ein Pixel ist, die Photoshop bei der Änderung des Kantenkontrasts berücksichtigt. Für den Offsetdruck gilt als Faustregel, die Bildauflösung durch 200 zu teilen. Bei 300 dpi sollte man also einen Wert von 1,5 vorgeben. Bei der Radius-Einstellung kann man viel falsch machen. Ein zu großer Radius verursacht unansehnliche helle oder dunkle Lichtkränze entlang der Kanten. Diese Lichtkränze kann man allerdings für kreative Effekte nutzen.

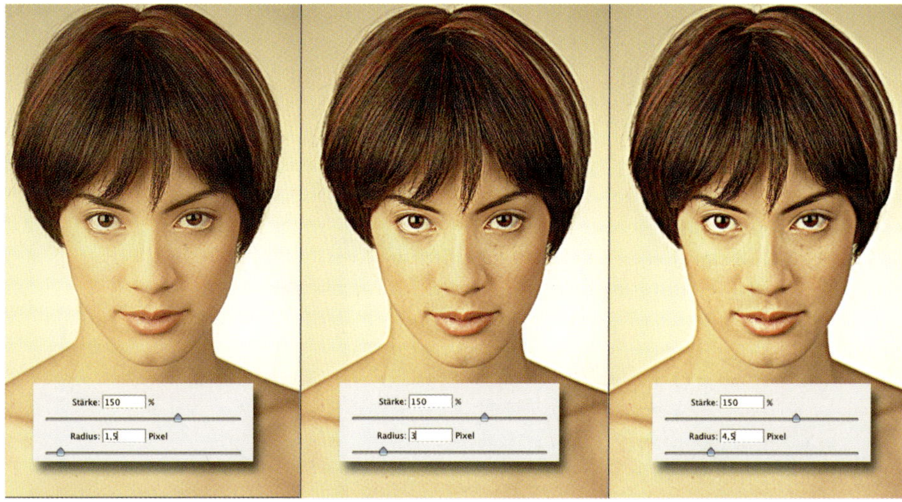

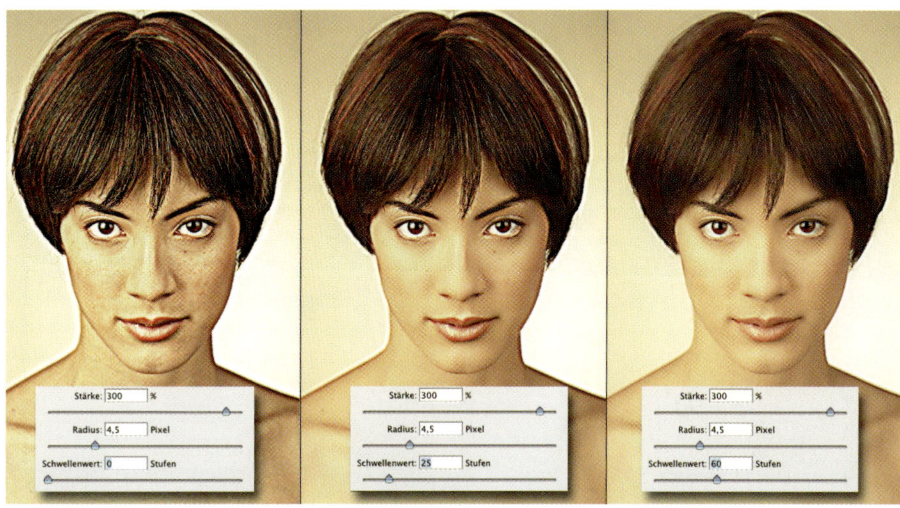

8 Schwellenwert ▲

Der Schwellenwert begrenzt die Wirkung des Effekts auf einen einschränkbaren Kontraststärkenbereich. Die Skala reicht von 0 bis 255, wobei 0 alle Kontraste umfasst. Bei einer Einstellung von 5 bleiben die Bildbereiche unberücksichtigt, deren Kontraste sich um weniger als sechs Tonwerte unterscheiden. Man kann damit also kontrastschwache Bereiche eines Bildes von der Nachschärfung ausnehmen. Ein hoher Schwellenwert bedarf einer hohen Stärkeeinstellung. Diese Kombination kann aber dazu führen, dass einzelne Pixel des Bildes ausreißen und dadurch unangenehm auffallen. Der Schwellenwert sollte aus diesem Grund den Wert 20 nicht übersteigen.

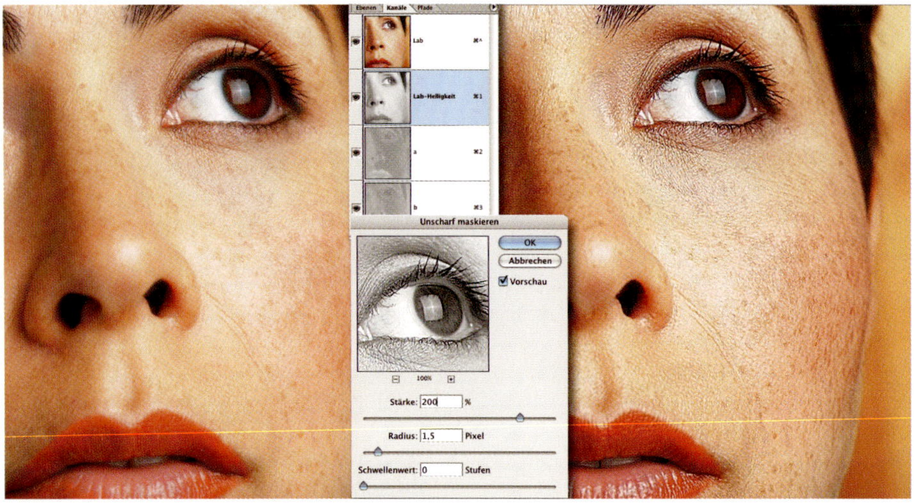

Schärfungstricks

9 LAB-Schärfung

Am effizientesten lässt es sich schärfen, wenn man sich nur auf die Nachbearbeitung der Helligkeitsinformationen beschränkt. So verhindert man ein Ausbrechen der Farben an den geschärften Kontrastkanten. Dafür prädestiniert ist der LAB-Modus, in dem die Bildinformation in zwei Farb- und einem Helligkeitskanal gespeichert wird. Nach der Farbraumkonvertierung klicken Sie in der Kanäle-Palette auf den Kanal „LAB-Helligkeit", aktivieren anschließend die Sichtbarkeitssymbole der beiden Farbkanäle und schärfen dann das Bild mit angeklickter Vorschau mit der Unscharfmaskierung.

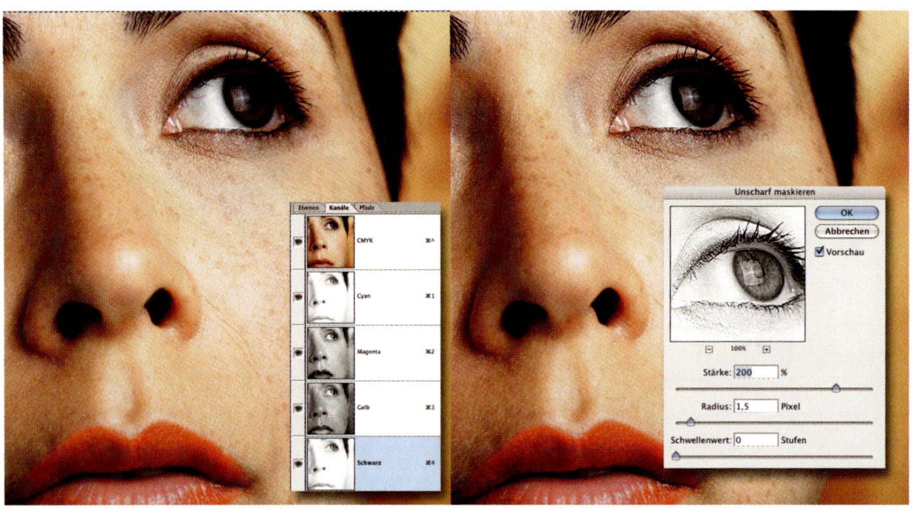

10 K-Schärfung ▲

Wenn ein Bild für den Offsetdruck aufbereitet werden soll, kann es empfehlenswert sein, auf die Schärfung im LAB-Modus zugunsten einer Schärfung des Schwarzkanals zu verzichten. Das Prinzip ist schließlich das gleiche, der Unterschied besteht lediglich im Umfang der nachgeschärften Informationen. Enthält der LAB-Helligkeitskanal alle Kontrastinformationen, fällt der Schwarzkanal je nach Separation und Schwarzaufbau-Einstellung unterschiedlich aus. Die Umrechnung nach CMYK sollte bei späterer Schärfung wenigstens eine Separations-Voreinstellung vom Typ „Mittel", besser noch „Stark" oder „Maximal" aufweisen. Letzteres verändert jedoch die Kontraste. Beachten Sie, bei farbkritischen Bildern unnötiges Umrechnen der Farbmodi zu vermeiden.

11 Doppelte USM

Ein in der Praxis weit verbreiteter Ansatz zur Schärfung ohne Farbraumwechsel ist die doppelte Unscharfmaskierung. Hier wird das Bild zweimal nacheinander mit dem Werkzeug bearbeitet. Im ersten Durchgang werden die Bildkontraste grob verstärkt. Dies geschieht durch einen hohen Radius (>3) und eine geringe Anwendungsstärke (<40). Nach der Berechnung wird der Dialog erneut aufgerufen und das Bild in den Details feingeschärft. Hierbei bleibt der Radius bei einem Wert von etwa eins, während die Stärke auf 100 bis 150 Prozent hoch gesetzt wird. Die Schwellenwerteinstellung bleibt konstant auf Werte zwischen 0 und 5 eingestellt.

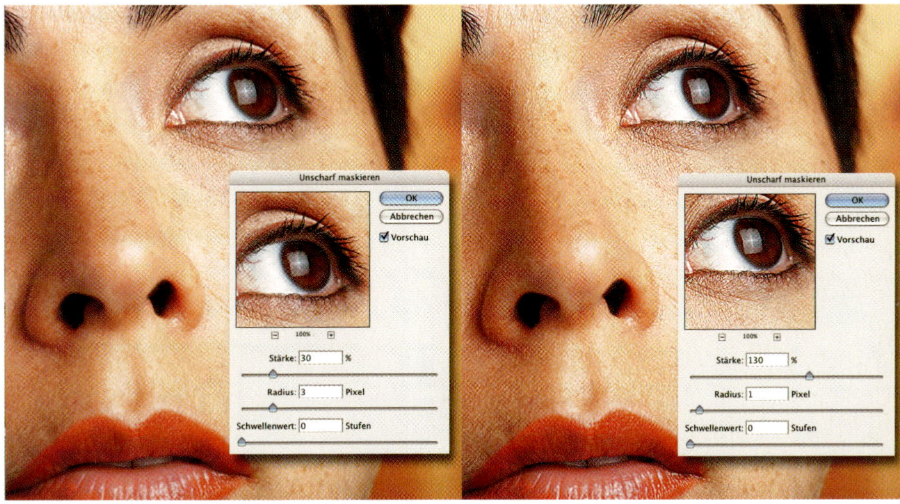

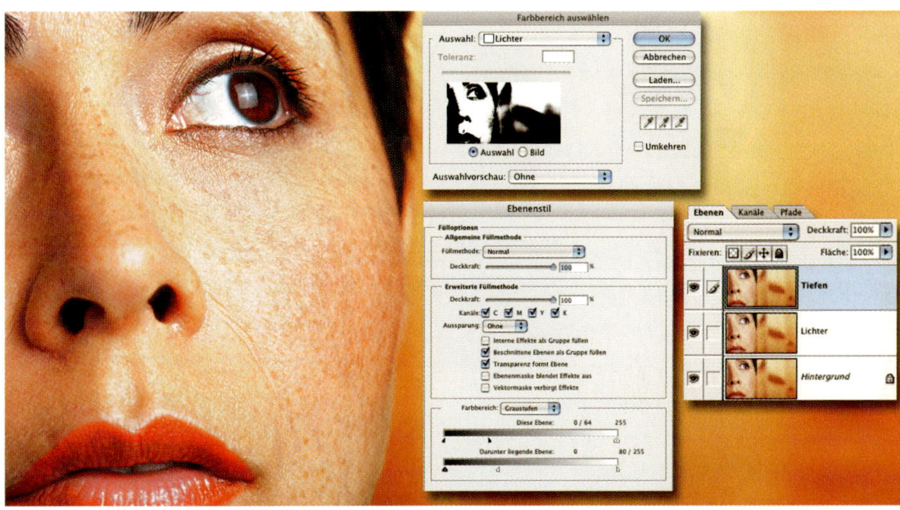

12 Tiefen und Lichter getrennt ▲

Es sieht nicht immer gut aus, wenn das gesamte Bild gleichmäßig geschärft ist. Oftmals macht es Sinn, Lichter und Tiefen unterschiedlich stark zu schärfen. Duplizieren Sie dazu die Hintergrund-Ebene zweimal. Auf einer Ebenenkopie schärfen Sie nur die Lichter, auf der anderen nur die Tiefen. Als Auswahlhilfe für diese Tonwertbereiche dient übrigens der Dialog „Farbbereich auswählen“. Anschließend mischen Sie die Ebenen mit den Farbbereichsoptionen der erweiterten Füllmethoden.

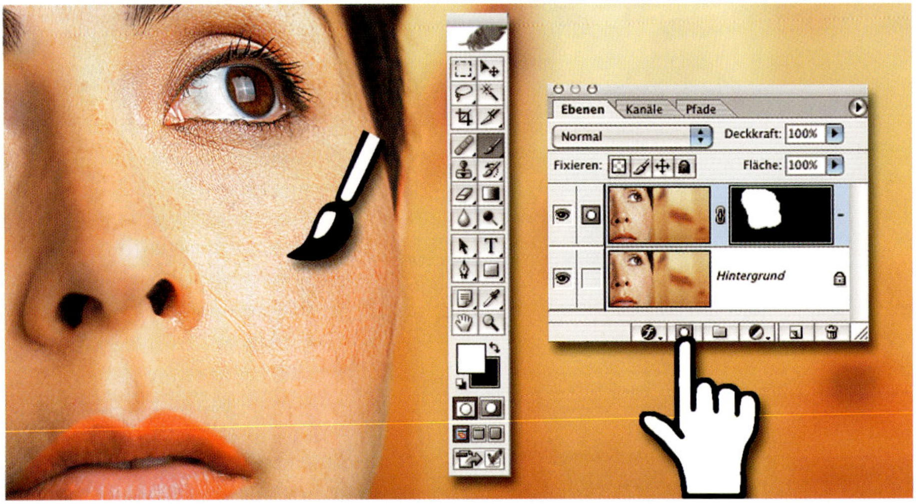

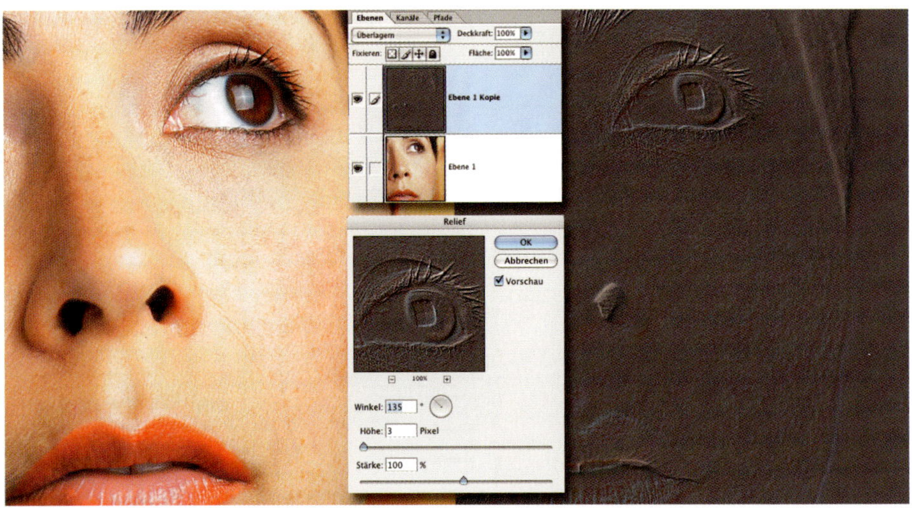

13 Schärfung aufmalen

Leider erlaubt es Photoshop nicht, Filtereffekte direkt mit dem Pinsel aufzutragen; das Schärfen-Tool erzeugt kaum brauchbare Ergebnisse. Es geht viel besser mit einem Workaround. Duplizieren Sie die Hintergrundebene und schärfen Sie nach Ihren Vorstellungen ganz oder partiell. Anschließend klicken Sie mit gehaltener Alt-Taste auf das Ebenenmasken-Symbol am unteren Rand der Ebenen-Palette und blenden so die Ebenenkopie wieder aus. Die Teile der Schärfung, die Sie auftragen wollen, malen Sie nun einfach mit dem Pinsel, einer weichen Werkzeugspitze und weißer Farbe auf die Ebenenmaske.

14 Mit dem Relief-Filter schärfen ▲

Eine weitere Variante, um Bilder subtil nachzuschärfen, basiert auf dem Stilisierungsfilter „Relief", den es ebenso wie die Unscharfmaskierung in den meisten besseren Bildbearbeitungsprogrammen gibt. Dazu duplizieren Sie zunächst die Hintergrundebene und verrechnen das so entstandene Duplikat im Modus „Ineinanderkopieren" (bis Photoshop 7) beziehungsweise „Überlagern" (ab Photoshop CS). Experimentieren Sie mit Höhenwerten zwischen 1 und 4. Die Stärke sollte bei 100 Prozent bleiben. Diese Technik ist jedoch stark motivabhängig und kann bei ungeeignetem Ausgangsmaterial zu unerwünschten Effekten wie einer nicht kontrollierbaren Artefaktbildung führen.

15 Der Hochpassfilter

Wenn die Unscharfmaskierung nicht zu den gewünschten Ergebnissen führt, sollten Sie versuchen, eine Schärfung mit dem „Hochpassfilter" vorzunehmen. Auf eine Ebenenkopie angewandt, die mit den Modi „Ineinanderkopieren" oder „Weiches Licht" mit dem Hintergrund verrechnet wird, wenden Sie den Filter mit einem Radius zwischen 1 und 10 an. Die Hochpassfilterschärfung wirkt sehr subtil und eignet sich nur für leichte Schärfekorrekturen.

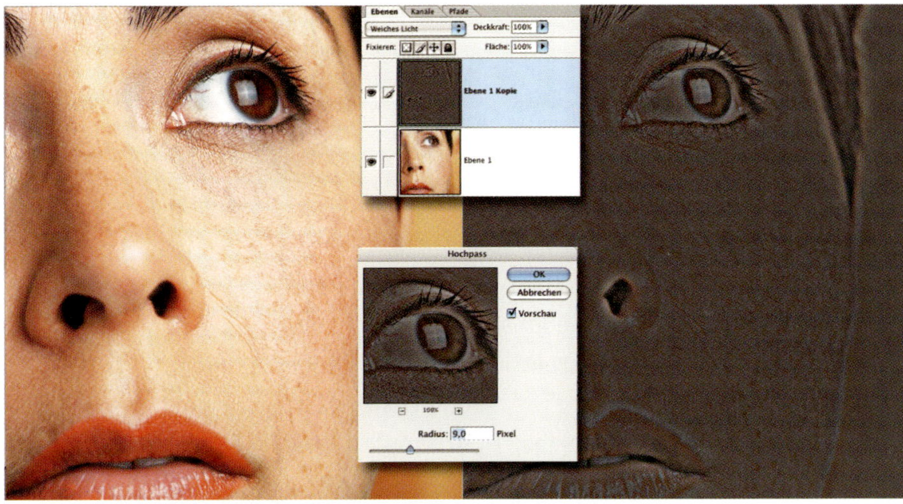

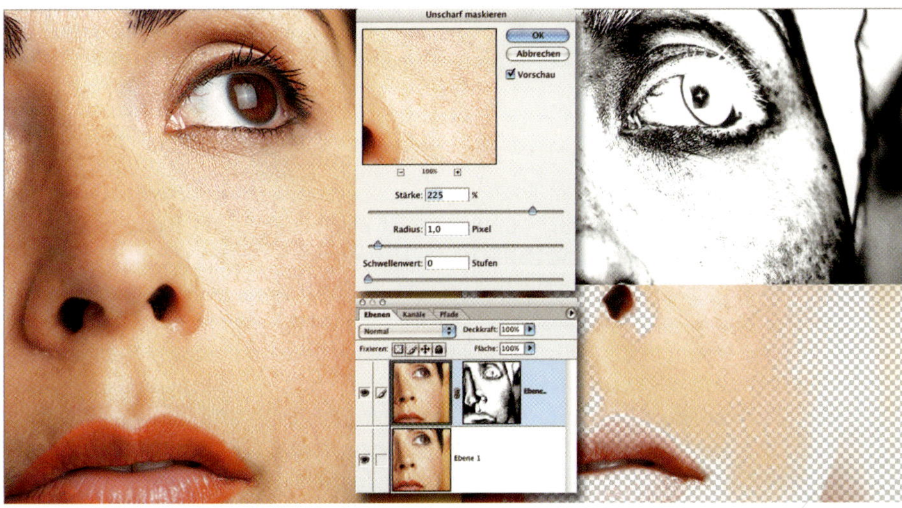

16 Konturenmaske ▲

Wer sehr hohe Ansprüche an die Nachschärfung hat und sich nicht scheut, etwas mehr Zeit zu investieren, arbeitet mit einer Konturenmaske. Dazu wird die Hintergrundebene dupliziert und in die Zwischenablage kopiert. Erzeugen Sie eine Ebenenmaske und füllen Sie diese mit dem Inhalt der Zwischenablage. Wenden Sie auf die Ebenenmaske den Stilisierungsfilter „Konturen finden" an. Danach bearbeiten Sie die Maske mit Gradationskurve und Gaußschem Weichzeichner. Alles, was in der Maske schwarz bleibt, wird später geschärft. Die Weichzeichnung glättet die Konturen und macht sie breiter. Invertieren Sie die Maske zum Abschluss, wechseln Sie zur Ebenenminiatur und schärfen nun mit der Unscharfmaskierung nur die Konturen nach.

Mehr Dynamikumfang

Deutsche lieben Abkürzungen – besonders, wenn man damit komplizierte englische Begriffe korrekt aussprechen kann. DRI steht für „Dynamic Range Increase" und meint die Erweiterung des Dynamikumfangs bei einer Aufnahme. | **Christoph Künne**

Wer nicht gerade ein Fototechnik-Freak ist, wird immer noch rätseln, worum es hier eigentlich geht. Ein paar Worte zur Klärung: Das menschliche Auge hat einen sehr hohen Dynamikumfang, wodurch es auch bei ungünstigen Lichtverhältnissen noch Details in sehr hellen und sehr dunklen Strukturen ausmachen kann. Bildchips und analoge Filme bilden dagegen nur einen eingeschränkten Helligkeitsbereich ab, den man in Blendenstufen misst. Alles, was heller ist als die von der Belichtungsautomatik ermittelte maximale Obergrenze, wird ohne Zeichnung weiß erfasst. Bereiche, die dunkler sind als der untere Abblendungsspielraum, müssen ebenfalls ohne Feinheiten auskommen. In der Praxis bringt das folgende Effekte mit sich: Sie fotografieren nachts ein erleuchtetes Gebäude. Die Belichtungsautomatik orientiert sich am Lichtpunkt der Straßenlaterne im Vordergrund und schneidet so die Zeichnung in den Schattenbereichen gänzlich ab. Aber auch bei Aufnahmen in strahlendem Sonnenlicht kommt es zu Problemen. Entweder ist der dunkelblaue Himmel mit den weißen Wolken in allen Details erkennbar oder das Motiv im Vordergrund. Für alles reicht der Dynamikumfang nicht aus.

Im günstigsten Fall liegt die Abbildungsfähigkeit einer Digitalkamera zwischen der eines Dia-Filmes (fünf bis sechs Blendenstufen) und der eines Farbnegativfilmes (sieben bis neun Blendenstufen). Modernste High-End-Geräte warten auch schon mit bis zu elf Blendstufen auf.

Besonders anfällig reagieren die meisten Chips auf zu viel Licht. Bereits bei ein bis zwei Blenden Überbelichtung bei extremen Motivkontrasten enthalten die hellsten Bildpartien keine Helligkeitsunterschiede mehr. Besonders deutlich wird dies bei Motivpartien mit hohem Reflexionsvermögen wie etwa der weißen Seide eines Brautkleides oder weißglänzendem Porzellan. Deshalb belichten viele Digitalkameras etwas knapp, um zumindest einige Details in den Lichtern zu retten.

Abhilfe schafft die DRI-Technik. Hierbei wird dasselbe Motiv vom Stativ aus mehrmals deckungsgleich mit unterschiedlichen Belichtungszeiten fotografiert. Die Belichtungszeit sollte sich dabei idealerweise um jeweils rund eine Blendenstufe unterscheiden. Das erste Bild wird um ein bis zwei Blendenstufen überbelichtet, das letzte Bild einige Blendenstufen unterbelichtet. Eine Blendenstufe heller entspricht der doppelten, eine dunkler der halben, zwei dunkler der viertel Belichtungszeit usw. Statt der Belichtungszeit kann auch die Blendenöffnung variiert werden, was aber aufgrund der Auswirkungen auf die Schärfentiefe unvorteilhaft ist.

Nachtaufnahme

1 Vier Belichtungen

Nachtaufnahmen eignen sich besonders gut, um die Vorzüge von DRI auszuschöpfen. Wir haben von dem erleuchteten Hotel vier Aufnahmen mit jeweils einer Blende Unterschied gemacht. Damit die Bilder zu 100 Prozent deckungsgleich sind, muss man mit einem Stativ arbeiten und darauf achten, dass vorbeifahrende Autos oder Spaziergänger keine Abweichungen und damit zusätzliche Probleme erzeugen. Bei den Belichtungsreihen sollte man grundsätzlich darauf achten, die Belichtungszeit und nicht die Blende zu verändern, weil dies eine identische Tiefenschärfe in allen Belichtungen gewährleistet. In jedem Bild sucht man nun nach den Bereichen, die die beste Zeichnung aufweisen.

2 Montage ▲

In unserem Beispiel reicht es aus, drei der vier Belichtungen zu kombinieren, damit alle wesentlichen Motivelemente herausgearbeitet werden können. Das ist ein Glücksfall, denn es kann auch bis zu zehn Belichtungen erfordern, bis das Motiv in allen Details erfasst ist. Die drei Bilder kopieren wir in eine Datei. Als Grundlage dient die dunkle Belichtung, die um zwei Blenden abgeblendet wurde. Die zwei helleren liegen jeweils eine Ebene höher und werden mit einer schwarzen Ebenenmaske ausgeblendet. Die invertierte Ebenenmaske erzeugen Sie durch einen Klick am unteren Rand der Ebenen-Palette auf das Ebenenmasken-Symbol bei gleichzeitig gehaltener Alt-Taste.

3 Details einmalen

Die in der unterbelichteten Version fehlenden Details tragen Sie auf die Ebenenmaske mit dem Pinselwerkzeug und weißer Malfarbe auf. Bei dieser Arbeit müssen Sie sehr vorsichtig zu Werke gehen, da sonst unnatürlich harte Übergänge entstehen. Idealerweise arbeiten Sie hier mit 100-prozentiger Deckkraft und weniger als 10 Prozent Flussgeschwindigkeit des Pinselstrichs. Sie müssen dabei zwar mehrmals auf einer Stelle malen, um die oben liegende Ebene durchscheinen zu lassen, nur sehen Sie anschließend bei diesen Einstellungen die einzelnen Pinselstriche nicht. Wenn Sie dagegen die Deckkraft reduzieren und die Flusseinstellungen auf 100 Prozent lassen, entstehen leicht schmutzig wirkende, helle Streifen.

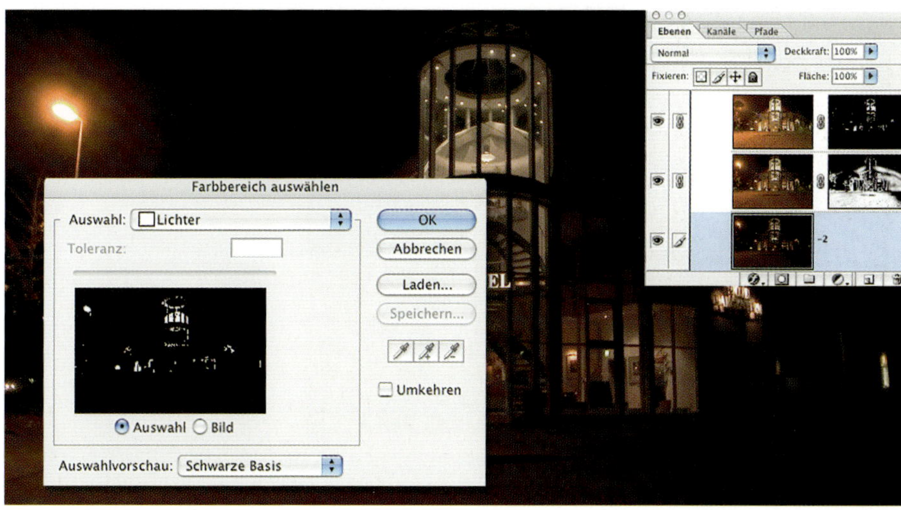

4 Alternative: Farbbereiche wählen ▲

Wem das zu mühsam ist, der kann sich einen Teil der Arbeit auch von der Auswahlfunktion „Farbbereich auswählen" abnehmen lassen. Wählen Sie damit zum Beispiel in der dunkelsten Aufnahme die Lichter und wandeln Sie anschließend die so erzeugte Auswahl in eine Ebenenmaske für die hellste Belichtung um.

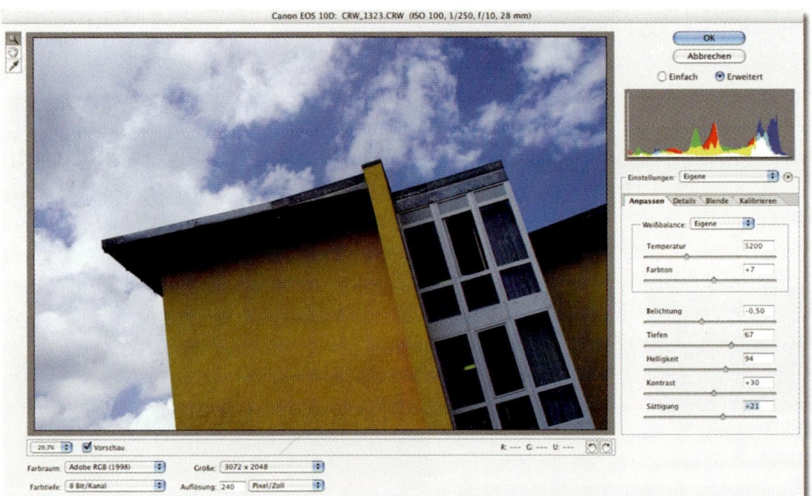

Tagesaufnahme

5 RAW-Einstellung 1

Bei problematischen Aufnahmen in gleißendem Tageslicht kommt man durchaus mit einer einzigen Belichtung aus – vorausgesetzt Ihre Kamera beherrscht das RAW-Format. Statt drei deckungsgleiche Belichtungen mit dem Stativ aufzunehmen, nutzen Sie die RAW-Datei, um daraus mehrere Belichtungen zu gewinnen. Die erste soll das Haus mit starken Kontrasten und starken Tiefen widergeben. Verstärken Sie dazu die Werte mittels der beiden Regler, bestätigen den Dialog und sichern Sie das Ergebnis in einem verlustfreien Format wie PSD oder TIFF.

6 RAW-Einstellung 2 ▲

Anschließend öffnen Sie die RAW-Datei erneut. Durch das vormalige Öffnen der Datei sind die veränderten Einstellungen erhalten geblieben. Um den fast weißen Himmel so einzustellen, dass er wie bei der Aufnahme wieder blau leuchtet, reduzieren Sie die zuvor erhöhten Einstellungen des Kontrasts um die Hälfte und verringern gleichzeitig die Belichtung auf etwa den Wert 0,5. Anschließend verstärken Sie die Tiefen weiter, steigern die Sättigung und verringern die Farbtemperatur leicht.

7 Maske erzeugen

Wer bei diesem Motiv die Ebenenmaske zur Trennung von Haus und Himmel mit den Malwerkzeugen vornimmt, verbringt wahrscheinlich zu viel Zeit damit, die Kanten exakt nachzuvollziehen. Schneller geht es in diesem Fall mit Hilfe der Kanäle. Blenden Sie die Ebene mit dem korrekt belichteten Himmel aus, wechseln zur Blaukanal-Ansicht und klicken dort einmal mit dem Zauberstab bei einer Werkzeugtoleranz von 35 in den weißen Himmel. Sie müssen diese Auswahl nur noch, nachdem Sie wieder alle Kanäle und die zweite Ebene eingeblendet haben, in eine Ebenenmaske umwandeln. Dazu reicht bei aktivierter Himmelsebene ein einziger Klick auf das Ebenenmasken-Symbol.

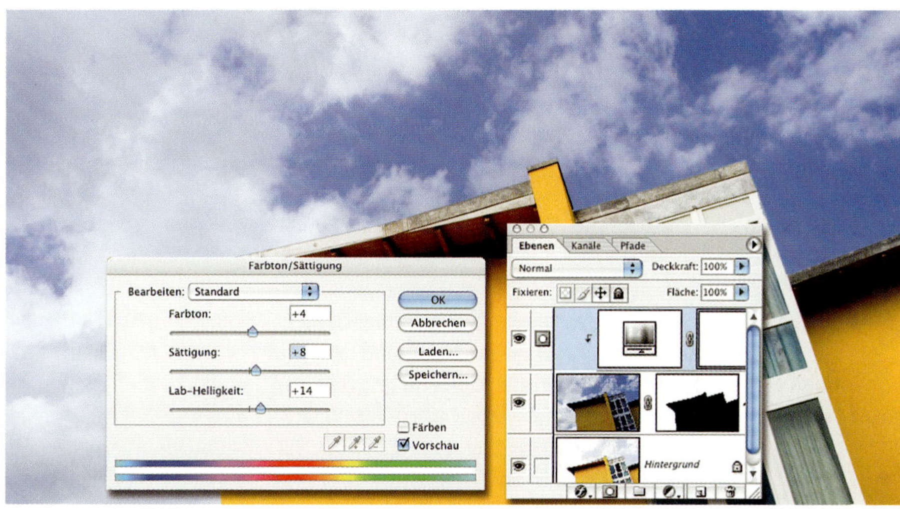

8 Weiter optimieren ▲

Selbstverständlich lassen sich auch noch weiterhin Korrekturen an den einzelnen Ebenen vornehmen. Wenn durch den Einsatz der DRI-Technik in Kombination mit der RAW-Abstimmung die Bildfarben nicht mehr richtig zueinander passen wollen, können Sie die Ebenen einzeln mit zusätzlichen Einstellungsebenen beliebigen Typs korrigieren. Soll zum Beispiel das Himmelsblau etwas knalliger erscheinen, erzeugen Sie eine Einstellungsebene von Typ „Farbton/Sättigung“, positionieren sie oberhalb der Himmel-Ebene und beschränken ihre Wirkung auf die Ebene darunter mit den Befehl „Schnittmaske erstellen“ aus dem Ebenen-Menü.

Simplex, Duplex, Triplex und Quadruplex

Die Technik, Fotos mit mehreren Schmuckfarben statt im Vierfarbprozess hat viele Qualitäten. So ist sie für Lowbudget-Produzenten ebenso interessant wie für Freunde von Fine-Art Prints. | **Christoph Künne**

Duplex, Triplex und Quadruplex sind als Drucktechniken in den letzen Jahren etwas aus der Mode gekommen. Hinter diesen kryptischen Namen verbergen sich Mehrfarbdruckverfahren, die ursprünglich nicht nur dazu dienten, Bilder bunter zu machen, sondern auch einen größeren Tonwertumfang aufs Papier zu bringen. Das Prinzip ist das gleiche wie beim vierfarbigen Offsetdruck: Das Druckblatt durchläuft nacheinander mehrere Druckvorgänge. Im Fall von Duplex zwei, als Triplexdruck drei und im Quadruplexverfahren vier. Der Unterschied besteht in den aufgetragenen Farben. Nicht Cyan, Magenta, Gelb und Schwarz kommen zum Einsatz, sondern individuell gewählte Vollfarbtöne – etwa aus der Pantone- oder HKS-Palette. Mit Schwarz als alleiniger Druckfarbe lassen sich auf qualitativ hochwertigem Papier maximal 100 Graustufen realisieren. Ungestrichene Papiere geben sogar nur zirka 50 Graustufen wieder. In der alltäglichen Praxis genügt das vollauf. Bei gehobenen Ansprüchen – etwa zur Reproduktion von Kunstwerken mit subtiler Detailzeichnung oder flachen Verläufen – erweist sich der normale Einfarbdruck dagegen als unzureichend. Erst durch einen zusätzlichen Druckvorgang mit einem hellen Grau als zweiter Farbe bekommt man den Zeichnungsverlust in den Griff. Ein weiteres Anwendungsgebiet ist die Tonung von Graustufenbildern. Mit Hilfe eines zusätzlichen Volltons – etwa blau oder braun – als Zweit- oder Drittfarbe gibt man den Charakter alter Fotos wieder.

Die Schmuckfarbverfahren bieten auch Vorzüge bei Lowbudget-Produktionen. Wenn Schwarzweiß zu einfach und der Vierfarbdruck zu teuer ist, liegt im Duplexdruck eine sinnvolle Alternative. Hinzu kommt der Charme der damit möglichen Farbeffekte.

Der ist es sicher auch, der in Zeiten relativ günstiger Digitaldrucke so manche Produktion in dieser nostalgischen Anmutung hervorbringt. Aber auch bei dieser Technik lassen sich die tonwertverstärkenden Effekte beobachten, so dass jeder Bildliebhaber statt einer normalen Graustufen-Reproduktion lieber auf den Duplex-Effekt setzten sollte. Das gilt in abgewandelter Form auch für die Ausgabe der Bilder auf dem Tintenstrahldrucker. Schmuckfarbenproduktionen sind in technischer Hinsicht kein Spaziergang, erinnert die Arbeit in dieser Farbwelt doch eher an die Zeiten der Photoshop-Version 2.0. Alles Wesentliche findet in den Kanälen statt, Ebenen gibt es nicht, nur kurzfristig schwebende Auswahlen. Halt voll im Retrotrend – nicht nur ästhetisch.

1 Graustufen-umwandlung

Voraussetzung für die Arbeit mit dem Duplex-Farbraum ist es, die Bildvorlage in den Graustufen-Modus umzuwandeln. Dabei sollten Sie sich nicht auf die Standardkonvertierung verlassen. Geeignete Werkzeuge dafür sind einerseits der „Kanalmixer“ oder die „Kanalberechnungen“. Bei der Arbeit mit dem Kanalmixer aktivieren Sie zunächst den Schalter „Monochrom“ und steuern anschließend die Anteile der Farbauszüge für die Graukonvertierung mit den Schiebereglern. Erst danach ändern Sie die „Modus“-Einstellung in „Graustufen“. Die Umwandlung per „Kanalberechnungen“ ist eher ein Weg für Spezialisten. Nach der Graustufenumwandlung konvertieren Sie wiederum im Bereich „Modus“ des „Bild“-Menüs die Datei in den „Duplex“-Farbraum. Beachten Sie, die Bilddatei gegebenenfalls auch auf 8-Bit pro Kanal zu reduzieren.

2 Simplex – eine Schmuckfarbe

Wählen Sie zunächst die Bildart „1 Sonderfarbe". Im Normalfall ist Schwarz vorgewählt. Nach einem Klick auf das Farbsymbol können Sie im Farbwähler jeden beliebigen Farbton auswählen und sehen sofort die Vorschau. Ein verbreiteter Einsatzbereich des Eintondrucks, auch Simplex genannt, sind einfarbige Briefpapiere und Geschäftsausstattungen. Hier verzichtet man zunehmend auf reines Schwarz als Druckfarbe und weicht zu anderen, tendenziell eher dunklen Farben aus. Das Ergebnis mutet dann zwar nicht bunt an, ist aber doch „tonig" und somit gefälliger für das Auge. Die Bildelemente solcher Drucksachen stimmt man mit Hilfe der Eintontechnik ab.

3 Duplex – zwei Schmuckfarben ▲

Ein richtiges Duplexbild besteht natürlich aus zwei Farben. Brechen Sie zunächst den Farbwahl-Dialog ab und wechseln zur Bildart „Duplex". Anschließend ist die Farbe für den Grundton wieder schwarz. Klicken Sie nun in das weiße Farbfeld der jetzt aktiven „Druckfarbe 2". Jetzt öffnet sich nicht der „normale" Farbdialog, sondern die Version „Eigene Farben", in der Sie auf Schmuckfarbtafeln von Pantone und anderen Anbietern zugreifen können. Wählen Sie hier ein lichtes Grau, in unserem Beispiel „Pantone Cool Gray 5c". Durch die Zugabe der zweiten Farbe hat sich die Detailzeichnung in den Mitten und Lichtern klar sichtbar erhöht. Sie können dies vergleichen, wenn Sie die Vorschau ab- und wieder anschalten.

Tipp:

Sie können frei zwischen den Farbwählern wechseln, indem Sie im Adobe-Farbwähler auf „Eigene" und im Dialog „Eigene Farben" auf „Farbwähler" klicken. In beiden Fällen wird die zuvor gewählte Farbe automatisch weitestgehend angeglichen. Durch diesen Trick ersparen Sie sich auch die Suche nach einem adäquaten Schmuckfarbton.

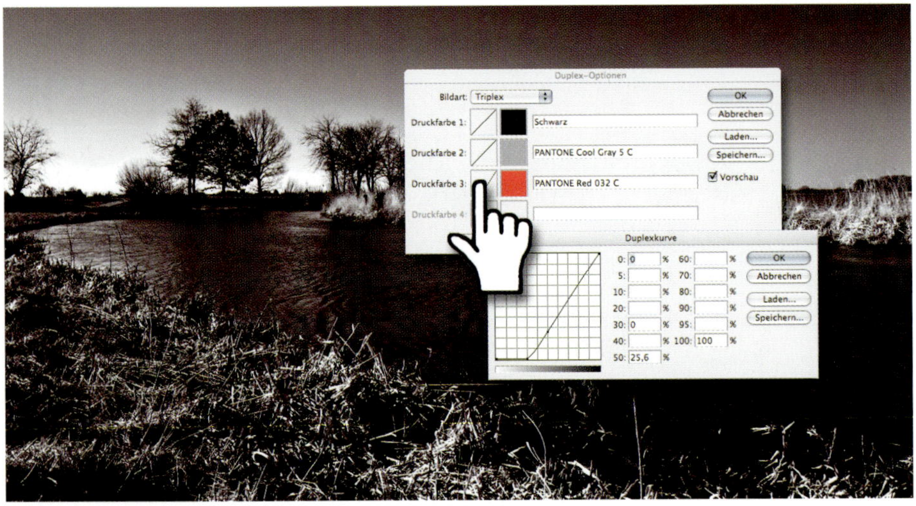

4 Triplex – drei Schmuckfarben

Schalten Sie unter „Bildart" in den Triplexmodus, kommt wieder eine zusätzliche Druckfarbe hinzu. Wir haben uns hier für den leuchtenden Rotton „Pantone Red 032C" entschieden. Um die Auswirkungen des Farbauftrags zu beeinflussen, arbeiten Sie mit einer Druckkennlinie, die Sie per Klick auf das jeweilige Gradationskurvensymbol aufrufen. Soll die Farbe sich hauptsächlich auf die dunklen Bereiche des Bildes auswirken, lassen Sie den Farbauftrag erst bei 30 Prozent beginnen. Damit die Tiefen ihre Knackigkeit behalten, beschränken Sie den maximalen Farbauftrag pro Kanal auf 90 Prozent.

5 Quadruplex – vier Schmuckfarben ▲

Nach dem Wechsel in die Bildart „Quadruplex" können Sie eine weitere Farbe zur Tonung hinzufügen. Wir haben uns hier für ein kräftiges Gelb entschieden. Mit der Kennline verstärken wir es in den Lichtern. Dazu wird der Minimalauftrag mit 20 Prozent festgelegt, während der Gesamtauftrag bei 60-prozentiger Deckung bei mittlerer Bildhelligkeit liegt. Zu den Tiefen hin reduziert sich der Auftrag wieder bis auf 20 Prozent. So bleibt die Rottonung fast unbeeinflusst, man vermeidet jedoch die Gefahr von farblichen Abrisskanten in Verläufen oder zu flachen Farbkontrasten, die entstehen können, wenn der Wert bei Null liegt.

6 Mitgelieferte Effekte

Wer sich einen Eindruck von den Möglichkeiten der Duplex-Technik zur Veränderung des Bildes verschaffen möchte, ohne lange zu experimentieren, kann auch vorgefertigte Einstellungen laden. Ein Klick auf die Schaltfläche „Laden" des Dialogs „Duplex-Optionen" führt direkt in den „Duplex"-Ordner von Photoshops „Vorgaben"-Verzeichnis. Dort finden Sie sortiert nach Anzahl der Sonderdruckfarben und verwendeten Druckfarbtypen eine Vielzahl von Presets zum Ausprobieren. An dieser Stelle legen Sie übrigens auch eigene Schmuckfarb-Kombinationen ab oder solche, die Sie von Dritten erhalten beziehungsweise aus dem Internet geladen haben.

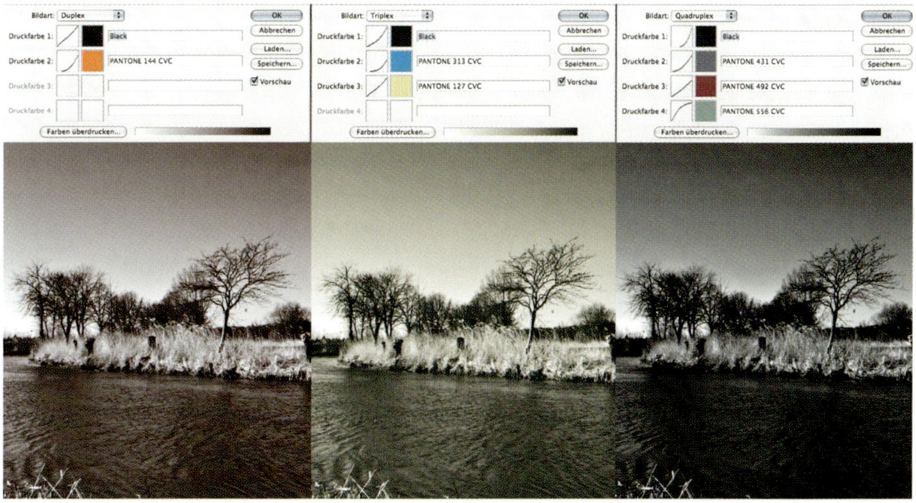

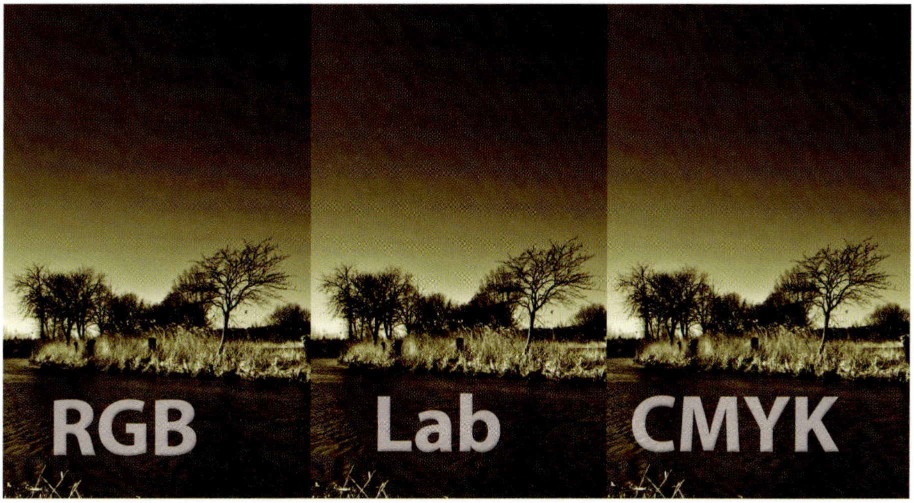

7 Ausgabemöglichkeiten ▲

Prinzipiell ist eine Duplex-Datei für den Ausdruck auf einer mehrfarbigen Offset-Druckmaschine gedacht, wie man sie in Druckereien benutzt. Auch wenn manche Tintenstrahl-Druckertreiber die Ausgabe dieses Farbformats unterstützen, ist es meist sinnvoller, das Bild vor dem Druck in den RGB-Farbraum zu konvertieren. Sollten sich dabei in Verläufen unschöne Streifen bilden, kann es manchmal helfen, das Bild zunächst in den Lab- und erst anschließend in den RGB-Farbraum umzurechnen. Danach sind farbkonsistente Ausdrucke – ein kalibriertes System vorausgesetzt – kein Problem.

Farbnegative

Wie macht man aus einem gescannten Farbnegativ ein Positiv? Und vor allem: Wie lässt sich dabei dessen Orangemaskierung entfernen? | **Doc Baumann**

Die Vorzüge digitalen Fotografierens werden Umsteigern schnell bewusst. Einer der wichtigsten besteht in der Möglichkeit, die Aufnahmen in Bilddatenbanken zu übertragen und mit Schlagworten zu versehen; selbst bei Zehntausenden von Fotos findet sich das Gewünschte so in Sekundenschnelle. Hat man erst einmal damit begonnen, wird einem schmerzlich bewusst, dass man die Schubladen voller alter Negative und Dias niemals so komfortabel wird verwalten können – also müssen auch sie gescannt werden.

Bei Dias und Schwarzweißnegativen ist das kein Problem (vom Zeitaufwand her schon, prinzipiell nicht). Aber wie macht man aus einem Farbnegativ ein ansehnliches Bild? Diese Frage bewegt auch unsere Leserin Ursel Koch: „Hallo, Doc Baumann, ich möchte meine alten Farbnegative einscannen und in Positive umwandeln. Leider habe ich bisher noch nirgends eine Anleitung gefunden, wie das zu machen ist. Ein einfacher „Umkehren“-Befehl, wie bei einem Schwarzweiß-Negativ, reicht ja nicht aus, da auch der typische Orange-Stich der Farbnegative beseitigt werden muss. Ich freue mich auf Ihren Rat.“

Stimmt, der Befehl „Umkehren“ allein genügt nicht, aber er steht durchaus am Anfang. Achten Sie zunächst darauf, dass das gescannte Negativ im RGB-Modus vorliegt, sonst funktionieren diese Tipps nicht oder jedenfalls deutlich schlechter. Nach dem Umkehren ist das Bild flau und blaustichig. Erstaunlicherweise hilft oft schon eine einfache automatische Tonwertkorrektur, wobei Sie nur das Bild selbst und nicht sein Umfeld samt Perforationsrand auswählen sollten. Klappt das nicht, setzen Sie mit den Pipetten aus dem Einstellungsdialog „Tonwertkorrektur“ Schwarz- und Weißpunkt neu. Wie bei jedem farbstichigen Bild wird auch hier der überlagernde Blauton eliminiert, die hellsten Stellen erscheinen weiß und die Tiefen schwarz.

Führt auch das zu keinem befriedigenden Resultat, bestimmen Sie die hellste Bildstelle und nehmen das so ermittelte Orange mit der Pipette als Vordergrundfarbe auf. Eine damit gefüllte Ebene wird invertiert; das entstandene Hellblau im Modus „Farbig abwedeln“ mit der Ebene darunter verrechnet. Helle Bildstellen sind nun weiß. Nach dem Vereinigen der Ebenen oder durch Hinzufügen einer entsprechenden Einstellungsebene kehren Sie das Bild um. Auch hier ist eine Kontraststeigerung mittels Tonwertkorrektur nötig.

Die meisten Scanprogramme verfügen über eine Option zum Scannen von Farbnegativen, wobei ebenfalls eine nachträgliche Farboptimierung unumgänglich ist. Haben Sie das für einen Film am besten geeignete Verfahren gefunden, sollten Sie es als Aktion speichern, dann reicht künftig ein Knopfdruck, oder Sie setzen die Stapelverarbeitung ein.

5100
23A
24
24
EKTAR

1 Gescanntes Farbnegativ

Die Tipps dieses Workshops gelten für alle eingescannten Farbnegative, unabhängig vom Motiv – allerdings nicht, wie Sie am Ende sehen werden, unabhängig vom Filmmaterial, da dessen Orange-Maskierung variiert. Da ich schon lange keine Negative mehr verwende, musste ich auf einen recht alten Kodak Ektar mit Floridafotos zurückgreifen.

2 Invertiert

Entgegen der Annahme unserer Leserin kann der einfache Befehl „Umkehren" aus dem Bild-Menü durchaus angewandt werden, um aus dem Negativ ein Positiv zu machen. Allerdings funktioniert das nur im RGB-Modus; meist sieht ein CMYK-Negativ noch viel schlimmer aus als das Beispiel links.

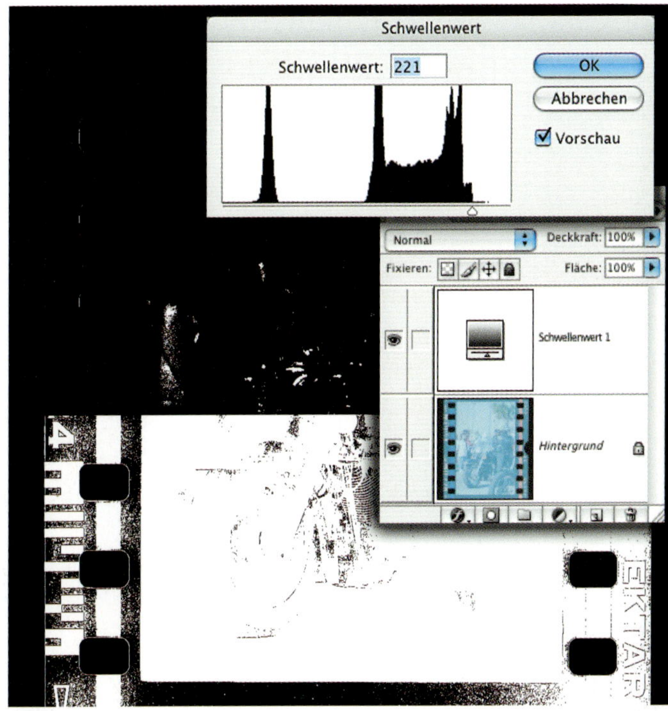

3 Schwellenwerte festlegen

Hellste und dunkelste Bildstellen per Augenschein zu erkennen, ist schwierig. Exakter ist die Zuweisung einer Schwellenwert-Einstellungsebene, wo Sie maximale Lichter (oben) und Tiefen (unten) ermitteln – verschieben Sie dazu den Regler nach rechts beziehungsweise links, bis nur diese Bereiche erkennbar bleiben.

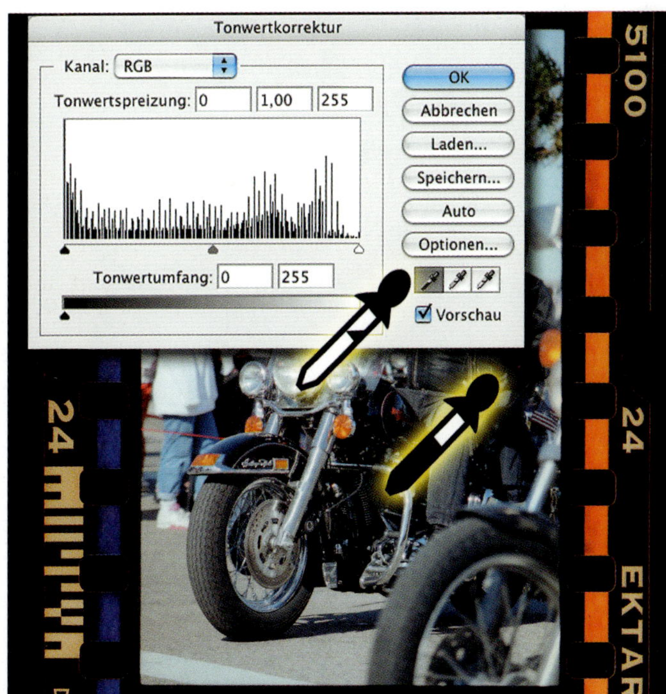

4 Schwarz- und Weißpunkt

Merken Sie sich diese Stellen oder markieren Sie sie auf einer neuen Ebene. Löschen Sie die Schwellenwert-Einstellungsebene und öffnen Sie die Tonwertkorrektur. Klicken Sie mit der Pipette für die Weißpunkt-Setzung auf die ermittelte hellste Bildstelle, mit der Schwarzpunkt-Pipette auf die dunkelste.

5 Korrigiertes Foto

Der Blau-Schleier wird dabei automatisch entfernt. Sollte das Ergebnis nach Setzen des neuen Weiß- und Schwarzpunktes Ihren Erwartungen noch nicht entsprechen, so können Sie die Bildfarben durch weitere Einstellungen der Regler – auch in einzelnen Farbkanälen – weiter anpassen.

6 Automatische Tonwertkorrektur

Während Photoshops automatische Farb- und Kontrastkorrektur bei meinen Experimenten keine befriedigenden Ergebnisse brachten, führt die automatische Tonwertkorrektur des invertierten Negativs oft zu brauchbaren Ergebnissen. Allerdings darf dazu nicht, wie hier, die komplette Arbeitsfläche in die Berechnung einbezogen werden.

7 Korrektur in Auswahl

Wählen Sie dagegen nur das eigentliche Bild aus – bei exakt senkrecht ausgerichtetem Negativ am besten mit dem Auswahlrechteck –, so berücksichtigt die automatische Tonwertkorrektur nur die Tonwertverteilung innerhalb der Selektion und erzeugt so meist recht gute Resultate.

8 Orangeton bestimmen

In Fällen, wo dieses Verfahren versagen sollte, probieren Sie doch einmal Folgendes aus: Ermitteln Sie wie zuvor die hellste Bildstelle. Beim Scannen des kompletten Negativs liegt die im perforierten Transportrand, ansonsten gehen Sie vor wie oben beschrieben. Übernehmen Sie diese Farbe mit der Pipette als Vordergrundfarbe.

9 Negativ verrechnen

Erzeugen Sie eine neue Ebene und füllen Sie diese mit dem aufgenommenen Orange. Achten Sie darauf, dass das Bild im RGB-Modus vorliegt. Invertieren Sie den Farbwert dieser Ebene; es entsteht ein helles Blau. Setzen Sie die Ebene auf den Modus „Farbig abwedeln“. Die Orange-Maskierung des Negativs ist jetzt verschwunden.

10 Negativ-Ebene

Fügen Sie eine Einstellungsebene des Typs „Umkehren“ hinzu. Da sie nicht gruppiert ist, beeinflusst sie alle darunter liegenden Ebenen, ansonsten würde sie sich auf sämtliche Ebenen darunter in der Ebenen-Palette aus wirken. (Alternativ vereinigen Sie die beiden Ebenen und wenden den Umkehren-Befehl an.) Das Ergebnis ist noch etwas flau.

11 Tonwertkorrektur

Diesen Mangel bekommen Sie in den Griff, indem Sie auch hier eine Tonwertkorrektur folgen lassen. In diesem Fall waren die Tiefen immer noch zu undifferenziert; ich habe daher eine umgekehrte Luminanzmaske angelegt und damit nur im Bereich der Tiefen leicht aufgehellt.

12 Scan-Software und Tonwerkorrektur

Meist bieten aber auch die Scan-Programme selbst in ihrer Durchlicht-Einstellung neben der Option „Dia" die Alternative „Farbnegativ". Das in dieser Abbildung auf diesem Weg zustande gekommene Bild bedurfte zwar einer kräftigen Tonwertkorrektur, da es deutlich zu kontrastarm war, aber auch dieses Endstadium ist völlig zufriedenstellend.

13 Anderes Filmmaterial

Den Orangetone, den Sie auf die zuvor erläuterte Weise ermittelt haben, können Sie allerdings nicht pauschal zur Umkehrung aller Negative einsetzen. Bereits der Augenschein zeigt, dass die Maskierung dieses Fuji-Films nicht mit der des Kodak Ektar übereinstimmt.

14 Angepasster Orangeton

Die linke Bildhälfte wurde mit dem zuvor ermittelten Orange überlagert und führt zu einem grünstichigen Ergebnis. Das Orange des Fuji-Films ist mehrere Prozentstufen dunkler, die Farbanteile variieren erheblich. Erst der Einsatz des neu aufgenommenen und dann invertierten Orange führt im rechten Teil zu ausgewogenen Farben.

Teilweise bunt

Foto: Corel

Die Zeiten, in denen man Schwarzweißbildern Eiweißlasur-Farben mühsam aufpinseln musste, sind lange passé. Photoshop und seine Einstellungsebenen erweisen sich als ausgesprochen praktische Helferlein bei Einfärbungsarbeiten aller Art. | **Christoph Künne**

Technisch ein alter Hut, ästhetisch aber immer wieder ein Hingucker. Die Kolorierung ist als Verfahren zur Nachbearbeitung von Bildern etwa ebenso alt wie die Fotografie selbst. Schon die ersten Daguerreotypien wurden, um natürlicher zu wirken, nachträglich eingefärbt. Was anfangs technische Defizite kompensieren sollte, mutierte später zu einer preiswerten Ersatzlösung, um teure Farbfilme einzusparen. So gehörten bis in die sechziger Jahre des letzten Jahrhunderts derartige Dienstleistungen am Schwarzweißbild zum Standardrepertoire eines jeden niedergelassenen Fotografen. Heute wird diese nachträgliche Veredelung allerdings eher als grafisches Stilmittel genutzt, mit dem man den Blick des Betrachters auf das Wesentliche im Bild lenkt, durch Farbmengenkontraste im bunten Rauschen der medialen Bilderwelt aufzufallen trachtet oder einem Bild schlicht eine persönliche Note verleiht. Erfahrungen beim digitalen Kolorieren hat fast jeder gleich zu Beginn der Auseinandersetzung mit der digitalen Bildbearbeitung gesammelt. Meist aber keine guten. Tonungsoptionen, mit denen man Bilder in vermeintlich eindrucksvoll zartes Sepiabraun oder Blau taucht, bietet inzwischen jede bessere Digitalkamera in ihrer Firmware. Ein hübscher Gimmick, der aber schnell an Reiz verliert.

Ausgefeiltere Aufgabenstellungen, bei denen mehrere Farben nachträglich aufgetragen werden sollen, bergen hingegen eine ganze Reihe von Stolperfallen, bis man zu ersten vorzeigbaren Ergebnissen gelangt. Ganz ähnlich wie bei der Arbeit mit analogem Material. Doch weiß den wirklichen Wert der digitalen Möglichkeiten eigentlich nur derjenige zu schätzen, der mit Pinseln, Eiweißlasurfarben, Wassertöpfchen, Entfernungschemikalien oder Filzstiften stundenlang seine zuvor in mühsamer Handarbeit im analogen Labor entwickelten Prints verschandelt hat. Schließlich zerstört man bei der Arbeit am Computer zumindest keine Originale, sondern verschwendet höchstens wertvolle Stunden. Mit ein wenig Know-how in den wichtigsten Verfahrensfragen lassen sich die technischen Hindernisse allerdings in kürzester Zeit in den Griff bekommen.

In unserem Workshop stellen wir die grundlegenden Techniken vor, mit denen sich in der aktuellen, aber auch in älteren Photoshop-Versionen Farben nachträglich oder auch zusätzlich gezielt ins Bild bringen lassen oder kontrolliert aus demselben verschwinden. Natürlich können Sie die einzelnen Möglichkeiten in eigenen Experimenten auch noch miteinander kombinieren.

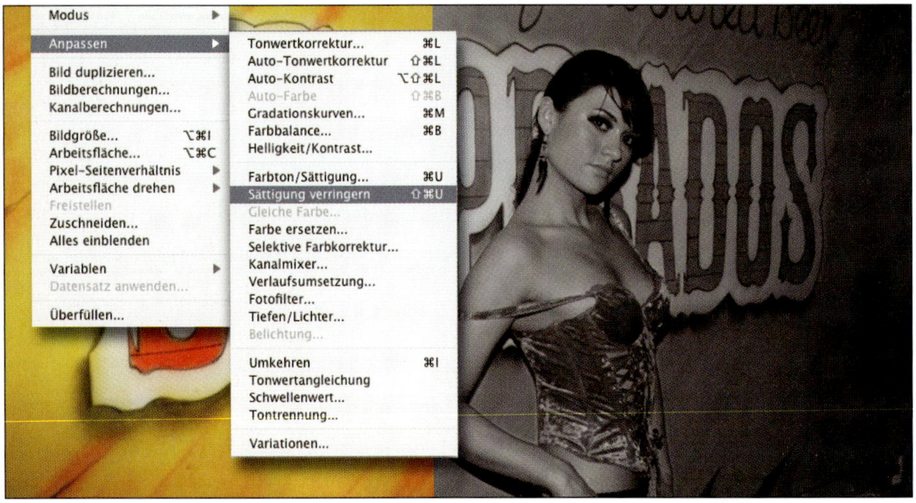

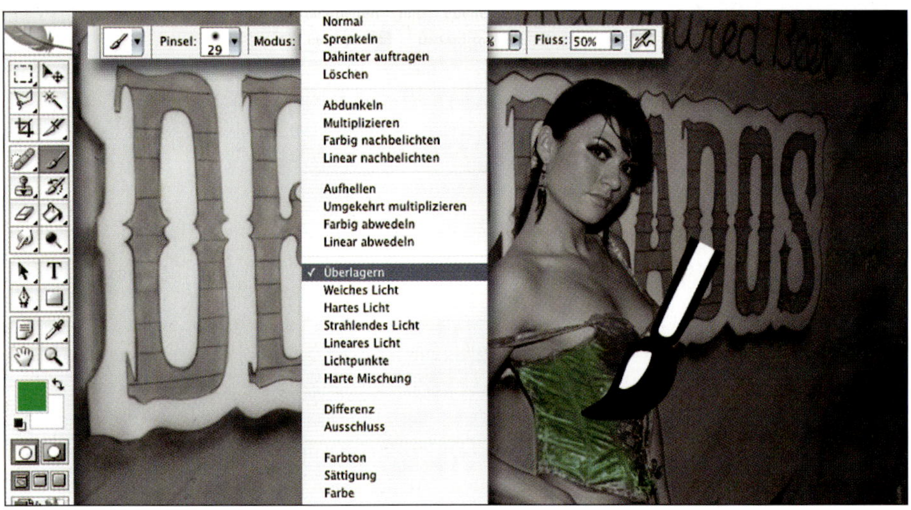

Foto: Karl-Heinz Tobias

1 Graustufenbild erzeugen

Bevor es an die Einfärbung geht, müssen Sie Ihr farbigen Digitalfoto zunächst in ein Graustufenbild umwandeln. Dazu gibt es viele technische Möglichkeiten, die einfachste – und auf die wollen wir uns zum Einstieg beschränken – besteht darin, im Menü „Bild" unter „Anpassen" (bis Photoshop 7 hieß der Untereintrag „Einstellen") den Befehl „Sättigung verringern" aufzurufen. Den Rest erledigt Photoshop selbst, Sie müssen keine weiteren Einstellungen vornehmen.

2 Direkt aufmalen ▲

Die schlichteste Form der nachträglichen Einfärbung ist die Maltechnik. Sie erinnert an das alte, analoge Verfahren. Mit Eiweißlasurfarben trägt man hier die Vordergrundfarbe mit dem Pinselwerkzeug auf. Allerdings empfiehlt es sich, dabei den Verrechnungsmodus in den Werkzeugeinstellungen von „Normal" auf „Ineinanderkopieren" oder „Weiches Licht" zu setzen und gleichzeitig mit reduzierter Deckkraft zu arbeiten. Zur nachträglichen Korrektur bleibt nur, gleich im Anschluss den Befehl „Verblassen Pinsel" aus dem Bearbeitenmenü aufzurufen.

3 Pixel-Schichten

Weit bessere nachträgliche Korrekturfunktionen bietet der aufwändigere Weg über eine Ebenen-Konstruktion. Vor der Einführung der Einstellungsebenen in Photoshop 5 war es die verbreitetste Technik, Farben einfach auf einer neuen leeren Pixelebene – Strg-/Befehlatste+Shift+N – aufzutragen und die Ebene anschließend per Verrechnungsmodus, Deckkraftsteuerung und Farbton-Sättigungsdialog anzupassen, bis das Ergebnis zufrieden stellend ausfällt.

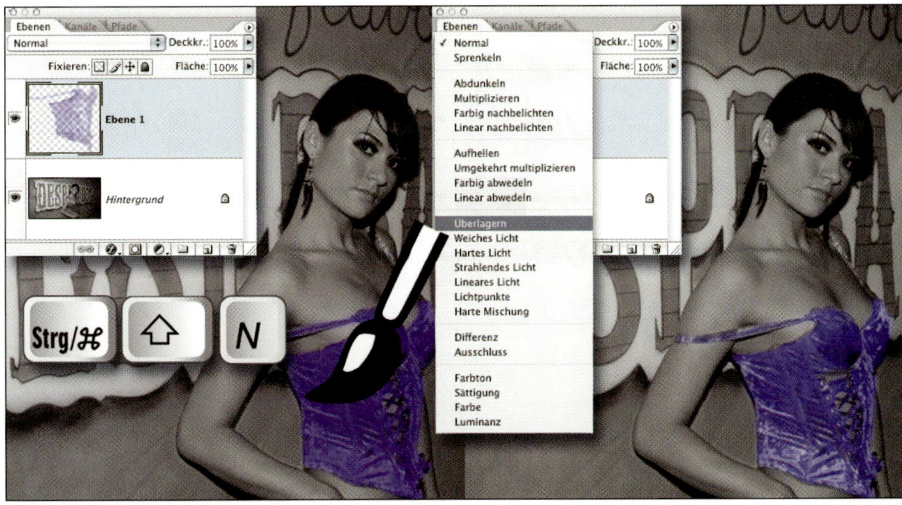

4 Auswahlmaske für Einstellungsebene ▲

Um eine Einstellungsebene nur auf einen Teil eines Bildes aufzutragen, braucht man zunächst eine Auswahl. Diese erstellen Sie entweder mit dem Zauberstab, dem Lasso oder mit dem Pinsel. Der letzte Weg erfordert jedoch etwas Trickserei, um komfortabel zu funktionieren. Klicken Sie doppelt auf die Schaltfläche für den Maskierungsmodus und ändern im Folgedialog die Farbkennzeichnung auf „Ausgewählte Bereiche“. Nun malen Sie mit dem Pinselwerkzeug mit schwarzer Vordergrundfarbe einen kleinen Teil eines einheitlich zu färbenden Bereichs aus und wechseln wieder in den Standardmodus. Die vormals rotgefärbte Fläche erscheint nun als Auswahl.

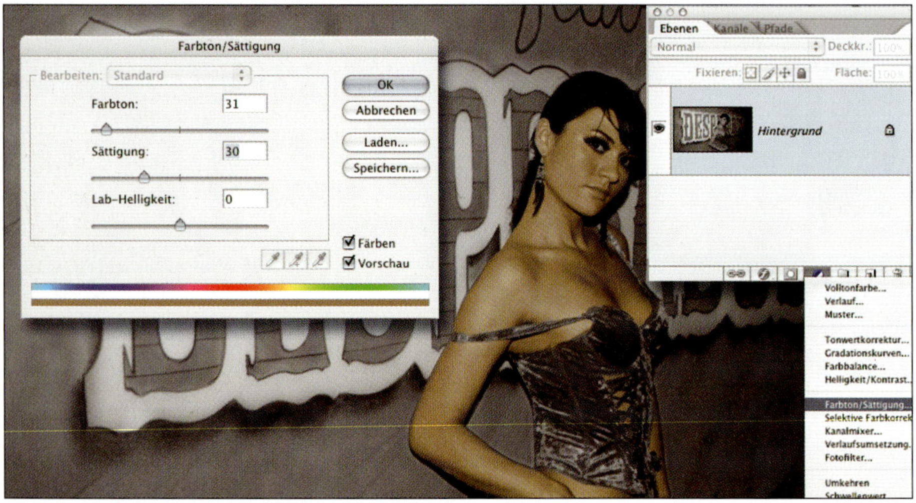

5 Einstellungsebene anlegen

Wählen Sie mit der Schaltfläche „Neue Füllebene oder Einstellungsebene erstellen" am unteren Rand der Ebenenpalette den Ebenentyp „Farbton/Sättigung". Nachdem Photoshop eine „Farbton/Sättigungs"-Einstellungsebene erzeugt hat, sehen Sie den entsprechenden Einstellungsdialog. Aktivieren Sie hier zunächst den Schalter „Färben". Im Hintergrund erscheint dann der zuvor maskierte Bereich im voreingestellten Farbton. Verschieben Sie den Farbton-Regler bis Sie einen glaubhaften Farbton sehen und nehmen die Feinabstimmung mit dem Sättigungsregler vor.

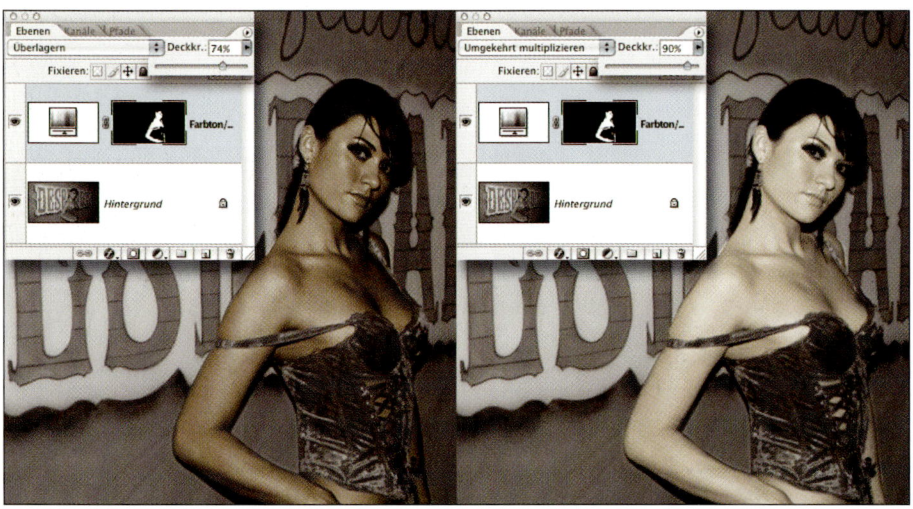

6 Ebenenauftrag korrigieren ▲

Mögliche Korrekturen der Fläche Ihres Farbauftrags nehmen Sie mit dem Pinselwerkzeug vor. Wichtig ist zu beachten, dass nun die Vordergrundfarbe auf Weiß gestellt sein muss, wenn Sie den Farbbereich vergrößern wollen. Sollten Sie sich einmal vermalen, macht das nichts. Sie können die zu viel aufgetragene Farbe einfach wieder mit dem Radiergummiwerkzeug entfernen. Die Wirkungsweise regulieren die Verrechnungsmodi der Ebene.

Tipp:
Um zusätzliche Farben aufzutragen, verfahren Sie nach dem gleichen Muster.

7 Verlaufsfärbung

Eine sehr einfache und dabei oft höchst eindrucksvolle Kolorierungsmethode ist die Überlagerung eines Graustufenbildes mit einem Verlauf. Auch hier bietet sich eine Einstellungsebene als Umsetzungsmechanismus an, da so an einer Stelle gleich alle Verrechnungsmodi und Einstelloptionen zur Verfügung stehen. Weitere vordefinierte Verläufe finden Sie übrigens im Kontextmenü der Verlaufsauswahl.

Tipp:
Sie können eine bereits erstellte und mit einer Ebenenmaske versehene Einstellungsebene auch vom Typ her verändern. Die entsprechende Auswahl finden Sie im Menü „Ebene" unter „Inhalt der Ebene ändern".

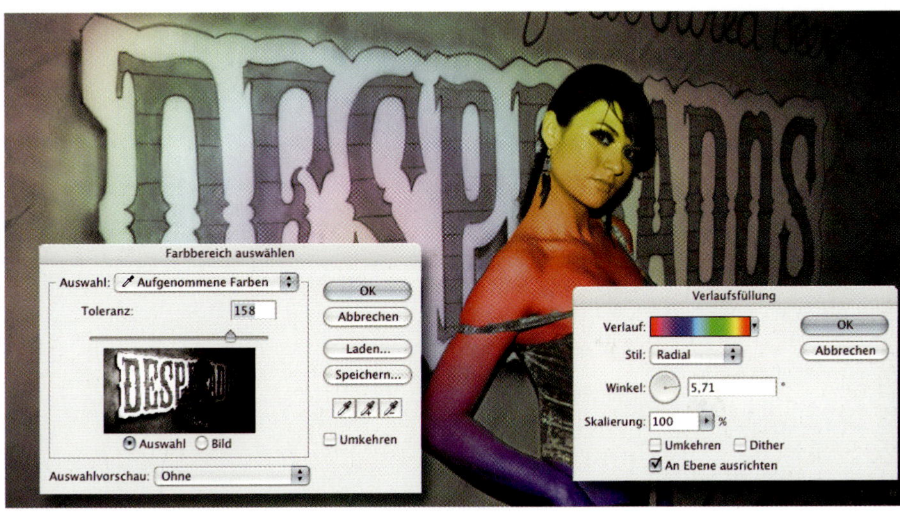

8 Mehrere Verläufe ▲

Mehr in Richtung Farbverfremdung geht eine Technik, bei der man mehrere Bildbereiche mit unterschiedlichen Verläufen füllt. Wählen Sie dazu mit dem Dialog „Farbbereich auswählen" einen Graustufenbereich des Bildes. Auf der Basis dieser Auswahl legen Sie nun eine Einstellungsebene des Typs „Verlaufsfüllung" an und wählen Sie einen passenden Verlauf aus. Den Verlaufsauftrag können Sie natürlich wie oben beschrieben durch Übermalen der Ebenenmaske weiter abstimmen und auch durch nachträgliche Korrekturen der Verlaufseinstellungen steuern.

9 Grafische Farbumsetzung

Den Charme der siebziger Jahre bringen Sie mit einer anderen Technik ins Bild. Der Einstellungsebenentyp „Schwellenwert“ verwandelt das Ausgangsbild in ein hartes Schwarzweißbild ohne Zwischentöne. Mit dem Schwellenwertregler unter der Histogrammdarstellung legen Sie fest, welcher Grauwert zwischen 0 und 255 die Trennmarke für die Schwarzweißumsetzung sein soll. Falls Ihr Ausgangsbild bei dieser Behandlung nicht so wirkt wie Sie es wünschen, können Sie es zuvor mit den Gradationskurvendialog vorbehandeln. Bunt wird es dann mit einer Einstellungsebene vom Typ „Volltonfarbe“, die Sie im Modus „Multiplizieren“ verrechnen.

10 Farbe wieder aufmalen mit Protokollpinsel ▲

Wollen Sie keine kreativen Verfärbungen vornehmen, sondern einfach nur einen Großteil des Bildes entfärben und einen kleineren Bereich in den Originalfarben erhalten, dann gibt es eine relativ einfache Lösung. Wandeln Sie das Ausgangsbild wie im ersten Schritt in eine Graustufen-Version um. Danach öffnen Sie über das Menü „Fenster“ die Protokoll-Palette, aktivieren das Feld vor dem Befehl „Öffnen“ und stellen anschließend mit dem „Protokollpinsel“ den Ursprungszustand punktuell wieder her.

11 Farbbilder teilweise entfärben

Eine besser steuerbare Technik besteht darin, das Ausgangsbild zunächst mit einer Einstellungsebene vom Typ „Kanalmixer“ im Modus „Monochrom“ in Graustufen umzuwandeln. Im zweiten Schritte arbeiten Sie auf der Ebenenmaske der Einstellungsebene mit Pinsel und schwarzer Malfarbe die Ursprungszustand wieder heraus.

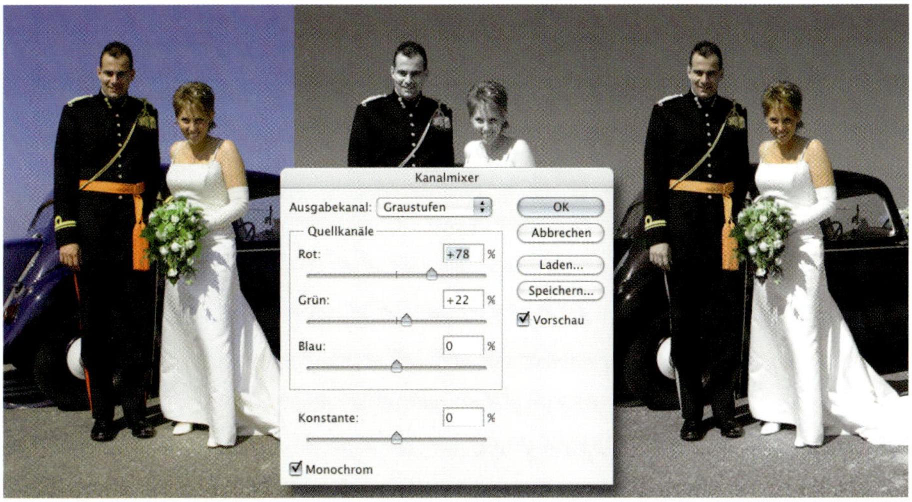

Tipp:
Je geringer Sie die Deckkraft des Pinsels einstellen, desto subtiler können Sie den Auftrag und damit die Sichtbarkeit der Farbe steuern.

12 Sättigung teilweise verringern ▲

Wenn die kunstvolle Abstimmung der Graustufen nicht im Vordergrund steht, ja vielleicht der Hintergrund sogar in ganz schwachen Farben durchscheinen soll, dann können Sie auch mit einer Einstellungsebene vom Typ „Farbton/Sättigung“ arbeiten. Hier schieben Sie den Sättigungsregler weit nach links und arbeiten danach wieder mit dem Pinsel und schwarzer Farbe die Bereiche heraus, die später normalfarbig dargestellt werden sollen.

Schwarzweißes Infrarot

Infrarotfotografie mit analogen Mitteln ist nicht nur kostspielig, sondern erfordert auch frustrierende Experimentierphasen. Einfacher lassen sich derartige Effekte dagegen mit digitalen Mitteln erzeugen. | **Christoph Künne**

Es sollte ein ganz analoges Erlebnis werden. Inspiriert von einer Reihe höchst eindrucksvoller Werke der Infrarotfotografie betrat ich ein Fotofachgeschäft. Hier wollte ich nur mal schnell die nötigen Accessoires erwerben und mir vielleicht noch den einen oder andern guten Tipp abholen. Halt eine Beratung, wie man sie im Fachgeschäft erhofft.

Glücklicherweise geriet ich an einen etwas älteren Mitarbeiter, der erkennbar aus eigener Erfahrung sprach. Leider mit der damit so häufig verbundenen Irritation.

Gesprächswiedergabe: Selbstverständlich könne er einen Infrarotfilm besorgen. Dauere aber ein bis zwei Wochen, auf Lager hätten sie so etwas aber schon seit Jahren nicht mehr. Dafür koste er auch gleich 25 Euro. Hätte dann auch 36 Bilder. In der Schwarzweißversion, Farbe ist etwas teurer. Dafür sei der Effekt auch bunter, haha. Mittelformat? Ah, das sei ganz schlecht. Ob ich denn auch daran gedacht hätte, dass es da Probleme bei der Scharfstellung gibt? Nein, mit Autofokus ginge das eigentlich gar nicht, da bräuchte man diese alten manuellen Objektive, die noch eine zusätzliche Infrarotmarkierung haben.

Scharfstellen sei ja eh ein Problem, da man durch die Filtervorsätze kaum was sieht. Ach ja, Filter bräuchte ich auch noch. Welche? Zumindest einen speziellen IR-Filter, dann wäre es auch sinnvoll gleich noch einen Standard-Gelb- und einen Schwarzfilter mitzunehmen für die Farbeffekte. Später bräuchte man ohnehin noch ein paar mehr, für jeden Objektivdurchmesser einen. Oder gleich das System von Cokin?

Schwierig sei auch die Belichtung. Da helfe weder der integrierte Belichtungsmesser weiter noch einer für Messungen aus der Hand. Müsse man halt ein paar Belichtungsreihen machen. Und dann kämen schon bald die nötigen Erfahrungswerte. Apropos Erfahrungswerte: Film einlegen nur in der Dunkelkammer und immer schön kühl und dunkel lagern. Vor dem Verwenden zwei Stunden an die Umgebungstemperatur anpassen, bei Tiefkühllagerung sechs Stunden. Sonst sei der Film schnell dahin. Bei der Entwicklung müsse man wieder selbst Hand anlegen. Großlabore könnten das nicht. Natürlich bestellen sie auch die passende Spezialchemie. Zumindest bei der Schwarzweißvariante. Farbe könnte man einschicken, aber möglichst in einem kleinen Kühlschrank, haha. Gesprächsende.

Höfliches Gemurmel meinerseits. Frustriertes Verlassen des Ladens, ohne etwas gekauft zu haben. Das muss doch auch digital gehen! Um schwarzweiße Infrarotaufnahmen zu erzeugen, reicht ein IR-Vorsatzfilter. Den Rest erledigt Photoshop. Auch bei Licht, Zimmertemperatur und ohne Wartezeiten.

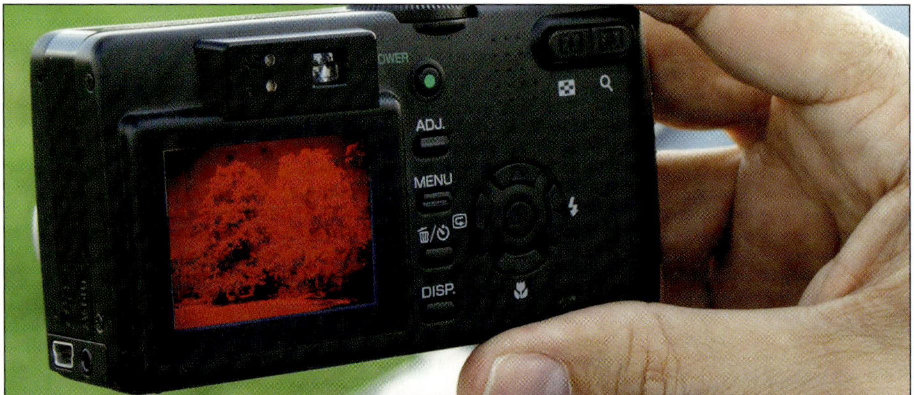

Teildigitales Infrarot

1 Die richtige Kamera

Bei solchen – sicherlich etwas unkonventionellen – Experimenten macht sich die Anschaffung einer „besseren“ Digitalkamera bezahlt. Diese bieten oft eine ganz normale Gewindeschnittstelle. Doch auch wenn Sie bei einem günstigen Modell zugeschlagen haben, bleibt Ihnen die digitale Infrarotfotografie nicht verschlossen. Es wird nur unkomfortabler. Entweder halten Sie einen passenden Filter einfach nur vor die Optik – unten links bei unsachgemäßer Anwendung mit Reflexen). Besser Sie arbeiten mit Klebeband. Das ist zwar nicht schön, erfüllt aber seinen Zweck. Die automatische Scharfstellung spielt ohne Probleme mit. Allerdings sollten Sie statt des optischen Suchers die Voransicht per Display vorziehen, da man den Effekt hier schon deutlich sehen kann. Wer dagegen bei der Anschaffung einer Digitalkamera mehr investiert und sich für ein Spiegelreflexsystem entschieden hat, wird oft enttäuscht. Viele dieser Kameras funktionieren aufgrund spezieller interner Filter vor dem Chip gar nicht mit Infrarotfiltern und liefern einfach nur unterbelichtete, rotgefärbte Fotos (unten rechts). Andere beherrschen den Umgang mit Infrarotfiltern zwar technisch, nur kann man hier weder kontrolliert durch den Sucher scharfstellen noch sich auf die Voransicht im LCD-Display verlassen. Die gibt es nämlich konstruktionsbedingt bei den meisten D-SLRs gar nicht erst. So wie links sieht es aus, wenn Sie den Filter unkonzentriert vor die Linse halten, rechts sehen wir eine unbrauchbare D-SLR-Aufnahme.

2 Motivsuche

Nicht jedes Motiv ist infrarotgeeignet. Erst recht nicht für Schwarzweißexperimente. Besonders eindrucksvoll wirkt dieser Infraroteffekt bei Pflanzengrün und blauem Himmel. Das Grün wird weiß und das Blau wird schwarz. Dadurch entstehen Bilder mit märchenhafter Anmutung. Interessant ist die Umsetzung übrigens auch bei menschlicher Haut. Die bleicht aus, Unreinheiten verschwinden, und es entsteht ein Alabaster-Effekt.

3 Das erste Infrarot ▲

Ist die Kamera vorbereitet und das Motiv gefunden, brauchen Sie eigentlich nur noch draufzuhalten. Die technischen Probleme beseitigt der automatische Weißabgleich, und das Einzige, was sich außer dem Ergebnis von Ihren sonstigen Aufnahmeerfahrungen unterscheidet, ist die längere Belichtungszeit, da der IR-Filter viel Licht schluckt. Wegen der damit verbundenen Verwacklungsgefahr ist es angeraten, keine bewegten Motive abzulichten und gegebenenfalls ein Stativ zu Hilfe zu nehmen. Was herauskommt, unterscheidet sich von Chip zu Chip. Hier sind drei Beispiele von Ricoh-, Olympus- und Leica-Kameras.

4 Infrarot vorbereiten

Was direkt aus der Kamera kommt, erinnert natürlich nur entfernt an ein richtiges Infrarotbild. Die Aufnahme legt nur den Grundstock. Die restliche Bearbeitung erfolgt in Photoshop. Allerdings lassen sich die folgenden Schritte technisch auch in den meisten besseren EBV-Programmen umsetzen. Zur Vorbereitung der Umwandlung in den Graustufenmodus rufen Sie zunächst die Gradationskurven auf. Dort steilen Sie die Bildkontraste weich auf, indem Sie die Kurve wie gezeigt verformen. Am Ende sind sowohl die Lichter als auch die Tiefen ausdrucksstärker.

5 Unkontrolliertes Schwarzweiß ▲

Für die eigentliche Schwarzweißumwandlung gibt es je nach eingesetzter Software einen oder mehrere Wege: Am einfachsten ist es, den Farbraum von RGB einfach in Graustufen umzuwandeln. Was dann bei der Umwandlung genau passiert, entzieht sich bei diesem Vorgehen jedoch ihrem Einfluss. Das Gleiche gilt für den Befehl „Sättigung verringern", den Sie im Menü „Bild" unter „Anpassen" finden.

6 Umwandlung per Kanalmixer

Wer die Umwandlung stärker kontrollieren möchte, kann sie mit dem Kanalmixer vorbereiten. Rufen Sie dazu den Dialog im Menü „Bild" unter „Anpassen" auf und aktivieren den Schalter „Monochrom", damit ein Schwarzweißbild entsteht. Danach experimentieren Sie mit den angebotenen Reglern, bis das Ergebnis Ihren Vorstellungen entspricht. Den Farbmodus wechseln Sie erst im Anschluss.

7 Kanalberechnungen ▲

Wenn Sie noch einen Schritt weiter gehen und bei der Umwandlung ein paar Register mehr ziehen möchten, können Sie folgendes tun: Rufen Sie die Kanalpalette auf und inspizieren Sie die einzelnen Farbkanäle. Sie werden feststellen, dass im Rotkanal die besten Tonwertinformationen für die Lichter zu finden sind, während der Blaukanal die interessantesten dunklen Partien bietet, dabei aber oft zu verrauscht erscheint. Bearbeiten Sie nun den Blaukanal mit dem Gaußschen Weichzeichner bei einem Wert zwischen drei und vier. Anschließend rufen Sie den Dialog „Kanalberechnungen" aus dem Bildmenü auf und legen dort als Ziel „Neue Datei" fest. Wählen Sie als erste Quelle den Blaukanal und als zweite Quelle den eben weich gezeichneten Blaukanal. Den Verrechnungsmodus setzen Sie zum Beispiel auf „Umgekehrt multiplizieren" und die Deckkraft auf 90 Prozent. Das ist natürlich nur eine Variante, die zu eigenen Experimenten anregen soll.

Volldigitales Infrarot

8 Farbbild vorbehandeln

Infrarot-Effekte, die gänzlich digital generiert werden, sind etwas schwieriger, funktionieren aber nach einem ähnlichen Prinzip. Um die Grünanteile einer Farbvorlage weiß darzustellen, rufen Sie den Kanalmixer auf und setzen den Grünkanal auf 200 Prozent. Aktivieren Sie den Modus „Monochrom" und verringern die Anteile von Rot und Blau entsprechend. Oftmals hilft es beim Herausarbeiten der grünen Bildbereiche, die Grundhelligkeit über die „Konstante" nachzuregeln.

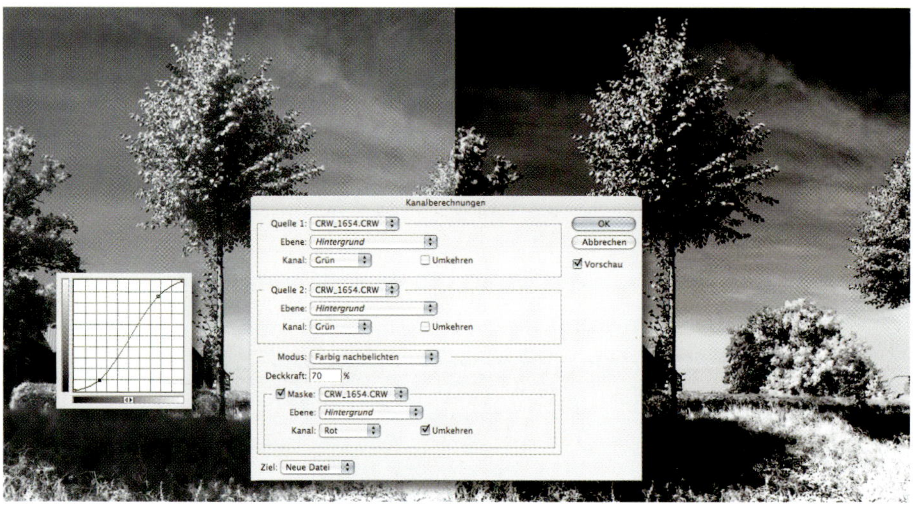

9 Kanalberechnungen ▲

Wenn Sie anschließend in den Kanalberechnungen sowohl als „Quelle 1" wie auch als „Quelle 2" Grün wählen und diese mit „Farbig nachbelichten" bei 70 Prozent Deckkraft kombinieren, erhalten Sie eine stark aufgesteilte Fassung des Bildes. Experimentieren sollten Sie auch damit, eine Maske mithilfe eines umgekehrten Farbkanals einzubeziehen. In eine neue Datei ausgegeben, entsteht ein hinsichtlich der Tonwerte glaubhafter Infrarot-Effekt. Wandeln Sie die neue Datei zunächst in den Modus „Graustufen" um, bisher besteht sie nur aus einem Alpha-Kanal im Mehrkanal-Modus. Zur Verstärkung der Kontraste können Sie auch die Gradationskurven bemühen.

10 Weichzeichnung

Der Effekt sieht schon fast echt aus, nur fehlen noch die typischen Infrarot-Weichzeichnungen in den Lichtern. Duplizieren Sie die Hintergrundebene und setzen den Verrechnungsmodus auf „Umgekehrt multiplizieren“ bei rund 70 Prozent. Zur Weichzeichnung eigent sich der „Gaußsche Weichzeichner“ am besten, weil Sie hier eine direkte Effekt-Vorschau haben und so den passenden Radius unter Sichtkontrolle ermitteln können.

11 Niks Infrarot ▲

Oftmals bessere, in jedem Fall aber schnellere Resultate mit mehr Variantenreichtum bringt der Einsatz des Filters „Infrared: Black & White“ aus der Sammlung „Niks ColorEfex“ von Nikmultimedia. Hier finden Sie vier schwarzweiße Infrarot-Effekte, die sich über insgesamt fünf Regler individuell variieren lassen. Allerdings sind die Filter nur in der „Complete“-Version enthalten. Deren Anschaffung schlägt mit 350 Euro zu Buche und lohnt nur für Anwender, die sehr häufig solche oder ähnlich komplexe Bildmanipulationen vornehmen wollen. Zum Vergleich: Ein analoger Infrarot-Vorsatzfilter für die Kamera kostet je nach Größe und System zwischen 30 und 150 Euro.

Farbfilter für Schwarzweiß

Foto: Corel

Passionierte Schwarzweiß-Fotografen tragen immer eine Auswahl farbiger Vorsatzfilter mit sich herum, um für jedes Motiv gewappnet zu sein. Mit weniger Mühe und mehr Spielraum lassen sich vergleichbare Kontrasteffekte auch aus Farbbildern erzeugen. | **Ina Pilarczyk und Christoph Künne**

Neulich rief eine passionierte Schwarzweißfilm-Fotografin in der DOCMA-Redaktion an und fragte, ob es auch Digitalkameras gäbe, die nur Graustufenbilder erzeugen. Im ersten Moment schien die Frage etwas erstaunlich, bei weiterem Nachdenken aber dann doch wieder nicht – zumindest aus der reinen Fotografenperspektive betrachtet. Aus technischer Sicht wären derartige Bildsensoren ein Rückschritt in die späten 80er Jahre.

In der Anfangszeit der Bilddigitalisierung gab es einige solcher Systeme, wenn auch mit – nach heutigen Maßstäben – geringer Auflösung. Als Schwarzweiß-Fotograf mit Liebe zur Abstraktion fragt man sich natürlich, warum man erst ein Farbfoto machen muss, um es dann am Computer in Schwarzweiß umzurechnen. Bauartbedingt erkennen moderne CMOS-Chips ja eigentlich nur Graustufen. Nur durch Farbfilter vor den einzelnen Pixeln errechnet der Bildprozessor die Farbinformation.

Unsere Fotografin ist nicht allein mit ihrem Wunsch, auch wenn sicher kaum jemand so eingeschränkt arbeiten möchte. Viele Kameras bieten einen Graustufenmodus – wobei man hinzufügen muss, dass diese Bilder im RGB-Format erzeugt und gespeichert werden. Im Unterschied zur eigentlich aufgenommenen Farbversion entsättigt die Kamera nur gleich von sich aus die Farben. Insgesamt also eine Mogelpackung.

Bald nach der Anfrage unserer Fotografin stellte Canon mit der EOS 20D ein Modell vor, das nicht nur Graustufenbilder liefert, sondern diese bei Bedarf auch noch mit rechnerischen Farbfiltern nachbehandelt. Wem nicht an der Zufälligkeit solcher technischen Spielereien gelegen ist, der kann natürlich auch selbst Hand anlegen. Photoshop bietet viele Werkzeuge für überzeugende Nachfilterungen. Nun gibt es aber nicht den Schwarzweißfilm schlechthin, sondern man differenziert zwischen den normalerweise genutzten panchromatischen Filmen mit tonwertrichtiger Wiedergabe sowie orthochromatischen und Infrarot-Filmen, deren Empfindlichkeit jeweils spezifische Bereiche des Farbspektrums berücksichtigt. Die letzteren beiden Typen werden eher für grafische Anwendungen eingesetzt, erzeugen aber umso interessantere Effekte.

1 Digitaler Rotfilter

In der Schwarzweißfotografie nutzt man Rotfilter, um strahlend blauen Himmel so weit abzudunkeln, dass er im dramatischem Schwarz erscheint. Solch einen Filter digital zu erzeugen, ist einfach. In Photoshop wechseln Sie in der Kanäle-Palette einfach auf den Rot-Kanal und schon sehen Sie die Filterumsetzung. Wenn Sie das Bild aus dieser Ansicht direkt in den Farbmodus „Graustufen“ konvertieren, löscht Photoshop einfach die anderen beiden Farb-Kanäle. Ein anderer, weniger radikaler Weg besteht darin, mit dem Kanalmixer eine Graustufenvariante bei 100 Prozent Rot-Anteil zu erzeugen.

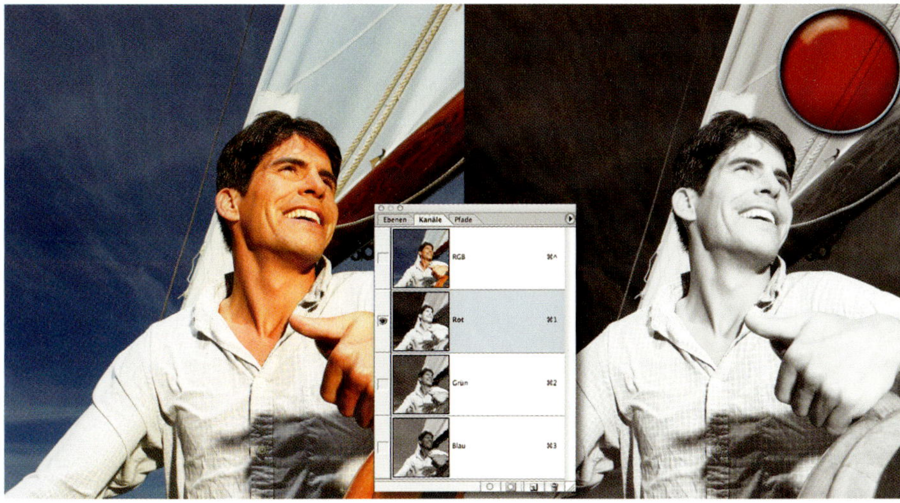

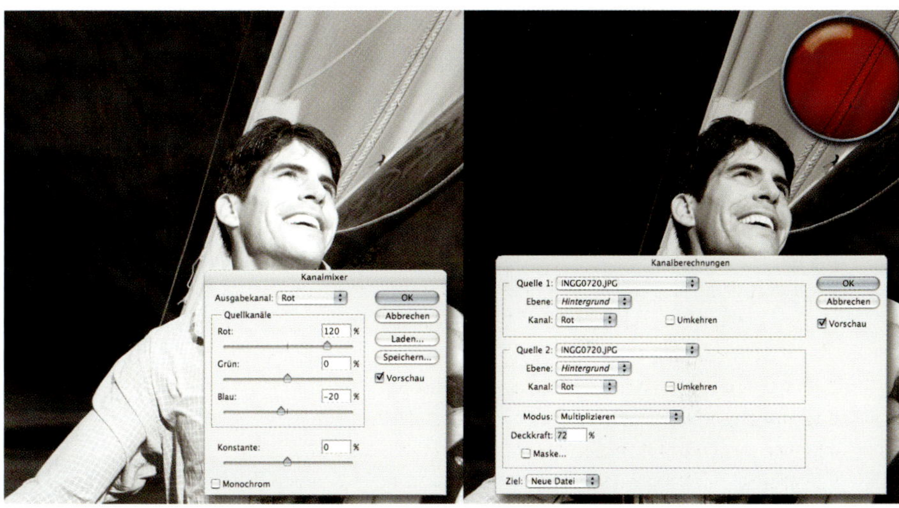

2 Effekt-Variationen ▲

Im Kanalmixer können Sie nun die anderen Farb-Kanäle zur Verstärkung oder Abschwächung des Effekts einbeziehen. Wer den Rotfilter-Effekt nur verstärken möchte, ruft dazu den Dialog „Kanalberechnungen“ aus dem Menü „Bild“ auf und verrechnet dort den Rot-Auszug mit sich selbst im Modus „Multiplizieren“. Die Anwendungsstärke steuert die Prozentangabe im Feld darunter. Um die richtige Stärke unter Sichtkontrolle zu ermitteln, hilft ein kleiner Trick: Klicken Sie in das Prozent-Feld und nutzen Sie die Pfeiltasten, um den Wert zu erhöhen oder abzusenken.

3 Problemvorlage

In der Porträt-Fotografie fällt dem Rotfilter die Aufgabe zu, Hautunreinheiten auszugleichen. Das wirkt besonders gut bei aufwändig zu retuschierender Akne beziehungsweise rötlichen Hautverfärbungen. Auch hellbraune Leberflecke kann der Filter fast ausblenden. Insgesamt erscheint die Haut nach der Filterung glatter, jünger und weicher. Verschlechternd wirkt sich die Filterung jedoch auf die Konturen der Lippen und, wie in diesem Fall, auf speichelfeucht angeblitztes Zahnfleisch aus, das dann nahtlos in die Zähne übergeht. Während man Lippen rotfilterkonform schminken (oder digital nachschminken) kann, ist das Zahnfleischproblem etwas schwieriger in den Griff zu bekommen.

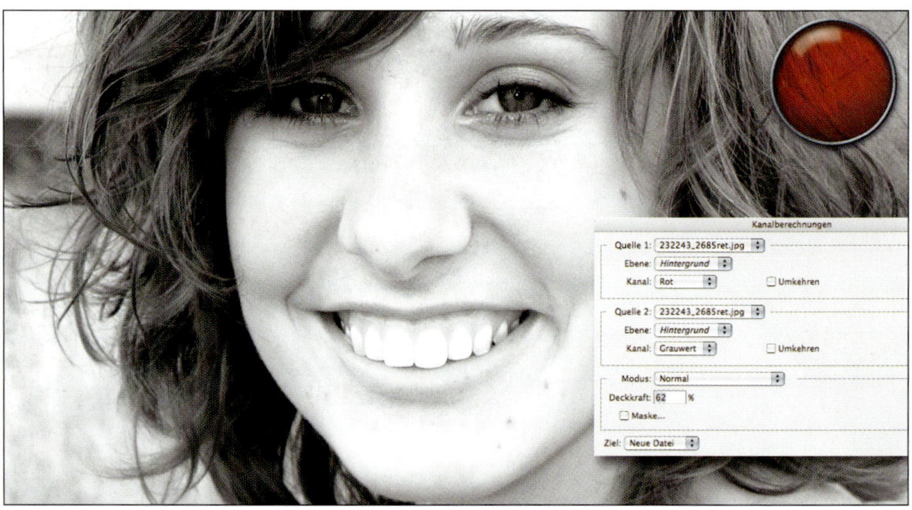

Foto 3+4: stockxchng|A. Attaway

4 Filtern mit Kanalberechnungen ▲

In solchen Fällen muss man den Filtereffekt soweit zurücknehmen, bis die zu erhaltenden Bildkontraste wieder zu sehen sind. Technisch gesehen verrechnen Sie also den Rotauszug mit einer normalen Graustufenversion. Öffnen Sie dazu die „Kanalberechnungen“. Als „Quelle 1“ geben Sie den Rotkanal an, als „Quelle 2“ den Grauwert. Der Verrechnungsmodus „Normal“ überdeckt dann den Grauwert. Zur Ermittlung der besten Einstellung reduzieren Sie die Deckkraft des Rotauszugs. In unserem Fall sind 63 Prozent die Schwelle, ab der Zähne und Zahnfleisch ineinander übergehen.

5 Grünfilter

Grünfilter werden hauptsächlich in der Landschaftsfotografie verwandt. Sie lassen die Vegetation kontrastreicher erscheinen und dunkeln Rottöne ab. Die digitale Umsetzung erfolgt wie beim Rotfilter durch die Direktauswahl des Farbkanals oder durch die Arbeit mit dem Kanalmixer im Modus „Monochrom“. Gemixt mit der Information des Rotfilters im Verhältnis 30 Prozent Rot und 70 Prozent Grün ergeben sich oftmals sehr ausgewogene und dennoch knackige Graustufenumsetzungen, da der Grünkanal die meisten Detailinformationen enthält. Wer mit dem Grünkanal allein auskommen möchte, kann zusätzlich mit der Gradationskurve die Kontraste innerhalb der Kanalinformation verändern.

Foto: photocase.de|A. Bernold

6 Blaufilter ▲

Blaufilter bewähren sich in der Schwarzweißfotografie im Rahmen der Porträt- und Aktfotografie im Freien. Hier verstärken sie zu blasse Hauttöne und lassen Oberflächenstrukturen plastischer erscheinen. Bei der digitalen Simulation auf Basis des Blaukanals sollte man aber bedenken, dass dieser Kanal bei vielen Digitalkameras besonders stark verrauscht ist und, für sich allein genommen, das Bild eher verschlechtert. Bei gescannten Vorlagen fällt das Rauschen dagegen meist nicht ins Gewicht.

Foto: Corel

7 Gelb und Orangefilter

Gelbfilter lassen den blauen Himmel etwas dunkler erscheinen und verbessern so die Wolkenzeichnung. Orangefilter machen den Himmel noch etwas dunkler, gehen aber auf Kosten der Zeichnung in den Lichtern. Im Gegensatz zur Reduktion auf einzelne RGB-Farbauszüge sind diese Filter etwas komplizierter zu erzeugen. Die Gelbfilter-Wirkung ergibt sich aus der Kombination des Rot- und des Grünkanals im Modus „Überlagern" bei 100 Prozent Deckkraft. Einen Orangefilter-Effekt erzeugt dieselbe Verrechnung, nur werden hierzu Rot- und Blau-Kanal kombiniert. Das sind natürlich nur Startpunkte für eigene Experimente.

8 Schwarzweiß-Infrarot ▲

Infrarot-Effekte, bei denen grüne Bildelemente weiß erscheinen, sind ein Kapitel für sich, das wir im vorausgehenden Kapitel näher beleuchtet haben. Näherungsweise lassen sich Effekte dieses Typs durch Verstärkung der Grünanteile erreichen. Im Kanalmixer setzen Sie dazu im Ausgabekanal Rot den Grünkanal auf 200 Prozent. Wenn Sie anschließend in den Kanalberechnungen Grün und Grün in einer „Harten Mischung" bei 75 Prozent Deckkraft kombinieren und das Ganze durch eine umgekehrte Rot-Maske filtern, sieht es fast echt aus. Nun fehlen nur noch die infrarot-typischen Weichzeichnungseffekte.

Digitalfotos vergrößern

Foto: Franz-Josef Kollig

Beim Vergrößern von Digitalfotos gelten andere Gesetzmäßigkeiten als beim Umgang mit konventionellem Film. Hier erfahren Sie, wie Sie Ihre Digitalfotos für den Ausdruck optimieren. | **Christoph Künne**

Das Vergrößern von Fotos in der analogen Fotografie ist außer bei Kontaktabzügen unumgänglich und eine verhältnismäßig einfache Angelegenheit: Man nimmt das Filmoriginal und projiziert es auf die Ausgabegröße. Was variiert ist die Qualität des Prints. Je weniger Bildinformation auf dem Film war, desto weniger detailreich beziehungsweise desto grobkörniger wird der Abzug.

Bei digitalen Fotos spielt nicht nur die Grundauflösung eine Rolle, sondern jede Ausgabegröße und Ausgabetechnik setzt andere Anforderungen an das zu Grunde liegende Bild. Ein 10 mal 15 Zentimeter großer Ausdruck in exzellenter Qualität braucht auf einem Tintenfotodrucker 2,7 Megapixel Auflösung, als Laborabzug sechs und bei der Ausgabe auf einem hochwertigen Thermosublimationsdrucker rund zehn Megapixel.

Die Ausgabegröße bleibt also identisch, während die Datenmenge erheblich schwankt. Tintenstrahler geben ihre Bilder bauartbedingt mit einer Druckauflösung von 200 dpi (dots per inch) aus – auch wenn in der Werbung inzwischen Geräte angepriesen werden, die mit rechnerischen 4800 dpi auflösen, – ein Fachlabor belichtet mit maximal 300 dpi und Thermosublimationsdrucker mit bis zu 400 dpi.

Die ideale Datengröße für die Ausgabe wird also von Fall zu Fall ermittelt und neu berechnet. Wenn der Anwender die Umrechnung nicht manuell vornimmt, erledigen die Gerätetreiber diesen Job, ohne dass man Kontrolle über den Vorgang hat. Zu viele Daten an den Drucker zu senden, verlängert die Ausgabezeit, schadet aber dem Ergebnis in der Regel nicht. Problematisch sind dagegen zu klein geratene Datensätze. Bei diesen werden dann nämlich die vorhandenen Pixel vergrößert und dadurch im Ausdruck erkennbar.

Wer digitale Bilder auf Postergröße vergrößern oder Ausschnitte Format füllend abbilden möchte, sollte sich im Vorfeld mit den technischen Grundlagen der digitalen Bildskalierung beschäftigen. Nur so lassen sich böse Überraschungen vermeiden.

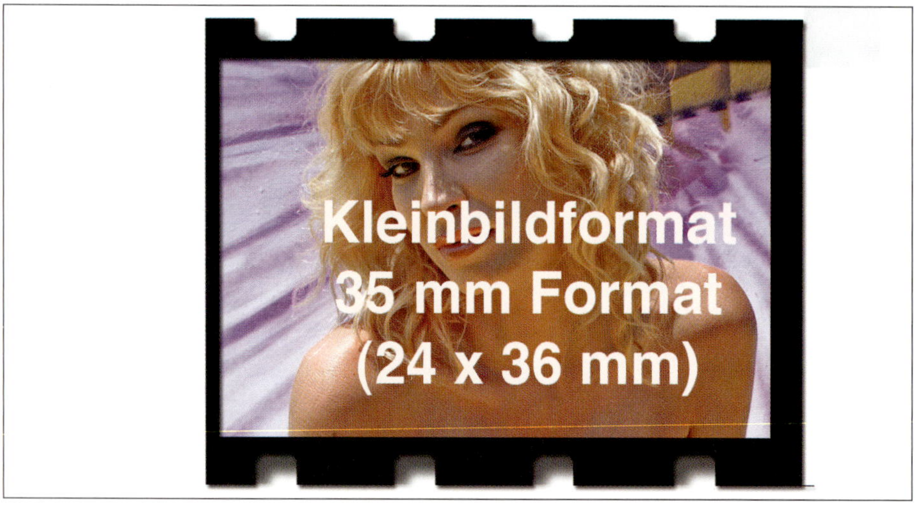

Grundlagen

1 Das analoge Kleinbild

Die Kantenlänge beträgt immer 24 mal 36 Millimeter. Bei der Ausgabe auf Papier werden die Bildpunkte vergrößert. Sofern genug Informationen vorhanden sind, bleibt das Bild kornfrei. Bei starken Vergrößerungen ist die Körnung erkennbar. Auch hier gibt es eine rechnerische Auflösung, bei Kleinbild liegt sie je nach verwendetem Filmmaterial zwischen 3 (T-Max 3200 ASA) und 16 (Fuji Velvia 50 ASA) Millionen Bildpunkten. Nur wird sie gewöhnlich nicht in Megapixeln quantifiziert. Es zählt außerhalb des Messlabors einzig und allein der optische Eindruck.

2 Das digital erzeugte Foto ▲

Das digitale Foto besteht aus Pixeln, also quadratischen Bildteilen. Eine aktuelle Kompaktkamera der Mittelklasse löst ihre Fotos bei einer Chipkantenlänge von 8,8 mal 6,6 mm in 2.560 mal 1.920 Pixel (fünf Megapixel) auf. Hosentaschenmodelle haben einen 5,3 mal 4 Millimeter großen Chip. Die APS-Format großen Chips in digitalen SLR-Kameras haben eine Kantenlänge von rund 23 mal 15 Millimetern und erzeugen 3000 mal 2000 Pixel große Fotos – also rund 6 Megapixel. Die Ausgabeauflösung für den Drucker wird hier standardmäßig auf 72 dpi festgelegt. Das ergibt Bildgrößen von 90 mal 67, beziehungsweise 105 mal 70 Zentimetern.

3 Auflösung einstellen

Mit 72 dpi Ausgabeauflösung ist das Bild jedoch nicht zum Ausdruck geeignet, sondern nur für die Darstellung auf Monitoren. Es handelt sich dabei also eher um die Darstellungsgröße für die Nachbearbeitung am Computer. Um die größte Druckgröße zu ermitteln, öffnen Sie das Bild in Photoshop, wählen hier im Bild-Menü den Befehl „Bildgröße" aus, deaktivieren den Schalter „Bild neuberechnen mit" und tragen die erforderliche Auflösung des Ausgabegeräts ein. In diesem Fall also 300 Pixel/Zoll (ppi). Die Kantenlängen verringern sich auf weniger als ein Viertel, was bleibt ist allein die Dateigröße.

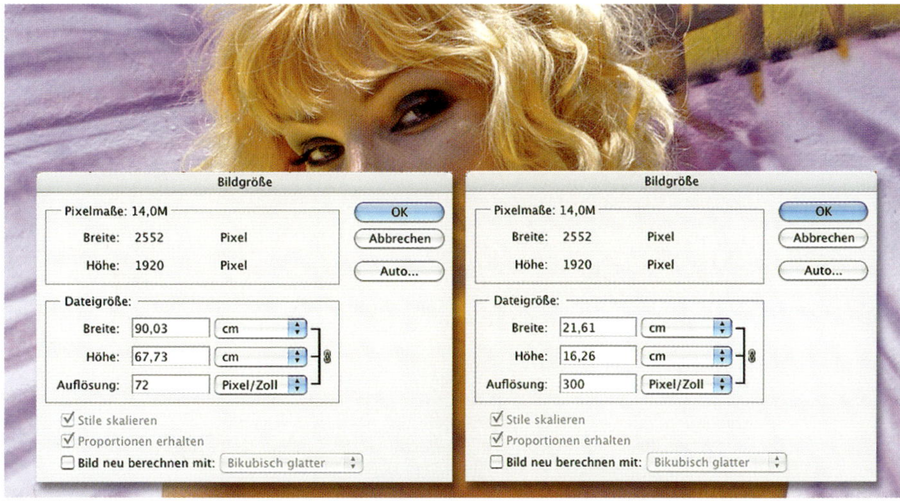

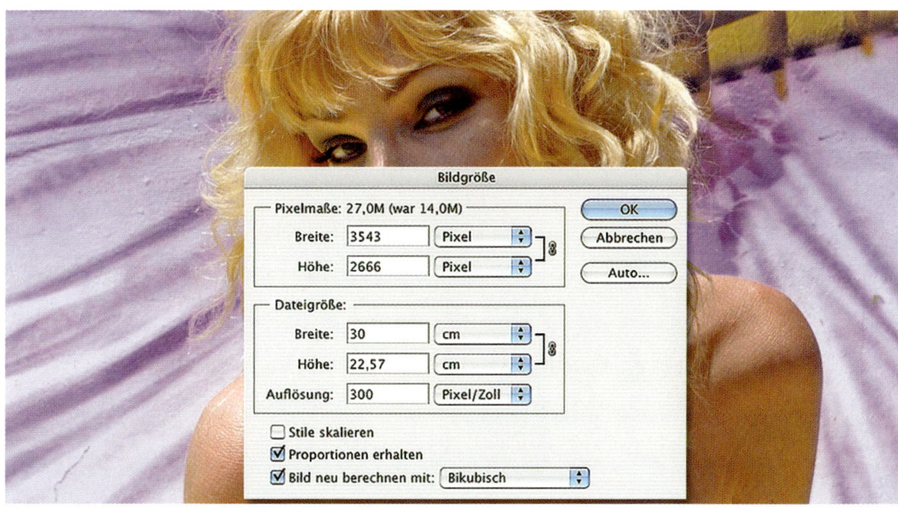

Umrechnungen

4 Kantenlängen anpassen ▲

Durch die Änderung der Auflösung hat sich die Pixelinformation nicht verändert, sondern nur die Beschreibung der Dateieigenschaften. Wenn Sie das Bild für die Ausgabe verkleinern oder vergrößern wollen, arbeiten Sie zur Sicherheit mit einer Kopie. Diese erzeugen Sie am einfachsten mit dem Befehl „Bild duplizieren" aus dem „Bild"-Menü. Danach aktivieren Sie im Bildgröße-Dialog den Schalter „Bild neuberechnen mit" und geben die Maße des Ausdrucks bei den Zentimeterangaben für Breite oder Höhe ein. Der zweite Wert errechnet sich automatisch, wenn der Schalter „Proportionen erhalten" angeklickt ist.

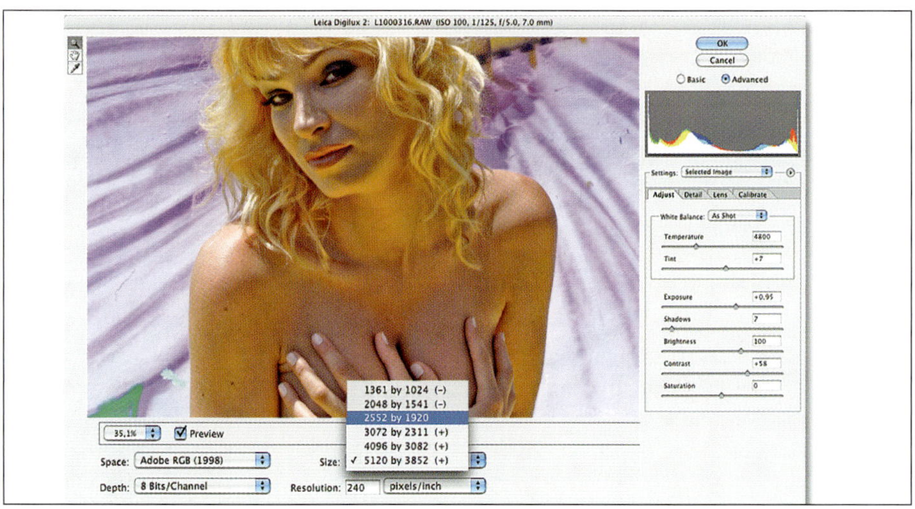

5 Interpolation

Fünf Methoden bietet Photoshop ab der Version CS und Elements 3 zur Interpolation der Bilddaten. Der Begriff „Interpolation“ bezeichnet die Art und Weise, wie die neuen Pixel mathematisch errechnet werden. Für Fotos eignet sich grundsätzlich die bikubische Methode. Pixelwiederholung und bilineare Interpolation nutzt man eher für hartkantige Grafiken wie zum Beispiel Screenshots. Besitzer der neuesten Versionen können sich zudem bei Vergrößerungen der Methode „Bikubisch glatter“ und bei Verkleinerungen der Methode „Bikubisch schärfer“ bedienen.

6 RAW-Interpolation ▲

Im RAW-Modus entscheiden Sie beim Öffnen der Rohdaten auch, wie groß die Datei sein soll. Zur Wahl stehen hier je nach Kameramodell mehrere Fixgrößen. Außerdem lässt sich hier gleichzeitig die Ausgabeauflösung festlegen. Die Interpolation an dieser Stelle des Workflows ist empfehlenswert, weil im RAW-Dialog ohnehin zwei Drittel der späteren Bildinformation aus den Daten des Chips neu errechnet werden. Wird dabei auch die Größe interpoliert, sind die Ergebnisse oft besser als bei der späteren Interpolation per Bildgröße-Dialog.

7 Schrittweise Interpolation

Ein anderer Weg, um die Qualität einer Vergrößerung zu verbessern, ist die schrittweise Interpolation. Wenn Sie eine Vergrößerung auf 200 Prozent vornehmen wollen, nehmen Sie diese statt in einem großen in vielen kleinen Schritten vor. Manche Vergrößerungsexperten schreiben sich dazu spezielle Aktionen, die das Bild immer in Ein-Prozent-Schritten bis zur Zielgröße skalieren. Um die Bildgröße zu verdoppeln, sind dann 70 Berechnungsdurchgänge erforderlich. Wirklich bemerkbar machen sich solche Umwege jedoch nur, wenn es darum geht, das letzte Quäntchen an Qualität aus den Vorlagen herauszuholen.

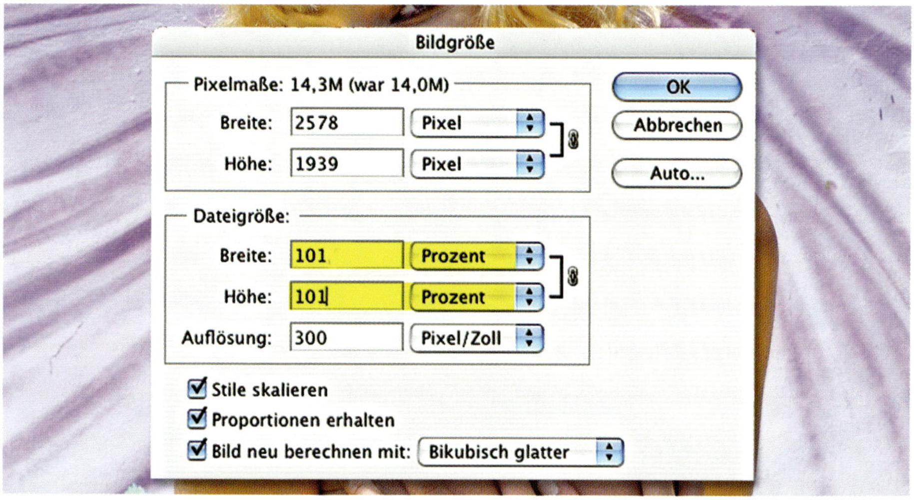

8 Ausschnitte erzeugen ▲

Soll nur der Ausschnitt eines Bildes ausgegeben werden, setzt man in Photoshop das Freistellen-Werkzeug ein, um das Bild an den Kanten zu beschneiden. Grundsätzlich ist die Größe des Ausschnitts frei wählbar. Man zieht mit dem Tool ein Rechteck auf dem Bildbereich auf und passt diesen anschließend über die Seiten und die Eckanfasser im Detail weiter an.

Tipp:
Die Freistellung selbst erfolgt im Anschluss durch einen Doppelklick in den Ausschnitt. Alternativ können Sie auch einfach die Zeilenschaltungstaste auf Ihrer Tastatur drücken. Soll der Beschnittvorgang nach dem Aufziehen des Ausschnitts abgebrochen werden, erledigt dies die „Esc"-Taste.

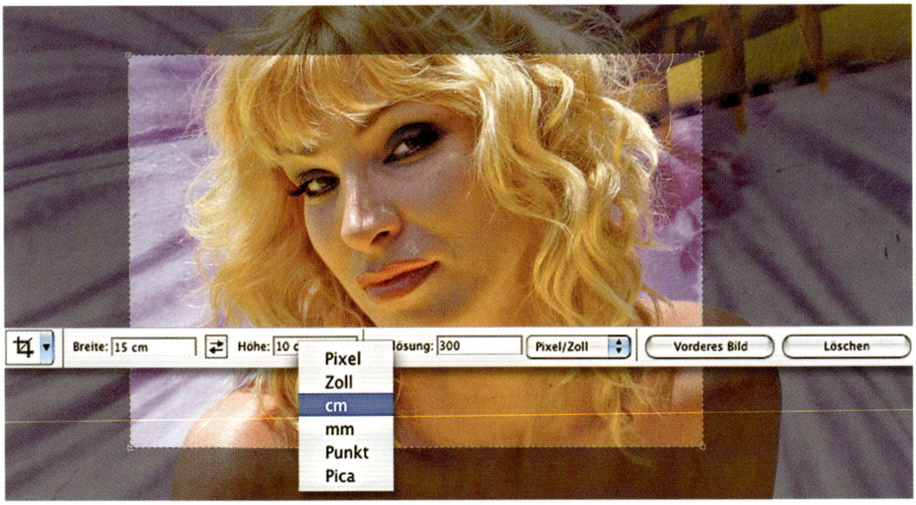

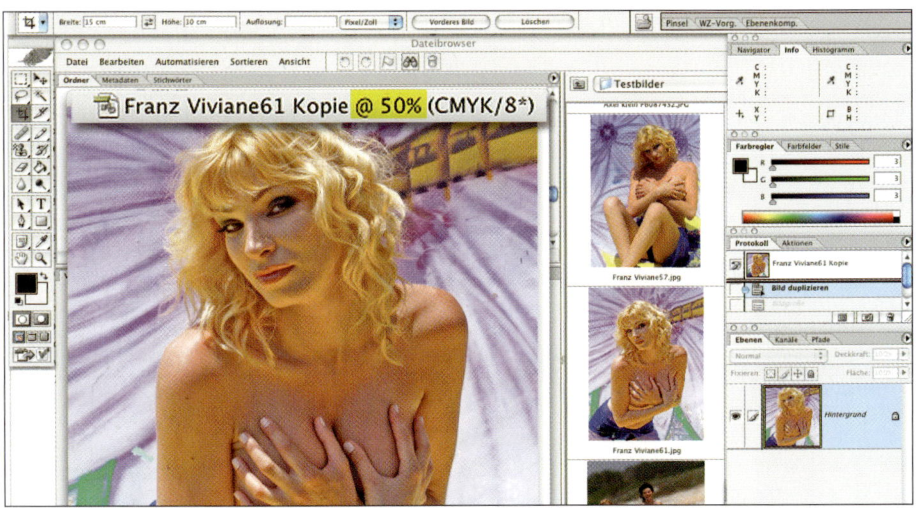

9 Ausschnittsgrößen vorgeben

Wenn Sie schon im Vorfeld die Zielgröße des Ausschnitts kennen, können Sie das Freistellungswerkzeug daraufhin voreinstellen. Geben Sie zum Beispiel die Kantenlänge des späteren Abzugs (hier 15 mal 10 Zentimeter) mit der entsprechenden Maßeinheit in die Felder „Breite“ und Höhe“ der Werkzeugvoreinstellungen ein und bestimmen auch gleich noch die Druckauflösung. Wenden Sie das Freistellungswerkzeug an, wird der Ausschnitt exakt auf diese Bildgröße gebracht, ganz gleich ob es zuvor größer oder kleiner war.

Vergrößern der Bildansicht

10 Die Standardansicht ▲

Beim Öffnen eines Bildes legt Photoshop automatisch die Darstellungsgröße unter Berücksichtigung der Bildschirmauflösung fest. Je nachdem wie groß der Datenbestand der Ursprungsdatei ist, zeigt das Programm das geöffnete Bild in einer Darstellung zwischen etwa einem und 100 Prozent an. Allerdings ist die Bilddarstellung auf die Standardzoomstufen (ca.: 6, 8, 12, 16, 25, 50, 66 und 100 Prozent) beschränkt, was dazu führt, dass der Bildschirm nur selten in voller Höhe oder Breite ausgenutzt wird.

11 100 Prozent

Will man ein Bild „wirklich" beurteilen, ist es unerlässlich, es in der 100-Prozent-Ansicht zu betrachten. Aufzurufen schrittweise per Zoomtastenkombination oder über den Menübefehl „Tatsächliche Pixel". Nur in dieser Darstellung sehen Sie alle Pixel und damit das Bild in allen Einzelheiten. Wählen Sie dagegen zum Beispiel eine 66-Prozent-Ansicht, stellt Ihnen das Programm nur zwei von drei vorhandenen Pixeln dar.

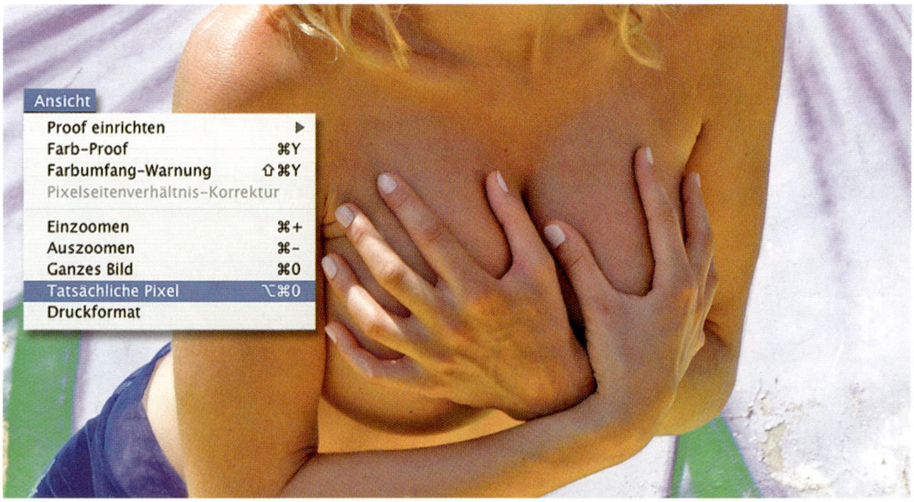

Tipp:
In dieser Vergrößerungsstufe sollten Sie alle Nachbearbeitungen vornehmen. Wenn das aus technischen Gründen oder wegen fehlender Übersicht nicht möglich ist, wählen Sie zumindest „gerade" Zwischenstufen wie 50, 25, oder 12,5 Prozent.

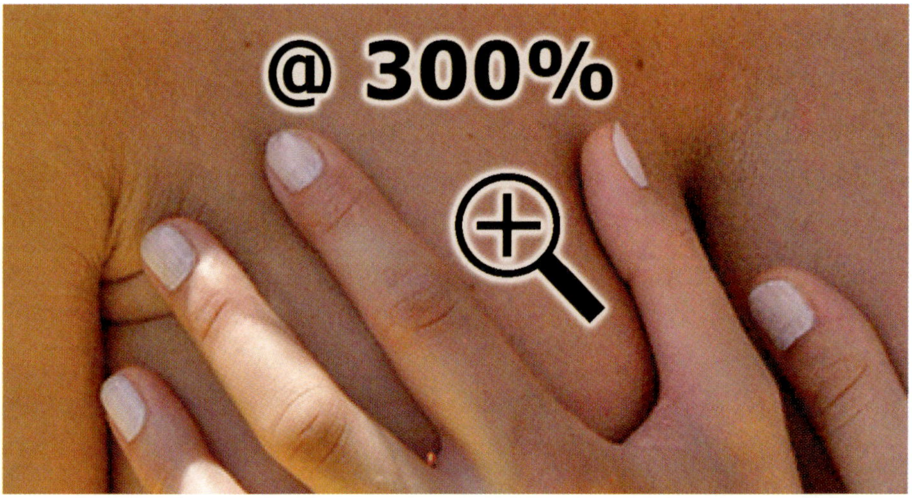

12 Vergrößerte Darstellung ▲

Wollen Sie bestimmte Bildbereiche vergrößert anzeigen, nutzen Sie das Lupenwerkzeug. Um nicht nur die einfache Zoomfunktion zu benutzen, halten Sie die Maustaste gedrückt und ziehen eine Auswahl auf. Danach wird der von Ihnen zuvor gewählte Bildbereich dem in diesem Moment geöffneten Bildfenster angepasst. Je tiefer Sie sich einzoomen, desto deutlicher können Sie die einzelnen vergrößerten Pixel erkennen. Wichtig: Diese Form der Vergrößerung betrifft nur die Darstellungs-, nicht die Ausgabegröße.

Tipp:
Für Arbeiten, bei denen es auf maximale Genauigkeit ankommt, können Sie sich auf bis zu 1600 Prozent in das Bild hineinzoomen. Das entspricht einer Vergrößerung der Pixel um das 16-Fache.

Schnelle Korrekturen

Es muss nicht immer Photoshop sein. Für Einsteiger oder für den kleinen Eingriff unterwegs eignet sich durchaus auch Photoshop Elements, das sich längst vom „richtigen" Photoshop emanzipiert hat. Wir haben uns neue Schnellkorrektur-Funktionen der Version 4 näher angeschaut, die so allerdings nur Windows-Nutzern zur Verfügung stehen. | **Christoph Künne**

Immer wieder fragen uns Leser, was denn eigentlich genau der Unterschied zwischen Photoshop in der Vollversion und Photoshop Elements sei. Nun, früher, als es noch eine LE-Version von Photoshop und das Vollprodukt gab, war die Frage einfach zu beantworten. Die günstige Basisausgabe enthielt eine Sammlung rudimentärer Werkzeuge für Fotografen und verzichtete auf fast alles, was ein richtiger Bildbearbeiter im täglichen Einsatz braucht.

Mit Beigabe des Namenszusatzes „Elements" wurde dieses übersichtliche Konzept jedoch geändert. Seither entwickelte sich Photoshop Elements über vier Versionen mehr und mehr zu einer eigenständigen Applikation. Das sieht man nicht nur an der Vielzahl der vom Mutterprodukt abweichenden Werkzeuge, sondern auch an der stärker intuitiv ausgerichteten Oberfläche. Elements richtet sich in erster Linie an Amateure und Hobbyisten. Dementsprechend ist die Benutzerschnittstelle relativ einfach gehalten und mit Hilfesystemen gespickt.

Die Werkzeuge erledigen ihren Job ohne viele Einstellungsparameter und scheinen der Aufgabe verpflichtet, den Anwender möglichst schnell zum Ziel zu bringen. Dass er dabei nicht mit den allerbesten Ergebnissen rechnen darf, liegt auf der Hand. Dennoch ist es den Adobe-Entwicklern gelungen, viele der komplizierten Photoshop-Werkzeuge in Elements so abzuspecken, dass man erstaunlich gute Resultate ohne viel Know-How und in einem Bruchteil der sonst für die Nachbearbeitung nötigen Zeit erhält.

Trotz der Ausrichtung auf den weniger ambitionierten Anwender ist Photoshop Elements auch für viele semiprofessionelle und auch für manchen professionellen Digitalfotografen zur „kleinen" Dunkelkammer geworden. Einer, die man auf seinem Notebook am Ort der Aufnahme zur Sichtung der Ergebnisse bei sich trägt, die zum Präsentieren beim Kunden eingesetzt wird oder die im Studio manchen Routinejob erledigt, für den man nicht unbedingt eine teure Photoshop-Lizenz benötigt.

Auf den folgenden Seiten erfahren Sie, welche speziellen Elements-Tools Ihnen bei der Schnellbearbeitung von Fotoproblemen zur Verfügung stehen. Achtung: Diese Funktionen gibt es nur in der Windows-Version. Die Mac-Edition von Elements 4 wird stattdessen mit Adobe Bridge ausgeliefert und muss ohne eine „Schnellkorrektur" auskommen.

Fotos: Karl-Heinz Tobias

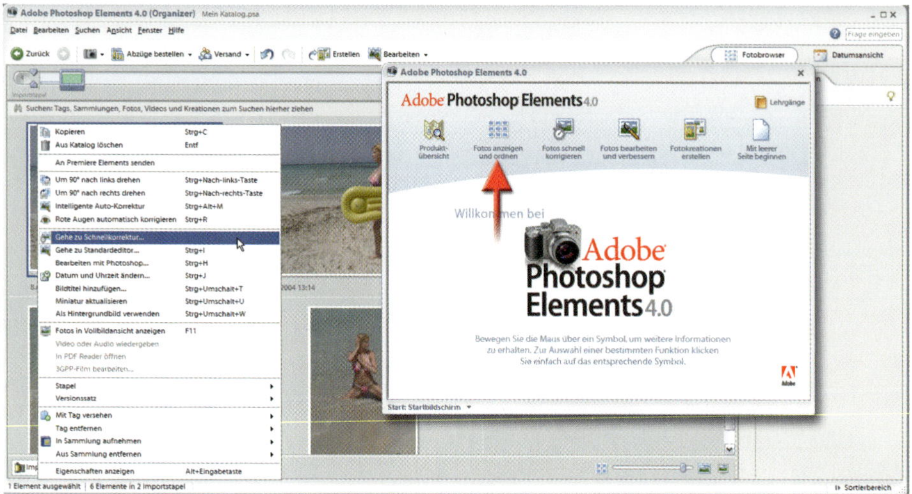

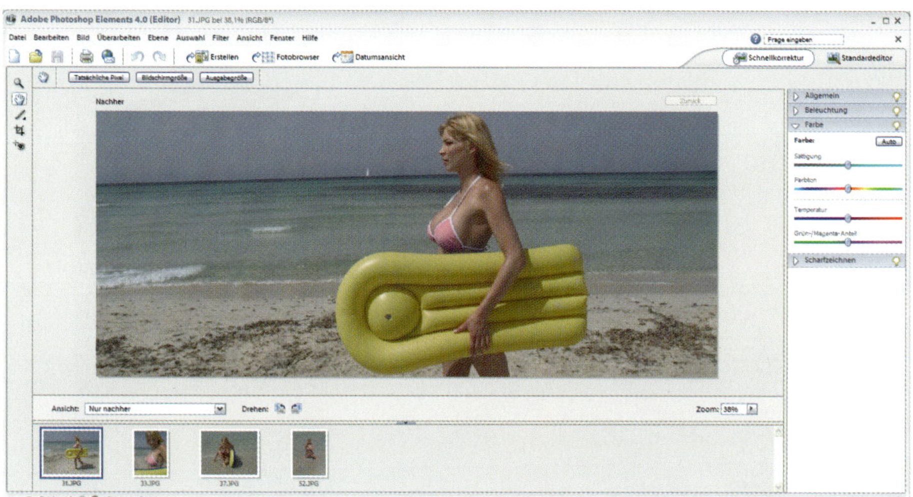

1 Bilder auswählen

Wenn Sie Bilder, die sich bereits auf Ihrem Rechner befinden oder zuvor von der Kamera heruntergeladen werden sollen, in der „Schnellkorrektur" bearbeiten möchten, klicken Sie – auch wenn es unlogisch ist – beim Begrüßungsbildschirm zunächst auf „Fotos anzeigen und ordnen". Damit öffnen Sie das Organizer-Modul von Elements. Hier wählen Sie nun mit gehaltener Strg-/Befehls-Taste all die Bilder aus, die korrigiert werden sollen, und öffnen diese anschließend über das Kontextmenü (Rechtsklick beziehungsweise Klick mit Ctrl meim Mac auf eins der ausgewählten Bilder) mit dem Befehl „Gehe zur Schnellkorrektur".

2 Schnellkorrektur ▲

Die Schnellkorrektur ist eine zusätzliche Bearbeitungsebene, die Funktionen des Bild-Organizers und des eigentlichen Bild-Editors vereint. Im unteren Bereich des Fensters rufen Sie die zuvor ausgewählten Bilder einzeln zur Bearbeitung auf und kontrollieren die Darstellung. Links finden Sie drei klassische Werkzeuge: die Verschiebehand, die Zoomlupe und das Freistellen-Werkzeug zum Bildbeschnitt. Zudem gibt es einen Rote-Augen-Entferner und einen „Magischen Auswahlpinsel", mit dem Sie einfache Maskierungen vornehmen. Auf der rechten Seite greifen Sie direkt auf vier Korrekturpaletten zur Einstellung von Tonwerten, Farben und der Schärfe zu.

3 Beschnitt

Unser ausgewähltes Bild gewinnt, wenn man es merklich beschneidet. Klicken Sie dazu links in die Werkzeugpalette und wählen dort das Freistellungswerkzeug aus. Alternativ aktivieren Sie es mit einem Druck auf die „C"-Taste Ihrer Tastatur. Ziehen Sie nun ein Rechteck über den Bildbereich auf, der erhalten bleiben soll. Mit gehaltener Shift-Taste wird aus dem Rechteck ein Quadrat. Detailanpassungen nehmen Sie über die acht Anfasserpunkte vor. Zur Bestätigung des Beschnittvorgangs klicken Sie auf den grünen Haken unten an der Freistellungskante.

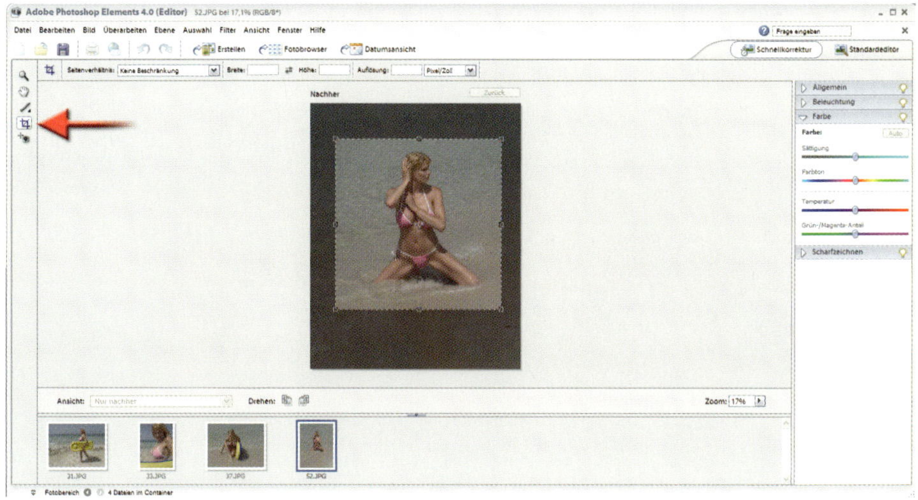

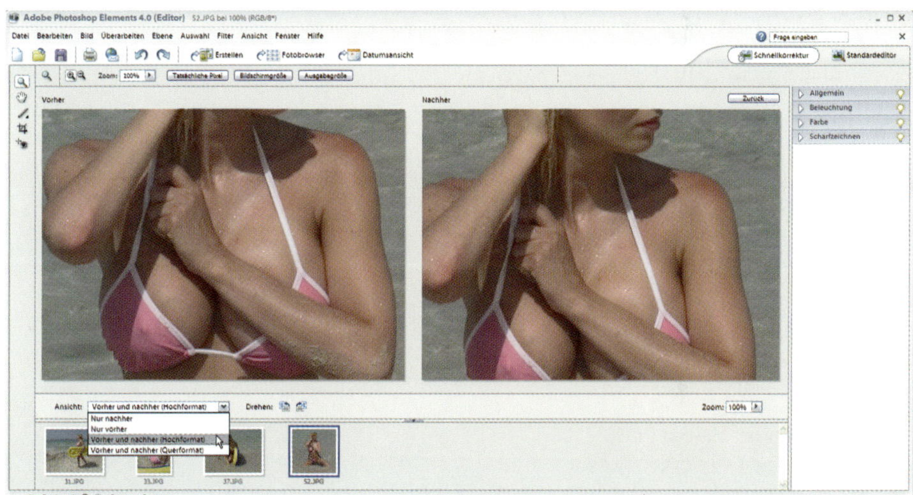

4 Ansicht ▲

Nach dem Beschnitt wirkt unser Bild ein wenig verloren auf der Arbeitsfläche. Wenn Sie das Zoom-Werkzeug in der Werkzeugleiste anklicken oder es mit der Z-Taste aktivieren, sehen Sie in der Optionsleiste neben einer numerischen Größenangabe drei Schaltflächen. Ein Klick auf „tatsächliche Pixel" vergrößert die Darstellung auf 100 Prozent, so dass Sie nun erst die Bildqualität wirklich beurteilen können. Unterhalb des Bildfensters wählen Sie in der „Ansicht" zwischen vier verschiedenen Modi. Hier legen Sie fest, ob Sie das Ausgangsbild, eine Voransicht mit Korrekturen oder beides gleichzeitig sehen möchten.

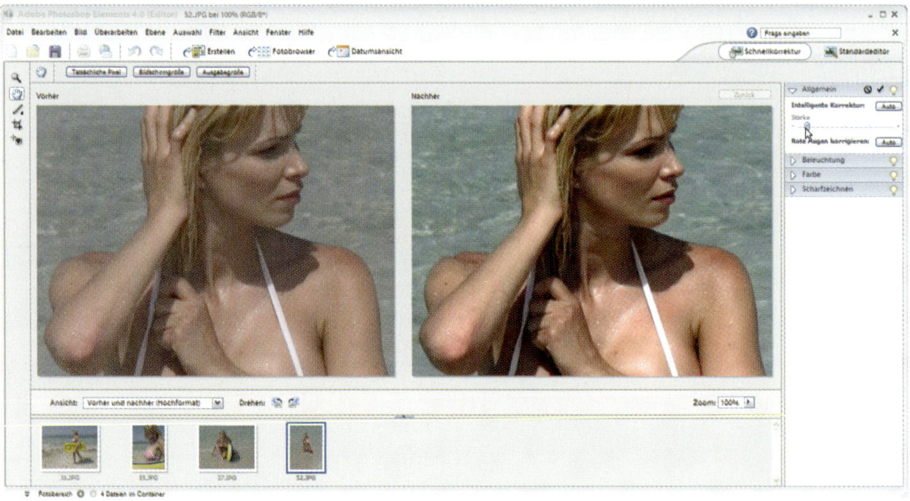

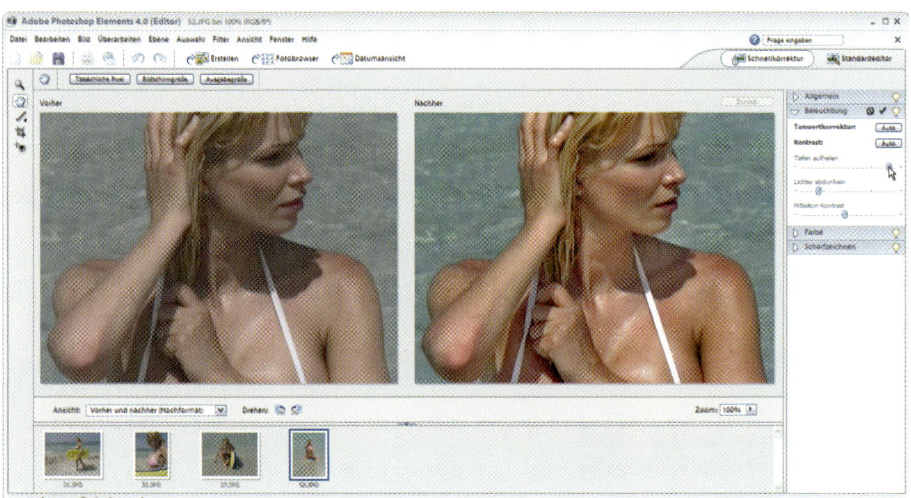

5 Intelligente Korrektur

In der Bearbeitungspalette „Allgemein“ finden Sie die Funktion „Intelligente Korrektur“. Ein Klick auf die „Auto“-Schaltfläche spreizt die Tonwerte und hebt die Bildkontraste an, ähnlich wie Sie es von „Auto-Tonwertkorrektur“ und „Auto-Kontrast“ kennen. Wem diese Korrektur zu heftig ausfällt, kann – nach einem Klick auf die „Zurück“- Taste oberhalb der Nachher-Darstellung, um die Bearbeitung ungeschehen zu machen – mit dem Stärke-Regler die Bildverbesserung variabel auftragen. Ebenfalls im Eintrag „Allgemein“ gibt es eine Rote-Augen-Automatik, die ein Foto per Knopfdruck im Alleingang von angeblitzen Netzhäuten befreit.

6 Beleuchtung ▲

Im Paletten-Eintrag „Beleuchtung“ lassen sich „Auto-Tonwertkorrektur“ und „Auto-Kontrast“ getrennt ansteuern. Interessanter ist aber die stark verkürzte „Tiefen/Lichter“-Funktion, mit der Sie Überstrahlungen abschwächen und Bereiche aufhellen können, die von Schlagschatten erheblich abgedunkelt wurden. Am Ende wird das Bild nicht nur knackiger in den Farben, sondern auch detailreicher in den Strukturen. Diese Funktion eignet sich nicht nur zur Aufhellung von Bildschatten in Urlaubsbildern, sondern auch für Digitalfotos und Scans, die wegen einer leichten Fehlbelichtung wirken, als wären Sie mit einem Grauschleier überzogen worden.

7 Farbe

Unter dem Paletteneintrag „Farbe“ finden Sie vier sehr mächtige Werkzeuge, mit denen Sie den „Look“ Ihrer Bilder abstimmen. Der Sättigungsregler hebt oder senkt die Leuchtkraft Ihrer Bildfarben. Während bei Schlechtwetterfotos eine Farbzugabe die Stimmung hebt, tut bei Bildern wie diesem eher ein wenig Farbabkühlung gut. In Kombination mit einer Korrektur des Farbtons entstehen leicht Falschfarb-Versionen. Mit „Temperatur“ ändern Sie die Farbtemperatur der Aufnahmesituation, nach links verschoben werden die Farben kühler, nach rechts verschoben wärmer. Die Grün-Magenta-Kontrolle hilft Ihnen, Farbstiche aus dem Bild zu verbannen oder – wie hier – kontrolliert hinzuzufügen.

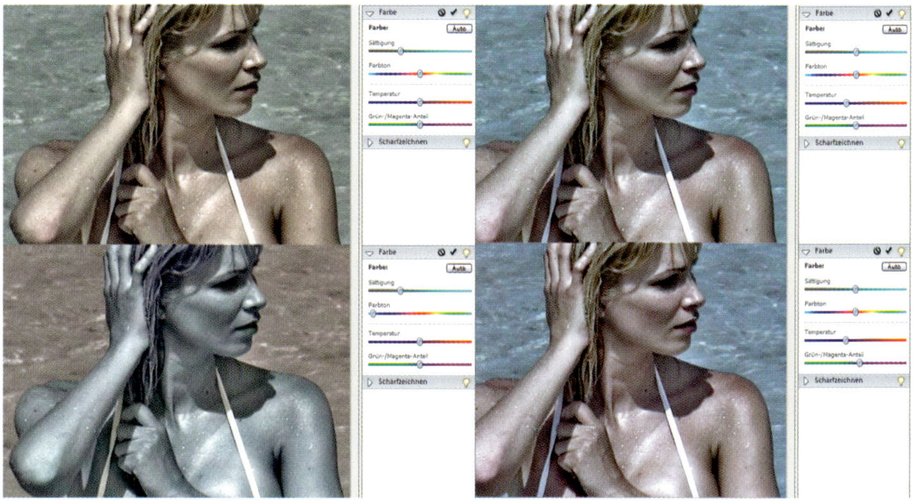

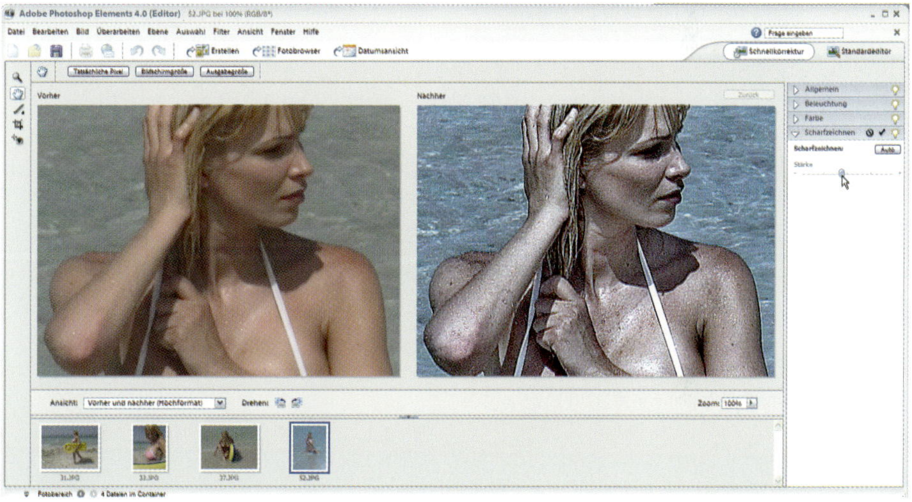

8 Scharfzeichnen ▲

Auch wenn die Scharfzeichnung an dieser Stelle verlockend zu sein scheint, sollten Sie die Finger davon lassen oder den Effekt nur in winzigen Dosierungen anwenden. Die mit diesem Werkzeug errechnete Schärfe ist, wie man hier deutlich sieht, viel zu heftig. Auch wenn hier die Unscharfmaskierung angewandt wird, sollten Sie beim Schärfen nicht nur auf eine möglichst schnelle Bearbeitung achten, sondern diese, sofern eine Nachschärfung überhaupt nötig ist, selbst mit dem Schärfungsdialog „Unscharf maskieren“ aus dem Filter-Menü von Elements vornehmen.

Kreative Bildeingriffe und Effekte

TV-Zeileneffekt

Wollen Sie ein Bild so wiedergeben, dass es aus einer Zeilenstruktur wie am Fernsehgerät aufgebaut wird, kommt es nicht auf exakte Nachahmung an, sondern auf die visuelle Glaubwürdigkeit des Resultats. | **Doc Baumann**

Wie **viele andere Workshops** dieses Bandes (allerdings exklusiv dafür) entstand auch dieser als Beantwortung einer Leseranfrage: „Ich bin auf der Suche nach einem Photoshop-Filter, der die TV-Streifen-Optik simuliert." Es gab etliche Plug-ins, um so etwas darzustellen – ob es ein unter neuen Versionen und Betriebssystemen funktionierendes gibt, weiß ich nicht.

Aber das ist auch gar nicht nötig, denn alle wichtigen Effekte lassen sich allein mit Photoshop genauso gut wiedergeben. Für eine Zeilenstruktur als Wiederholungsmuster reichen ein paar Pixel aus; mit diesem Muster können Sie entweder einen Alphakanal füllen und die daraus geladene Auswahl im Bild weiter bearbeiten, oder Sie verwenden sie überlagernd als Ebeneneffekt. Bei der Variante mit dem Kanal lässt sich zwar die Mustergröße nicht ändern, aber dafür erlaubt diese Vorgehensweise die Darstellung von Bildstörungen und sogar eine Umwandlung in ein aus roten, grünen und blauen Zeilen aufgebautes Bild. Die Zeilendichte stimmt mit der von TV-Geräten nicht überein; wegen ihrer engen Abstände wäre eine befriedigende Wiedergabe im Druck nicht möglich. Ohnehin ist das Ganze im CMYK-Druck nur halb so schön wie in der RGB-Darstellung.

1 Originalfoto

Die Anforderungen an das Ausgangsfoto sind nicht hoch; es muss nicht einmal eine Querformataufnahme sein. Da die Qualität durch den Effekt ohnehin etwas vermindert wird, können Sie auch aus einem Hochformat ein waagerechtes Stück freistellen. Wenn Sie es ganz exakt machen wollen, sollte das Bild ein Seitenverhältnis (Breite zu Höhe) von 4:3 oder von 16:9 haben. Um das zu erreichen, müssen Sie nicht lange rechnen: Aktivieren Sie das Auswahlrechteck, gehen Sie in der Optionenleiste zu „Festes Seitenverhältnis", und geben Sie in den Feldern dahinter Breite und Höhe ein. Ein aufgezogenes Auswahlrechteck wird bei dieser Option nun immer das gewünschte Verhältnis aufweisen.

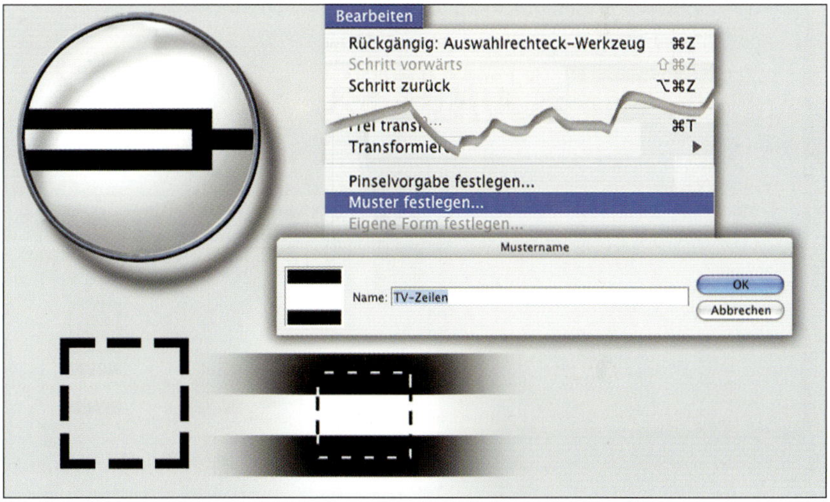

2 Zeilenmuster vorbereiten ▲

Vergrößern Sie die Ansicht eines neuen Bilddokuments mit weißer Fläche bis zum Maximum von 1 600 Prozent. Mit dem Auswahlrechteck – das Sie nun wieder auf „Normal" zurücksetzen – ziehen Sie eine waagerechte Auswahl von einem Pixel Höhe auf. Das ist nicht schwer, weil der Auswahlrand beim Aufziehen automatisch auf den nächsten Pixelabstand springt. Füllen Sie die Auswahl schwarz. Im senkrechten Abstand von einem Pixel erzeugen Sie einen weiteren Block (Lupenansicht oben links). Wählen Sie mit dem Rechteck einen kleinen Bereich aus, der vom oberen Rand oder von der Mitte ausgeht (Mitte unten). Gehen Sie zu „Bearbeiten > Muster festlegen". Eine auf ein Quadrat umgerechnete Darstellung der Auswahl wird links im Eingabefenster sichtbar, geben Sie einen Namen zum leichteren Wiedererkennen ein.

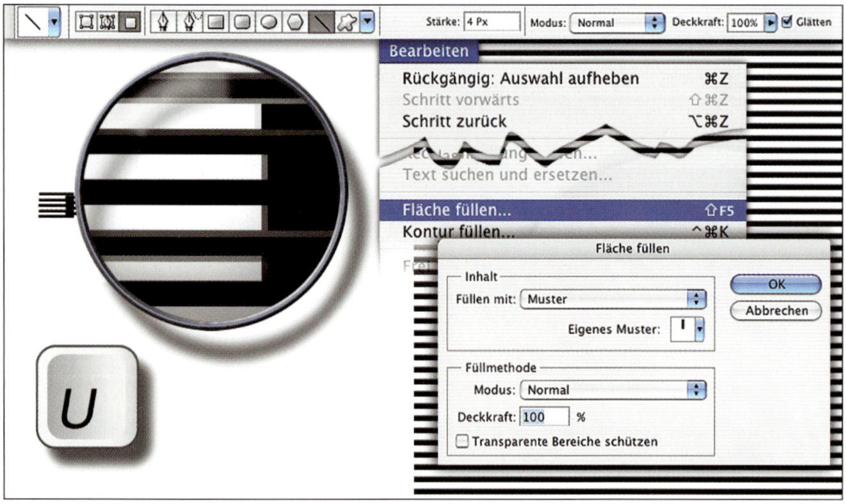

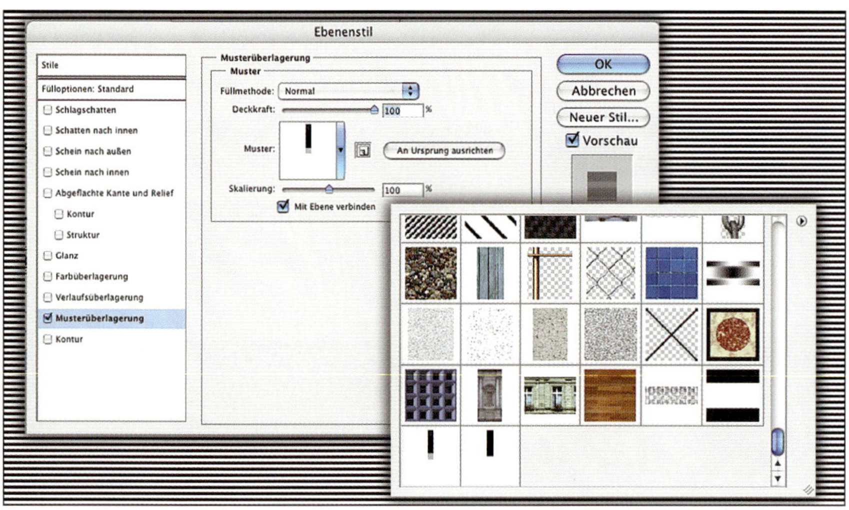

3 Linien-Werkzeug

Eine Alternative hierzu ist die Anwendung des „Linienzeichner-Werkzeugs", das Sie mit der U-Taste aktivieren. Sie können zwischen Formebene, Pfad und Pixeldarstellung wählen. Die letztgenannte Variante ist für unseren Zweck die beste. Ist die Option „Glätten" aktiviert (in der Optionsleiste, oben ganz rechts), weisen manche Linien einen helleren Rand auf und können auch etwas breiter erscheinen als in der eingegebenen Pixelstärke. Ohne „Glätten" sind die Konturen hart. Für die Darstellung der TV-Zeilen ist es egal, welche Variante Sie verwenden. Eine seitlich zwischen zwei Zeilen platzierte Linie hilft Ihnen bei der genauen Abschätzung des Abstands (links oben unter der Lupe). Wollen Sie nun die Arbeitsfläche oder einen Auswahlbereich mit dem vorbereiteten Muster füllen, gehen Sie zu „Bearbeiten > Fläche füllen", wählen „Fläche füllen mit: > Muster" und suchen das gewünschte aus der Klapp-Palette aus.

4 Musterüberlagerung ▲

Ein Nachteil bei der Verwendung von „Fläche füllen" ist, dass Sie das Muster nicht skalieren können – ein Vorteil dagegen, dass es der Ebene direkt in Form von Pixeln zugewiesen wird. Die Alternative: Erzeugen Sie eine neue Ebene, füllen sie mit einer beliebigen Farbe und doppelklicken auf Ihre Thumbnail-Darstellung in der Ebenen-Palette, so können Sie unter den nun erscheinenden Ebeneneffekten „Musterüberlagerung" wählen, dort das Muster Ihrer Wahl bestimmen und vor allem unter „Skalierung" einen Wert zwischen 1 und 1000 Prozent festlegen.

5 Musterskalierung

Glatte Darstellungen der Struktur erhalten Sie nur bei Halbierungen (50 oder 25 Prozent) und Verdopplungen (200, 400, 800 Prozent). Für unsere Zwecke fällt es aber kaum störend auf, wenn Sie Zwischenwerte festlegen. Allerdings sollten Sie bei einem Muster wie diesem, das aus 1-Pixel-Linien besteht, keine Werte unterhalb von 100 Prozent verwenden, da dabei kaum brauchbare Ergebnisse entstehen. Sie können natürlich statt Linien mit 1 Pixel Stärke solche mit 2 oder 3 vorbereiten, dann bleiben Ihnen mehr Möglichkeiten, und es lassen sich auch Werte von unter 100 Prozent nutzen.

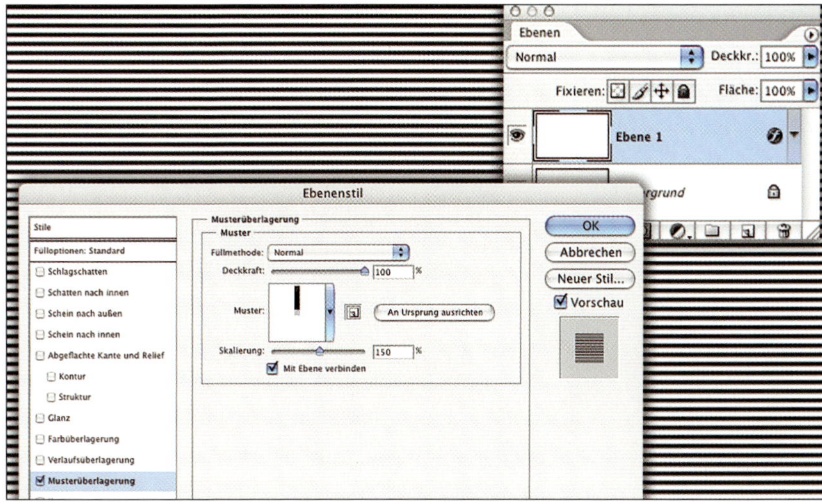

Tipp:

Die schnellste Möglichkeit, um aus einer mustergefüllten Ebene auf der Basis ihrer Helligkeitswerte eine Auswahl zu machen, besteht darin, sie sichtbar einzublenden und in der Kanäle-Palette die Darstellung des Kompositkanals (die oberste Zeile) mit gedrückter Strg-/Befehlstaste anzuklicken.

6 Effekt anwenden ▲

Um dem Bild den Ebeneneffekt „Musterfüllung" direkt zuzuweisen, darf es nicht auf einer Hintergrundebene liegen. Entweder duplizieren Sie es auf eine neue Ebene (Strg-/Befehlstaste-J), oder Sie wandeln die Hintergrundebene in eine Nicht-Hintergrundebene um, indem Sie ihre Zeile in der Ebenen-Palette doppelt anklicken. In dem nun erscheinenden Dialogfeld erscheint als Name „Ebene 0". Bestätigen Sie mit „OK", von jetzt an verhält sich diese Ebene wie jede andere. Sie können ihr also den Effekt „Musterfüllung" direkt zuweisen (unten links). Wählen Sie dazu eine „Füllmethode" und „Deckkraft", die das von Ihnen vorgesehene Ergebnis entstehen lässt.

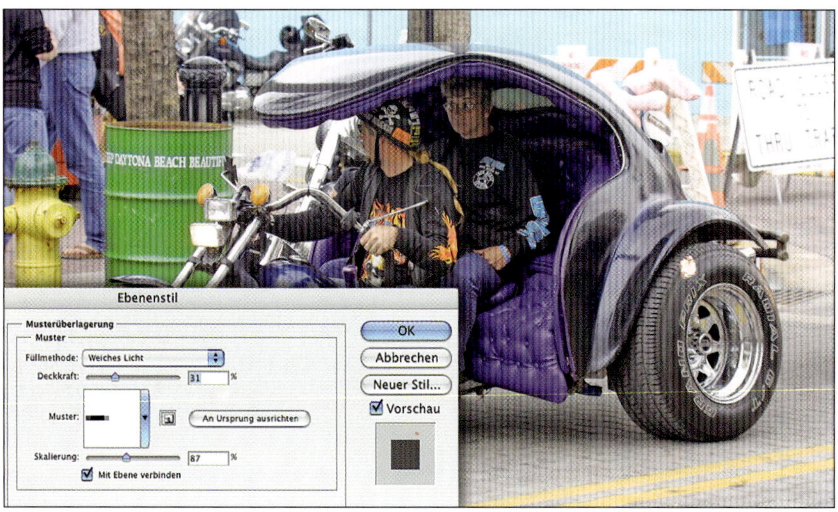

7 Zeilendichte

Je dünner und enger die Zeilen sind, um so mehr entspricht das Ergebnis dem Anblick eines Fernsehbildes. Allerdings bereiten zu dünne Zeilen Probleme bei der Druckwiedergabe, ob die Ausgabe nun wie hier im Offsetdruck realisiert wird oder auf dem eigenen Drucker. Bei der Ansicht am Monitor sollten Sie beachten, dass nur eine 1:1-Darstellung des Bildes die gewünschte Struktur erkennen lässt. Überprüfen Sie also bei einer Verwendung für das Web, ob das Zeilenmuster so wiedergegeben wird, wie Sie sich das vorgestellt haben. In unserem Beispiel entspricht der dritte Abschnitt mit einer Zeilenstärke von 4 Pixeln dem vorgefertigten Muster; die beiden links davon wurden auf 50 beziehungsweise 25 Prozent skaliert, rechts auf 200 Prozent.

8 Vertikale Linien ▲

Während ältere Fernsehgeräte eine horizontale Zeilenstruktur aufweisen, ist diese bei neueren Modellen meist vertikal ausgerichtet. Entsprechend verwenden Sie bei der Vorbereitung des Musters schwarze Pixel neben weißen – nicht wie zuvor vertikal übereinandergeschichtete. Im Ergebnis der Musterfüllung entstehen daraus senkrechte Zeilen. Ansonsten gibt es bei der Handhabung des Musters keine Unterschiede zur bisher beschriebenen Vorgehensweise.

9 Alphakanal füllen

Ein alternatives Verfahren ist zunächst etwas umständlicher, erlaubt dafür aber zusätzliche Bearbeitungsmöglichkeiten. Diesmal verwenden Sie einen neuen Alphakanal. Mit „Fläche füllen" (Abbildung 3) übertragen Sie das Muster in den Kanal. Da „Fläche füllen" keine direkte Skalierung zulässt, machen Sie sich gegebenenfalls den bei Abbildung 5 beschriebenen Tipp zu Nutze: Wenden Sie zunächst den Ebeneneffekt „Musterfüllung" im Modus „Normal" mit voller Deckkraft auf eine Nicht-Hintergrundebene an; dabei können Sie eine beliebige Skalierung vornehmen. Die Ebene muss sichtbar sein. Klicken Sie mit gedrückter Strg-/Befehlstaste in der Kanäle-Palette in die erste Zeile, die den Komposit-Kanal repräsentiert. Die Helligkeitswerte des Bildes werden als Auswahl geladen. Sichern Sie diese Auswahl in der Kanäle-Palette als neuen Alphakanal.

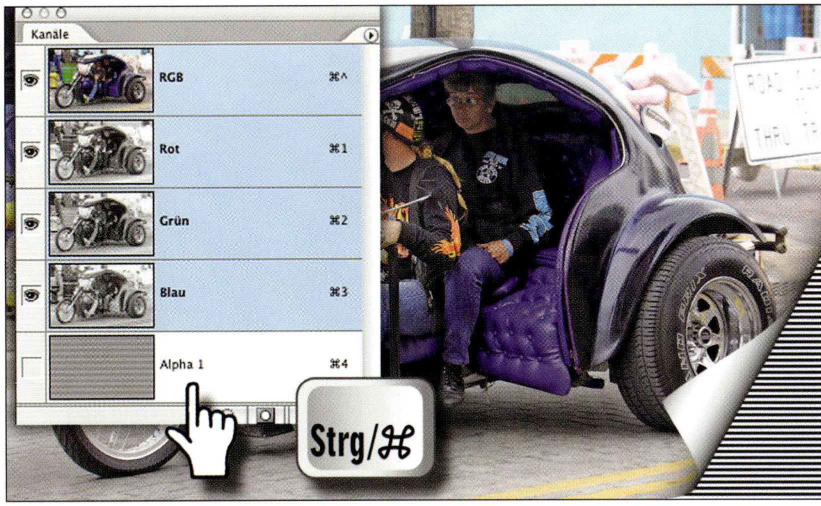

10 Auswahl aufhellen/abdunkeln ▲

Laden Sie die Helligkeitswerte des Alphakanals als Auswahl im Bild; das Verfahren dafür ist identisch mit dem soeben beschriebenen, nur klicken Sie diesmal auf die Alphakanal-Zeile. Alle (im Kanal) weißen Zeilen sind nun ausgewählt. Hellen Sie die Auswahl auf; ich habe hier den Gamma-Regler der „Tonwertspreizung" auf den Wert 1,50 gesetzt. Damit die Gesamthelligkeit des Bildes unverändert bleibt, kehren Sie danach die Auswahl um (Umschalt-, Strg-/Befehls- und I-Taste) und dunkeln den Bereich, der zuvor geschützt war, um den gleichen Betrag ab: Der Gamma-Regler in der Abbildung rückt auf den Wert 0,50.

11 Störungen

Eine bemerkenswerte Möglichkeit, die sich Ihnen bei Verwendung eines Alphakanals bietet, ist das Nachahmen von bildverzerrenden Störungen, bei denen die Halbbilder gegeneinander versetzt werden. Hier blieben die Hälfte der Zeilen im Bild unverändert, während die anderen nach Laden der Auswahl aus dem Kanal mit der „Verkrümmen"-Transformation verzerrt wurden. Sie können auch Filter dazu verwenden, zum Beispiel „Schwingungen". Sie müssen diesen Weg übrigens nicht unbedingt nehmen; im Prinzip lässt sich auch aus der sichtbar eingeblendeten Ebene, der Sie die „Musterfüllung" zugewiesen hatten, auf die zuvor beschriebene Weise eine Auswahl laden und dann entsprechend verzerren. Welchen Weg man nutzt, ist mehr eine Frage persönlicher Vorlieben.

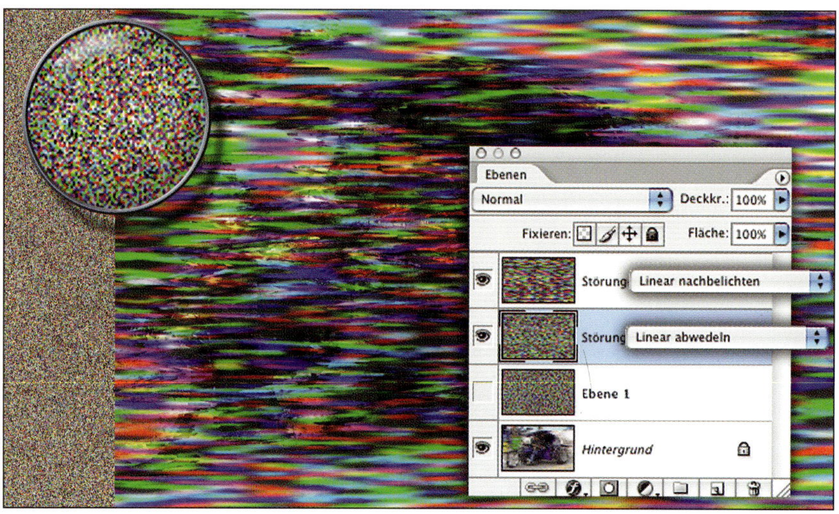

12 Farbstörungen ▲

Heftigere Störungen erzielen Sie auf diesem Weg: Verzerren Sie das Bild zunächst wie bei Abbildung 11 beschrieben. Erzeugen Sie eine neue Ebene und füllen Sie sie mit mittlerem Grau („Bearbeiten > Fläche füllen > 50 % Grau"). Wenden Sie den Störungsfilter „Störungen hinzufügen" mit einem Wert von ungefähr 50 an, die Option „Monochrom" schalten Sie dabei ab. Das Ergebnis sehen Sie links im Bild. Wählen Sie mit dem Auswahlrechteck einen kleinen Bereich aus, der ungefähr drei Mal so hoch wie breit ist, und skalieren Sie ihn auf die gesamte Fläche. Setzen Sie den Modus der Ebene auf „Linear abwedeln". Wählen Sie abermals einen Teilbereich aus dieser Ebene aus, duplizieren Sie ihn auf eine weitere Ebene, die Sie auf „Linear nachbelichten" setzen, und vergrößern Sie auch ihn auf die Gesamtfläche.

13 Störungen

Ein einfacheres und sehr schnelles Verfahren zur Darstellung von Störungen können Sie mit dem „Vergröberungsfilter" „Mezzotint > Langer Strich" anwenden. Allerdings ist das Ergebnis zunächst zu extrem (links im Hintergrund). Bevor Sie etwas anderes machen, rufen Sie „Verblassen" auf (Umschalt-, Strg-/Befehls- und F-Taste). Ob die hier angewandte Methode, der Modus „Hartes Licht" bei 50 Prozent Deckkraft, auch bei Ihrem Bild zum gewünschten Ergebnis (rechts) führt, müssen Sie ausprobieren; experimentieren Sie gegebenenfalls mit anderen Modi.

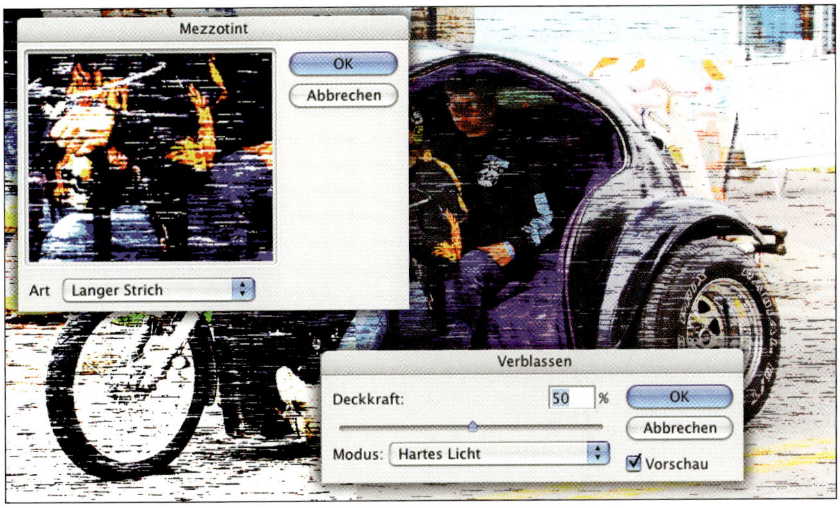

14 Schnee ▲

Hier sehen Sie eine weitere Störungsvariante, bei der Sie „Mezzotint > Langer Strich" diesmal allerdings nicht auf das Bild selbst anwenden, sondern auf eine neue, mit dunklem Grau gefüllte Ebene. Entstehen soll eine schwarze Fläche mit darin verteilten dünnen, weißen Strichen (links). Setzen Sie sie auf den Modus „Negativ (umgekehrt) multiplizieren"; das Ergebnis sind dichte, helle Störungen. Hier habe ich zusätzlich mit dem Filter „Verschiebungseffekt" (unter „Sonstige") den Eindruck eines durchlaufenden Bildes simuliert.

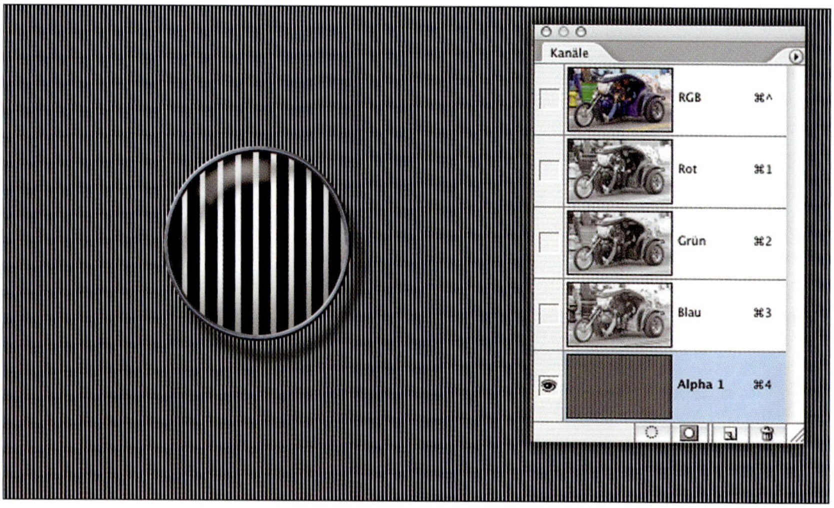

15 Linienfüllung

Schauen wir uns zum Abschluss eine Methode an, mit der sich die Aufspaltung des Bildes in die drei Farbkomponenten Rot, Grün und Blau nachahmen lässt. Dazu benötigen Sie zunächst ein Zeilenmuster, bei dem die weißen Zeilen halb so breit (oder hoch) sind wie die schwarzen. Nachdem Sie es angelegt und in die Muster-Palette übertragen haben (vergleiche dazu Abbildung 2), füllen Sie einen neuen Alphakanal damit.

16 Auswahlen auf neuer Ebene mit Farben füllen ▲

Erzeugen Sie eine neue Ebene. Laden Sie die weißen Pixel des Alphakanals auf dieser Ebene als Auswahl (Kanal-Thumbnail mit gedrückter Strg-/Befehlstaste anklicken). Füllen Sie die Auswahl mit roter Farbe. Bewegen Sie die weiterhin aktive Auswahl mit Hilfe der Pfeiltaste nach rechts – ist die Zeile ein Pixel breit, drücken Sie die Pfeiltaste also zwei Mal; ist sie zwei Pixel breit, vier Mal (bei waagerechten Zeilen entsprechend nach unten). Füllen Sie die Auswahl diesmal mit Grün. Nach nochmaligem Verlagern der Auswahl füllen Sie mit Blau. Der Verrechnungsmodus der Ebene hängt davon ab, in welchem Farbmodus Sie das Bild präsentieren: Bei RGB empfiehlt sich „Überlagern (Ineinanderkopieren)", bei CMYK dagegen „Weiches Licht", außerdem ist dabei ein Entfernen des resultierenden Rotstichs sinnvoll.

17 Zeilenstruktur

Wie beim Rasterdruck erscheint das Bild insgesamt farblich relativ normal, graue Flächen wirken weitgehend neutral. Die Vergrößerung des Ventils des Vorderrades zeigt allerdings, dass sich alle Farben, auch neutrale, aus drei Streifen in den Farben Rot, Grün und Blau zusammensetzen.

18 Fernseh-Bildschirm ▲

Notfalls lässt sich auch noch das TV-Gerät in Photoshop erzeugen, ohne dass man dafür ein Foto benötigt. Füllen Sie eine neue Ebene oberhalb des Bildes mit Grau, lösen Sie sie mit „Störungen hinzufügen“ ein wenig auf und weisen Sie ihr den Ebeneneffekt „Abgeflachte Kante und Relief“ zu. Der Glanz ergibt sich durch den Ebeneneffekt „Verlaufsüberlagerung“ mit einem gespiegelten Schwarz-Weiß-Schwarz-Verlauf. Schneiden Sie ein Rechteck aus, das dem Monitor entspricht. Die Lautsprecher rechts und links sind ebenfalls graue Flächen auf einer weiteren Ebene, der unter „Abgeflachte Kante und Relief“ eine Gitterstruktur zugewiesen wurde.

Seifenblasen

Es scheint nicht schwer zu sein, die luftigen Gebilde mit digitalen Werkzeugen nachzuahmen: ein Kreis, bunte Farben, Glanzlicht. Für eine überzeugende Darstellung ist allerdings mehr zu beachten. | **Doc Baumann**

Die Idee für diesen Workshop entstand in Rom; vor mir das Pantheon, im Rücken die Piazza della Rotonda, in der Luft ein Schwarm schillernder Seifenblasen. Eigentlich hatte ich gerade den fast zweitausend Jahre alten Säulenportikus des antiken Tempels fotografieren wollen, aber dann jagte ich zwanzig Minuten lang den bunten Kugeln nach. Die meisten platzten, bevor ich das Objektiv scharf gestellt hatte, andere wurden von plötzlichen Windstößen vertrieben, ein paar konnte ich schließlich in vertretbarer Qualität aufnehmen. Später im Hotelzimmer, auf dem Monitor des Laptops, entdeckte ich dann Seltsames: Nicht nur die erwartete Spiegelung der Szenerie hinter mir, sondern dazu ihre um 180 Grad gedrehte Verdoppelung. Ebenso ein doppeltes Glanzlicht sowie in allen Spektralfarben schillernde Schlieren der Seifenlauge auf der hauchdünnen Hülle der Blase.

In den wenigen Fällen, in denen die Erzeugung von Seifenblasen Thema von Workshops ist, werden diese meist einfach als kleine, glänzende Kugeln behandelt, denen man beliebig eine glänzende Stelle und Regenbogen zuweist. Das hat zwar mit ihren Vorbildern wenig zu tun, aber man weiß, was gemeint ist. In diesem Beitrag möchte ich Ihnen zeigen, wie Sie eine realistischere Darstellung erzielen. Manche Komponenten sind dabei der Verdeutlichung wegen leicht übertrieben dargestellt; so sollten zum Beispiel die Schlieren auf der Oberfläche dünner und weniger ausgeprägt als in unseren Abbildungen erscheinen. Ein erheblicher Unterschied besteht hinsichtlich der gedruckten Wiedergabe und der Ansicht am Monitor in leuchtenden RGB-Farben; nach der Umwandlung in druckfähige CMYK-Farben sind die Blasen leider nur noch halb so schön.

Die notwendigen Arbeitsschritte erfahren Sie aus den Bildunterschriften auf den folgenden Seiten; nehmen Sie sie als Anregung und experimentieren Sie mit eigenen Varianten. Mit dem Motiv der Illustration rechts bin ich im antiken Rom geblieben – sie zeigt einen Straßenzug in Ostia Antica, dem alten Hafen der Metropole.

1 Seifenblase

Wie eine Seifenblase wirklich aussieht, wurde mir erst klar, als ich ein paar Fotos genauer anschaute, die ich vor dem Pantheon im Rom aufgenommen hatte. Neben Schlieren und Interferenzen ist vor allem die doppelte Spiegelung der Szene hinter dem Fotografierenden bemerkenswert.

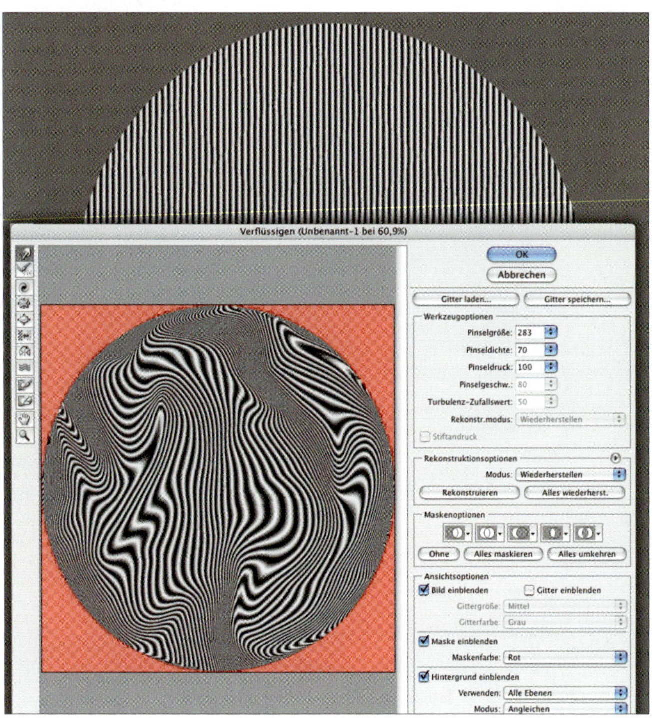

2 Streifen verflüssigen

Als ersten Schritt füllen Sie einen Kreis auf einer neuen Ebene mit einem dichten Streifenmuster. Laden Sie die Pixel der Ebene als Auswahl (Anklicken der Ebenenzeile mit Strg-/Befehlstaste), rufen Sie den Filter „Verflüssigen“ auf und erzeugen Sie mit den Werkzeugen Schlieren und Wirbel.

3 Wölben

Bei noch immer aktivierter Kreis-Auswahl rufen Sie den Verzerrungsfilter „Wölben" auf; verwenden Sie den Modus „Normal" (unten). Damit passen Sie die Schlieren einer Kugeloberfläche an. Sie müssen dazu nicht unbedingt den Maximalwert von + 100 Prozent einsetzen.

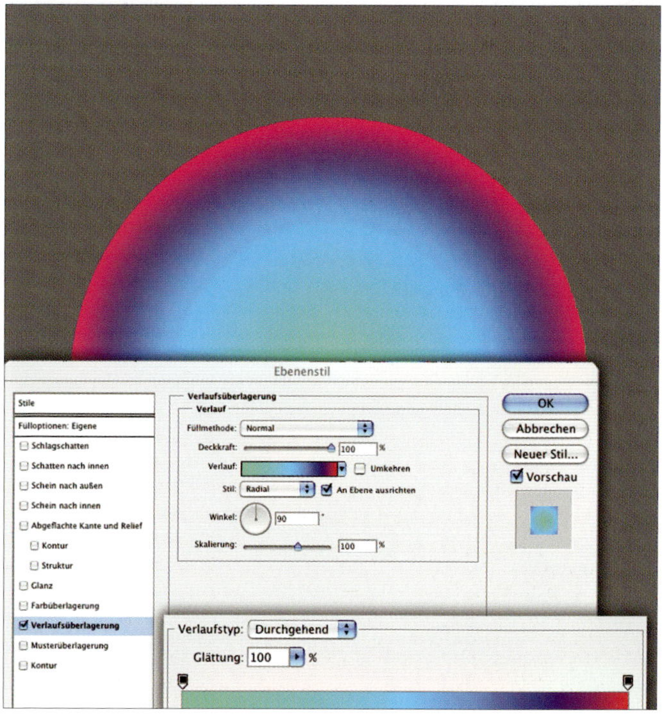

4 Verlaufsüberlagerung

Duplizieren Sie die Kreis-Ebene (Strg-/Befehlstaste-J) und rufen Sie den Ebenenstil „Verlaufsüberlagerung" auf. Nehmen Sie den „Radialen Verlauf". Klicken in den Verlaufsbalken öffnet den Verlaufs-Dialog, wo Sie die gewünschten Farbmarkierungen der Interferenzstreifen festlegen.

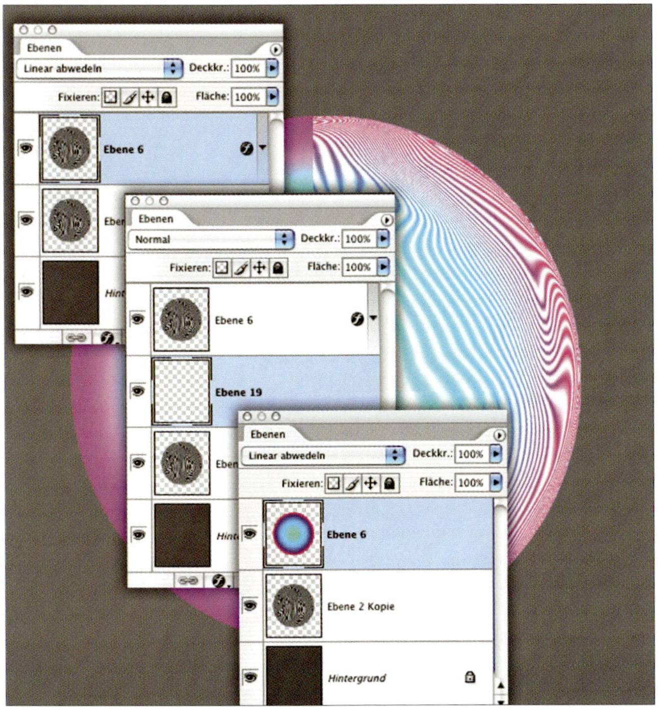

5 Ebenenverrechnung

In der Ebenenpalette erscheint das Ebenenduplikat zunächst unverändert (oben). Fügen Sie darunter eine neue Ebene hinzu (Mitte) und vereinigen Sie diese mit dem Duplikat (unten). Der Ebeneneffekt ist damit umgewandelt und dem Bild in Form von bearbeitbaren Pixeln fest zugewiesen.

6 Multiplizierende Ebene

Zum Einfärben der weißen Bereiche duplizieren Sie die Schlieren-Ebene, invertieren Sie zum Negativ und färben die dunklen Bereiche blau. Schieben Sie die Ebene in der Palette nach oben und setzen Sie sie auf „Multiplizieren“. Regeln Sie die Deckkraft nach Belieben.

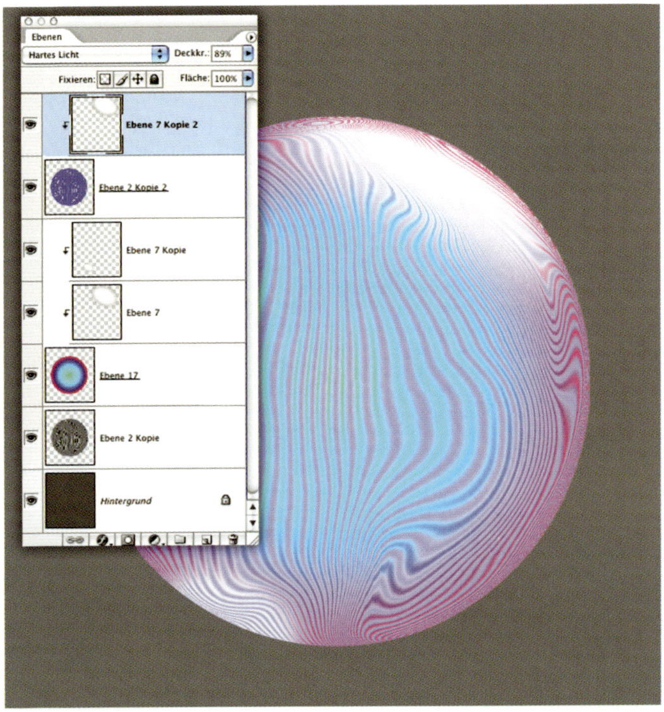

7 Glanzlichter

Die Glanzlichter bestehen aus weich begrenzten weißen Ellipsen, die leicht gekippt wurden. Erstellen Sie dafür Schnittmasken mit den darunter liegenden Ebenen (frühere Photoshop-Versionen: gruppieren). Experimentieren Sie mit dem Modus; hier ist das oben „Hartes Licht".

8 Szene vorbereiten

Suchen Sie eine Szene, die sich in der Seifenblase spiegeln soll. Lassen Sie sie unten weich auslaufen. Per „Verflüssigen" und „Verkrümmen-Transformation" (ab CS2) passen Sie die Spiegelung der Kugel an. Ein Duplikat dieser Ebene drehen Sie um 180 Grad und fügen es unten an.

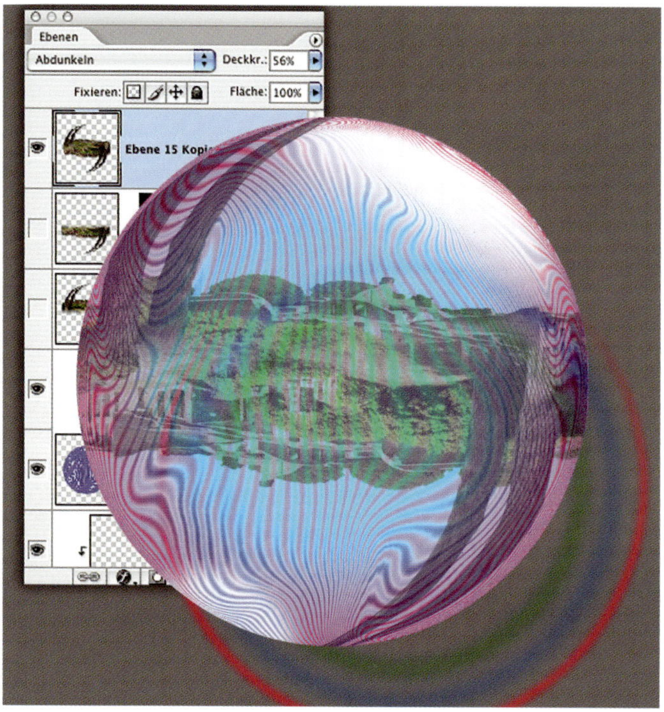

9 Modus: Abdunkeln und Ringe

Setzen Sie den Modus der Spiegel-Ebene auf „Abdunkeln“; Sie können es aber auch mit anderen Modi versuchen. Wichtig ist, dass ein visuell überzeugendes Ergebnis dabei herauskommt. Setzen Sie die Deckkraft etwas herab, damit die Reflexion nicht zu kräftig erscheint. Weitere Farbeffekte können Sie hinzufügen, indem Sie mehrere weich begrenzte Ringe anlegen, die der Seifenblase zum Beispiel im Modus „Farbe“ überlagert werden. Hier ist das außen ein roter (nach oben ausgeblendeter), in der Mitte ein blauer und innen ein grüner Ring.

11 In eine Szene einfügen

Liegt die Seifenblase wie das Exemplar links oben deckend über der Szene, sieht das unrealistisch aus. Zu einem besseren Ergebnis führt der Modus „Hartes Licht“ (rechts oben); nicht zu empfehlen ist eine Rücknahme der Deckkraft. Die durch Interferenzen entstehenden Farben hängen von der Dicke der Blasenwand ab; mit dem Farbton-Regler aus „Farbton/Sättigung“ lassen sich alle oder einzelne Farben ändern. Reduzierung der Sättigung dagegen führt zu blassen, durchsichtigen Seifenblasen (unten rechts).

Glamour-Porträts

Einmal aussehen wie ein Star – dieser Wunsch lässt sich recht leicht erfüllen. Voraussetzung sind ein gutes Ausgangsfoto und ein Bildbearbeitungsprogramm auf der Festplatte. Hier erfahren Sie, mit welchen Tricks Sie ein normales Porträt in ein Glamourfoto verwandeln. | **Christoph Künne**

Foto: Freya Mertens

Betrachtet man Bilder von Stars und Sternchen in Zeitschriften, Büchern und anderen Medien, sehen diese Menschen oft so perfekt aus, als wären sie nicht von dieser Welt. Wer jedoch einmal den einen oder anderen Promi „in echt" gesehen hat, ist oft erstaunt über die Alltäglichkeit seines wahren Äußeren.

Im Umkehrschluss heißt das: Auch der Normalmensch mit seinen kleinen und größeren äußerlichen Defiziten lässt sich fürs Foto in einen Star verwandeln. Das, was solchen Bildern den Eindruck des Übernatürlichen verleiht, ist in erster Linie die perfekt nachbearbeitete Haut. Hinzu kommen ebenmäßig gestylte Körperkonturen.

„Ein wenig Vorbereitung bei der Aufnahme tut jedoch Not – auch wenn die Nachbearbeitung vieles ausgleichen kann", weiß die auf Event- und Glamourfotografie spezialisierte Fotografin Freya Mertens aus langjähriger Erfahrung. „Die kontrollierte Lichtsetzung ist ebenso nötig wie ein gestalteter Hintergrund und wenigstens korrekte, wenn nicht gar extravagante Kleidung."

Ganz wichtig ist auch das Schminken. Bei professionellen Shootings ist eine Visagistin mit am Set. Wer als Hobbyfotograf nicht soviel Aufwand betreiben kann oder will, sollte sein Modell vor dem Fotografieren selbst schminken oder es sich selbst schminken lassen. Bei Herren reicht dafür meist ein wenig Abdeckcreme und etwas Puder, um fettig glänzende Stellen zu vermeiden. Bei Damen ist der Aufwand ungleich größer. Auch hier weiß die Fotografin Rat: „Wenn Fotograf und Modell selbst wenig Erfahrung beim Schminken haben, kann sich das Modell vor der Fotosession bei einem Kosmetikstudio oder auch im nächstgelegenen Damen-Friseursalon fachgerecht schminken lassen."

Was dagegen in der Postproduktion am Computer mit wenig Aufwand erledigt werden kann, zeigen wir an Bildern, die aus dem Atelier von Freya Mertens stammen.

Perfekte Haut

1 Ausgangsbild

Ausgangsfotos, die im Studio mit künstlichem Licht und einer hochwertigen Kamera entstehen, werden von der Automatik gleichmäßig belichtet. Das heißt, man erkennt alle Details klar und deutlich. Neben dem Vorzug scharf gezeichneter Augen und Wimpern kommen aber auch unangenehme Details mit aufs Bild; jede Hautunreinheit ist deutlich zu erkennen, auch wenn die Person – wie hier – im Vorfeld sorgfältig abgeschminkt wurde.

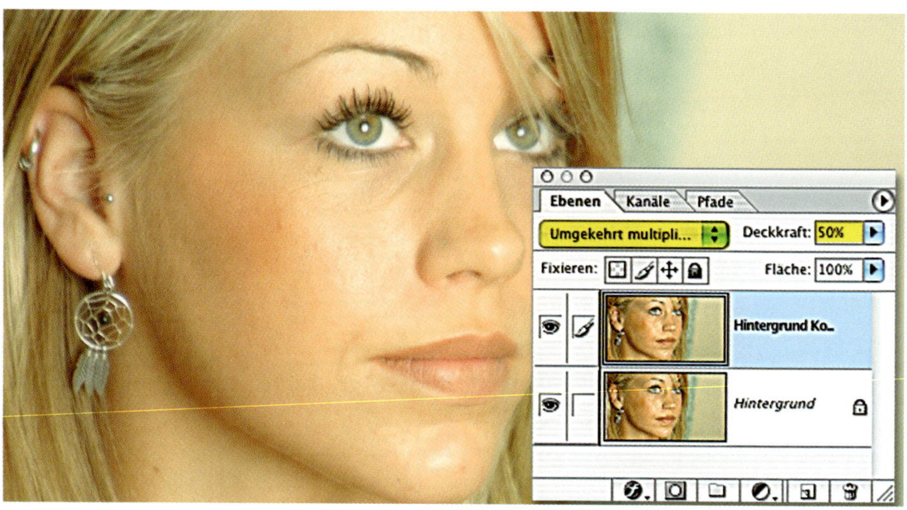

2 Aufhellen ▲

Ein sehr einfacher Trick, die Haut frischer und klarer aussehen zu lassen besteht in einer Aufhellung der Tonwerte. Besonders gut funktioniert dies, wenn Sie die Hintergrundebene duplizieren und den Ebenen-Verrechnungsmodus des Duplikats anschließend auf „Negativ multiplizieren" setzen. Ein zu hell geratenes Ergebnis korrigieren Sie mit Hilfe des Deckkraftreglers.

Tipp:
Wer komplexerer Werkzeuge wie die Gradationskurve oder die Tonwertkorrektur beherrscht, kann sich auch einer Einstellungsebene bedienen, um die Aufhellung vorzunehmen. Vom Einsatz des Dialogs „Helligkeit/Kontrast" ist jedoch wegen der zerstörerischen Auswirkungen auf die Tonwertinformation abzuraten.

3 Weichzeichnen

Reduzieren Sie die beiden Ebenen wieder auf eine, bevor Sie für den nächsten Schritt die Hintergrundebene erneut duplizieren. Das Duplikat bearbeiten Sie mit dem „Gaußschen Weichzeichner", den Sie unter „Weichzeichnungsfilter" im „Filter"-Menü finden. Wählen Sie einen mittleren Radius, der alle Problembereiche in Unschärfe auflöst, sie aber dennoch nicht zu abstrakt einweicht.

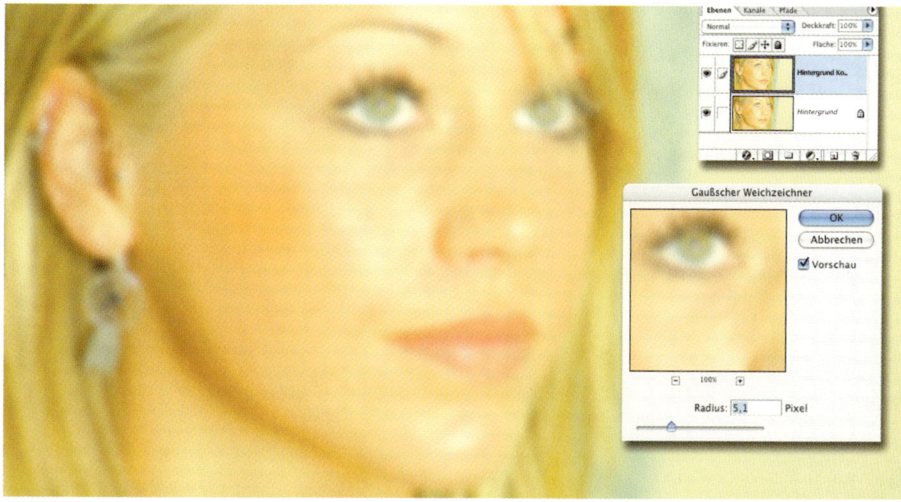

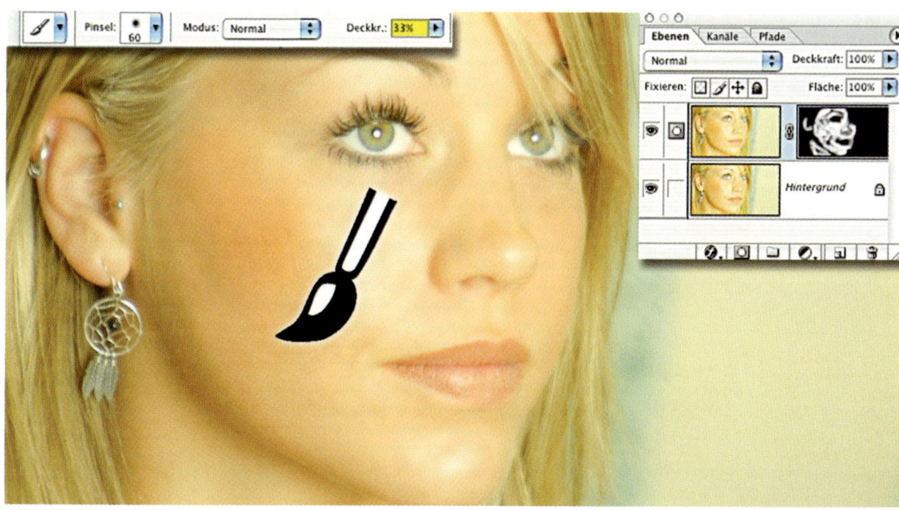

4 Effekt aufmalen ▲

Um den Effekt nur stellenweise auf das Bild aufzutragen, arbeiten Sie mit einer Ebenenmaske. Klicken Sie dazu bei aktivierter Ebenenkopie und gehaltener Alt-Taste auf das Ebenenmasken-Symbol am unteren Rand der Ebenenpalette. Anschließend ist der weich gezeichnete Ebeneninhalt ausgeblendet und Sie können nun mit dem Pinselwerkzeug und weißer Malfarbe die zu überdeckenden Hautstellen ausgleichen. Arbeiten Sie dabei lieber mit einer geringen Deckkrafteinstellung des Werkzeugs und malen mehrmals über die Stellen. Derart vorsichtig aufgetragene Effekte wirken am Ende besser als ein zu stark geratener „Anstrich".

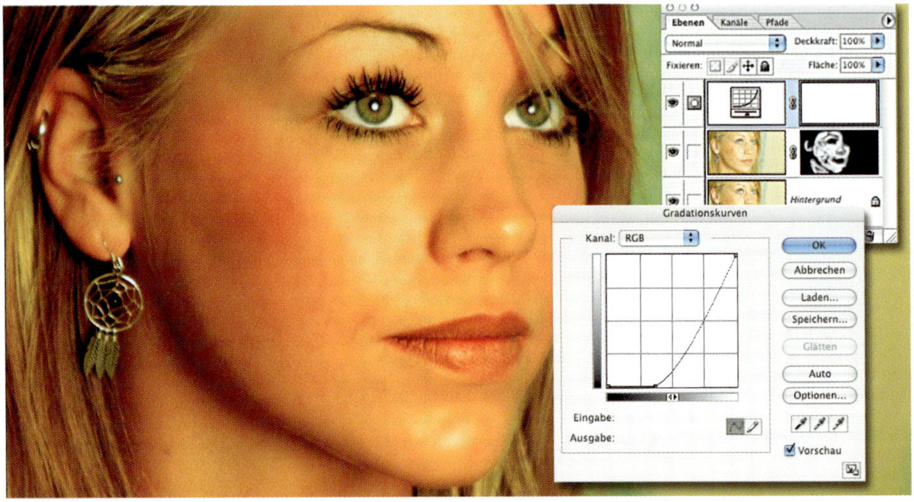

5 Mehr Farbe

Als Spätfolge der Aufhellung im zweiten Schritt, sieht die junge Dame immer noch etwas blässlich aus. Damit sie etwas mehr Farbe ins Gesicht bekommt, legen Sie eine Einstellungsebene vom Typ „Gradationskurve" an. Hier verschieben Sie den Schwarzpunkt merklich nach rechts und erzeugen so knackigere, aufgesteilte Farbtöne. Der fachkundige Blick sieht es sofort: Bei der Gradations-Aufsteilung sind einige Motivbereiche zu farblichen Problemfällen geworden. Sowohl in den Spitzlichtern wie in den Schatten haben sich Abrisskanten und brandige Bereiche gebildet.

Tipp:
Je nach Ausgangsbild kann sich auch eine flache S-Kurve oder eine andere Gradationskurvenform zur Verstärkung der Farben eignen. Achten Sie bei allen Experimenten aber immer darauf, mit Einstellungsebenen zu arbeiten, um nur die Darstellung, nicht aber die Bildinformation zu verändern.

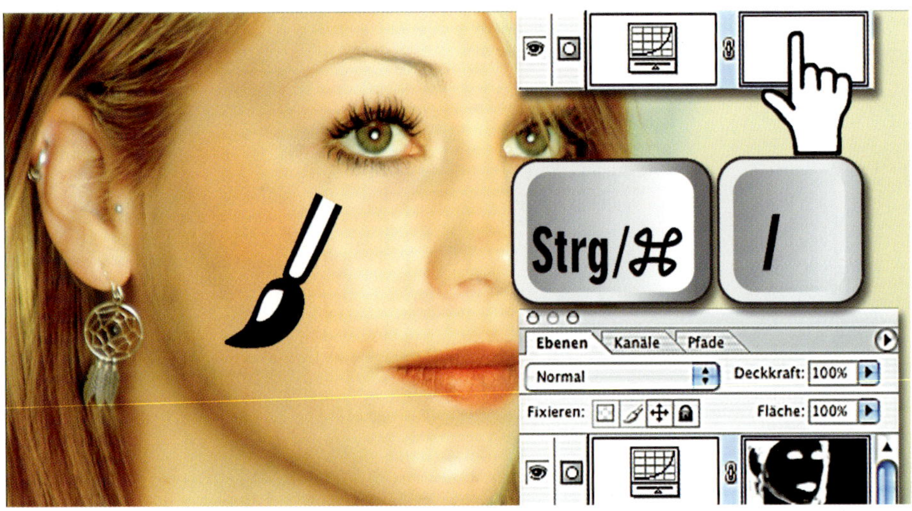

6 Farbverstärkung auftragen ▲

Zum Ausgleich bemühen wir wieder die bei allen Einstellungsebenen automatisch vorhandene Ebenenmaske. Klicken Sie auf die weiße Ebenenmasken-Miniatur. Kehren Sie ihre Farbe mit dem Befehl Strg-/Befehlstaste + I um. Anschließend malen Sie die Bereiche, die Sie nachfärben wollen mit weißer Malfarbe auf.

Tipp:
Wer häufig solche Arbeiten erledigen will, tut gut daran, sich ein Grafiktablett mit drucksensitiven Stiften zuzulegen. Die Arbeit geht damit sehr viel besser von der Hand, als wenn man sich nur auf die Computermaus beschränkt.

Hautfarbe nach Wunsch

7 Teint verstärken

Porenreine Haut ist ein Aspekt der gelungenen Nachbearbeitung. Aber auch die Farbe des Teints trägt maßgeblich zur Wirkung einer Glamourporträts bei. In unserem Ausgangsbild ist die Hautfarbe zunächst naturbelassen. Wenn Sie die Hintergrundebene kopieren und den Verrechnungsmodus auf „Weiches Licht" setzen, verstärken Sie den Hautton auf einfache Weise.

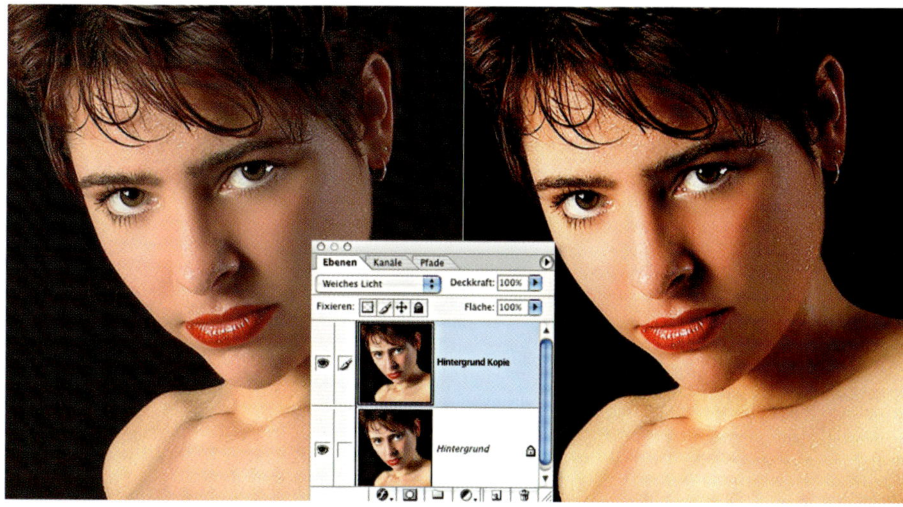

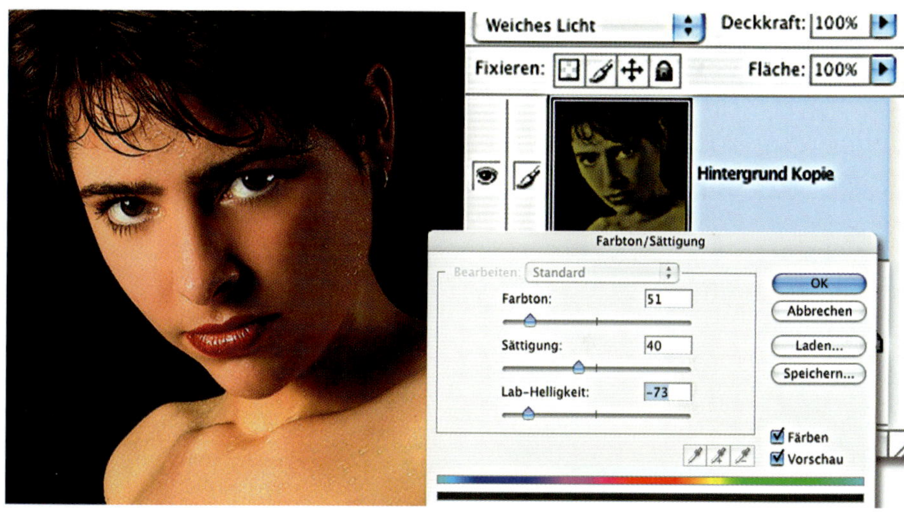

8 Digitale Bräune ▲

Soll die Haut nun aussehen, als wäre sie über einen längeren Zeitraum in südlichen Gefilden der Sonne ausgesetzt gewesen, erreichen Sie dies durch eine Umfärbung der Ebenenkopie. Bearbeiten Sie die Kopie mit dem Dialog „Farbton/Sättigung", den Sie im „Bild"-Menü unter „Anpassen" (in älteren Versionen: „Einstellen") aufrufen. Hier aktivieren Sie zunächst den Schalter „Färben". Automatisch wird die Ebene in einem hellen Braunton eingefärbt. Korrigieren Sie nun nacheinander die Helligkeit, die Sättigung und den Farbton und steuern so sehr präzise das Aussehen der Hautfarbe.

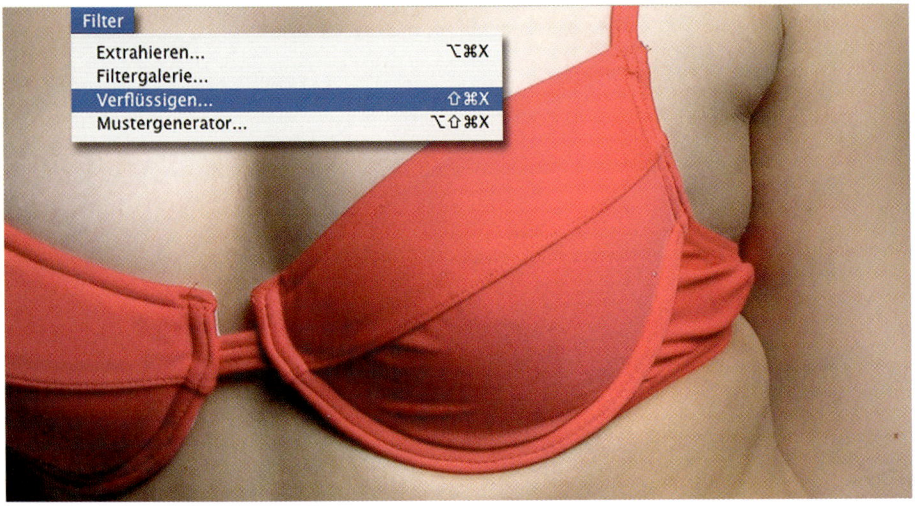

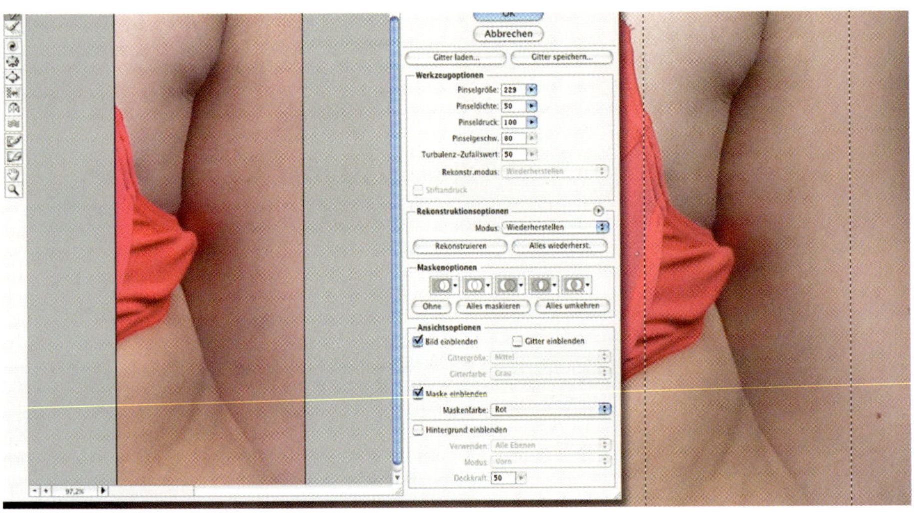

Bodystyling

9 Überschüssige Pfunde

Außer bei extrem schlanken Modellen bringt es fotogene Kleidung, die hauteng anliegt, mit sich, dass Körperteile eingezwängt werden und überschüssige Pfunde an den Rändern zur Geltung kommen. In solchen Fällen hilft der Dialog „Verflüssigen" weiter. Sie finden ihn ab Photoshop CS im „Filter"-Menü, in Photoshop 7 liegt er noch unter „Bearbeiten".

Tipp:

Mit dem „Verflüssigen" Werkzeug lässt sich die Wirklichkeit erheblich manipulieren. Der Gestaltungsspielraum beim Anpassen natürlichen Körperformen von Modellen an den eigenen Vorstellungen ist fast unbegrenzt. Wer ein wenig Zeit mitbringt, sollte unbedingt mit den zur Verfügung stehenden Werkzeugen experimentieren.

10 „Verflüssigen" anwenden ▲

Von den vielen hier zur Verfügung stehenden Tools, eigenen sich für „Verschlankungsarbeiten" nur zwei: Das „Vorwärts-Krümmen-Werkzeug" und das „Zusammenziehen-Werkzeug". Das erste schiebt die Pixel wie eine weiche Masse vor sich her, das zweite verkleinert Bildbereiche, indem es sie schrumpft. Um möglichst überzeugende Ergebnisse zu erzielen, sollten Sie die beiden Tools mit einer möglichst großen Werkzeugspitze anwenden, weil dadurch ein großer Bereich der Umgebung mit in die Verformung einbezogen wird und sie so natürlicher erscheinen lässt.

11 Schattenpartien aufhellen

Verflüssigen bringt zwar die Körperform in Schwung, kann aber nicht den Schattenwurf der Fettpölsterchen ausgleichen. Diese Aufgabe ist sehr schwierig, weil man dabei nur mittlere und dunkle Partien eines Bildbereichs auswählen und aufhellen muss. Bis Photshop CS gab es dafür kein spezielles Werkzeug. Derartige Stellen wurden durch manuelles Abwedeln oder sehr aufwändige Maskierungen ausgeglichen. Die aktuelle Photoshop-Version erlaubt es nun, mit dem Dialog „Lichter/Tiefen" ganz gezielt Schattenpartien aufzuhellen. Damit der Rest des Bildes davon nicht betroffen wird, arbeiten Sie mit einer Kopie des Bereichs, deren Kanten Sie anschließend mit einer Ebenenmaske weich ausgleichen.

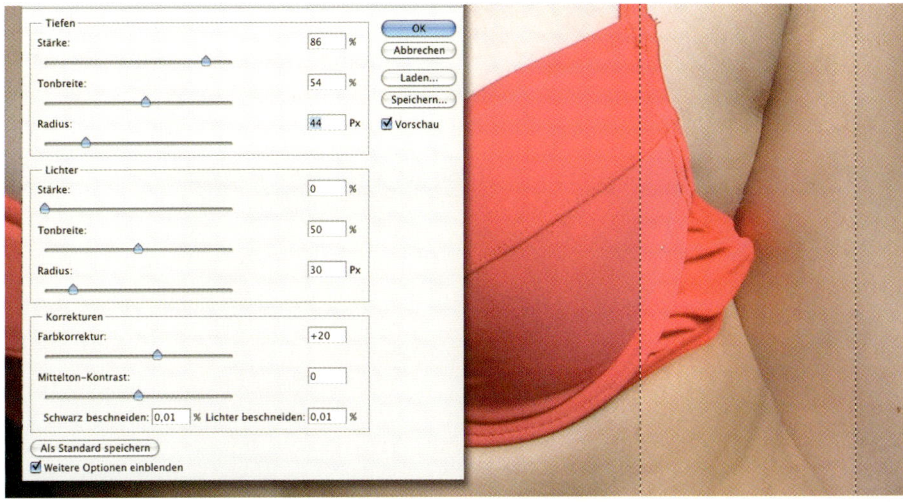

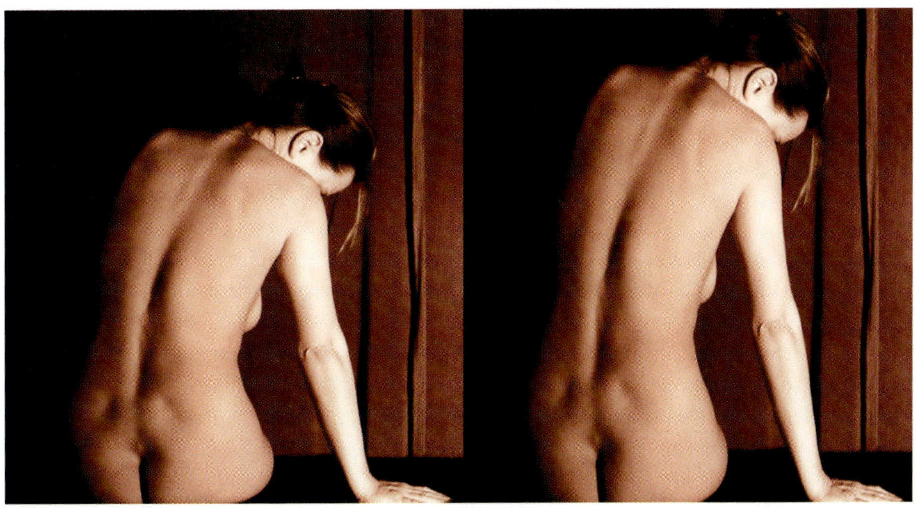

12 Dehnungsdiät ▲

Sollen einzelne Gliedmaßen oder die ganze Körperform etwas schlanker erscheinen, als sie es in natura sind, hilft ein etwas unorthodoxer Trick: Vergrößern Sie die Bildhöhe im Dialog „Bildgröße" des „Bild"-Menüs um 10 bis 20 Prozent. Wichtig ist es dabei, den Schalter „Proportionen erhalten" zu deaktivieren, sonst skaliert die Funktion das Bild gleichmäßig.

Tipp:
Solche Eingriffe erfordern viel Augenmaß. Es gilt hierbei den Punkt zu finden, ab dem die Skalierung unwirklich erscheint und mit den Einstellungen etwas darunter zu bleiben. Wenn Sie die betroffenen Bildbereiche zuvor freistellen, können Sie sie auch einzeln mit den Transformationsbefehlen anpassen.

Perfekte Models

Foto: Karl-Heinz Tobias

Perfekte Haut ist ein Geschenk – wahlweise der Natur oder der digitalen Bildbearbeitung. | **Christoph Künne**

Ist Ihnen das auch schon aufgefallen? Die Menschen werden immer perfekter – zumindest, was ihr Äußeres angeht, wenn sie in den Medien dargestellt sind. Besonders in der Werbung, auf Zeitschriftencovern oder in Videoclips scheinen die kleinen Lässlichkeiten der Natur, des Alterns und die eines bewegten Lebens nahezu verbannt zu sein. Wir sehen dort fast nur noch Menschen mit einer Haut, die an Neugeborene erinnert. Ohne Pickel, ohne Falten, ohne Flecken, ohne Pigmentstörungen.

Nun, ein Vergleich mit dem realen Lebensraum lässt es schnell erahnen: Das ist nicht natürlich, sondern in den meisten Fällen ein Produkt digitaler Bildbearbeitungsmaßnahmen. Sicherlich lässt sich auch mit Make-up, speziellen Weichzeichnerobjektiven und geschickter Lichtsetzung viel kaschieren. Doch bei den Fotos, die man uns allenthalben als Abbild der Realität verkauft, wird geweicht, geglättet, entrunzelt und ausgefleckt – soweit es der digitale Werkzeugkasten zulässt.

Manchmal auch, selbst für den unsensibilisierten Laien erkennbar, bis an die optische Schmerzgrenze und darüber hinaus. Dann kommen meist nicht mehr ganz so junge Damen mit einer Haut daher, die einem gerade der Pubertät entronnenen siebzehnjährigen Teenie alle Ehre machen würde.

Wer ein EBV-Programm wie Photoshop sein Eigen nennt, muss solche Effekte nicht nur in Zeitschriften betrachten. Allerdings sind derartige Veredelungen nicht einfach auf Knopfdruck zu haben. Man sollte sich schon ein wenig in den Tiefen der Ebenentechnik und der Verrechnungsmodi zu Hause fühlen. Dafür kann man anschließend so ziemlich alles ausgleichen, was bei der Wahl des Modells, beim Schminken oder bei der Ausleuchtung schiefgegangen ist. Doch Achtung: Allzu leicht ändert man zuviel des Guten.

Subtile Manipulationen sind das A und O, wenn die Verschönerung am Ende glaubwürdig aussehen soll. Bis die einem reibungslos von der Hand gehen, vergeht viel Zeit. Zum einen sind es etliche Stunden der handwerklichen Übung, zum anderen vergeht noch mehr Zeit bei der Beobachtung der Realität und der Analyse anderer Arbeiten, bis man herausgefunden hat, wo die Grenze zwischen noch natürlich und schon künstlich verläuft.

1 Vorbereitung

Wie bei jeder Korrektur von Bilddetails zoomen Sie sich zunächst weit in das Bild ein. 100 Prozent Darstellungsgröße, das Tastenkürzel dafür ist „Strg-/Befehlstaste+Alt+0“ ist das Minimum. Je genauer Sie das Bild sehen, desto präziser können Sie arbeiten. Um dabei gleichzeitig die Gesamtansicht unter Kontrolle zu behalten, öffnen Sie über das Menü „Fenster“ im Untereintrag „Anordnen“ ein „Neues Fenster für...“ Ihr Bild.

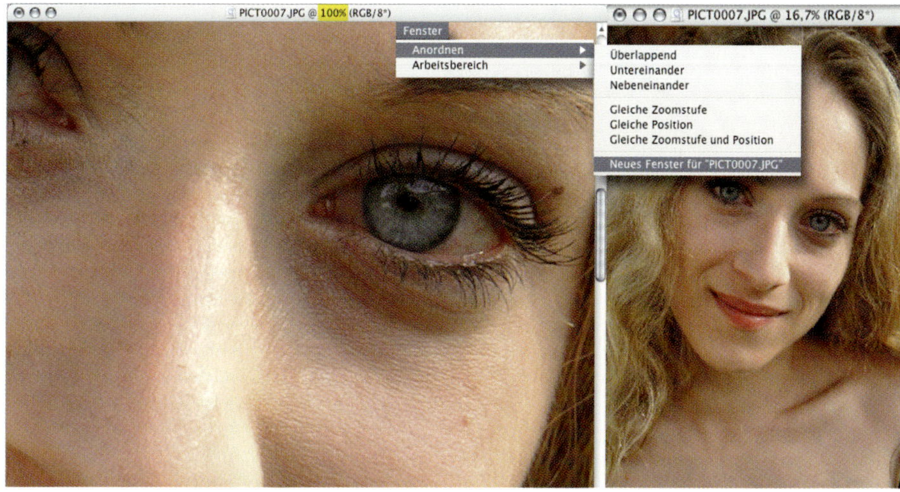

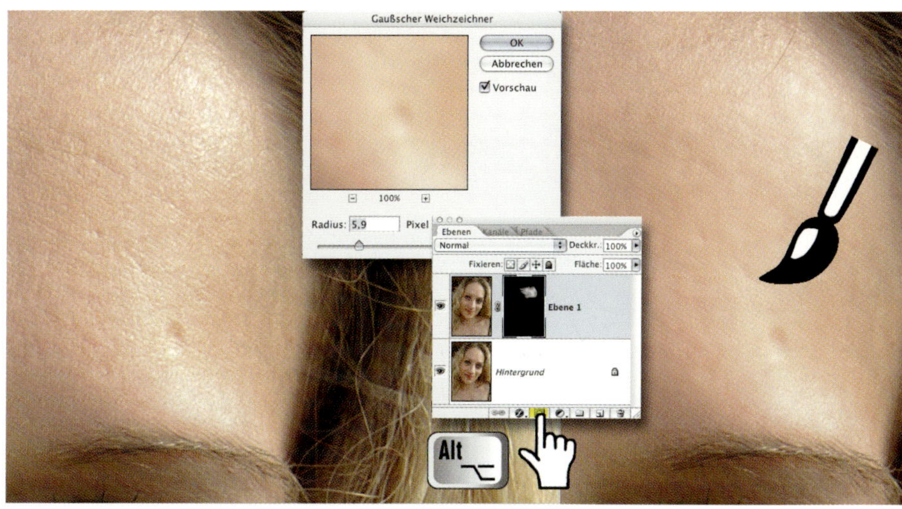

2 Große Poren ▲

Auf Fotos versucht man, deutlich sichtbare Hautporen abzuschwächen. Entweder durch Make-up bei der Aufnahme oder in der Postproduktion mit Photoshop. Duplizieren Sie dazu die Hintergrundebene und bearbeiten die Kopie mit dem Gaußschen Weichzeichner, bis man die Poren nur noch ahnt. Danach erzeugen Sie mit gedrückter Alt-Taste eine Ebenenmaske und tragen die weichgezeichneten Bereiche mit dem Pinsel und weißer Malfarbe bei geringer Deckkraft vorsichtig auf.

Tipp:

Wählen Sie beim Auftrag der weißen Farbe auf die Ebenenmaske in den Ebenenoptionen des Pinselwerkzeugs möglichst eine geringe „Deckkraft“ in Kombination mit einem geringen „Fluss“.

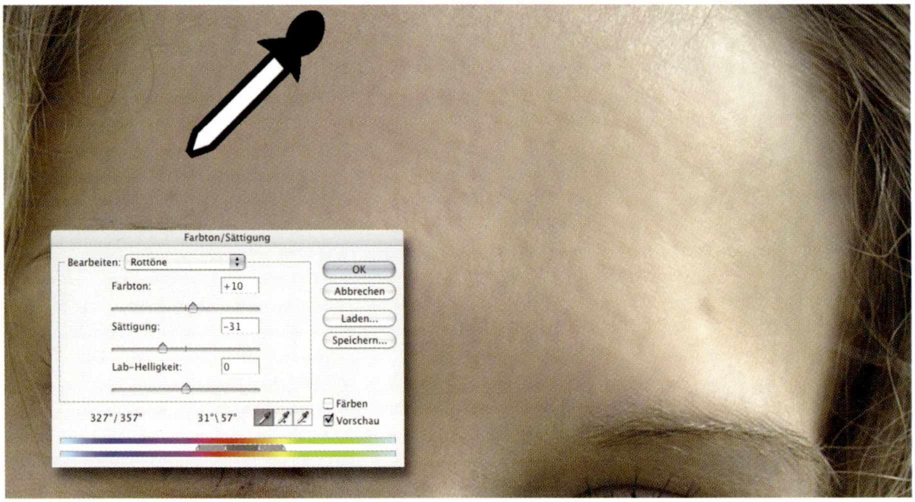

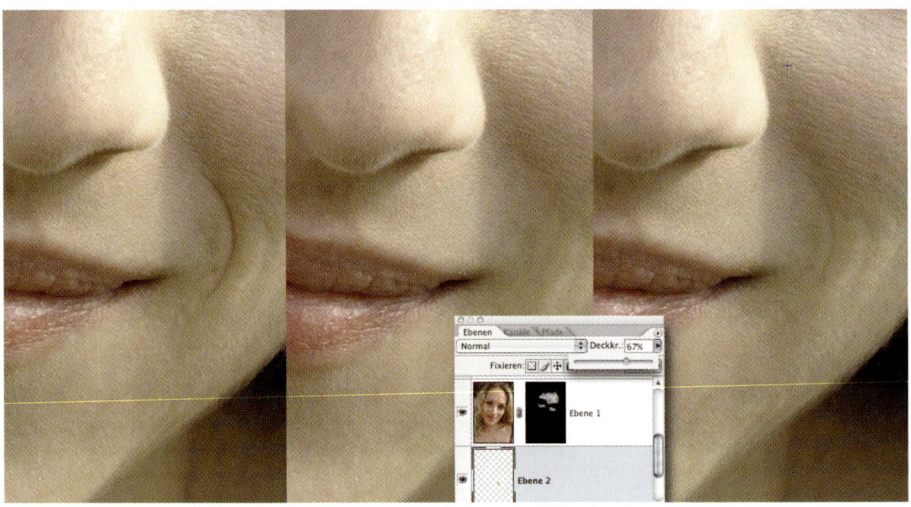

3 Rötungen

Wie wir im Beispiel sehen, sind die Poren mit einer leichten Hautrötung kombiniert, die wir uns als nächstes vornehmen. Legen Sie dazu eine Einstellungsebene von Typ „Farbton/Sättigung“ an. Dort wählen Sie „Bearbeiten: Rottöne“ und klicken mit der Pipette auf einen Punkt des Bildes, in dem ein solche Rötung deutlich zu erkennen ist. Um die Rötungen zu vermindern, senken Sie nun einfach die Sättigung. Photoshop legt auf der Basis Ihrer Auswahl einen Farbbereich fest, den Sie später noch mit den Anfassern zwischen den Farbbalken erweitern oder verkleinern können. Manchmal, wie in diesem Fall, hilft es auch den Farbton-Regler etwas zu verschieben, um die Rötungen optimal in Normalhaut umzuwandeln.

4 Falten und Fältchen ▲

Bei der Korrektur von Falten und Fältchen mit dem Reparatur-Pinsel-Werkzeug muss man sehr behutsam zu Werke gehen, sonst wirken die Modelle unnatürlich. Das gilt ganz besonders bei Menschen über 40 Jahren. Wechseln Sie zunächst auf die Hintergrundebene und legen darüber eine neue, leere Ebene an. Aktivieren Sie in den Optionen des Reparatur-Pinsels „Alle Ebenen aufnehmen“. Anschließend suchen Sie sich in der Nähe der zu korrigierenden Falte einen Referenzpunkt und übermalen dann die Hautfalte. Da die Korrektur auf einer eigenen Ebene liegt, können Sie deren Deckkraft verringern und so die Ursprungsfalte wieder leicht andeuten.

5 Entflecken

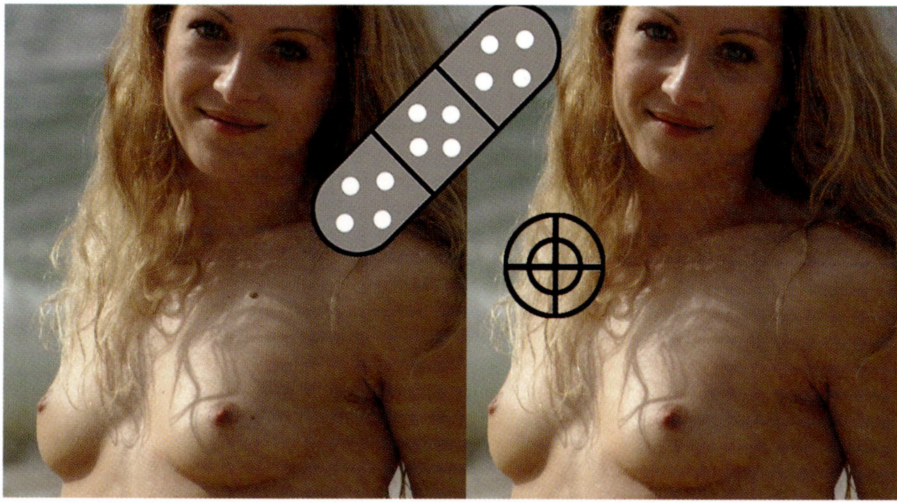

Im normalen Umgang mit anderen nimmt man Pickel, Leberflecke oder kleine Muttermale oft nicht wahr. Auf Fotos dagegen können sie störend wirken. Photoshop bietet, je nach eingesetzter Version, mehrere Werkzeuge, mit denen man solche Hautdefekte entfernt: Das Stempel-Werkzeug, den Reparatur-Pinsel oder – in Elements 3 und Photoshop CS2 – das „Bereichsreparatur-Pinsel-Werkzeug". Damit müssen Sie mit einer in der Größe angepassten Pinselspitze nur noch einmal auf den Makel klicken und schon ist er verschwunden.

Tipp:
Bei größeren, auffälligen und somit für die Erkennbarkeit der abgebildeten Person wichtigen Hautmerkmalen, sollten Sie diese in ihrer Wirkung nur reduzieren, zum Beispiel durch Aufhellen, Weichzeichnen oder Verkleinern.

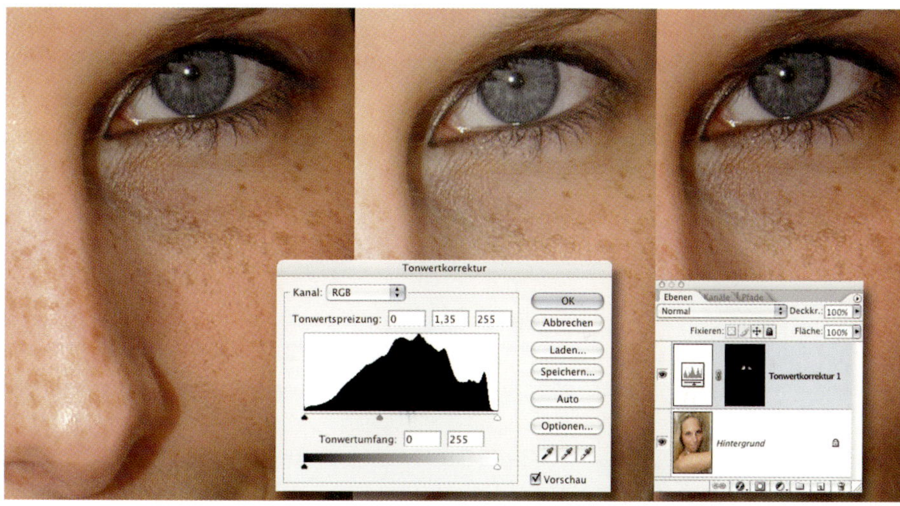

6 Augenringe ▲

Wenn sich Foto-Aufnahmen bis in die Nacht hineinziehen, bilden sich dann auch bei jungen Menschen Augenringe. Um diese zu entfernen oder zumindest abzumildern, empfiehlt sich die Arbeit mit einer Korrekturebene vom Typ „Tonwert". Damit hellen Sie das gesamte Bild zunächst soweit auf, bis die Augenringe nicht mehr sichtbar sind. Danach invertieren Sie die Ebenenmaske (Strg-/Befehlstaste+I) und tragen den Effekt wie in Schritt 2 erklärt mit weißer Farbe auf.

Tipp:
Sind die Augenringe mit Tränensäcken kombiniert, gleichen Sie zunächst die Färbung wie beschrieben an und gleichen die Tränensäcke anschließend wie in Schritt 4 beschrieben mit dem Reparatur-Pinsel aus.

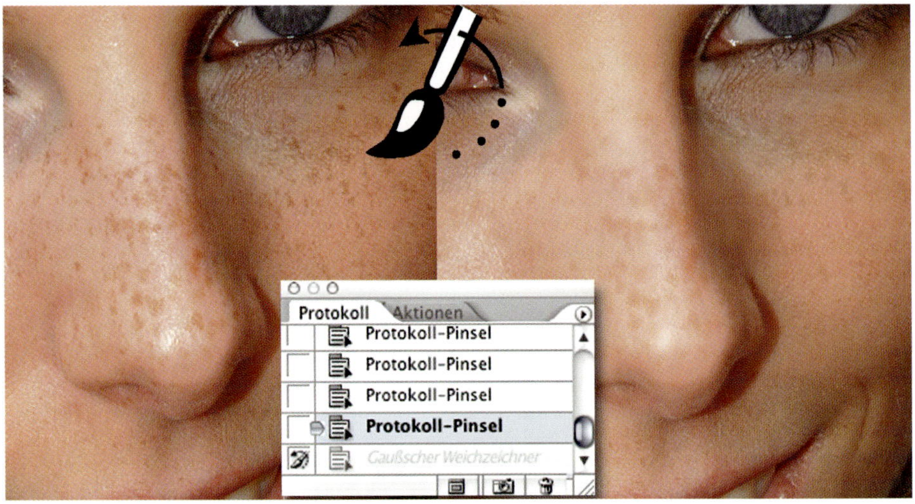

7 Sommersprossen

Um Sommersprossen zu entfernen, bearbeiten Sie eine Ebenenkopie mit dem „Gaußschen Weichzeichner“ mit mittlerem Radius. Nach der Anwendung gehen Sie in der Protokollpalette einen Schritt zurück und aktiveren danach den „Gaußschen Weichzeichner“-Eintrag als Grundlage für den „Protokoll-Pinsel“. Mit diesem tragen Sie danach bei rund 75 Prozent Deckkraft die Weichzeichnung auf die Hautpartien auf. In manchen Fällen erweist es sich als sinnvoll den „Protokoll-Pinsel“ nicht im Auftragsmodus „Normal“ bei verringerter Deckkraft, sondern im Modus „Aufhellen“ einzusetzen. Dann sind nur die Stellen betroffen, die dunkler als in der weich gezeichneten Version sind.

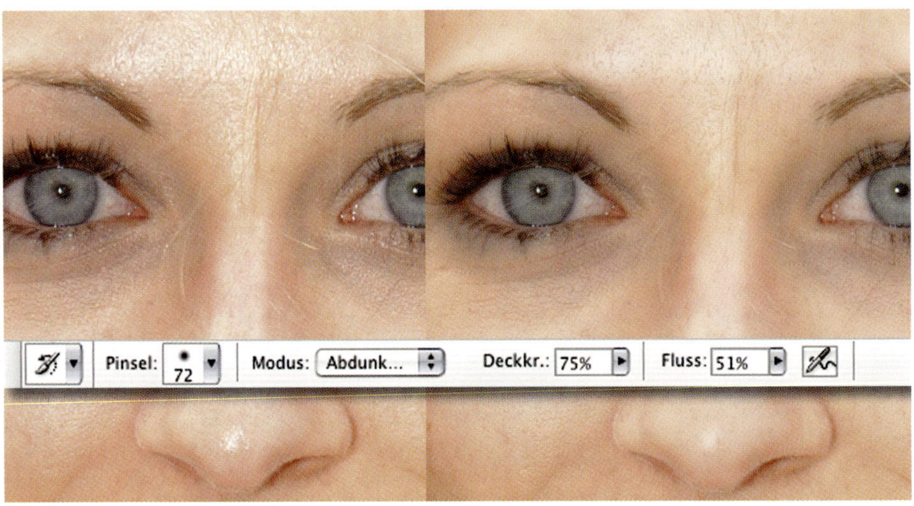

8 Hautüberstrahlungen ▲

Wer mit einem Blitz arbeitet, sollte seine Models vor den Aufnahmen abpudern. Damit vermeidet man unschöne Reflexionen an schweißigen oder fettigen Hautpartien. In einfachen Fall, wie hier, wird die Hautstruktur durch den starken Lichteinfall an den betroffenen Stellen überbetont. Noch ärgerlicher ist es dagegen, wenn der Blitz die Stellen überstrahlt und es zu Tonwertabrissen kommt. Hier hilft nur noch der digitale Eingriff: Verfahren Sie wie im letzten Schritt, nur mit dem Unterschied, dass Sie hierbei den Auftragsmodus des Protokoll-Pinsels auf „Abdunkeln“ setzen.

9 Hauttöne anpassen: Farbbalance

Selten gelingt die Ablichtung eines Hauttons auf Anhieb. Hatte früher jeder Film seine Eigenheiten, die ausgeglichen werden wollten, sind es heute die vielen Automatikfunktionen und Korrekturberechnungen der Digitalkamera. Mit dem Dialog „Farbbalance" besitzen Sie ein Werkzeug, mit dem Sie – unabhängig voneinander – die Lichter, Mitten und Tiefen des Bildes farblich nachjustieren können. Das funktioniert nach einer kurzen Einarbeitungsphase recht gut, da Sie hier die Farben auf sprachlich orientierten Skalen zwischen Cyan und Rot, Magenta und Grün sowie Gelb und Blau verschieben.

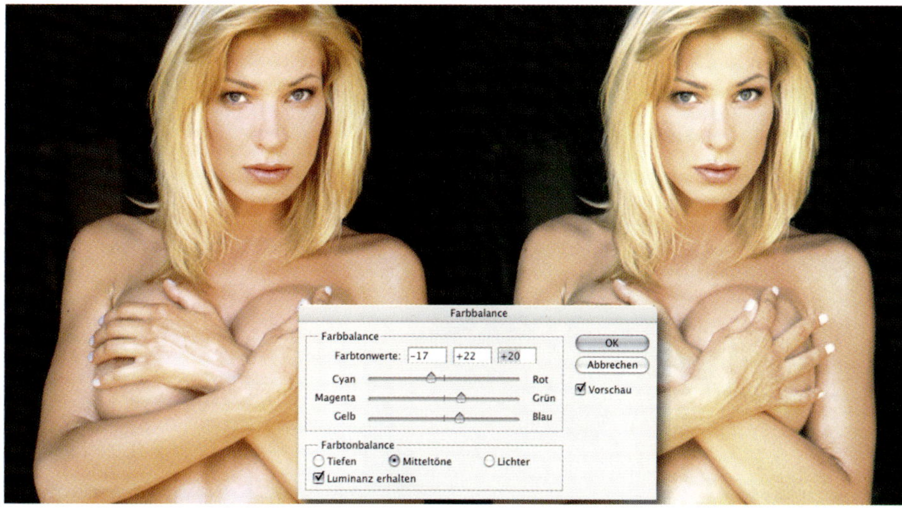

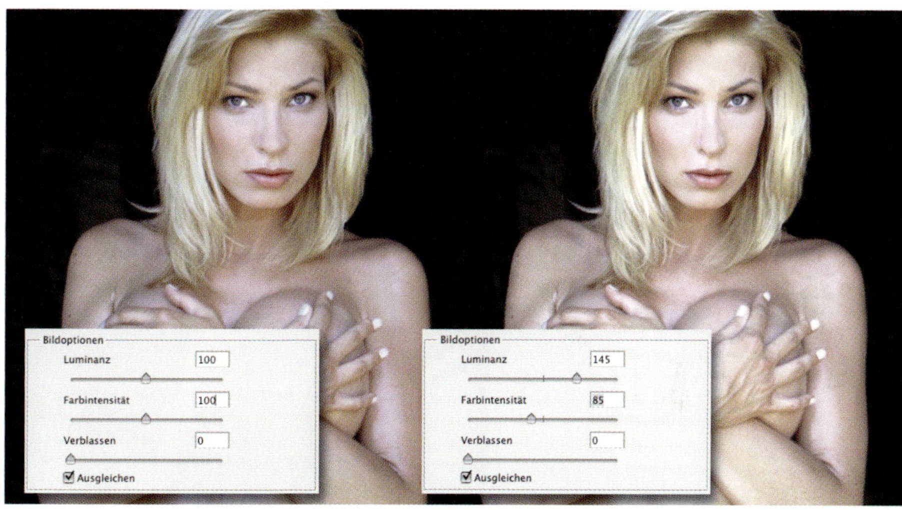

10 Hauttöne anpassen: Gleiche Farbe ▲

Wem das noch zu schwierig erscheint, der sollte seine Hautfarbkorrektur-Experimente mit dem Dialog „Gleiche Farbe" beginnen. Ein Klick auf „Ausgleichen" führt in diesem Dialog, der erst ab Photoshop CS an Bord ist, zu einer Bildneutralisierung. Korrekturen an der Luminanz, also der Bildhelligkeit, und der Farbintensität geben Ihnen sehr mächtige und dabei doch leicht zu bedienende Werkzeuge an die Hand, mit denen Sie jeden Hautton in den Griff bekommen.

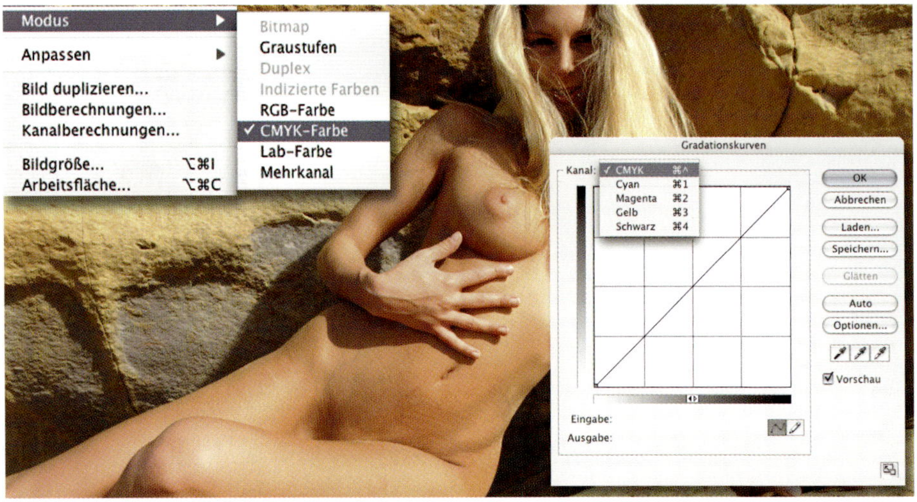

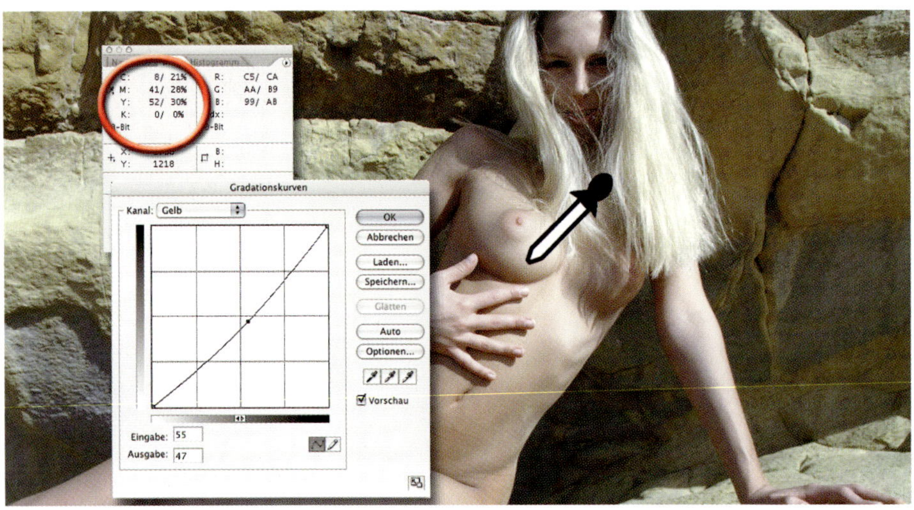

11 Exakte Hauttöne in CMYK

Profis ziehen es oftmals vor, Hauttöne in CMYK abzustimmen. Das hat einerseits mit der bei dieser Gruppe häufigen Abstimmung der Bilder für den Offsetdruck zu tun, andererseits eignen sich die Druckfarben aber auch besser für die Feinabstimmung von Hauttönen, weil die Farben tendenziell weniger leuchten als in RGB. Wechseln Sie also den Farbmodus von RGB nach CMYK und rufen Sie dann die Gradationskurve auf.

Tipp:
Wegen des Farbraumwechsels sollten Sie die mit der Konvertierung verbundene Hautabstimmung erst am Ende Ihrer Nachbearbeitung vornehmen.

12 Kontrolliert abstimmen ▲

Hauttöne sollen mindestens ebenso viel Gelb- wie Magenta-Anteile aufweisen. Um das Verhältnis zu bestimmen rufen Sie die Info-Palette auf und bewegen den Mauszeiger über die Hautfläche. Wenn Sie den Eindruck gewinnen, Sie müssten den einen oder den anderen Farbanteil verstärken, ändern Sie die Gradationskurve des entsprechenden Kanals. Die Info-Palette zeigt Ihnen die Anteile der jeweiligen Farben sehr genau an. Der erste Wert gibt Auskunft über den Urzustand, der zweite zeigt die Werte nach Ihren Änderungen.

Tipp:
Eine exakte Abstimmung dauert lange. Sie können die Zeit spürbar verkürzen, indem Sie vor der Umwandlung nach CMYK die „Ausgleichen"-Funktion von „Gleiche Farbe" benutzen.

Hautstruktur

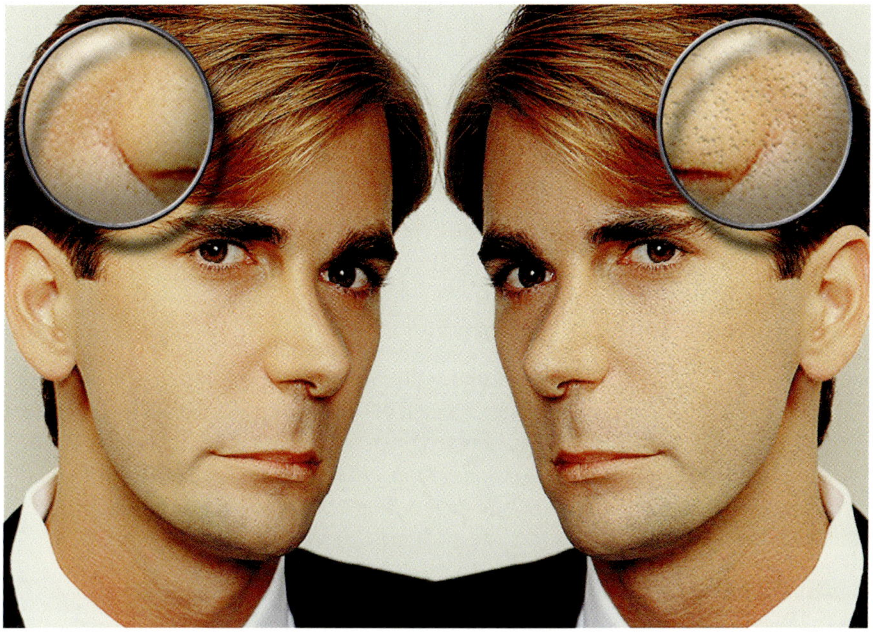

Viele Fotografen wünschen sich Tipps, um Haut zu glätten. In unserem Workshop suchen wir die umgekehrte Lösung: Wie lässt sich die Hautstruktur nach Verzerrungen überzeugend rekonstruieren?

Doc Baumann

Ein Gesicht ist etwas sehr Individuelles. Verzerrende Eingriffe daran müssen sich also, sofern man sie überhaupt vornimmt, in engen Grenzen halten. Anders ist das nur, wenn man ganz gezielt eine Karikatur darstellen möchte. Aber es kann schon vorkommen, dass eine Nase zu lang oder zu platt wirkt, Mundwinkel ein wenig freundlicher nach oben gebogen werden sollen oder eine Ohrmuschel dezent zu verkleinern ist. Photoshops „Verflüssigen" ist eines der für solche Eingriffe am besten geeigneten Werkzeuge; im Unterschied zu anderen Verzerrungsfiltern arbeitet es nicht auf der Basis von Auswahlen, sondern die Effekte werden manuell gesteuert aufgetragen.

Obwohl in Hinblick auf Hautstrukturen meist die Frage auftaucht, wie sich diese glätten lassen, soll es hier im Gegenteil einmal darum gehen, wie man einem Bild eine künstliche Hautstruktur hinzufügt. Dafür gibt es einen guten Grund: Das Verzerren von Hautpartien, egal auf welche Weise, führt immer zu einer Dehnung oder Stauchung ihrer Struktur. Vor allem nach extremen Eingriffen sieht die Haut wegen der in die Länge gezogenen Poren nicht mehr natürlich aus. Von benachbarten Bereichen lässt sich die benötigte Struktur nicht ohne weiteres übernehmen. Gelegentlich hilft der Reparaturpinsel im Modus „Luminanz"; auch der Filter „Störungen hinzufügen>monochrom" kann solche Stellen verbessern.

Für perfekte Resultate ist es zu empfehlen, sich eine eigene Hautstruktur anzulegen und sie den in Frage kommenden Körperstellen nachträglich zuzuweisen. Wie das geht, zeigt Ihnen dieser Workshop, mit unterschiedlichen Lösungen für ältere und neue Photoshop-Versionen. Über „Ebeneneffekte>Abgeflachte Kante und Relief>Struktur" wirkt die zuvor als Muster festgelegte Oberfläche am überzeugendsten, weil Sie hier Größe, Tiefe und vor allem den Lichteinfall dem Bild am exaktesten angleichen können. Noch besser wird es, wenn Sie abschließend die Struktur per „Verflüssigen" der Körperoberfläche anpassen.

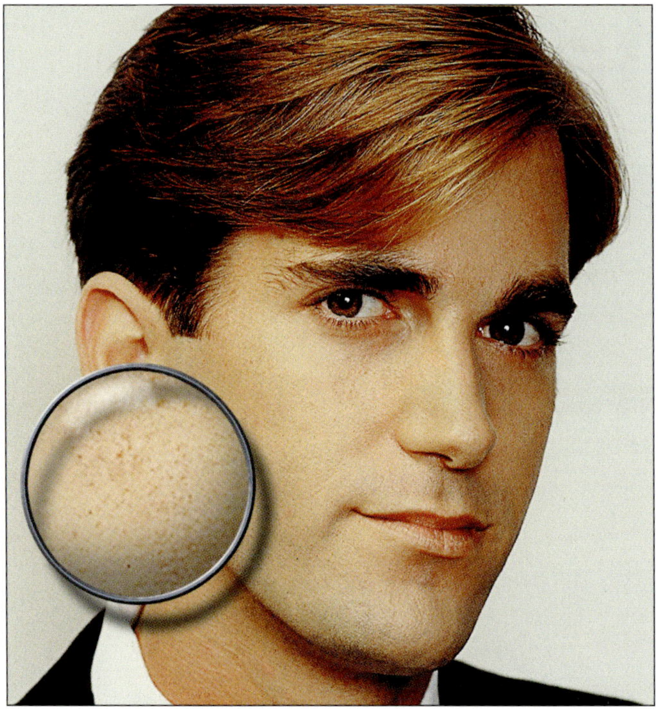

1 Porträt

Photoshops diverse Verzerrungswerkzeuge, insbesondere das manuell gut steuerbare „Verflüssigen“, erlauben fast unbeschränkte Retuschen. Eine zu lange Nase, ein fliehendes Kinn, ein verzogener Mund? All das können Sie auf diesem Weg korrigieren. Das Foto stammt aus der Corel Library.

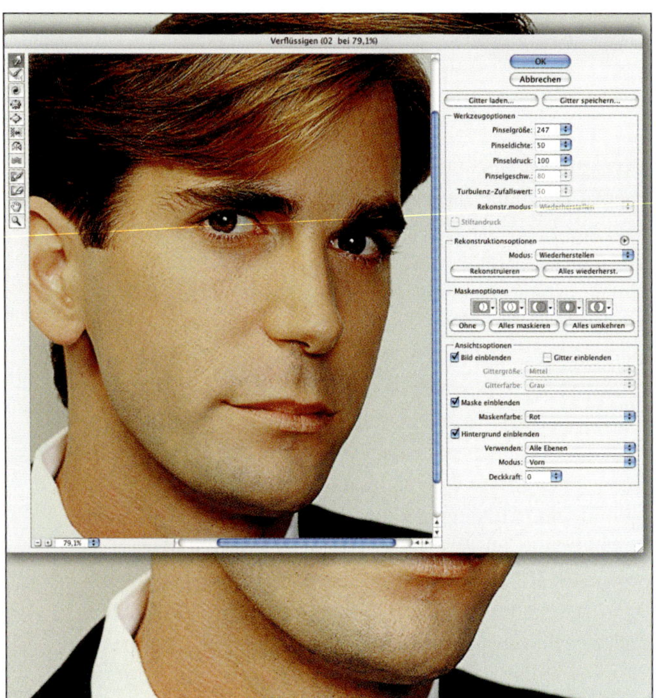

2 Verflüssigen

In diesem Fall habe ich den Bereich zwischen Nase und Oberlippe mit dem „Vorwärts-Krümmen-Werkzeug“ aus „Verflüssigen“ etwas verlängert. Davon ist auch die in Abbildung 1 unter der Lupe erkennbare Hautstruktur betroffen, die durch den Eingriff in gleicher Weise verzerrt wird.

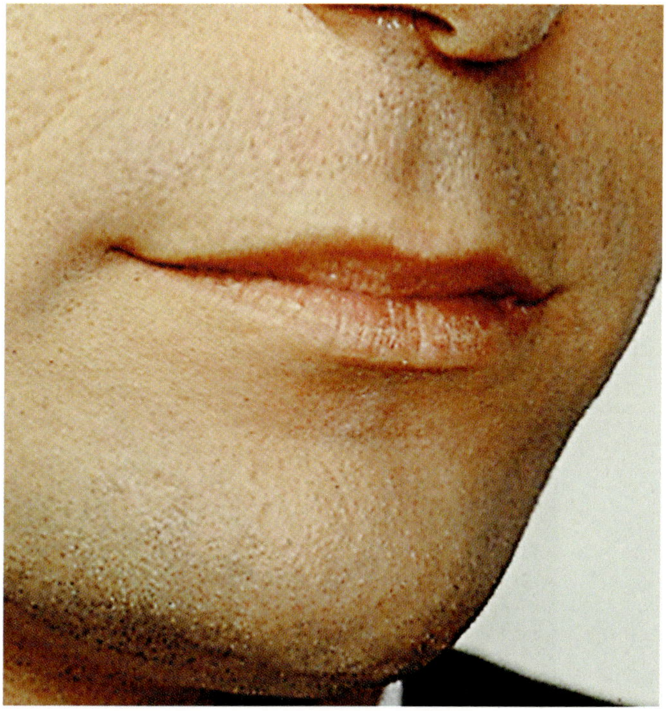

3 Vergrößerung

Eine starke Vergrößerung des bearbeiteten Ausschnitts zeigt, dass die Hautstruktur bei genauer Betrachtung nicht mehr realistisch wirkt: Die Poren sind in dem Bereich oberhalb der Lippen leicht in die Länge gezogen und weichgezeichnet, umgekehrt unterhalb des Mundes gestaucht und verdichtet.

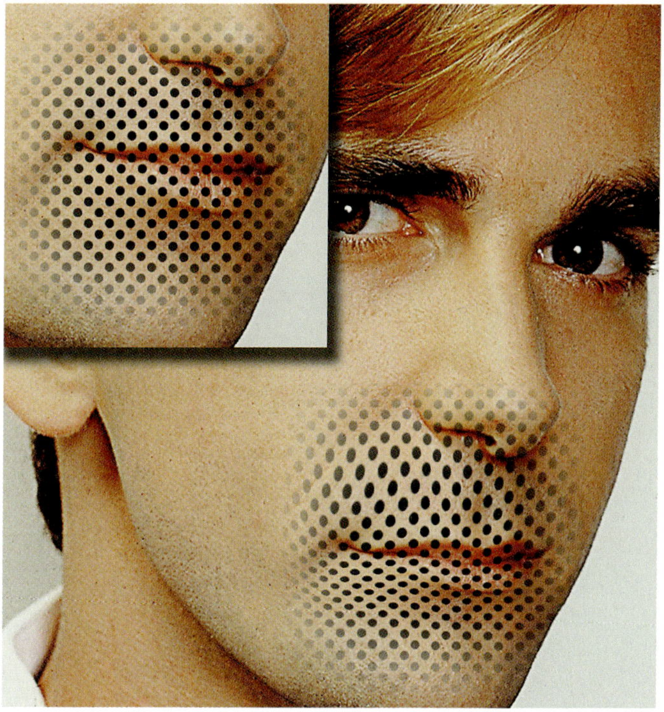

4 Musterbeispiel

Noch deutlicher erkennbar wird dieser Effekt, wenn der Mundbereich des Porträts vor dem Verzerren durch „Verflüssigen“ mit einem schwarzen Punktraster überzogen wird (oben links). Durch den Eingriff wurden die oberen Punkte wie die Haut gedehnt, die unteren dagegen gestaucht.

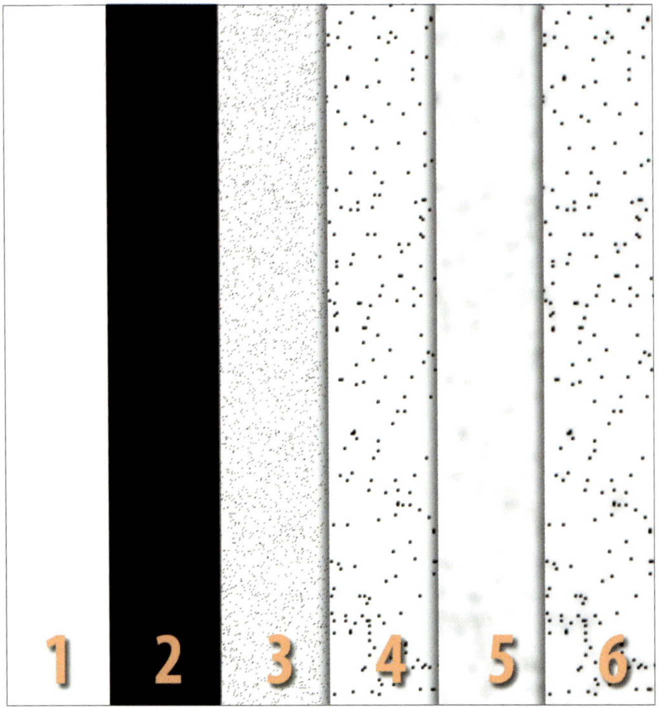

5 Strukturaufbau

So bauen Sie sich eine Hautstruktur: 1. Weiße Ebene, 2. duplizieren, schwarz füllen, Modus auf „Sprenkeln" bei 1 Prozent Deckkraft, 3. Ebenen vereinigen, 4. Ausschnitt daraus stark vergrößern, 5. Ebene duplizieren, mit dem Gaußschen Weichzeichner (Radius 3) bearbeiten, 6. Ebenen vereinigen.

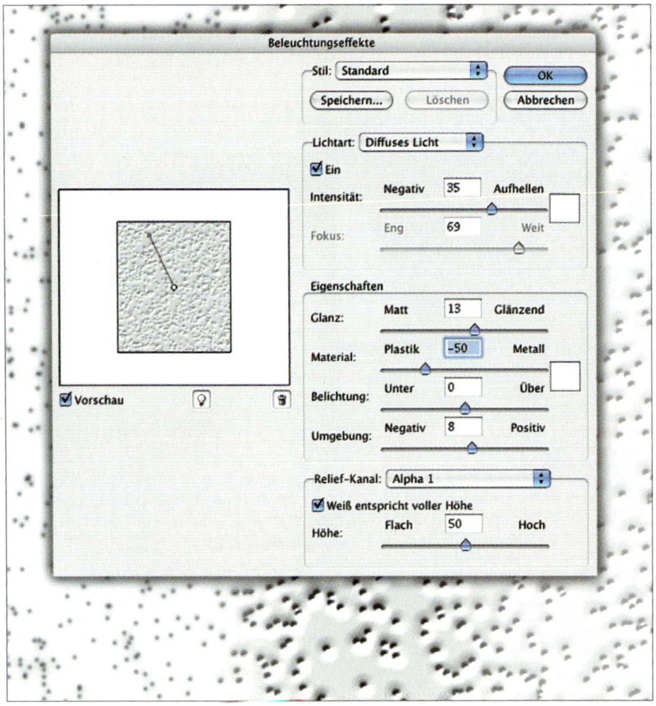

6 Beleuchtungseffekte

Das so vorbereitete Bild (links) übertragen Sie in den neuen Alphakanal einer Datei. Füllen Sie die Hintergrundebene grau und rufen Sie den Renderingfilter „Beleuchtungseffekte" auf. Wählen Sie den Alphakanal als Reliefkanal (unten) und als Lichtart „Diffuses Licht". Das Ergebnis (Mitte) schwächen Sie ab.

7 Hautdarstellung

Kunsthaut erzeugen Sie, indem Sie eine Fläche hautfarben füllen, besser noch mit dem Wolken-Filter mit zwei Tönen. Fügen Sie die Hautstruktur in der beschriebenen Weise hinzu. Alternativen sind „Störungen hinzufügen“ (unten links) oder das Plug-in „RGB-Noise“ aus Eye Candy (Mitte).

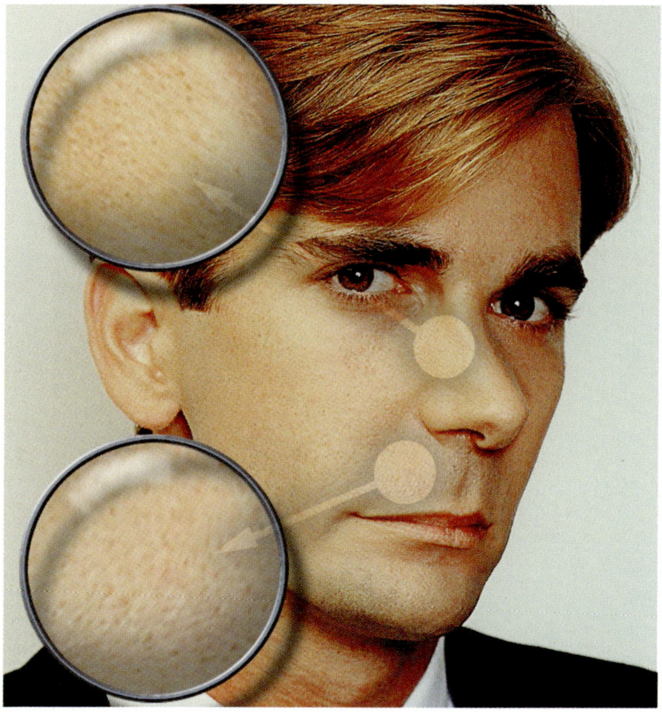

8 Verzerrung vergrößert

Nötig ist eine Rekonstruktion der Hautstruktur vor allem nach ausgeprägten Verzerrungen. Hier habe ich den Oberlippenbereich noch stärker in die Länge gezogen, außerdem die Nase verlängert. Die Vergrößerung zeigt die sich daraus ergebende, unnatürliche Dehnung der Haut.

9 Überlagerungsebene

Eine Möglichkeit besteht darin, die in Schritt 6 erzeugte Ebene im Modus „Weiches Licht“ über das Porträt zu legen und per Einstellungsebene „Tonwertkorrektur“ in der Helligkeit anzupassen. Weisen Sie der Ebene eine schwarze Ebenenmaske zu, die Sie an den nötigen Stellen mit weißem Pinsel freilegen.

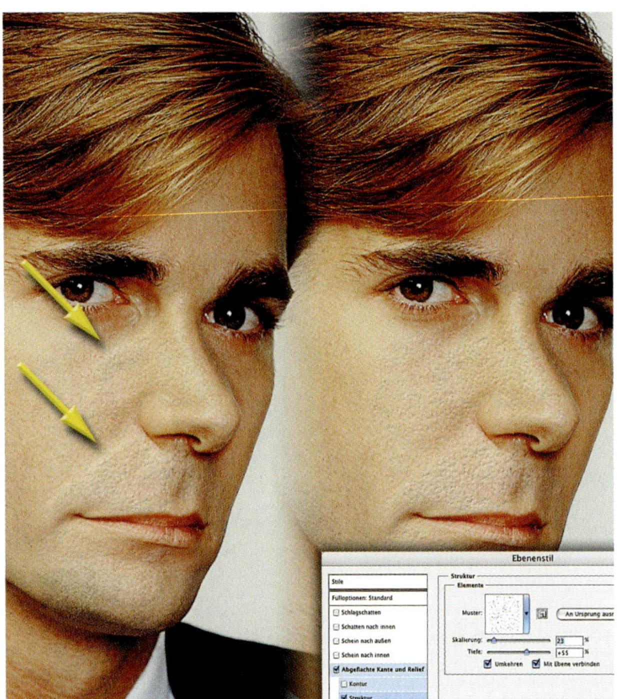

10 Ebeneneffekt

Sichern Sie die Struktur als Muster. Besitzer neuerer Photoshop-Versionen weisen einer Duplikat-Ebene den Ebeneneffekt „Abgeflachte Kante und Relief: Struktur“ zu; so können Sie Größe, Tiefe und Lichtrichtung festlegen. Vereinigen Sie Ebene und Effekt und gehen Sie weiter vor wie in Schritt 9.

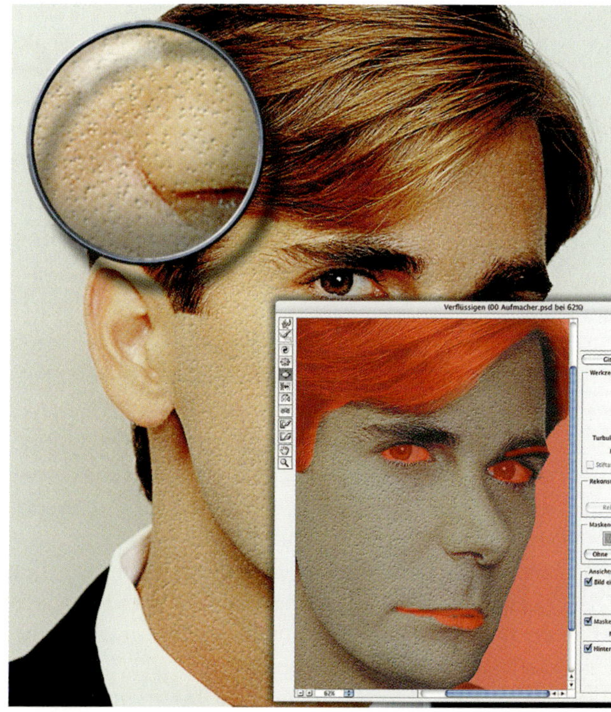

11 Oberfläche anpassen

Richtig perfekt wird das Ergebnis, wenn Sie die überlagernde Hautstruktur-Ebene zuvor per „Verflüssigen“, vor allem mit den Werkzeugen „Aufblasen“ und „Zusammenziehen“, den Wölbungen und Vertiefungen des Gesichts anpassen, damit die Struktur nicht einfach platt darüber liegt. Das geht einfacher, wenn Sie unbeeinflusste Bereiche wie Hintergrund, Kleidung, Haare, Augen oder Lippen zuvor maskieren (rote Überdeckung). Die Struktur wurde hier auf das komplette Gesicht übertragen.

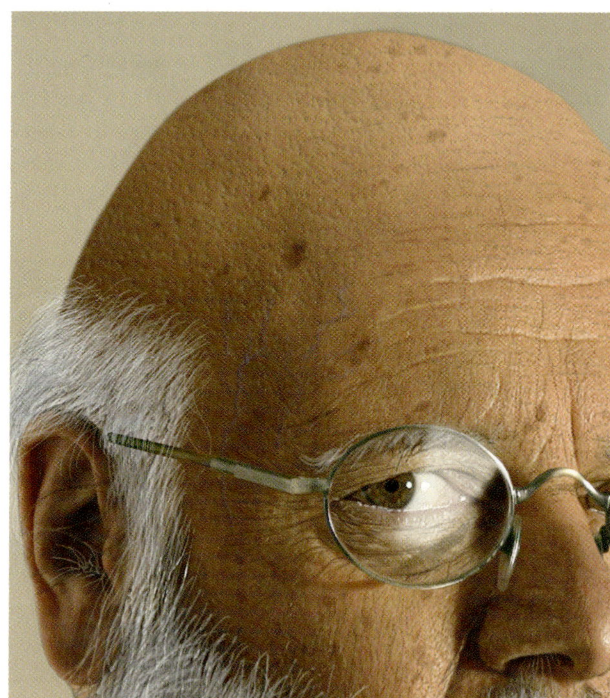

12 Künstliche Hautbereiche

Der Effekt hängt davon ab, wie stark Sie die Deckkraft der Überlagerungsebene (Abbildung 9) einstellen. Das Verfahren ist insbesondere dann hilfreich, wenn Sie künstlich erzeugte Haut realistisch aussehen lassen wollen. Hier wurde für eine digitale Alterung um rund 40 Jahre die Frisur entfernt, eine Glatze erzeugt und diese auf die beschriebene Weise strukturiert.

Porträts retuschieren

Porträts zu retuschieren ist seit jeher eine der Hauptaufgaben der Bildbearbeitung, der analogen ebenso wie der digitalen. Allerdings muss man bei dieser Disziplin sehr vorsichtig zu Werke gehen, damit die Ergebnisse echt aussehen. Wie das geht, erklärt dieser Beitrag.| **Christoph Künne**

Angesichts der vielen, erkennbar digital aufgebrezelten Models in der Werbung und in den Medien könnte man glauben, solche Nachbearbeitungen seien eine Begleiterscheinung des Digitalzeitalters. Schließlich war vor zehn, fünfzehn Jahren weder auf den Programmzeitschiften noch in den Herrenmagazinen so viel ausgeflecktes und weichgezeichnetes Fleisch zu sehen. All die bis ins letzte Detail Supergeschönten kamen erst mit dem Fortschreiten der lithografischen Revolution, die in Form von Photoshop die Desktop-Computer eroberte.

Die Frage liegt nahe, ob auch die Privatmenschen auf Fotos früher dem Alter und ihren Hautunreinheiten hilflos ausgeliefert waren?

Beim Blick in die privaten Fotoalben der letzten dreißig Jahre kommt ebenfalls der Eindruck auf, erst mit Photoshop und Co. wäre die Retusche von Porträts allgegenwärtig geworden. In den siebziger und achtziger Jahren mussten Schminke, Vorsatzfilter und eine geschickte Ausleuchtung all das abmildern, was der Auftraggeber nicht von sich zu sehen wünschte.

Retuschiert wurde in dieser Zeit wegen der damit verbundenen hohen Kosten nur im Profilager und auch dann nur bei Werbe- oder Redaktionsaufträgen mit hohem Etat. Nachträgliche Bearbeitung war deutlich teurer, als einen Visagisten am Set zu haben – zumal dann die Chance bestand, dass nicht nur ein ausgesuchtes und zur Nachbearbeitung gegebenes Foto, sondern sehr viel mehr Bilder nutzbar wären.

Schaut man sich Profiporträts aus der Zeit vor 1970 an, fällt auf, dass die abgebildeten Personen fast nie an akuten Hautunreinheiten leiden. Auch stimmt nachdenlich, dass Leberflecken, schlechte Zähne und speckige Haut immer seltener zu sehen sind, je weiter man sich auf der Zeitleiste zurückbewegt. Sahen die Menschen früher etwa perfekter aus? Wahrscheinlich eher nicht. Chirurgische Eingriffe wegen kleiner Schönheitsfehler waren ebenso unüblich wie nachträgliche zahnkosmetische Maßnahmen, und die Umweltbelastungen werden eher höher als geringer ausgefallen sein.

Anders war allerdings auch das Preisgefüge. Die Arbeitskraft der Retuscheure blieb im Verhältnis zu den Gesamtkosten von angefertigten Porträts so gering, dass man sich ihrer Dienste gerne und oft bediente.

Damals gab es kaum ein Porträtfoto, das nicht manuell retuschiert worden wäre. Bis in die fünfziger Jahre schon deshalb, weil die Abbildungsqualität der Filme und Objektive bei mäßiger Beleuchtung eine Nachbearbeitung fast unumgänglich machte.

Hinzu kam, dass die Porträtierten aus Kostengründen nur selten Aufnahmen von sich machen ließen und diese dann besonders schön und eindrucksvoll werden mussten. Aus diesem Grund nahmen der Fotograf oder ein Laborant weitreichende Eingriffe mit Skalpell und Pinsel vor. Dann wurden Falten älterer Menschen entfernt, Haare anretuschiert, Zähne aufgehellt und die Haut nachträglich „geglättet", um den Dargestellten jugendlicher und attraktiver zu zeigen.

Ebenso mussten ablenkende Hintergründe und Gegenstände, die mit dem Bildinhalt nichts zu tun hatten, von Hand beseitigt werden. Der Unterschied zu heute besteht nur darin, dass jetzt auch der Privatmann mit dem Kauf eines PC fast automatisch über sehr gute Retuschewerkzeuge verfügt. Schließlich bietet inzwischen fast jede Mini-Bildbearbeitung sowohl eine Farbkorrektur als auch ein Klonen-Werkzeug und einen Weichzeichner.

Bis man diese Tools beherrscht, dauert es auch nicht mehr sonderlich lange. Eine Photoshop-Vollversion, technisches Handhabungs-Knowhow und Hintergrundwissen, etwas Erfahrung – oder unser Workshop als Grundlage – sind genug, um mit den meisten Eventualitäten beim Perfektionieren von Porträts am Bildschirm umgehen zu können.

Foto: stock.xchng|L. Tulait

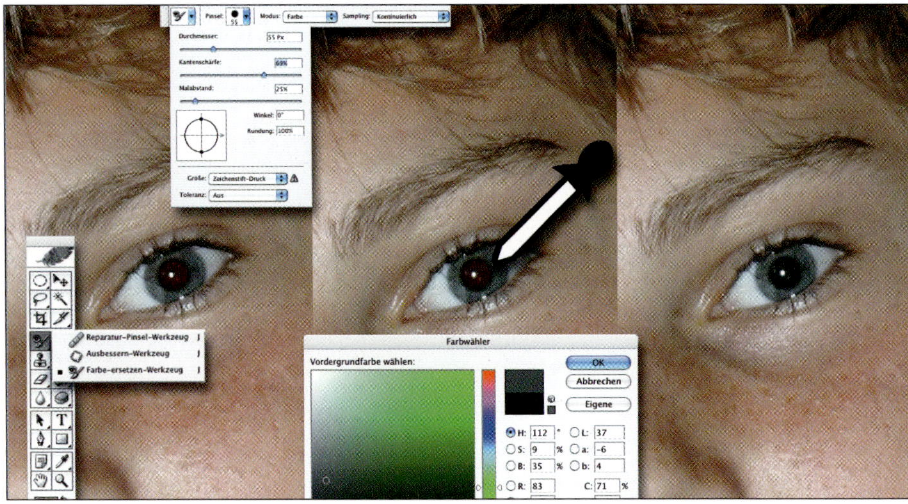

Foto: arl-Heinz Tobias

1 Rote Augen

Ein Dauerproblem trotzt verbesserter Vorblitzfunktionen sind rote Augen, die entstehen, wenn man in dunklen Umgebungen mit einem kamerainternen Aufhellblitz arbeitet. So bietet auch Photoshop ab der Version CS ein spezielles Werkzeug, das diese Netzhautreflexionen wegmalen kann. Aktivieren Sie das „Farbe-ersetzen-Werkzeug" in der Werkzeug-Palette, legen Sie eine Werkzeugspitze in Pupillengröße fest und wählen Sie als Vordergrundfarbe die ursprüngliche Augenfarbe, indem Sie in den Bereich der Iris klicken. Danach müssen Sie diese nur noch auftragen. Damit das Ergebnis natürlich wirkt, sollten Sie sich für einen eher dunklen Farbton entscheiden.

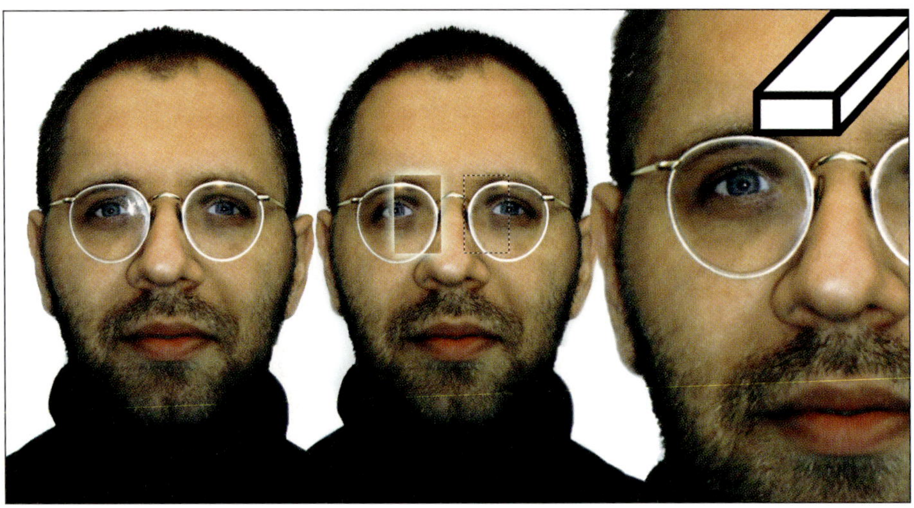

2 Brillenglasreflexe ▲

Aufhellblitzreflexe auf Brillengläsern können so manches Porträt zerstören. Wenn gar keine Zeichnung an den Stellen vorhanden ist, hilft nur die Rekonstruktion des Bereichs. Entweder mit malerischen Techniken in Kombination mit dem Stempel-Werkzeug oder – wie hier im Beispiel gezeigt – durch Kopieren und Spiegeln eines intakten Bildbereichs, der dann per Ebenenmaske oder durch weiches Ausradieren der Kanten eingepasst wird.

3 Hautunreinheiten

Kaum ein Fotomodel hat porentief reine Haut. Wenn Problemstellen nicht im Vorfeld abgeschminkt wurden, muss man später digital nachhelfen. Das beste Tool dafür ist der „Reparatur-Pinsel". Passen Sie die Werkzeugspitzengröße wiederum an, wählen Sie mit gehaltener Alt-Taste eine Referenzpunkt an einer intakten Stelle und tragen Sie die Information anschließend auf der Hautunreinheit auf. Die farbliche Abgleichung erledigt das Tool selbstständig. In älteren Versionen von Photoshop und Elements gibt es noch keinen Reparatur-Pinsel. Hier arbeiten Sie mit dem Stempel. Achten Sie darauf, eine weiche Werkzeugspitze vorzuwählen und die Stellen in mehreren Durchgängen mit verringerter Deckkraft auszugleichen. Bei sehr auffälligen Leberflecken, die für die porträtierte Person typisch sind, sollte man die Korrektur nur teilweise durchführen, so dass das Merkmal erhalten bleibt und nur weniger auffällt.

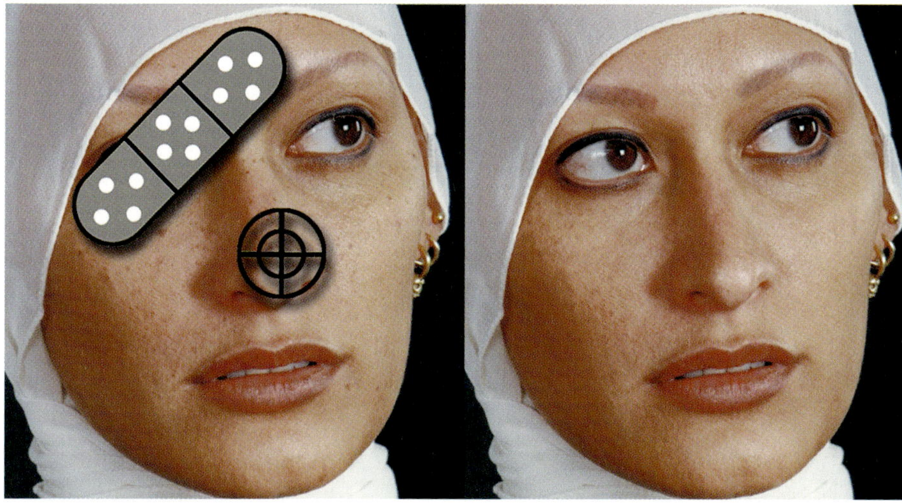

Foto: Corel

4 Zu viele Falten entfernt ▲

Nur sehr junge Menschen – und oft nicht mal die – sind faltenfrei und haben keine Tränensäcke. Wenn Sie, wie bei den Hautunreinheiten, mit der ganzen Macht des Reparaturpinsels gegen diese Begleiterscheinungen des Lebens angehen, wirkt das Ergebnis zwar glatt, aber meist sehr unnatürlich. Haut bildet nunmal Falten, besonders bei Menschen in der zweiten Lebenshälfte. Dennoch wünschen viele Porträtkunden ihre Falten restlos beseitigt. Im Bild sehen Sie, wie es nicht sein sollte.

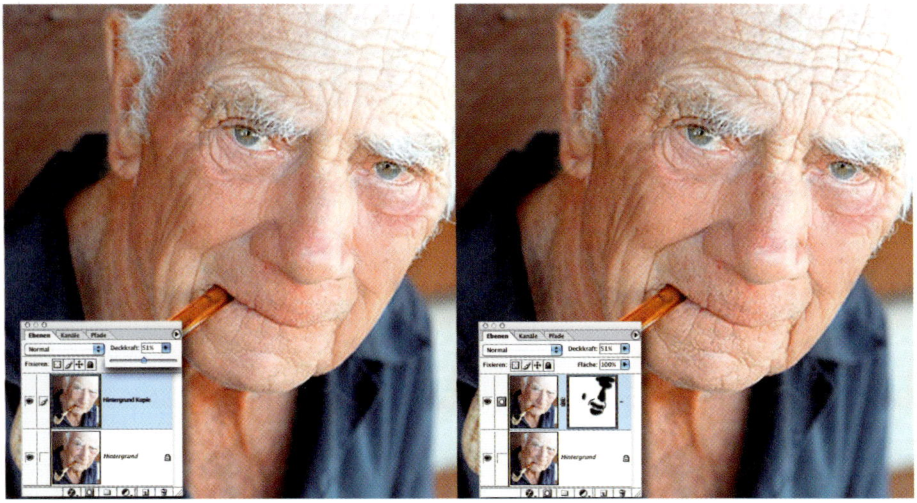

5 Falten teilweise zurückholen

Überzeugender wird das Resultat, wenn Sie zwar alle Korrekturen wie gezeigt vornehmen, dies aber auf einer Kopie der Ausgangsebene tun. Sie duplizieren die Hintergrundebene mit dem Befehl „Strg-/Befehlstaste+J". Nach der Bearbeitung mit dem Reparatur-Pinsel verringern Sie die Deckkraft der neuen Ebene auf rund 50 Prozent, so dass die Falten nur abgeschwächt erscheinen. Sollen bestimmte Partien weniger durchscheinen als andere, arbeiten Sie mit einer Ebenenmaske. Aktivieren Sie dazu die Ebenenkopie, rufen im Menü „Ebene" unter „Ebenenmaske erzeugen" den Befehl „Alles aktivieren" auf und malen danach mit weißer Vordergrundfarbe und dem Pinsel auf der Ebenenmaske nur die Bereiche ein, die Sie durchscheinen lassen wollen.

Foto: stockxchng|L. Tulait

6 Glatte Haut ▲

Um die Hautstruktur zu glätten, bearbeiten Sie die Ebenenkopie mit dem „Gaußschen Weichzeichner" mit geringem Radius. Nach der Anwendung gehen Sie in der Protokollpalette einen Schritt zurück und aktiveren den „Gaußschen Weichzeichner"-Eintrag als Grundlage für den „Protokoll-Pinsel". Damit tragen Sie danach bei rund 25 Prozent Deckkraft die Weichzeichnung gegebenenfalls mehrfach auf die Hautpartien auf. Mit der vorgestellten Technik lassen sich übrigens nicht nur Hautprobleme, sondern bis zu einem gewissen Grad auch Farbartefakte beseitigen, die durch Farbrauschen oder bei der Bildkomprimierung ins JPEG-Format entstanden sind.

7 Sommersprossen

In manchen Fällen erweist es sich als sinnvoll, den „Protokoll-Pinsel“ nicht im Auftragsmodus „Normal“ bei verringerter Deckkraft, sondern im Modus „Aufhellen“ bei mittlerer Deckkraft einzusetzen. Dann sind nur die Stellen betroffen, die dunkler als in der weich gezeichneten Version sind. Also zum Beispiel Sommersprossen und Leberflecke. Aber Achtung: Bei dieser Auftragsform entstehen leicht weiße Sprenkel.

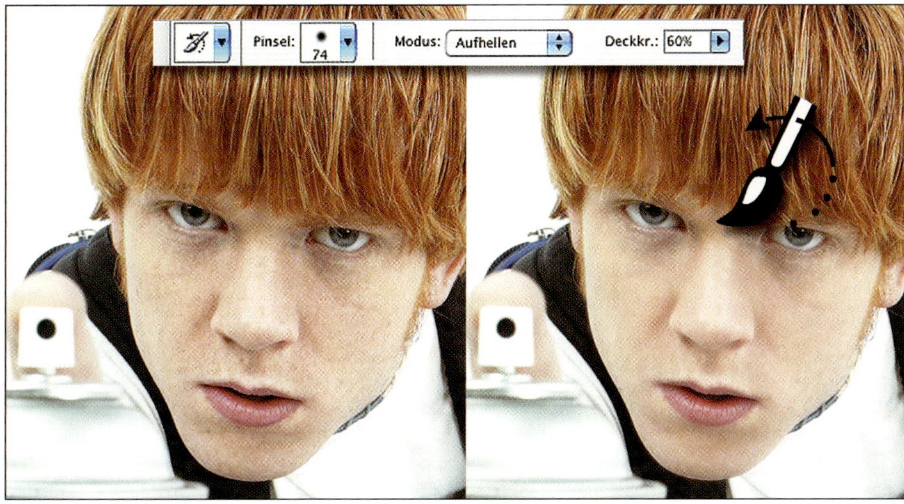

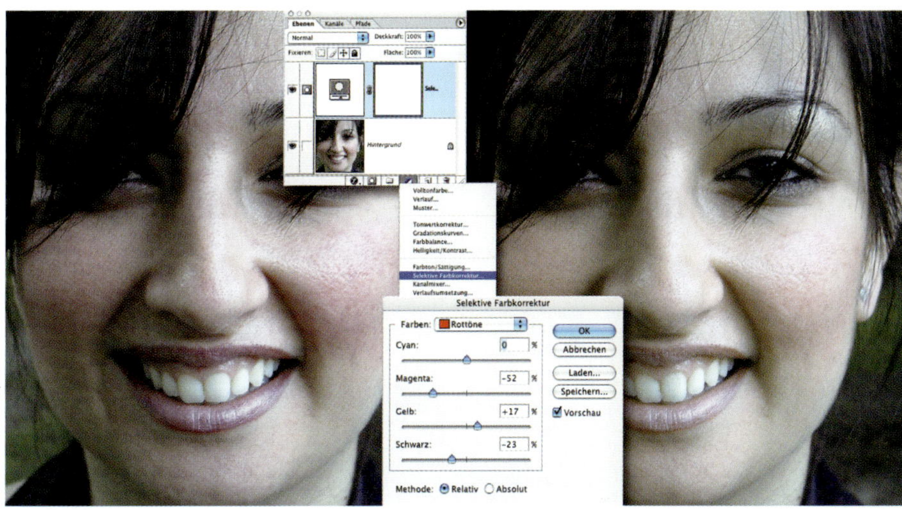

Foto: stockxchng|G. Yiu

8 Hautton anpassen ▲

Wer fotografiert wird, ist oft etwas aufgeregt. Das kann sich auch in der Gesichtsfarbe niederschlagen. Wenn solche Rötungen dann auch noch auf ein hartes Blitzlicht treffen, ist die eigentlich gleichmäßige Gesichtsfarbe ohne großes Zutun unangenehm verfälscht. Abhilfe bietet der Dialog „Selektive Farbkorrektur“. Tragen Sie ihn als Einstellungsebene auf, damit Sie die Werte später leicht weiter verändern können. Einstellungsebenen erzeugen Sie im Menü „Ebene“ unter „Neue Einstellungsebene“. Dort wählen Sie dann den Typ aus. Einstellungsebenen haben die gleichen Auswirkungen wie die Befehle aus dem Bild-Menü unter „Einstellen“. Der Unterschied besteht im korrigierbaren Charakter der Anwendung.

9 Digitales Bräunen

Wem die Haut zu blass oder zu fahl erscheint, der kann sein Model zum Beispiel mit einer Einstellungs-Ebene von Typ „Volltonfarbe“ ins digitale Sonnenstudio schicken. Wählen Sie als Farbe für die neue Ebene einen dunklen Braunton. Den Ebenen-Verrechnungsmodus des Farbauftrags setzen Sie auf „Überlagern“. Jetzt wirkt sich die Farbverstärkung allerdings auf das gesamte Bild aus. In unserem Fall ist das bei den Haaren kein Problem, wohl aber beim Hintergrund. Um diesen von der Umfärbung auszuschließen, wählen Sie das Grün mit dem Auswahl-Dialog „Farbbereich auswählen“ und füllen die Auswahl in der Ebenenmaske der Vollton-Ebene mit schwarzer Farbe. Details wie die Augen maskieren Sie dort mit dem Pinsel-Werkzeug.

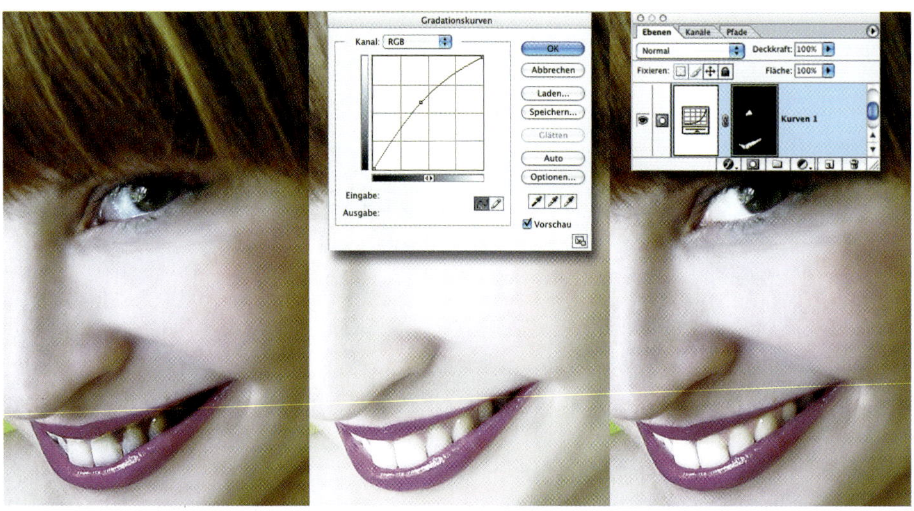

Foto: stockxchng|L.Tulait

10 Zahn- und Augenweiß ▲

Um leicht verfärbte Zähne aufzuhellen, erzeugen Sie eine Einstellungs-Ebene von Typ „Gradationskurve“ und hellen damit zunächst das ganze Bild so stark auf, bis die Zähne fast weiß erscheinen. Nach der Bestätigung invertieren Sie die Ebenenmaske (Strg/Befehl+I) und verstärken alle Lichter wie Zähne und Augen mit einem gering deckenden Pinsel im Modus „Aufhellen“ und weißer Malfarbe. Je vorsichtiger Sie dabei zu Werke gehen, desto überzeugender ist das Resultat. Falls Sie damit die Zahnverfärbungen noch nicht ganz eliminieren konnten, wiederholen Sie den Vorgang mit einer weiteren „Farbton/Sättigung“-Ebene und reduzieren die Gelbanteile.

11 Lippenstift

Auch nachträgliches Umfärben der Lippen ist kein Problem. Um Lippenstift aufzutragen, ziehen Sie eine Auswahl auf, legen eine Einstellungsebene vom Typ „Farbton/Sättigung“ an, aktivieren den Schalter „Färben“ und stellen den Farbton ein. Anschließend entfernen Sie in der Ebenenmaske mit schwarzer Malfarbe die Überstände und passen die neuen Lippen per Ebenen-Verrechnungsmodus und Deckkraft an.

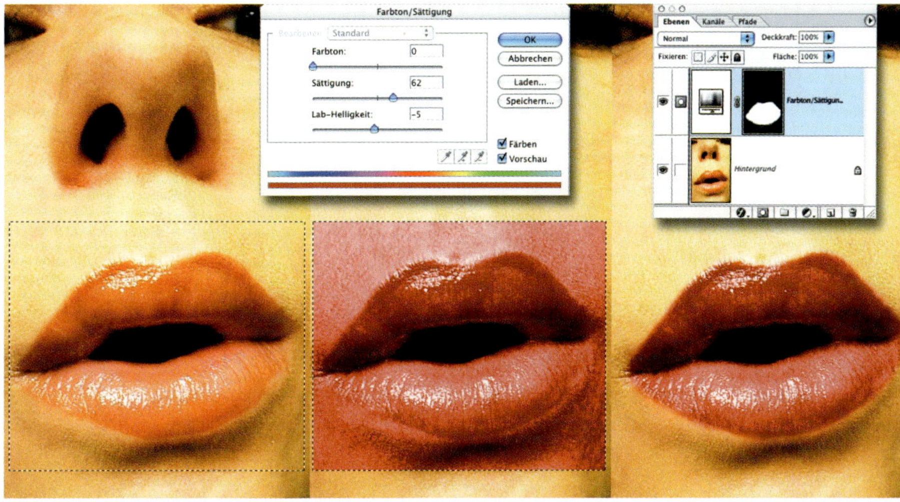

Foto: stockxchng|S. Clark

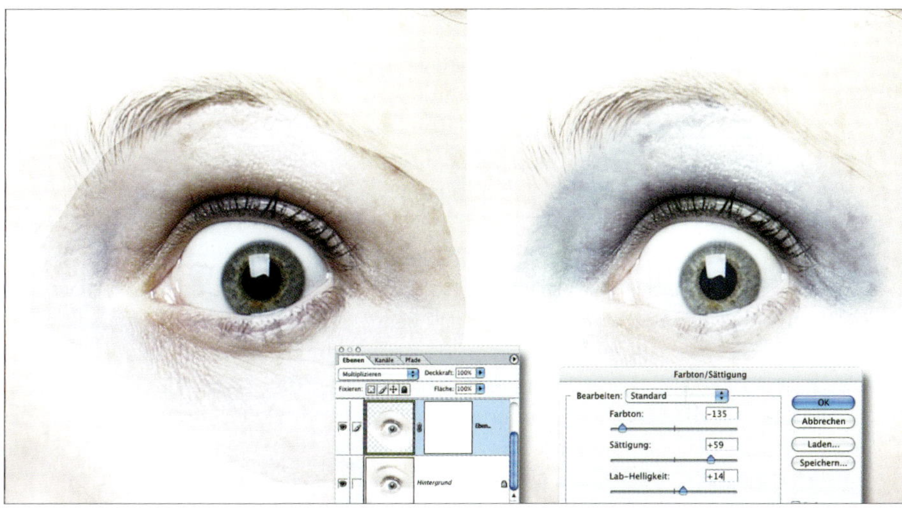

Foto: Corel

12 Digitale Schminke ▲

So wie mit dem Lippenstiftauftrag in Schritt 11 oder auch ohne „Färben“-Option, nur mit Verrechnungsmodi, können Sie auch mit Lidschatten und Wangen-Rouge verfahren. Damit die digitale Schminke hinterher nicht zu künstlich wirkt, sondern sich harmonisch einpasst, gibt es einen kleinen Trick. Wählen Sie die Gesichtsbereiche zuvor mit dem Lasso grob aus, kopieren die Bereiche und fügen sie als neue Ebene ein. Den Verrechnungsmodus der Ebene setzen Sie auf „Multiplizieren“ und entfernen mit Hilfe einer Ebenenmaske die harten Konturen Ihrer Lasso-Auswahl. Die Feinabstimmung reguliert die Ebenen-Deckkraft. Oft bringen auch andere Verrechnungsmodi interessante Ergebnisse – experimentieren Sie!

Digitale Karikatur: Der Super-Rocker

Karikaturen übertreiben, heben das Besondere hervor und übersteigern es ins Absurde. Für den Aprilscherz auf dem Cover eines Biker-Magazins montierte **Doc Baumann** eine Figur, in der sich alle Vorurteile gegen Rocker vereinigen.

Das vorwiegend von Rockern gelesene Monatsmagazin *Bikers News* hatte sich als Parodie auf die seinerzeit grassierende TV-Pest namens „Deutschland sucht den Super- ..." einen Aprilscherz ausgedacht: „Die Szene sucht den Super-Rocker". Um herauszufinden, ob sie der landläufigen Vorstellung eines Rockers entsprechen, sollten die Leser einen Fragebogen ausfüllen, dessen Alternativen mit allen Vorurteilen zu diesem Begriff gespickt waren. Dass die Redaktion dabei eine Menge Spaß hatte, ist kaum erwähnenswert – weniger ins Bild vom bösen und ganz gewiss humorlosen Schläger mit Tattoos und Lederjacke passt, dass auch die deutsche Rocker-Szene sich köstlich darüber amüsierte.

Ich hatte das Vergnügen, zu diesem Aprilscherz das Titelbild zu liefern. Ich wollte den prototypischen Rocker darstellen – mit dicken Muskeln, tätowiert, Zuhälter-Goldkettchen um den Hals, Baseballschläger unterm Arm, nichts als Bikes und Sex im Kopf (Letzteres sieht man allerdings erst bei genauerer Betrachtung).

Allerdings sollte diese Visualisierung die vorgeblichen Merkmale auch gleichzeitig in Frage stellen. Eine Karikatur ist ein Balanceakt; sie soll das Typische überdehnen und akzentuieren, aber das Gemeinte dennoch erkennbar bleiben lassen. In diesem Fall schwankte sie zudem zwischen verschiedenen Polen: Dem Betrachter im Zeitschriftenhandel sollte das Motiv auffallen, ohne ihn zu Tode zu erschrecken, der typische Leser aus der Szene sollte sich selbst in boshafter Übersteigerung erkennen und gleichzeitig die Überspitzung als solche schmunzelnd zur Kenntnis nehmen.

Bestimmte Elemente waren von Anfang an klar: Ich brauchte zunächst das Foto eines Mannes mit muskelbepackten Armen; das fand ich auf einer CD meiner Corel Photo Stock Library. Die Sichtbarkeit der Arme brachte bestimmte Konsequenzen mit sich: Sie erlaubte einerseits das Aufbringen von Tätowierungen, machte aber gleichzeitig eine Lederjacke als Kleidung unmöglich. Also brauche ich ein T-Shirt oder etwas Vergleichbares, und zwar möglichst aus derselben Richtung aufgenommen. Und natürlich sollten diese Muskeln dank Photoshops „Verflüssigen" zu wahren Gebirgen anschwellen. Das Element mit den schiefen Zähnen hatte ich nicht geplant, aber da der Typ breit grinsen sollte, bot sich die Verwendung des Fotos unmittelbar an. Nein, die Zähne sind nicht echt. In Daytona Beach in Florida, wo ich die entsprechende Aufnahmen machte, waren solche Einsätze ein paar Jahre lang der große Hit. Auch die Zigarre stammt von dort, die Tätowierungen, das Bild des Helms mit den gewaltigen Hörnern – der allerdings, wie ich später aus einem Leserbrief erfuhr, ein Import aus Germany war.

Entgegen gängigen Anschauungen laufen Rocker nicht die ganze Zeit mit einem Baseballschläger unterm Arm herum, so dass sich ein solches Exemplar in meinem Archiv nicht fand. Bilder von Baseballschlägern kann man jedoch mit geringem Auswand selbst machen; alles, was man dazu braucht, ist Illustrator CS oder ein 3D-Programm: Sie zeich-

nen die Kontur im Längsschnitt, lassen sie um die Längsachse rotieren und tragen ein in Photoshop vorbereitetes Bild mit einer Holzstruktur auf. Ich habe dafür einfach ein Brett verwendet.

Schließlich blieb neben vielen winzigen Details – etwa Glanzlichtern auf Metall und Muskeln oder manuell hinzugemalten Ringen – der Hintergrund übrig. Der Slogan „Die Szene sucht den Super-Rocker" klingt nach öffentlicher Präsentation. Bei einem großen Treffen im südenglischen Kent hatte ich vor 16 Jahren bei einer Motorrad-Prämierung Fotos von der Bühne aus gemacht. Die eigneten sich hervorragend. Himmel austauschen, alles mit dem neuen „Verwackeln" unscharf filtern, Stimmung durch eine darüber eingezogene Farb-Ebene verändern, damit war die Karikatur für das Cover fertig.

1 Montagematerial Köpfe

Fast alle Bilder, die ich für dieses Composing verwendet habe, stammen aus meinem Archiv von Dias oder digitalen Aufnahmen, die ich in Daytona Beach in Florida anlässlich der Bike Week seit 1980 fotografiert habe. Wichtig waren mir hier die Elemente Helm mit Hörnern, Zigarre, künstliche Zähne sowie Sonnenbrille. Die Gesichter habe ich aus Gründen des Persönlichkeitsschutzes unkenntlich gemacht. Wie bereits vorn im Text erwähnt: Es ist sehr hilfreich, wenn Sie für solche Suchzwecke über eine gut verschlagwortete Bilddatenbank verfügen. Ihre Anlage und Aktualisierung kostet zwar viel Zeit, aber die kann man so legen, wie es passt – wenn man später beim Zugriff nur noch Sekunden statt Stunden braucht, steht man wohl eher unter Termindruck. Mit je mehr Begriffen Sie ein Bild beschreiben, um so exakter funktioniert die Auswahl.

2 Montagematerial Körper und Tattoos ▲

Das Foto des Bodybuilders links ist das einzige, das nicht aus eigener Produktion stammt; ich entnahm es einer CD der Corel Photo Stock Library. Die Tätowierungen und der Biker rechts wurden wiederum in Florida aufgenommen – dass er einmal nicht wegen seines herzhaften Bisses ins Fleisch, sondern seines Hemdes und der Goldkette wegen von Interesse sein würde, hatte ich beim Fotografieren nicht geahnt.

3 Gesicht, Körper und Zähne

Die drei in diesem Montagestadium zusammengefügten Elemente sehen noch nicht sonderlich überzeugend aus, da ich sie nur grob angeglichen habe. Ein sehr wichtiges und zeitsparendes Werkzeug aus Photoshop CS kam hier zum Einsatz: „Gleiche Farbe". Wie Sie in Abbildung 1 sehen, entspricht die Hautfarbe des Sonnenbrillenträgers nicht der des Bodybuilders. Eine solche Angleichung hätte früher mit Farbreglern viel Zeit in Anspruch genommen. Im Dialogfeld von „Gleiche Farbe" wählen Sie lediglich die gewünschte Datei und Ebene als Farbquelle; fällt das Ergebnis nicht ganz zu Ihrer Zufriedenheit aus, können Sie es mittels der Regler weiter anpassen.

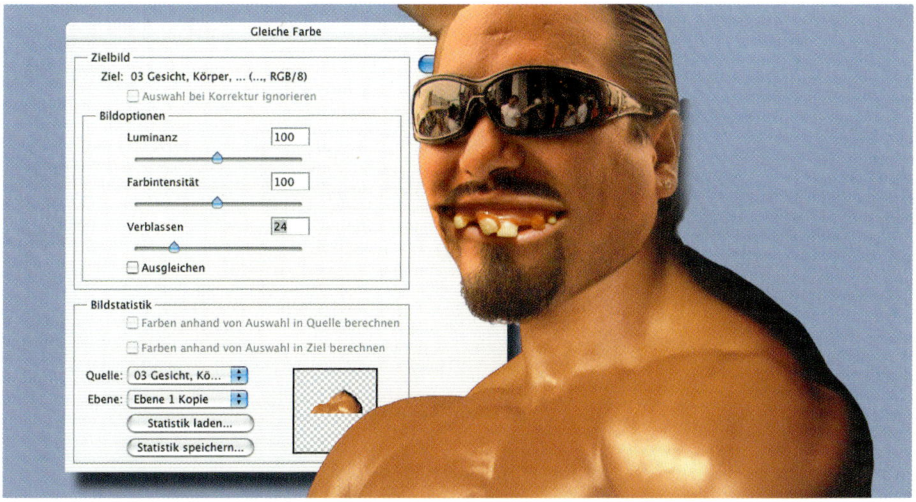

4 Helm und Halskette ▲

Aus einem weiteren der in Abbildung 1 gezeigten Fotos entnahm ich den Helm mit den großen Hörnern, der in seiner perspektivischen Ausrichtung und Beleuchtung einigermaßen zu den sonstigen Elementen passt. Eine völlige Übereinstimmung dürfen Sie bei Material dieser Art nicht erwarten; kleinere Abweichungen fallen im Ergebnis kaum auf. Wenn es ganz exakt stimmen soll, müssen Sie das Material entweder neu fotografieren oder, wo möglich, in einem 3D-Programm nachbauen, wo Sie vollen Zugriff auf Perspektive und Beleuchtung haben. Der Helm wurde ebenso freigestellt wie die Halskette; bei dieser musste zusätzlich noch die eingehängte Sonnenbrille per Stempel entfernt werden.

5 Anpassung der Kleidung

Das Foto mit dem Hemd war zwar das am besten geeignete, allerdings durchaus nicht optimal. Ich stellte das Kleidungsstück zunächst frei und passte es mittels Transformieren dem Körper des Bodybuilders so genau wie möglich an. Das klappte nur teilweise; die restliche Angleichung nahm ich mit dem Verflüssigen-Werkzeug vor. Zuerst versuchte ich, damit auch den rechten Träger des Shirts in die gewünschte Form zu bekommen. Es erwies sich jedoch als vielversprechender, ihn einfach nachzukonstruieren. Dazu legte ich einen Pfad in der gewünschten Form an, füllte ihn mit Schwarz und fügte Details aus dem Hemd mit dem Stempel hinzu.

6 Vorbereitung der Brillen-Spiegelung ▲

Rocker, so die allgemeine Einschätzung, haben – neben Motorrädern – immer nur eins im Sinn. Zwar wirkt eine solche Illustration zunächst einmal als Ganzes, aber das schließt nicht aus, subtile Details einzubringen. In diesem Fall also etwa die langweilige Spiegelung in den Gläsern der Sonnenbrille durch ein anderes Motiv zu ersetzen. Dafür bot sich ein weiteres Foto aus Daytona Beach an: Da in den puritanischen Südstaaten zwar winzigste Bikinis erlaubt sind, aber eine nackte Brust zu sofortiger Festnahme führt, dokumentiert die hier fotografierte Szene eine beliebte provokative Mutprobe.

7 Übernahme der Spiegelung

Um den relevanten Ausschnitt der Szene in die leicht vergrößerte Brille zu übertragen, wählte ich ihn zunächst großflächig aus. Seitenvertauschung aus Gründen der Bildlogik war hier unwichtig. In der Montage-Datei erzeugte ich einen neuen Alpha-Kanal, der nur im Bereich der Brillengläser weiß war. Bei als Auswahl geladenem Kanal setzte ich die zuvor kopierte Szene in die Auswahl ein, was automatisch eine nicht verknüpfte Ebenenmaske erzeugt (bei der die Bildpixel frei unter der Transparenz der Maske bewegt werden können). Mit dem Wölben-Filter passte ich die Reflexion den gewölbten Gläsern an. Mit dem zweiten Glas verfuhr ich in derselben Weise. Die beiden Ebenen wurden auf eine reduziert und erhielten den Modus „Überlagern" („Ineinanderkopieren"). Abschließend wurde die Brille durch eine Farbfüllungs-Ebene grünlich getönt.

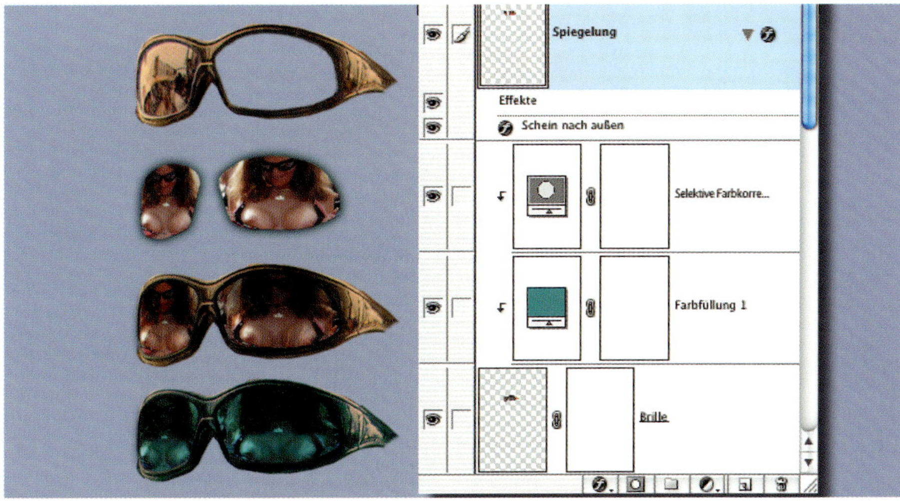

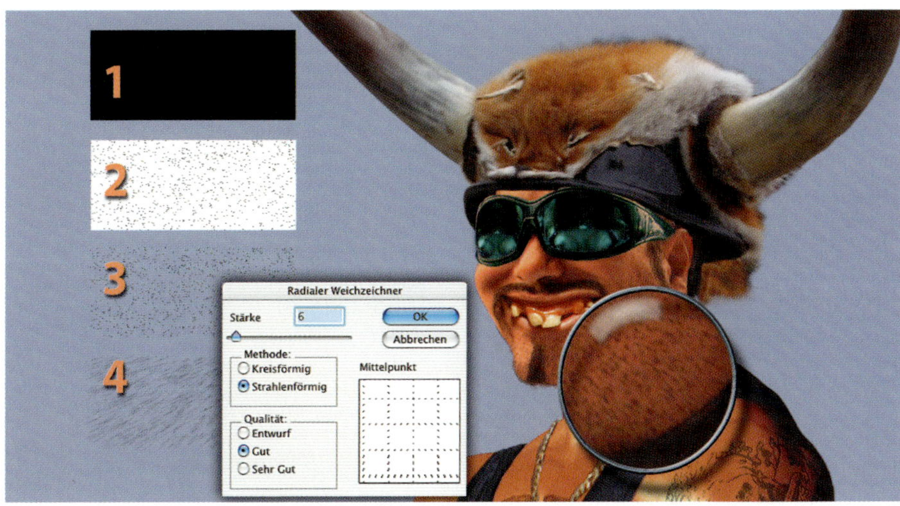

8 Bartstoppeln ▲

Um Wangen mit Bartstoppeln zu versehen, gehen Sie folgendermaßen vor: Über dem Hautbereich zunächst eine weiße, dann eine schwarze Ebene anlegen (1), Letztere im Modus „Sprenkeln" bei 3 Prozent. Die beiden Ebenen vereinigen (2) und auf den Modus „Multiplizieren" setzen (3). Wenden Sie auf die Ebene den Weichzeichnungsfilter „Radialer Weichzeichner" mit der Methode „Strahlenförmig" in geringer Stärke an. Achten Sie vor allem darauf, dass der im Feld rechts manuell positionierbare Mittelpunkt so liegt, dass die Stoppeln eine plausible Ausrichtung erhalten.

9 Tätowierung auftragen

Die in Abbildung 2 ausgesuchten Tätowierungen stellte ich grob frei und übertrug sie in die Montage. Ihre Ebenen setzte ich mit unterschiedlicher Deckkraft auf den Modus „Multiplizieren". Über das große Tattoo auf dem (im Bild) rechten Arm legte ich eine blaue Ebene im Modus „Farbe". Danach passte ich die Zeichnungen der Körperoberfläche mit „Verflüssigen" an. Es ist zwar erfreulich, dass man beim Verflüssigen im Arbeitsfenster weitere Ebenen einblenden kann, was erst eine genaue Angleichung an dort sichtbare Oberflächen ermöglicht – irritierend ist jedoch, dass bei einer eingestellten Deckkraft von 100 Prozent das unverzerrte Bild der bearbeiteten Ebene angezeigt wird. Das ist eine deutlich verbesserungsfähige Funktion und in der aktuellen Fassung wenig hilfreich. Sinnvoller wäre eine Option für eine Vorher-Nachher-Ansicht.

10 Zigarre und Körper ▲

Inzwischen hatte ich auch die eingefügten Zähne dem Gesicht angepasst und den Mund durch Verflüssigen leicht verzerrt, das Kinn neu modelliert sowie Bart und Koteletten mit einer eigenen Haar-Werkzeugspitze hinzu gemalt. Die Zigarre wurde skaliert und positioniert. Den zunächst nur bis zum unteren Abschluss des Shirts reichenden Körper ergänzte ich um Hose und Gürtel, die aus demselben Ursprungsfoto entnommen wurden.

11 Rauch, Schatten und Reflexe

Noch sah das Gesicht viel zu harmlos aus, um die gewünschte Wirkung zu erzielen. Also kam ein weiteres Mal „Verflüssigen“ ausgiebig zum Einsatz: Damit verstärkte ich das zuvor eher schüchterne Lächeln zum breiten Grinsen und gestaltete das Kinn markanter. Ich fügte Lachfalten hinzu und malte den Bart teilweise neu. In der rechten Darstellung sind weitere wichtige Details hinzugekommen: Zigarre und Zähne besitzen jetzt (hinzugemalte) Schlagschatten, auf Sonnenbrille, Ohrring, Schneidezahn und geölten Muskeln glänzen starke Reflexe (auf einer weiteren Ebene mit passender eigener Werkzeugspitze aufgesetzt), und die Zigarre qualmt. Auch dieser Rauch ist gemalt, er wurde zusätzlich mit dem Eye Candy-Plug-In „Swirl“ bearbeitet.

12 Muskeln verstärken ▲

Hier setzte ich „Verflüssigen“ ein weiteres Mal ein. Zuvor hatte ich den Oberkörper samt allen mit ihm verbundenen Ebenen oben trapezförmig auseinandergezogen. (Beachten Sie, dass das nur ohne aktive Auswahl funktioniert!) Mit den „Verflüssigen“-Werkzeugen passte ich auch Kette und Hemdträger den auf diese Weise vergrößerten Muskeln an. Die Tätowierungen wurden dabei mit verzerrt. Das geschah zwar in der Absicht, ihre Veränderung mit den schwellenden Muskelbergen zu übertreiben; aus der Distanz gesehen erscheint mir die Verzerrung inzwischen allerdings zu extrem. Ich hätte sie auf ihrer Ebene gesondert bearbeiten sollen.

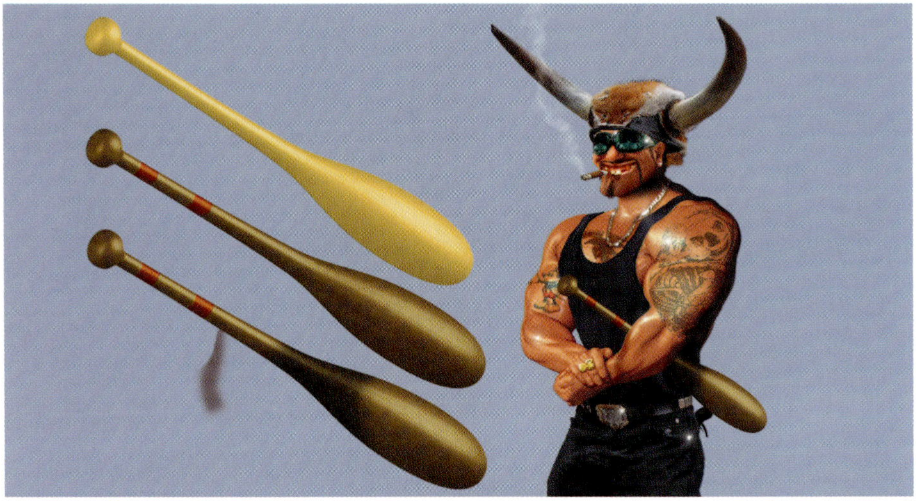

13 Baseballschläger

Für dieses Gerät – das in der Szene gelegentlich für andere als Ballsportzwecke eingesetzt wird – verfügte ich über keine Fotovorlage (was unter bestimmten Aspekten ja auch wieder erfreulich ist). Mit Illustrator und seiner ab CS eingeführten 3D-Funktion, die an das alte Programm Dimensions angelehnt ist, lässt sich das Objekt aber schnell konstruieren: Zunächst zeichnete ich einen gefüllten Pfad, der dem halben Querschnitt in der Längsachse entspricht, dann ließ ich die Fläche um diese Achse rotieren. Sowohl Beleuchtungseffekte wie Oberfläche lassen sich in Illustrator zuweisen, Letztere einfach als Bild-Datei eines Holzbretts. In Photoshop änderte ich Farbe und Helligkeit und fügte den Schlagschatten auf dem Arm und rechts unter ihm hinzu.

14 Hintergrundszene ▲

Entsprechend dem Aprilscherz-Motto „Die Szene sucht den Super-Rocker" wollte ich diesen im Bild so präsentieren, dass er sich einer großen Menge vorstellt. Ein passendes Foto aus meinem Archiv zeigt die Besucher einer Bikeshow im südenglischen Kent, von der Bühne aus aufgenommen. Das Bild stammt zwar von 1988, aber die Szene ist traditionsbewusst und Unterschiede zu heute sind daher zu vernachlässigen. Den langweiligen Himmel vertauschte ich gegen einen aus meinem „Digitalen Archiv".

15 Hintergrund verändern

Himmel und Festival-Besucher vereinigte ich mit einer einfachen Verlaufs-Ebenenmaske. Um das schon im Originalfoto zu erkennende orangefarbige Licht vor der Bühne zu verstärken, überlagerte ich die Menge im unteren Teil mit einem Orange-Transparent-Verlauf, Modus „Weiches Licht", 25 Prozent Deckkraft. Ein schönes Bild – nur hob sich der Super-Rocker nun optisch kaum noch vom Hintergrund ab. Also fügte ich eine neue Ebene aus den vereinigten Ebenen des Hintergrundes hinzu und bearbeitete diese mit Photoshops neuem „Verwackeln"-Filter. Auf eine Abschwächung zum Vordergrund hin verzichtete ich dabei. Außerdem fügte ich eine Einstellungs-Ebene des Typs „Tonwertkorrektur" hinzu, wobei ich zum Aufhellen den Schwarzpunkt des Tonwertumfangs auf den Wert 90 verschob.

16 Fertige Cover-Montage ▲

Nachdem ich das Bild mit den übrigen grafischen Elementen der Titelbildgestaltung des Magazins *Bikers News* montiert hatte, erschien mir eine kühlere Stimmung für den Hintergrund geeigneter; das erreichte ich durch eine blau gefüllte Ebene über dem Hintergrund im Modus „Farbe" bei 28 Prozent Deckkraft. Das linke Horn hellte ich stellenweise auf, um den Kontrast zum Hintergrund zu verstärken; die Zigarrenrauch-Ebene wurde skaliert und über die Schrift im Titelkopf gezogen. Nun blieb nur noch abzuwarten, wie der Aprilscherz von den Lesern aufgenommen werden würde …

Gruppenbild mit Doppelgängern

Für ein Gruppenbild braucht man eigentlich, wie der Begriff nahelegt, mehrere Personen. Aber das kann natürlich jeder. Viel spannender wird es, wenn Sie das als Montage realisieren und dabei mit nur einer Person auskommen. | **Doc Baumann**

Sagt ein Frosch zum anderen: „Ich wünschte, ich wär' ein Storch! Dann könnte ich fliegen." Sagt der zweite nach einigem Nachdenken: „Ich wünschte, ich wäre zwei Störche! Dann könnte ich hinter mir her fliegen." Darauf der dritte: „Ich wünschte, ich wäre drei Störche! Dann könnte ich mich hinter mir her fliegen sehen." Im normalen Leben haben Sie leider nie die Möglichkeit, sich hinter sich her gehen zu sehen (Sie wissen, wen Sie konsultieren sollten, wenn es mal anders wäre), aber als Bildbearbeiter sind wir ja nicht darauf angewiesen darauf zu warten, bis so etwas unerklärlicherweise doch mal geschieht.

Ob Sie's glauben oder nicht – das Wichtigste bei einem solchen Projekt ist nicht die digitale Montage, sondern die exakte Planung beim Fotografieren. Wenn Sie da alles richtig machen, kann die Nachbearbeitung relativ schnell gehen.

Sie müssen nicht einmal unbedingt eine zweite Person zum Fotografieren einsetzen – obwohl es gemeinsam wesentlich einfacher geht –, eine ausreichend lange Vorlaufzeit beim Selbstauslöser, um Ihre Position einzunehmen, reicht bereits. Zunächst benötigen Sie ein stabiles Stativ, das nach den Einstellungen ebenso wenig bewegt werden darf wie die Kamera selbst. Schalten Sie den Autofokus aus und arbeiten Sie für hohe Schärfentiefe mit kleiner Blende. Wählen Sie an der Kamera den manuellen Modus, damit die Belichtung immer identisch ausfällt. Kontrollieren Sie, ob die Beleuchtung an jeder Stelle des Raumes, an der Sie später auftauchen werden, ausreichend ist.

Planen Sie vorher genau, an welchen Orten Sie selbst oder eine andere Person, die Sie später zum Gruppenbild montieren wollen, im Bild stehen soll, damit nicht zwei dieselbe Position einnehmen und sich so räumlich überschneiden würden. Eine Staffelung hintereinander kann natürlich sinnvoll sein. In diesem Fall sollten Sie bedenken, dass es zu Konstellationen kommen kann, bei denen ein Doppelgänger seinen Schlagschatten auf einen anderen werfen würde. Falls Sie den nicht digital simulieren wollen, kann eine zweite Person an entsprechender Stelle stehen, sozusagen als schattenwerfendes Double. Wenn alle Voraussetzungen stimmen, ist das spätere Freistellen recht einfach, da der Hintergrund immer passt.

Fotos: Dr. Ruth Marcus

1 Raum mit Original-Licht

Etwas anders, als im einleitenden Text beschrieben, haben wir den Billard-Raum und die „Gruppen-Mitglieder" nicht einheitlich beleuchtet, sondern bei der am Anfang stehenden Aufnahme des Raums nur mit dessen beiden Lampen gearbeitet. Dieses bewahrt nicht nur die Atmosphäre besser, sondern lässt vor allem die Glasperlenschnüre an den beiden Lampen wesentlich klarer und brillanter hervortreten, wie ein Vergleich mit Abbildung 2 zeigt. Allerdings bedeutete das auch, dass der zum Freistellen nötige Aufwand deutlich höher wurde; die Montage auf der vorausgehenden Doppelseite erforderte ungefähr zwei Tage.

2 Erste Person Singular ▲

Hinsichtlich Größe und Position muss bei diesem Verfahren nichts angepasst werden, und auch die Farben stimmen, wenn man nicht wie in diesem Fall mit unterschiedlichen Beleuchtungen arbeitet. Dann kann sogar das Freistellen relativ grob erfolgen, da der Hintergrund auf dem Ausgangsbild und bei den hinzugefügten Elementen immer identisch ist. Nur da, wo sich die Personen überlappen, müssen Sie sie entlang der Konturen sauber freistellen. Bei unserer Beleuchtungsanordnung ist das allerdings bei allen eingefügten Personen der Fall. Auch die Schlagschatten der Kugeln auf dem Tisch haben sich verändert.

3 Zweite Person

Diese Montage geht von der konzeptionellen Überlegung aus, dass alle Varianten der dargestellten Person zwar letztlich auf eine einzige – mich selbst – zurückgehen, sich untereinander dennoch durch individuelle Kleidung, Größe, Haarfarbe, Accessoires und anderes unterscheiden. Das Bild am Ende dieses Artikels zeigt Ihnen eine andere Variante, die ihren visuellen Reiz daraus bezieht, dass alle Personen völlig gleich aussehen – das Modell sich technisch gesehen also zwischen den einzelnen Aufnahmen nicht umzieht. Zwar hatte ich mir schon ein Kissen unter das T-Shirt gestopft, der Bauch wurde aber später zusätzlich mit dem Verzerrungsfilter „Wölben“ nachbearbeitet.

4 Gesicht verändern ▲

Wie stark Sie die Einzelpersonen voneinander abweichen lassen, liegt ganz bei Ihnen und hängt davon ab, was Sie mit dem Bild aussagen wollen. Starke Eingriffe lassen die ursprüngliche Identität weniger hervortreten. Ich habe mich hier meist auf dezente Eingriffe beschränkt und zum Beispiel bei dieser Variante lediglich die Wangen etwas dicker gemacht. Dazu verwendete ich unter „Verflüssigen“ das sogenannte „Aufblasen-Werkzeug“, dessen Wirkung ungefähr der des „Wölben“-Filters entspricht, aber direkt steuerbar ist. Das zu helle Stirnband wählte ich aus, duplizierte es, wandte den „Wolken“-Filter darauf an und setzte die Ebene auf „Multiplizieren“ bei halber Deckkraft.

5 Dritte Person

Hier wird es eine Stufe schwieriger, da die beteiligten Personen nicht einfach hintereinander gestaffelt um den Tisch stehen sollen, sondern die neu hinzu gefügte ihre Hand auf den Rücken des Billardspielers legen wird. Die ungefähre Abschätzung, wo diese Stelle sein würde, erwies sich als zu grob, deshalb verwendete ich später das in Abbildung 18 beschriebene Hilfsmittel. Allerdings war es in diesem Fall kein Problem, den ausgestreckten Arm auszuwählen und hinter dem Kopf an die gewünschte Stelle zu rücken.

6 Glasperlenschnüre ▲

Wie bereits erwähnt, veränderte die für die ausreichende Beleuchtung der Personen notwendige Studioblitzanlage nicht nur die Gesamtatmosphäre in unerwünschter Weise, sondern ließ vor allem die Glasperlen matt und langweilig aussehen. Zudem ergab die starke Beleuchtung der Messinglampenschirme von außen keinen Sinn, und die Glühbirne im Inneren machte sich kaum noch bemerkbar. So war es also nötig, die einzelnen Schnüre und die an ihnen hängenden Glasperlen mit einer Ebenenmaske für die dritte Person freizustellen. Eine Maskierung nur an den Außenrändern wäre zwar erheblich schneller gegangen, hätte aber die Zwischenräume nicht auf Kopf und Jacke durchsichtig gemacht.

7 Vierte Person

Die nächsten beiden Personen sind durch Kleidung – lange Mäntel und Cowboyhut – und Erscheinungsweise als zueinander gehörig ausgewiesen. Auch hier verhalf wieder ein Kissen unter dem T-Shirt zu einem etwas voluminöseren Bauch. In derselben Weise wie im Bild zuvor war eine detaillierte Freistellung der Glasperlenschnüre notwendig. Wie stark die einheitliche Gesamtwirkung einer solchen Montage von Kleinigkeiten der Bildlogik abhängt, können Sie hier an einem Detail rechts unten erkennen: In dem Rechteck ist der Rand des Billardtisches aus der leeren Ursprungsszene zu sehen. Die Spiegelung des Mannes darf dort aber nicht vergessen werden (darüber).

8 Haare färben ▲

Damit nicht alle Doppelgänger die gleiche Haarfarbe aufweisen, verpasste ich diesem eine Rot-Tönung. Dazu malte ich auf einer neuen Ebene oberhalb des Kopfes (darunter liegt noch eine Einstellungsebene vom Typ „Tonwertkorrektur" wie bei allen eingefügten Personen) mit rötlichem Orange; vergessen Sie dabei übrigens die Augenbrauen nicht. Zunächst wies ich der Ebene den Verrechnungsmodus „Farbe" zu, war aber mit der Wirkung nicht zufrieden. Nach zahlreichen Versuchen quer durch das Modus-Menü und unterschiedlichen Deckkraft-Einstellungen entsprach schließlich „Überlagern" bei rund 70 Prozent Deckkraft meinen Vorstellungen.

9 Fünfte Person

Man kann viel Arbeit beim Freistellen sparen, wenn man die Montage von vorn nach hinten aufbaut. Ich habe das bei diesem Projekt dummerweise nicht getan, sondern links begonnen und mich einmal um den Billardtisch herum vorgearbeitet. Auf diese Weise stellte ich unnötigerweise auch viele Konturen sauber frei, die man später ohnehin nicht mehr sieht, weil andere Elemente davor liegen. Die Überdeckung des unteren Bereichs der fünften Person hatte den Vorzug, dass ich sie ohne Berücksichtigung des Anschlusses zum Tisch größer machen konnte.

10 Zigarre ▲

Billardsalons sind oft stark verräuchert; in der Montage ist das durch eine leichte Dunstschicht unter der Decke angedeutet. Als Nichtraucher verzichtete ich auf eine echte Zigarre und begnügte mich mit dem Pappkern einer Rolle Faxpapier (links). Auf einer Ebene darüber im Modus „Farbe“ erzeugte ich die Brauntönung der Zigarre, auf einer weiteren, damit gruppierten Ebene wandte ich den neuen Rendering-Filter „Fasern“ an und drehte die Fläche passend zur Wickelrichtung der Tabakblätter. Auf einer dritten Ebene malte ich Asche und Glut hinzu, auf einer vierten schließlich den Zigarrenrauch.

11 Sechste Person

Der hintere der beiden Mönche war nicht optimal positioniert und hätte zum Teil Überschneidungen mit der eben beschriebenen Figur aufgewiesen. Durch seinen vor ihm kauernden Mitbruder war es aber problemlos möglich, ihn ein wenig nach rechts zu verschieben. Das zeigt noch einmal, dass eine nur grobe Positionsplanung nicht immer ausreicht, sondern mit Skizzen, eventuell sogar Kreidemarkierungen, so genau wie möglich umgesetzt werden sollte. (Ganz zufrieden bin ich mit dieser Figur übrigens nicht mehr, da sie in der fertigen Montage eher ermüdet wirkt und die beabsichtigte sprachliche Zuwendung zur Person im Vordergrund schwer erkennbar ist.)

12 Bart verlängern ▲

Die Verlängerung des Bartes nahm ich zunächst auf einer duplizierten Bart-Ebene durch nichtproportionales Skalieren vor. Weil dabei aber nur die vorhandenen Pixel neu verteilt werden, wurden einzelne Barthaare unrealistisch dick. Ich duplizierte daher den Originalbart ein weiteres Mal und legte ihn im Modus „Aufhellen" auf eine weitere Ebene oberhalb der anderen. Das ließ den oberen Teil wieder gut aussehen, im unteren blieb das Problem aber bestehen. Die ergänzten Barthaare malte ich auf einer zusätzlichen Ebene mittels spezieller Einstellungen aus der Pinsel-Palette.

13 Siebte Person

Hier ist der Unterschied zwischen Vorher und Nachher recht deutlich. Das auf den ersten Blick unmotivierte braune Anhängsel am Ellbogen der freigestellten Figur (ganz links) gehört in der Tat nicht zu der Mönchskutte, sondern ist deren Spiegelung auf der Oberseite der Tischeinfassung. Auch dieser Doppelgänger gefiel mir bei der fertigen Montage nicht an der Stelle, für die er ursprünglich vorgesehen war, daher schob ich ihn leicht nach links und damit nach vorn. Damit Größe und Anschluss an den Billardtisch stimmen, wurde er leicht skaliert.

14 Glatze ▲

Glatze, neue Haare und Rotfärbung von Nase und Wange entstanden auf zusätzlichen Ebenen. Auf der ersten erzeugte ich mit dem Zeichenwerkzeug einen Pfad entlang der hinter den Haaren zu vermutenden Schädelkontur. Der Pfad wurde geschlossen und in eine Auswahl umgewandelt; das Symbol für diesen Befehl finden Sie am Fuß der Pfad-Palette. Die Glatze erzeugte ich aus der Stirnhaut mit dem Stempel, im nächsten Schritt wurde dieser Bereich entsprechend der Beleuchtung aufgehellt beziehungsweise abgedunkelt. Die Haare entstanden auf weiteren Ebenen in derselben Weise, auf die ich im Text zu Abbildung 12 Bezug nehme.

15 Schatten und Hand

Den Schatten, den der vordere Mönch auf Rand und Platte des Billardtisches wirft, hätte ich zwar aus seinem Originalfoto entnehmen können, allerdings erschien sein Verlauf nicht befriedigend. Daher legte ich eine Ebene unterhalb der Figur an und erzeugte eine Auswahl mit breiter weicher Auswahlkante, die schwarz gefüllt und auf „Multiplizieren" gesetzt wurde. Durch Regulierung ihrer Deckkraft lässt sich schließlich die Stärke einstellen, die man für geeignet hält. Die zeigende Hand fügte ich hinzu, um einen noch stärkeren Bezug der Person zur dargestellten Handlung und damit mehr Spannung zu erzielen.

16 Spiegelung ▲

Erst ganz zum Schluss entdeckte ich einen weiteren bildlogischen Fehler in der Montage: Da der Billardtisch überwiegend aus dem Ursprungsfoto in Abbildung 1 stammt, seine Einfassung aber aus verschiedenen anderen Ebenen, entspricht die Spiegelung der Glasperlenschnüre nicht mehr dieser Ausgangsaufnahme. Da die sichtbaren Lampen aber aus Bild 1 stammen, muss natürlich auch die Spiegelung in der fertigen Montage zu den von hinten beleuchteten Glasperlen passen. Das technisch zu korrigieren, ist mit einer entsprechenden übertragenen Auswahl kein Problem. Das eigentlich Wichtige ist, den Blick für bildlogische visuelle Widersprüche und Brüche zu schärfen und solche Stellen in Montagen zu finden.

Armdrücken

17 Erste Person, Originalaufnahme

Bei dieser Montage wollte ich ausprobieren, wie es wirkt, wenn alle im Bild vertretenen Doppelgänger gleich aussehen und sich nicht durch Kleidung, Haarfarbe oder anderes unterscheiden. Weitere Unterschiede zu dem zuvor dargestellten Projekt bestehen darin, dass ich hier die Wechselwirkung zwischen zwei Personen in den Mittelpunkt stellen und zudem ausprobieren wollte, welche technischen Probleme sich ergeben, wenn man nicht zu zweit arbeitet, sondern sowohl als Fotograf wie als Modell fungiert.

18 Orientierungspunkt ▲

Um die Probleme, die ich bei Abbildung 5 erwähnt habe, zu umgehen, bastelte ich mir eine einfache Vorrichtung, um das Zusammentreffen der beiden Hände zum Armdrücken räumlich zu fixieren: Ich spannte eine Deckenstütze zwischen Fußboden und Decke und befestigte einen dicken Draht daran, dessen Ende ich so positionierte, dass ich meine Hand in beiden Sitzpositionen daran orientieren konnte. Beim Montieren merkte ich allerdings, dass das in diesem konkreten Fall nur bedingt hilft. Besser wäre es hier, eine zweite Person um ihre Beteiligung zu bitten; im optimalen Falle trägt sie eng anliegende weiße oder schwarze Handschuhe.

19 Überlagerung

Bei angemessener Planung der Positionen sowie identischer Belichtung aller Einzelbilder ist das Freistellen nun kein großes Problem mehr, wie sich an dieser Überlagerung der noch nicht bearbeiteten Elemente ablesen lässt. Sauberes Ausarbeiten der Konturen ist nur dort wichtig, wo die Randbereiche einer im Vordergrund positionierten Figur an die Fläche einer anderen grenzen. Schwierig ist – wie immer – die Behandlung der Haare in solchen Zonen. Beachtung verdienen auch die weichen Schlagschatten der einzelnen Personen, die zum Teil auf den Boden, zum Teil auf andere Bereiche des Hintergrunds, aber auch auf den Tisch fallen. Der Schattenwurf auf andere Figuren konnte hier wegen der weitgehend diffusen Beleuchtung ignoriert werden.

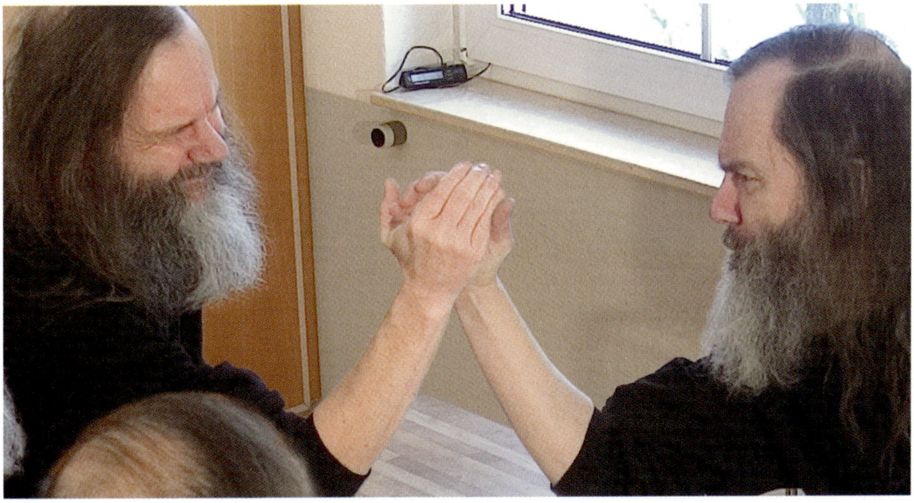

20 Ausschnitt „Armdrücken" ▲

Trotz der Vorbereitung mittels des Orientierungspunktes waren die beiden Hände weit davon entfernt, exakt zusammenzupassen. So wählte ich beide Unterarme bis zum Ellbogen aus, versetzte sie auf neue Ebenen (Strg-/Befehls-, Umschalt- und J-Taste) und drehte sie um das Ellbogengelenk als Rotationszentrum, bis sie zusammenpassten. Zusätzlich musste ich die Finger des rechten der beiden Kontrahenten anpassen, bis sie sich zu einem überzeugenderen Griff schlossen. Die Tapete im Hintergrund dunkelte ich ab, um den Kontrast zu den beiden Unterarmen im Bildzentrum zu verstärken.

21 Fertiges Gruppenbild mit Zuschauern ▲

Trotz der Rennerei innerhalb der Selbstauslöserfrist geht es zwar auch allein, aber nicht so gut wie zu zweit (und es macht viel weniger Spaß). Ob Sie ein solches Vorhaben mit sich selbst als Fotomodell realisieren oder mit einer anderen Person, ist nebensächlich. Im übrigen gilt auch hier: Wenn Sie Schlagschatten, die eine Person auf eine andere wirft, möglichst genau wiedergeben wollen, kommen Sie ohne ein zweites Modell, dessen Schatten Sie später übernehmen, nicht aus.

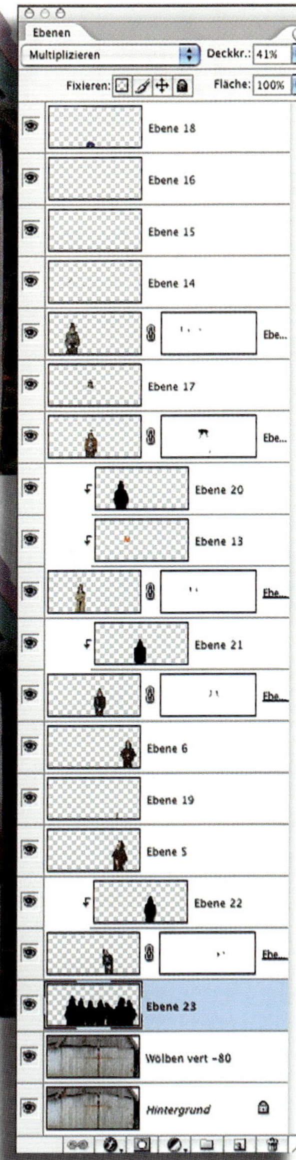

22 Gruppenfoto ▲

Abschließend eine weitere Illustration aus demselben Zusammenhang; die einzelnen Gestalten kennen Sie ja bereits vom Billardtisch. Eine solche Montage mit nebeneinander stehenden Versionen einer Person ist natürlich deutlich einfacher als die auf den vorausgehenden Seiten gezeigte, wo diese miteinander in Wechselwirkung treten – obwohl das hier, bei der zweiten und dritten Figur von rechts, ebenso der Fall ist. Solche Situationen, bei denen zum Beispiel Augenkontakt bestehen soll, müssen Sie beim Fotografieren sorgfältig einplanen. Auch den Schattenwurf einer Person auf eine andere gilt es zu berücksichtigen.

Rauchentwicklung

Wo Rauch ist, ist auch Feuer? Logisch korrekt, aber dennoch nicht immer richtig. Vielleicht war da nur wieder Photoshop am Werk. Wir zeigen Ihnen, wie Sie die Pixel zum Qualmen bringen. **Doc Baumann**

D**ie Erzeugung** künstlichen Rauchs hatte ich bereits im vorausgehenden Workshop kurz gestreift. In „Gruppenbild mit Doppelgängern" (Seite 243) pafften zwei der dargestellten Biker dicke Zigarren. Dabei hatte ich mich bei der Rauchentwicklung noch auf meine Intuition verlassen – diesmal wagte ich im Dienste der digitalen Bildbearbeitung einen todesmutigen Selbstversuch, schnorrte von Bauarbeitern eine Zigarette und blies den Qualm in die Luft. Wenn Völkerkundler bei ihrer Feldarbeit gegrille Engerlinge verspeisen, warum nicht in Dienste der Kunst Erfahrungen mit blauem Dunst sammeln?

Vielleicht erinnern Sie sich aus zurückliegenden Artikeln meines Ratschlags, bei der digitalen Nachahmung realer Gegebenheiten zunächst diese selbst so genau wie möglich zu studieren – da muss man auch einmal eine Weile solchen Geschmack ertragen und drei Rollen Lakritz nachschieben, um ihn wieder weg zu kriegen.

Rauch, so ergaben die Experimente, erzeugt man am besten auf einer überlagernden schwarz gefüllten Ebene mit dem Modus „Umgekehrt Multiplizieren". Die Rauchkringel werden weiß, gegebenenfalls mit leicht bläulicher Tönung. Sie fangen mit dem Pinsel an, setzen dann den Weichzeichnerfilter „Bewegungsunschärfe" ein, danach „Verflüssigen", oder, sofern Sie über keine neuere Photoshop-Version verfügen, auch „Goo" aus den KPT-Plug-ins.

Haben Sie weder das eine noch das andere, ist das auch nicht weiter schlimm, denn den Hauptteil der Arbeit erledigt der Wischfinger. Sie können ihn auch durchaus ohne weitere Vorbereitung nach dem Malen verwenden, ohne dass die Ergebnisse merklich schlechter würden.

Wie Sie im Einzelnen vorgehen, zeigen wir Ihnen Schritt für Schritt. Beherrschen Sie das Verfahren, lassen sich damit ganze Schriftzüge (Abbildung rechts) oder sogar Porträts zeichnen. Und das alles ohne jede Gefahr für die Lunge.

1 Echter Zigarettenrauch

Der Rauch ist echt, die Zigarette auch; trotzdem ist dies bereits eine Montage. Da in der Hand gehaltene Glimmstengel – wie meine Versuche ergaben – eigentlich nur einen vergleichsweise dünnen Rauchfaden aufsteigen lassen, fotografierte ich zunächst die Hand mit der Zigarette separat. Danach nahm ich einen dünnen Plastikschlauch und blies den Qualm mit nicht zu hohem Druck hindurch; auch davon nahm ich Fotos auf. Anschließend wurden beide Bilddateien montiert, indem ich Hand und Zigarette freistellte und an die passende Stelle übertrug.

Tipp:
Die Deckkraft oder Stärke von Mal- und Retuschewerkzeugen definieren Sie durch Drücken der Zifferntasten; 1 entspricht 10 %, 9 90 %, 0 100 %. Drücken Sie die Tasten schnell hintereinander, lassen sich auch Werte wie 35 % eingeben.

2 Funktionsweise des Wischfingers ▲

Das Wischfinger-Werkzeug verschmiert Pixel in Richtung der Werkzeugbewegung. Im Unterschied zu anderen Mal-Tools bestimmt die eingestellte Stärke nicht die resultierende Deckkraft, sondern die Strecke, über welche die Pixel verschmiert werden. Beim Wert 100 ziehen Sie die Pixel so lange mit, bis Sie das Werkzeug absetzen. Deutliche Verlagerungseffekte ergeben sich etwa ab 80 Prozent Stärke.

3 Wischfinger-Optionen

Neben der Stärke und einem reduzierten Set von Wirkungsmodi (es gibt neben „Normal" nur „Abdunkeln" und „Aufhellen" sowie „Farbton", „Sättigung", „Farbe" und „Luminanz") bietet der Wischfinger zwei werkzeugspezifische Optionen: Bei „Alle Ebenen einbeziehen" sind auch die Pixel anderer sichtbar eingeblendeter Ebenen betroffen; die Wischwirkung und die daraus resultierenden Pixel sind aber ausschließlich der aktiven Ebene zugeordnet. Die Option „Fingerfarbe" setzt jeweils mit der Vordergrundfarbe an und geht dann zum Verwischen der Bildpixel über.

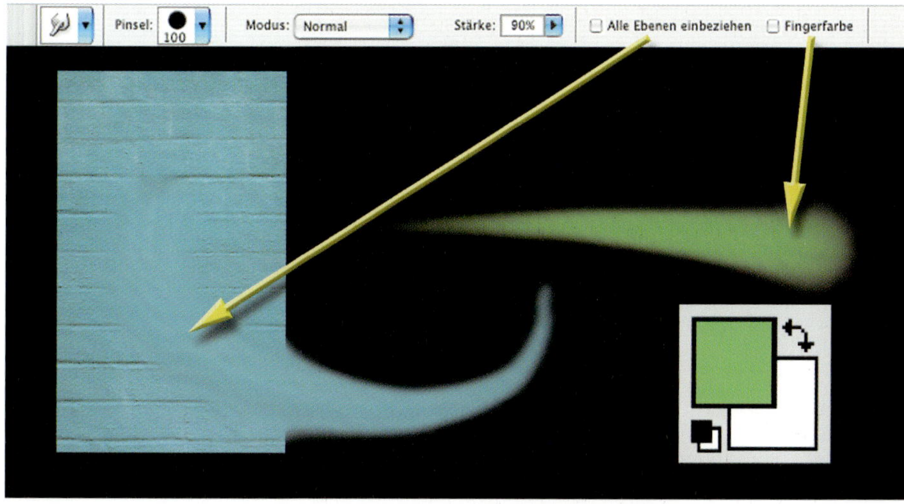

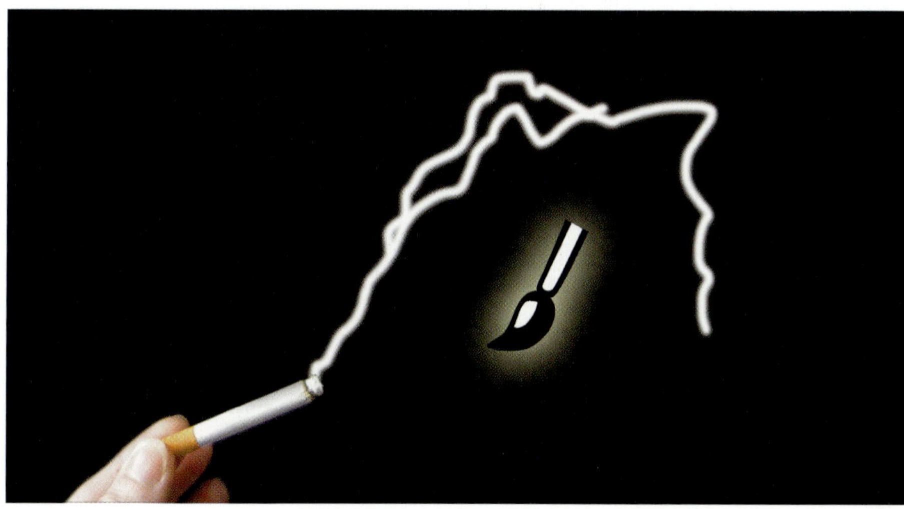

4 Rauch malen ▲

Der Ebenenaufbau der Datei sieht folgendermaßen aus: Auf der Hintergrundebene ist eine schwarze Fläche mit Hand und Zigarette, darüber eine weitere schwarze Ebene, die Sie auf den Modus „Umgekehrt Multiplizieren" setzen. Wählen Sie den Pinsel aus der Werkzeug-Palette und Weiß als Vordergrundfarbe. Malen Sie grob den Verlauf des Rauchs mit einer nicht zu großen Werkzeugspitze. Ob diese hart oder weich begrenzt ist, spielt keine Rolle, da durch die weiteren Überarbeitungen davon ohnehin nichts sichtbar übrig bleibt.

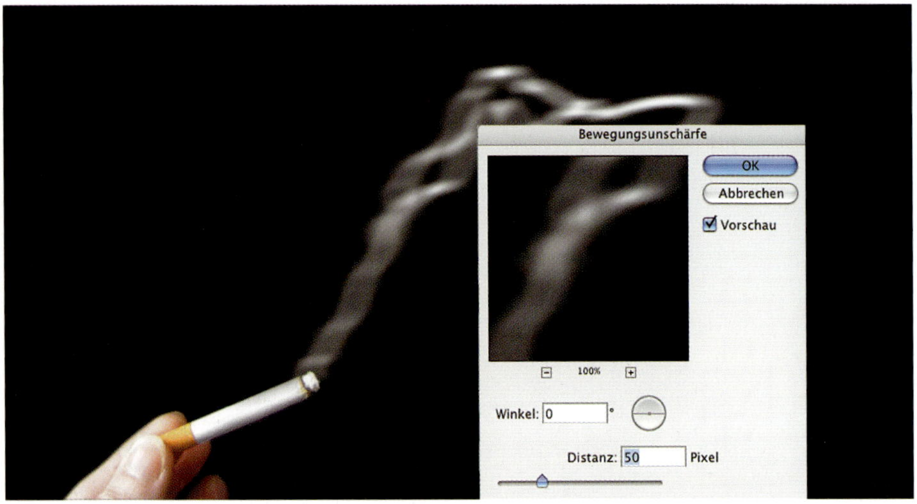

5 Filter „Bewegungsunschärfe“

Dieser Arbeitsschritt ist nicht unbedingt nötig, aber wie Sie sehen, macht er aus den Malstrichen bereits etwas deutlich Rauchartigeres als die bloßen Malstriche zuvor. Im Prinzip könnten Sie einen großen Teil des Rauchs mit diesem Filter wiedergeben, wenn Sie zuvor eine differenzierte Maske anlegen, die dafür sorgt, dass die Auswirkung des Filters in einigen Bereichen stärker und in anderen – zum Beispiel der Stelle, von der aus er von der Zigarette aufsteigt – schwächer ausfällt. Auf jeden Fall sorgt er dafür, dass Sie den Malstrich weich auf eine bestimmte Breite gebracht haben, was den tatsächlichen Gegebenheiten an vielen Stellen entspricht.

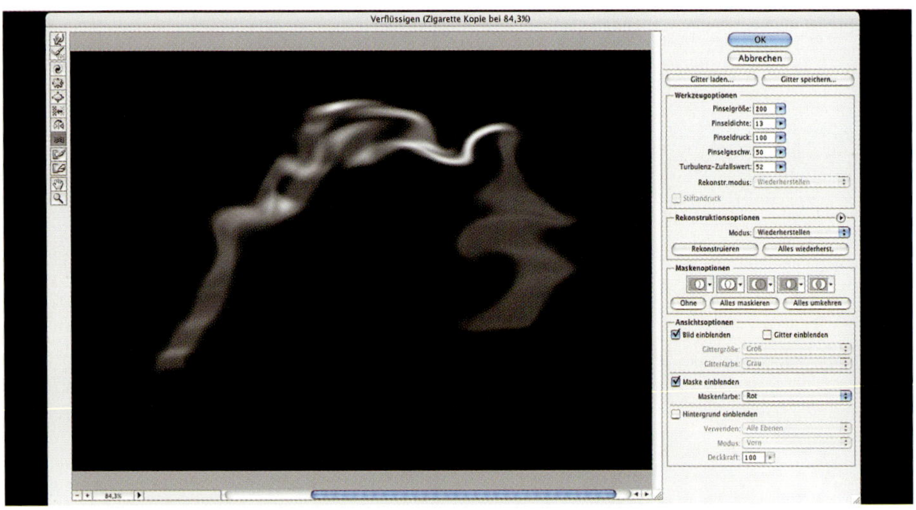

6 „Verflüssigen“-Fenster ▲

Für Besitzer neuerer Photoshop-Versionen empfiehlt sich als nächster Arbeitsschritt der Einsatz von „Verflüssigen“; viele Eingriffe funktionieren hier nicht nur besser, sondern auch wesentlich schneller als mit dem Wischfinger. Das achte Tool von oben in der Palette links ist das „Turbulenz-Werkzeug“. Beim Bewegen arbeitet es ähnlich wie das erste der Reihe, das sogenannte „Vorwärts-krümmen-Werkzeug“. Ziehen Sie langsam oder bleiben auf einer Stelle stehen, wird – je nach Stärke der rechts eingegebenen Werte für „Turbulenz-Zufallswert“ und „Pinselgeschwindigkeit“ – der Bereich unter der Spitze zerbröselt. Das Tool eignet sich gut für die ersten Überarbeitungen.

7 „Strudel"-Werkzeug

Bleiben Sie weiter im „Verflüssigen"-Fenster und wählen Sie als nächstes Werkzeug „Strudel". Bei normaler Anwendung dreht sich der Bereich unter der Werkzeugspitze nach rechts, also im Uhrzeigersinn, bei gedrückt gehaltender Alt-Taste nach links. Je nach Größe der Spitze und der Kombination der anderen Parameter verwirbeln Sie den Rauch damit in kleineren oder größeren Bereichen. Arbeiten Sie mit einer Photoshop-Version, die „Verflüssigen" noch nicht unterstützt, setzen Sie weich begrenzte Kreisauswahlen und den „Strudel"-Verzerrungsfilter dafür ein.

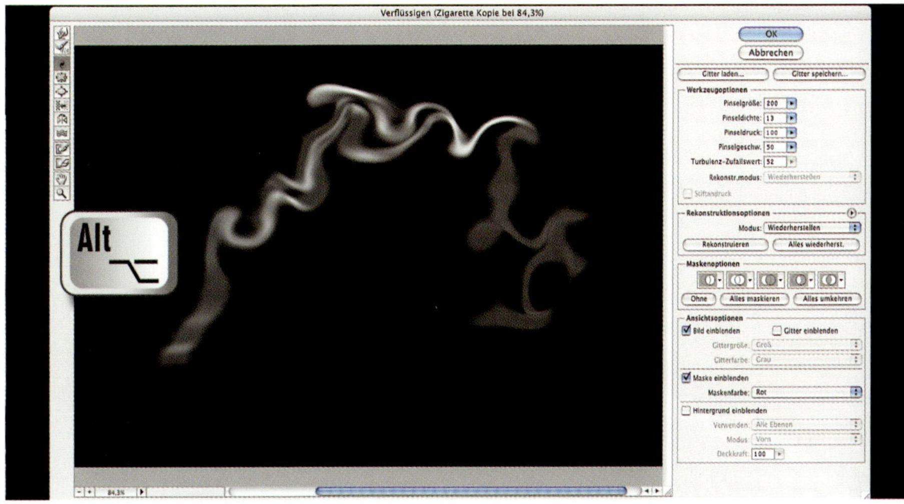

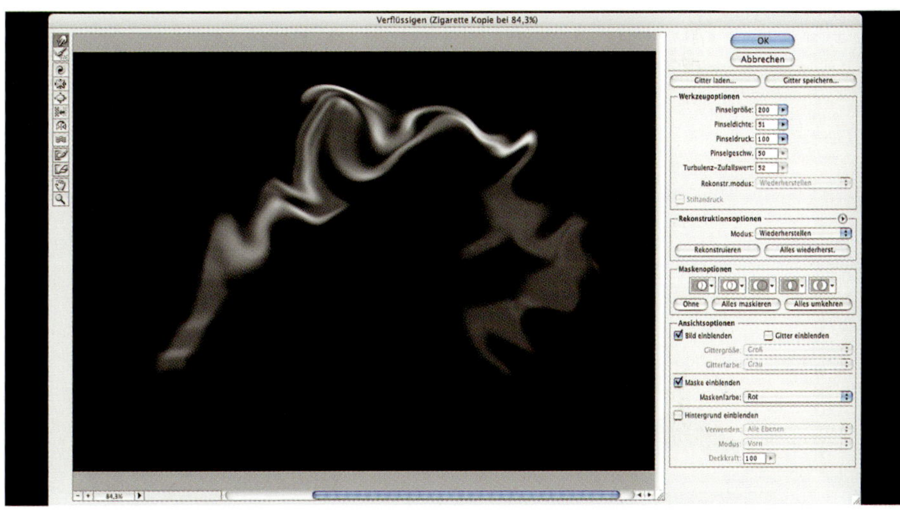

8 Verschmieren ▲

Die meisten Eingriffe werden Sie wahrscheinlich mit dem ersten Tool der Palette vornehmen, dem unschön benannten „Vorwärts-krümmen-Werkzeug" (ich muss bei dem Namen immer an katzbuckelnde Diener Friedrichs des Großen denken). Probieren Sie aus, was geschieht, wenn Sie die diversen Werte rechts, vor allem „Pinselgröße", „Pinseldichte" und „Pinseldruck" verändern. Anders als mit dem Wischfinger können Sie hier zum Beispiel Löcher in der Farbe des schwarzen Hintergrunds in den Rauch reiben. Aber auch andere Werkzeuge der Palette führen zu interessanten Effekten, wenn Sie sie nicht nur über einer Stelle halten, sondern über das Bild ziehen.

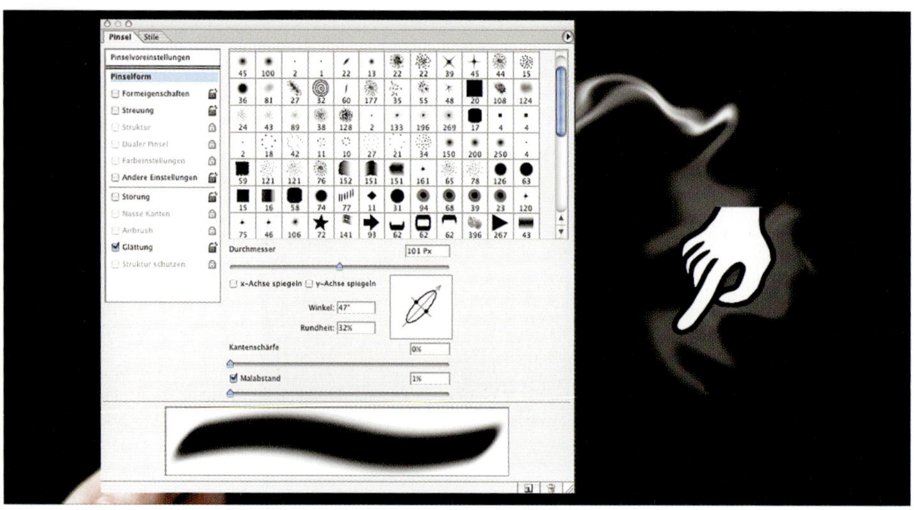

9 „Verflüssigen" angewandt

Das Arbeiten im Vorschau-Feld des „Verflüssigen"-Filters führt immer zu relativ hart begrenzten Formen. Dies hat als Vorstufe für weitere Eingriffe durchaus Vorzüge, weil sich der Verlauf der Rauchfahne so recht genau bestimmen lässt. Ab einem gewissen Stadium kommen Sie damit allein jedoch nicht weiter; das Ergebnis sieht noch nicht wirklich wie verwehter Rauch aus, dazu fehlt eine gezielte Weichheit, die Sie durch die Anwendung eines Filters nicht erreichen, da er alle Bildstellen gleichermaßen beeinflusst.

10 Werkzeugspitze für Wischfinger ▲

Den Wischfinger rufen Sie von der Tastatur aus mit der R-Taste auf; erscheint stattdessen das Weich- oder Scharfzeichner-Werkzeug, drücken Sie zusätzlich die Umschalt-Taste, bis das gewünschte Werkzeug aktiviert ist. (Natürlich funktioniert es auch über die Werkzeug-Palette, aber je weniger Sie mit der Maus über den Monitor huschen müssen, um so schneller geht die Arbeit.) Für den Einsatz des Wischfingers eignet sich bei diesem Projekt am besten eine weiche Werkzeugspitze, deren Wert für „Rundheit" stark herabgesetzt wurde und die in einem Winkel von etwa 45 Grad ausgerichtet ist; der Malabstand wirkt sich auf die Fingerspuren nicht aus. Damit können Sie den Rauch in diesem Stadium gezielter und glaubwürdiger verteilen als mit einfacher runder Spitze.

11 Rauch grob verschmieren

Die nächsten Arbeitsschritte lassen sich mit Worten nur schwer erklären, zumal es sich hier um keinen klar strukturierten Vorgang handelt, den Sie genau so nachvollziehen können oder sollen. Bei jedem Anwender wird der Rauch am Ende etwas anders aussehen. Am besten ließe sich dieser Einsatz des Wischfingers wohl durch einen kurzen Film demonstrieren. Durch den Vergleich der unterschiedlichen Stadien können Sie aber recht gut nachvollziehen, was sich jeweils verändert hat. In dieser Abbildung wurde zunächst nur die linke Hälfte des Rauchs bearbeitet.

12 Detaillierter Einsatz ▲

Mit unterschiedlichen Stärke-Einstellungen des Wischfingers und Änderungen des Werkzeugspitzendurchmessers – am schnellsten ebenfalls über die Tastatur mit „Ö“ (vergrößern) und „#“ (verkleinern) – formen Sie den Rauch nach und nach, bis er zufriedenstellend aussieht. Die durchschnittliche Stärke beim Verschmieren liegt bei 90 Prozent. Werden dabei helle Bereiche zu weit ausgedehnt, beginnen Sie mit dem Ziehen über einer schwarzen Fläche und übertragen die Abdunklung auf diese Weise in den Qualm. Natürlich können Sie bei Bedarf zwischendurch auch andere Werkzeuge wie Abwedler, Nachbelichter oder Gradationskurven einsetzen.

13 Überlagerung mit einer Szene

In der Regel soll der so entstandene Rauch nicht einfach vor einem schwarzen Hintergrund stehen, sondern vor einer Szene in der Luft schweben. Alles, was Sie dafür zu tun haben, ist, den Modus der Rauch-Ebene auf „Umgekehrt" Multiplizieren" zu setzen, sofern Sie das nicht bereits zuvor getan hatten (die Hand mit der Zigarette beziehungsweise eine rauchende Person muss selbstverständlich im Modus „Normal" auf einer eigenen Ebene bewahrt bleiben.) Erscheint der Rauch zu stark, verringern Sie die Deckkraft seiner Ebene, ist er zu schwach, duplizieren Sie sie und reduzieren dann gegebenenfalls die der ansonsten zu kräftigen Duplikat-Ebene.

14 Rauch-Überlagerungen ▲

In vergleichbarer Weise gehen Sie vor, wenn Sie Rauchschwaden wiedergeben wollen, die in unterschiedliche Richtungen ziehen. Solche Wolken liegen ja nicht auf einer Ebene, sondern sind im Raum verteilt, so dass sie sich zum Teil überschneiden können. Da Sie durch Verschmieren in einem neuen Winkel den bereits vorhandenen Rauch unerwünscht verändern würden, legen Sie auch hier eine neue schwarze Ebene an und wiederholen die zuvor beschriebenen Schritte nun mit anderer Ausrichtung. Zu einer stärkeren räumlichen Wirkung trägt bei, wenn Sie die Schwaden auf den beiden Ebenen leicht unterschiedlich einfärben.

15 Objekte mit Rauch darstellen

Zufällig erhielt ich während der Vorbereitung dieses Workshops eine Mail von einer Leserin. Sie hatte das Bild eines Asiaten gesehen, der eine Pfeife rauchte, aus der Rauch in Form eines Gesichts aufstieg: „Mich würde interessieren, wie man so einen ‚Rauch' kreiert. Vielleicht können Sie einmal in einem Ihrer Workshops etwas ähnliches basteln und erklären." Das Prinzip ist dasselbe, nur setzen wir in diesem Fall die Deckkraft der Rauch-Ebene herab, um das auf der Ebene darunter liegende Gesicht zur Orientierung beim Malen und Verwischen sehen zu können. Allerdings können Sie hier nicht mehr frei entscheiden, wo die Rauchfahnen verlaufen und in welche Richtung Sie sie verschmieren. Die Konturen sind durch das Bild darunter festgelegt. Beginnen Sie mit den Umrisslinien; berücksichtigen Sie dabei aber nach Möglichkeit weiterhin die Charakteristika des Rauchs und seiner Verteilung im Raum.

16 Fertiges Rauch-Gesicht ▲

Auch hier kann der „Verflüssigen"-Filter helfen. Um gleichzeitig vorgenommene Verzerrungen und Hintergrundbild zu sehen, aktivieren Sie im Filter-Fenster rechts unten „Hintergrund einblenden", darunter die gewünschte Ebene, als Modus „Dahinter auftragen" und eine hohe Deckkraft. Je differenzierter die Gesichtszüge sein sollen, um so schwieriger wird es, da Sie diese nicht beliebig malen können, sondern eben auch so darstellen müssen, dass sie an Rauch und seine Verwirbelungen erinnern. Wird die Darstellung von Details zu schwierig, legen Sie dafür eine neue Ebene an, um fertige Konturen nicht erneut zu verwischen. So sieht schließlich das komplette Bild aus. Meist wird dabei ein Kompromiss herauskommen zwischen einer hinreichenden Ähnlichkeit einerseits und einer überzeugenden Behandlung des Rauchs andererseits. Zum Teil führt das zu visuellen Widersprüchen, aber das Prinzip ist für die Betrachter dennoch gut erkennbar. Ansonsten gelten die zuvor beschriebenen Tipps für Abschwächung oder Verstärkung. Ein Unterschied zwischen dieser Bildfassung und der aus Abbildung 16 besteht darin, dass hier durch Manipulation der Cyan-Gradationskurve eine leichte Blaufärbung erfolgte.

Ein Objekt in einen Eisblock verwandeln

Dieser Workshop ist wieder einmal das Ergebnis einer Leseranfrage. Wie kann Photoshop dabei helfen, einen Gegenstand so darzustellen, dass er einem Eisklotz ähnelt? | **Doc Baumann**

Gewisse Eingriffe sind in Photoshop nicht ohne weiteres möglich, da es sich nun einmal um ein Bildbearbeitungsprogramm handelt – also eins, das in zwei Dimensionen operiert und nicht in drei. Ein Problem wie das des optisch korrekten Schattenwurfs zum Beispiel lässt sich daher hier nicht endgültig befriedigend lösen.

Ähnlich, wenn auch etwas anders gelagert, sieht es mit der folgenden Leseranfrage aus dem alten DOCMA-Forum aus:

„Hallo zusammen, ich würde gerne wissen, wie man ein Bild-Objekt, zum Beispiel einen Kopf, einen Apfel, whatever ... so verändert, dass er aussieht wie aus klarem Eis! Am besten mit ein paar Wassertropfen auf der Oberfläche, um das Ganze realistischer wirken zu lassen ... hoffe, dass das möglich ist! Sonnige Grüße, Arnd“

Bei solchen Projekten schaue ich mir, wenn möglich, zunächst mal das Bild eines entsprechenden Gegenstands näher an und überlege, wie sich die spezifischen visuellen Gegebenheiten in Photoshop am besten nachahmen ließen. Zum Glück hatte ich ein passendes Foto in meinem Archiv.

Was ist das Besondere an einem klaren Eisklotz? Er verzerrt den Hintergrund erheblich, er weist scharf begrenzte Reflexionen und ebensolche Glanzlichter auf. Damit gibt es Ähnlichkeiten zu zwei anderen Bereichen, für die Photoshop Darstellungen unterstützt: Glas und Chrom. Die Nachahmung von Glasverzerrungen findet sich im Menü der Verzerrungsfilter; der entsprechende „Glas“-Filter kann ähnlich wie der „Versetzen“-Filter auf eine Matrix zugreifen, die man zuvor aus einem Bild abgeleitet hat. Den „Chrom“-Filter finden Sie unter den „Zeichenfiltern“. Es lag also nahe, zunächst mit diesen Filtern zu experimentieren und zu versuchen, auf neue Ebenen duplizierte Bildvarianten mit passenden Verrechnungsmodi zu vermischen.

Wie Sie sehen, kommen in dem Eisblock-Foto, von einigen Reflexionen abgesehen, vor allem Grautöne vor, was das Ergebnis etwas langweilig aussehen ließe. Eine leichte Blaugrün-Färbung ist also etwas, das eigentlich nicht notwendig zu einem Eisobjekt gehört, das wir aber dennoch damit verbinden – eine Erwartung, die sich leicht befriedigen lässt.

Nur mit großer Mühe könnte man nachahmen, dass ein Eisblock nicht nur den durch ihn hindurch sichtbaren Hintergrund verzerrt erkennen lässt, sondern auch seine eigene Rückseite; Photoshop ist eben keine 3D-Software. Für die Hintergrundverzerrung bietet sich ebenfalls der „Glas“-Filter an. Das Ergebnis ist zwar weit davon entfernt, optisch korrekt zu sein, aber so viel erkennt man dabei gar nicht, dass die erheblichen Abweichungen auffielen.

Bei sehr differenzierten Objekten – etwa einem Kopf mit Haaren – sollten Sie außerdem berücksichtigen, dass solche Details kaum glaubhaft in Eis umzusetzen wären. Sie sollten also vor der Verwandlung stark geglättet werden, um die feinen Strukturen einzuebnen.

Bei einem solchen Vorhaben weiß man am Anfang selten, wie das Ergebnis aussehen wird. Es gibt zahllose Varianten, die Sie ausprobieren können; Experimenten sind keine Grenzen gesetzt. So ist auch diese nur eine von vielen möglichen Lösungen.

1 Ausgangsfoto

Zwar können Sie für dieses Projekt nahezu jedes Ausgangsbild verwenden – es erleichtert aber vieles, wenn Sie darauf verzichten, eine Vorlage auszusuchen, die zu kräftige Schattenanteile aufweist. Auch sollten Bereiche mit hellen Stellen vorhanden sein; je größer deren Kontrast zur Umgebung – wie etwa bei den Glanzlichtern auf den Lippen –, um so besser für das spätere Ergebnis. Dieses Foto aus der Corel Stock Photo Library wurde zunächst unter Einsatz von „Extrahieren" freigestellt und mit einem neutralen Hintergrund versehen.

Foto: Corel Stock Photo Library

2 Haare weichzeichnen ▲

Sehr feine und differenzierte Strukturen eignen sich nicht dazu, in einen Eisblock umgesetzt zu werden, dazu ist das Material zu spröde. Außerdem ergäben sich später zum Beispiel bei Einsatz des „Chrom"-Filters in Bereichen wie denen der Frisur unerwünscht dicht beeinander liegende Konturen. Um das zu vermeiden, habe ich die Haare mit dem Lasso ausgewählt und diese Flächen mit dem Gaußschen Weichzeichner bearbeitet. Der hier gewählte Wert 4 ist nicht obligatorisch, sondern hängt von der Dateiauflösung und dem Effekt ab, den Sie später erzielen wollen. Eventuell stellen Sie erst bei Einsatz des „Chrom"-Filters fest, dass der Wert zu hoch oder zu niedrig war. Daher empfiehlt es sich immer, die früher angelegten Ebenen nicht zu löschen, sondern zu duplizieren und auszublenden. Ideal wären natürlich Filter, die wie Photoshops Einstellungs-Ebenen auch später noch einen Zugriff auf angewandte Parameter erlaubten.

3 Sättigung reduzieren

Für das weitere Vorgehen eignet sich ein Graustufenbild wesentlich besser als ein farbiges, da es zunächst nur um Helligkeitswerte gehen wird. Da die Datei insgesamt jedoch weiterhin im Farbmodus – am besten RGB – vorliegen muss, setzen Sie die Sättigung der Ebene mittels der eingeblendeten Tastaturkombination auf Null. (Verschieben des Sättigungsreglers in „Farbton/Sättigung" ganz nach links ergäbe dasselbe Resultat.)

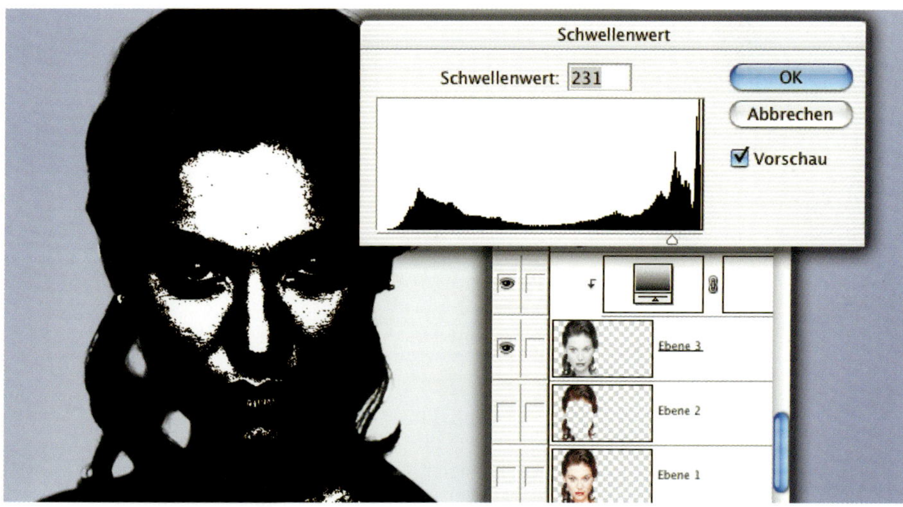

4 „Schwellenwert"-Einstellungs-Ebene ▲

Dieser Zwischenschritt hat nichts mit dem an dieser Stelle vorbereiteten Bildeingriff zu tun, sollte aber sinnvollerweise dennoch in diesem Stadium vorgenommen werden: Fügen Sie der farbreduzierten Ebene eine Einstellungs-Ebene des Typs „Schwellenwert" hinzu. Schieben Sie den Schwellenwert-Regler im erscheinenden Einstellungsfeld so weit nach rechts, bis nur noch die hellsten Bildstellen weiß dargestellt werden, alle auf der linken Seite des Reglers werden schwarz. Es handelt sich also mit anderen Worten um eine interaktive zweistufige Tonwerttrennung. Danach können Sie die Einstellungsebene wieder ausblenden. Sie wird später dazu dienen, als Auswahl geladen die hellsten Bildstellen durch starke Aufhellung zu akzentuieren.

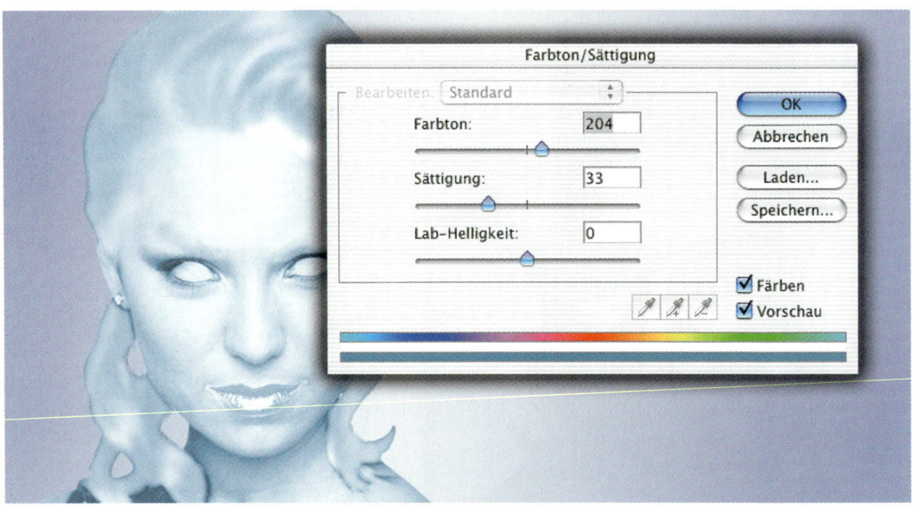

5 Retuschieren

Der nun folgende Schritt ist einer der wichtigsten des ganzen Projekts: Stellen Sie sich vor, der Kopf bestünde nicht aus Fleisch und Blut, sondern aus einfarbigem Material wie Stein. Alle Graustufen, die aus Farben umgewandelt wurden, sind also unerwünscht – brauchbar sind nur solche Grautöne, wie sie sich allein aus den Licht- und Schattenwirkungen des monochromen Steinkopfs ergäben. Der Hautton entspricht also der Materialfarbe; Lippen, Iris der Augen, Brauen, Haare usw. haben dagegen zu Grauumsetzungen geführt, die mit Malwerkzeugen, Abwedler, Nachbelichter oder durch Auswahlen und Tonwertkorrekturen überarbeitet und angepasst werden müssen. Links sehen Sie das retuschierte Ergebnis, rechts zum Vergleich das Originalfoto. Dasselbe Verfahren ist übrigens auch dann nötig, wenn Sie einen fotografierten Menschen oder Gegenstand in eine Skulptur verwandeln wollen.

6 Färben ▲

Bei diesem Eingriff hätten Farben nur zu Verwirrung und zusätzlicher Arbeit geführt. Nachdem die Ebene entsprechend behandelt wurde, kann sie nun wieder mit Farbe versehen werden (beziehungsweise, wie empfohlen, besser ein Duplikat von ihr). Da es um eine einheitliche Färbung geht, verwenden Sie zum Beispiel die entsprechende Option aus dem „Farbton/Sättigung"-Feld (unten rechts). Ich habe hier zudem einige weitere Details der Frisur gelöscht, die für eine Eis-Umsetzung ungeeignet erschienen.

7 Helligkeit interpolieren

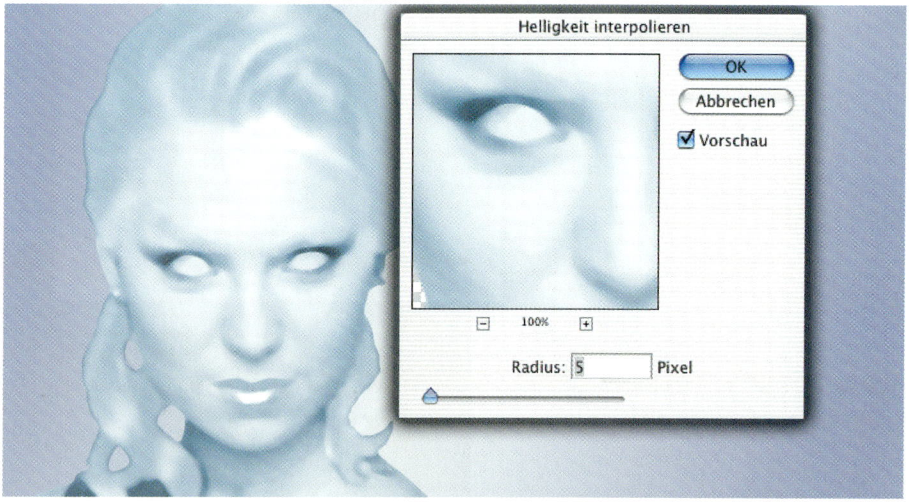

Der für viele etwas verwirrend benannte Störungsfilter „Helligkeit interpolieren" – der sich im übrigen auch gut zur Umwandlung einer Fotografie in eine Ölskizze eignet – vereinigt in idealer Weise für dieses Projekt Weichzeichnung und Schärfung. Innerhalb des durch den Regler festgelegten Radius nimmt er eine Einebnung der Tonwerte vor (weswegen er sich auch zur Reduktion von Störungen eignet und an dieser Stelle des Filter-Menüs zu finden ist); an den Tonwertgrenzen dagegen erzeugt er härtere Konturen.

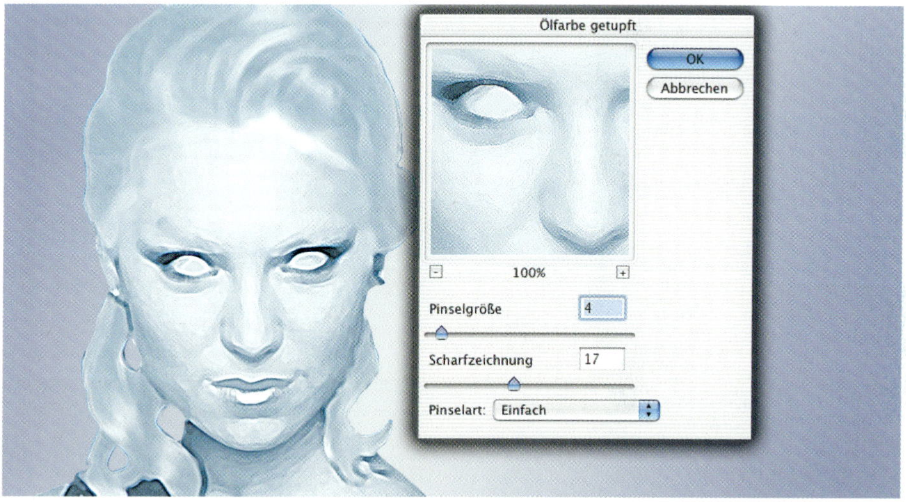

8 Filter „Ölfarbe getupft" ▲

Als nächstes benötigen wir eine gewisse Nachschärfung, die allerdings mit den üblichen Schärfungsfiltern in der gewünschten Weise nicht erzielt werden könnte, da diese zu pauschal vorgehen. Hier gibt es unterschiedliche Verfahren, die zu befriedigenden Ergebnissen führen. Angewandt habe ich aus dem Menü der „Kunstfilter" das Modul „Ölfarbe getupft". Eine für unsere Zwecke recht brauchbare Umwandelung entsteht durch „Einfach" unter „Pinselart", eine kleine „Pinselgröße" sowie einen mittleren Grad von „Scharfzeichnung". Nehmen sie alle diese Schritte nur als mögliche Anregungen und experimentieren Sie auch mit anderen Filtern; es gibt viele Wege, die zum Ziel führen.

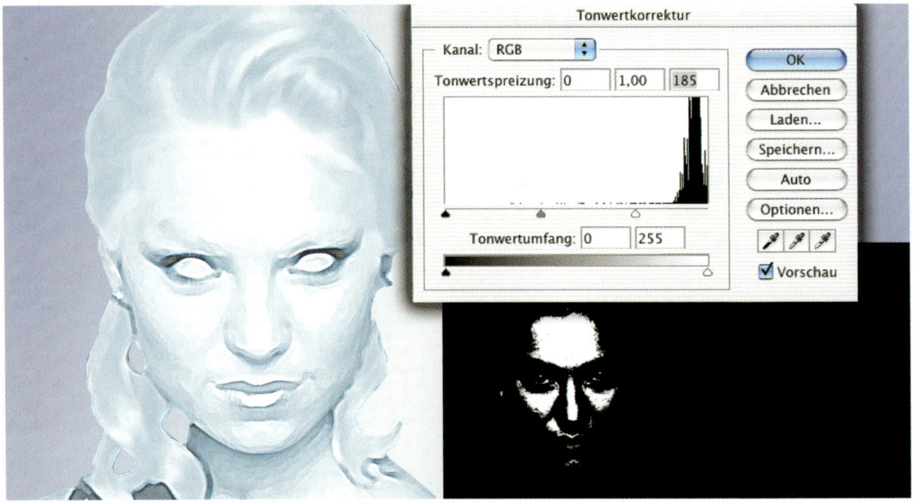

9 Aufhellen aus Auswahl

Das zuvor Gesagte gilt auch an dieser Stelle: Sie können jetzt die in Schritt 4 erzeugte Einstellungs-Ebene „Schwellenwert" als Auswahl laden; das geht aber auch alternativ oder ergänzend zu einem späteren Zeitpunkt. Gehen Sie dabei in folgender Weise vor: Blenden Sie die Einstellungs-Ebene sichtbar ein, indem Sie das Augensymbol in ihrer Ebenenzeile links anklicken. Blenden Sie die anderen Ebenen in derselben Weise aus (oder indem Sie mit gedrückter Alt-Taste auf das Augensymbol der dazugehörigen Bild-Ebene klicken). Klicken Sie mit gedrückter Strg-/Befehlstaste in einen beliebigen Farb-Kanal; dadurch laden Sie sie Helligkeit des Kanals als Auswahl. Welchen Kanal Sie dafür einsetzen, ist gleichgültig, da in einem zu Graustufen umgewandelten Farbbild alle Farbkanäle dieselbe Verteilung von Pixeln zeigen. Machen Sie alle Kanäle, mit denen Sie weiterarbeiten wollen, wieder sichtbar, und kehren Sie zu der ursprünglich bearbeiteten Ebene zurück und hellen Sie die Auswahl auf (Bild links, rechte Hälfte).

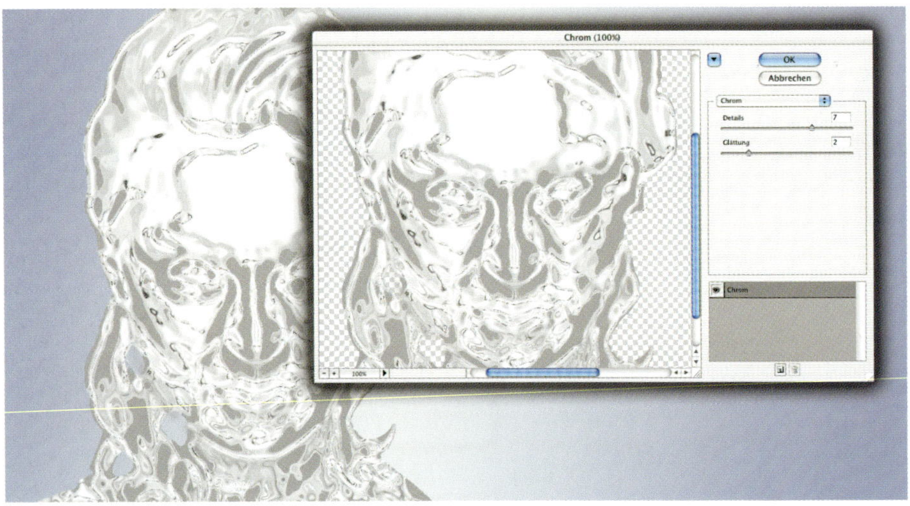

10 Chrom-Filter ▲

Wenden Sie den „Chrom"-Filter, den Sie im Menü der „Zeichenfilter" finden, auf ein Duplikat der Ebene an. Experimentieren Sie mit den Werten für „Details" und „Glättung", bis Sie eine Kombination gefunden haben, welche die Vorlage entsprechend Ihren Vorstellungen umsetzt. Da der Filter ab Photoshop CS auch von der Filter-Galerie unterstützt wird, verfügt er endlich über eine Vorschaufläche angemessener Größe; der Filterdialog kann bis jetzt zur vollen Monitorfläche aufgezogen werden.

11 Umgekehrt multiplizieren

Setzen Sie den Verrechnungsmodus der Chrom-Ebene auf den Modus „Umgekehrt multiplizieren" (vor Photoshop CS hieß dieser Modus übrigens noch „Negativ multiplizieren"). Dadurch werden vor allem die hellen Bildbereiche mit denen der Ebenen darunter vermischt, während sich dunkle Pixel nicht auswirken. Das Ergebnis wirkt wegen der vielen hellen Bereiche der Ebene zunächst noch sehr blass. Das wird sich aber im nächsten Schritt ändern.

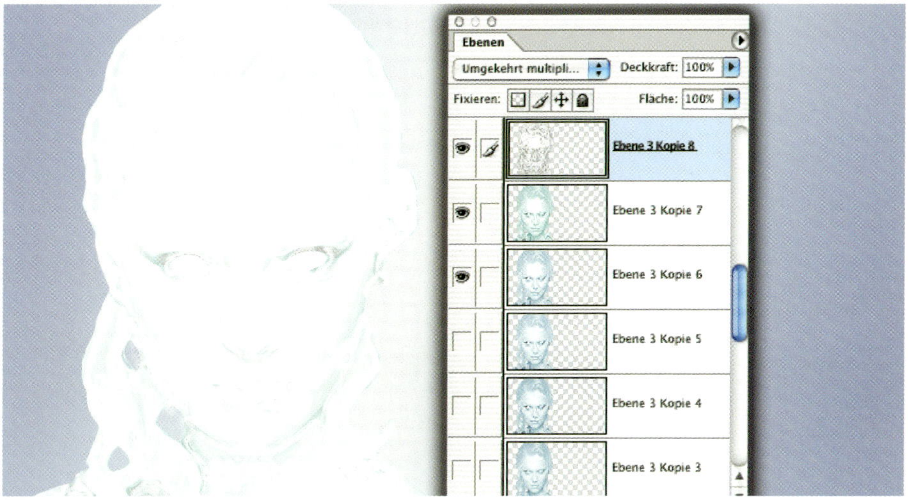

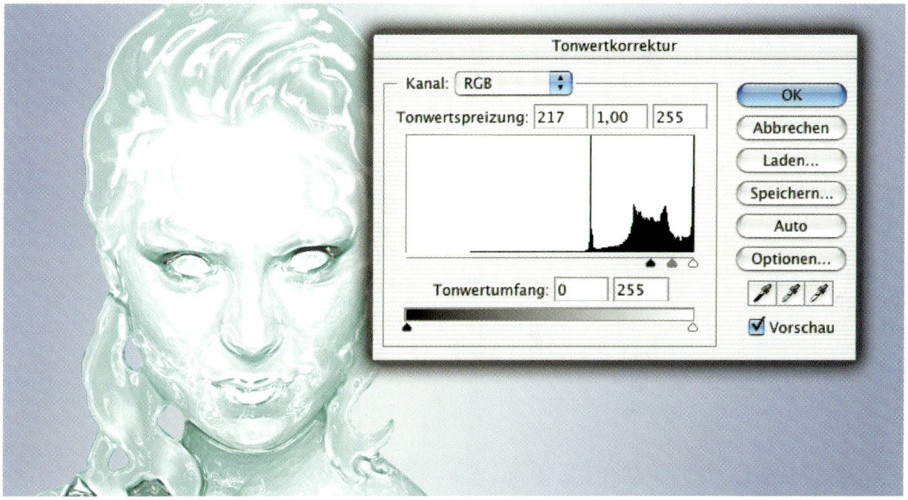

12 Abdunkeln per Einstellungsebene ▲

Fügen Sie der mit dem Chrom-Filter bearbeiteten Ebene eine Einstellungs-Ebene vom Typ „Tonwertkorrektur" hinzu. Dunkeln Sie die Ebene stark ab, indem Sie den Schwarzpunkt-Regler der Tonwertspreizung weit nach rechts schieben. Zu Tonwertabrissen kommt es dabei nicht, da Sie die Ebene zuvor auf den Verrechnungsmodus „Umgekehrt multiplizieren" gesetzt haben; außerdem würden solche Abrisse bei dem erwünschten Eiseffekt mit seinen hart konturierten Farbflächen auch nicht weiter stören.

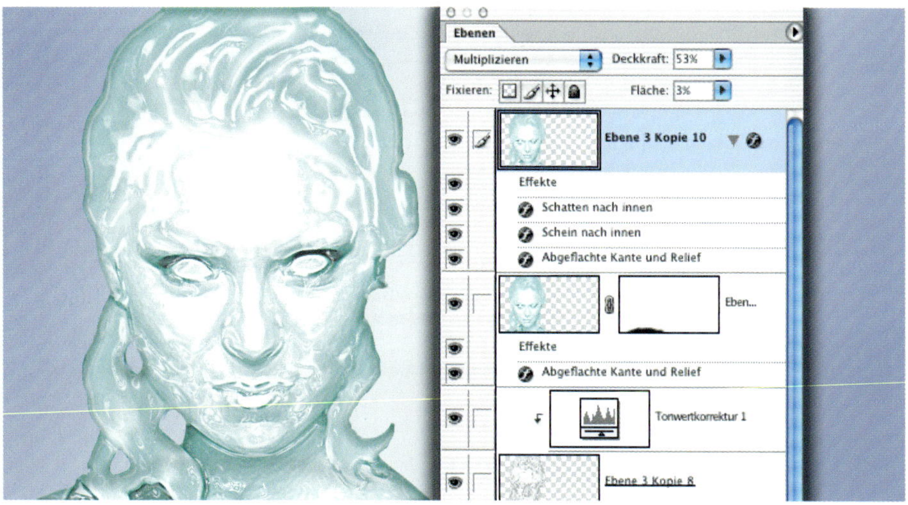

13 Ebeneneffekt „Kante und Relief"

Duplizieren Sie eine der Kopf-Ebenen und schieben Sie sie in der Ebenen-Palette ganz nach oben. Da es hier nur auf den hinzugefügten Ebeneneffekt ankommt und nicht auf die Pixel dieser Ebene, könnten Sie mit gleichem Ergebnis auch einfach eine neue leere Ebene anlegen, den Kopf der Ebene darunter als Auswahl laden, diese mit einer beliebigen Farbe füllen und dann den Effekt anwenden – hier ist das „Abgeflachte Kante und Relief". Nachteil des Effekts, der den Kopf noch plastischer erscheinen lässt, ist, dass er auch unten eine Schattenkante erzeugt. Diese lassen Sie durch Ausblenden mit einer Ebenenmaske verschwinden, nachdem Sie zuvor durch einen Doppelklick auf das Icon der Ebenenzeile unter „Erweiterte Füllmethode" „Ebenenmaske blendet Effekte aus" aktiviert haben. Damit sich nur der Effekt und nicht die Pixel der Ebene auswirken, setzen Sie den Wert für „Fläche" nahezu auf Null.

14 Weitere Ebeneneffekte ▲

Duplizieren Sie die Ebene und weisen Sie dem Duplikat den Verrechnungsmodus „Multiplizieren" zu. (Der Wert für Fläche ist weiterhin Null oder wenig darüber.) Fügen Sie weitere Ebeneneffekte hinzu, die den gewünschten Eindruck von Eis verstärken könnten; ich habe hier mit „Schatten nach innen" und „Schein nach innen" experimentiert.

15 Neuer Hintergrund

Richtig zur Geltung kommt ein solches in Eis verwandeltes Objekt erst dann, wenn es vor einem Hintergrund steht, der teilweise verzerrt durch den Gegenstand hindurch zu erkennen ist. Natürlich unterstützt es die Bildwirkung, wenn Sie dafür ein Bild verwenden, das den Eindruck von Kälte zusätzlich unterstützt. Da ich in meinem Archiv kein passendes Winterfoto finden konnte, griff ich auf eins zurück, das sich nicht weniger gut eignet: Eigentlich zeigt es einen großen aufgeschütteten Hügel aus zermahlenem Fensterglas, den ich in Frankreich auf dem Gelände einer Recyclingfirma entdeckt und fotografiert hatte. Es ist erstaunlich, dass man immer wieder auf solchen Ersatz ausweichen kann, ohne dass es störend auffällt. In einem anderen Fall setzte ich zum Beispiel das Foto einer großen gewellten Sandfläche nach Umfärben als Wasseroberfläche ein.

16 Tiefenschärfe abmildern"-Filter ▲

Dieser ab Photoshop CS neu eingeführte Filter irritierte zunächst wegen seines falsch übersetzten Namens „Verwackeln"; ab CS2 heißt er „Tiefenschärfe abmildern". Setzen Sie im Filterdialog – er findet sich übrigens bei den Weichzeichnern – die Werte für Radius, Helligkeit und Schwellenwert auf geeignete Größen, so ergibt sich eine Tiefenunschärfe, bei der zusätzlich die hellsten Bildstellen orientiert an der simulierten Blendenöffnung aufgespreizt werden. Damit wurde die Glashalde zum glitzernden Eisfeld.

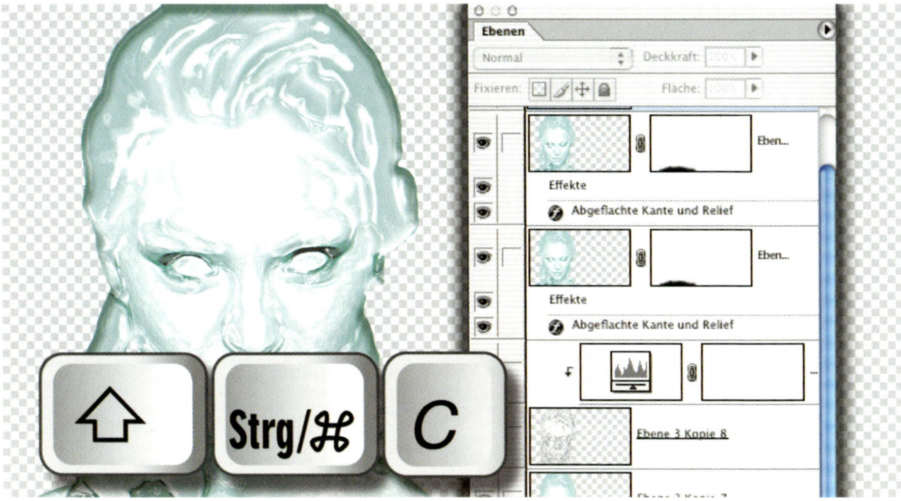

17 Kopf-Ebenen anzeigen

Der Eis-Effekt wirkt nun bereits einigermaßen überzeugend. Den Kopf mit dem Hintergrundbild zu vermischen wäre so allerdings etwas mühsam, da Sie Einstellungen nicht direkt in Bezug auf die Pixel der Kopf-Ebene vornehmen können, sondern die notwendigen Werte bei allen beteiligten Ebenen separat einstellen müssten. (Sie können zwar auch einem zusammengefassten Ebenen-Set einen Verrechnungsmodus zuweisen, aber eine Nachbearbeitung ist hier doch immer schwieriger als bei Pixeln.) Blenden Sie daher alle Ebenen außer denjenigen, die den Kopf definierten, aus, wählen Sie „Alles" aus, achten Sie darauf, dass eine dieser Ebenen aktiviert ist, und gehen Sie im „Bearbeiten"-Menü zu „Auf eine Ebene reduziert kopieren".

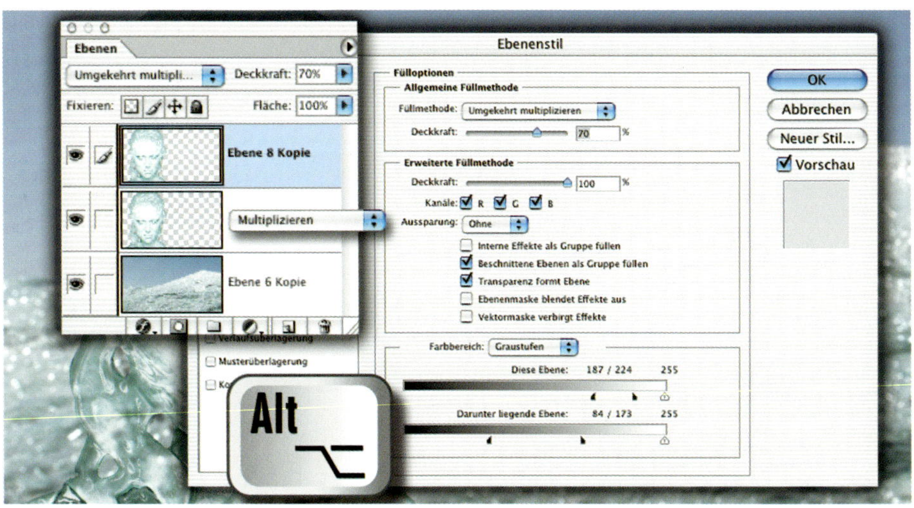

18 Farbbereiche ausblenden ▲

Setzen Sie diese Ebene ganz oben in Ihre Ebenen-Palette und blenden Sie die anderen Kopf-Ebenen aus. Duplizieren Sie die Ebene; weisen Sie der unteren den Modus „Multiplizieren" zu, der oberen bei reduzierter Deckkraft „Umgekehrt multiplizieren". Öffnen Sie durch Doppelklicken auf ihr Icon in der Ebenen-Palette das Einstellfeld „Ebenenstil" und verbessern Sie das sichtbare Ergebnis, indem Sie unten unter „Farbbereich" dunkle Bereiche der oberen Ebene sowie der darunter liegenden weich ausblenden. Zum Splitten der Ausblendungsregler halten Sie die Alt-Taste gedrückt.

19 Fertiger Eiskopf

Durch Kombination der umgekehrt multiplizierenden Ebene mit ausgeblendeten dunklen Bereichen und der multiplizierenden Ebene gelangen Sie schließlich zu diesem Ergebnis, bei dem der Hintergrund durch das Eis hindurch scheint. Hier ist nun auch deutlich zu erkennen, dass das anfängliche Glätten der Haare ein sinnvoller Eingriff war, der nun dazu geführt hat, dass dieser Bereich sehr viel realistischer erscheint als das der Fall gewesen wäre, wenn hier tatsächlich dünne Haarsträhnen umgesetzt worden wären. Um das Resultat weiter zu modifizieren, lässt sich mit der Deckkraft der beiden beteiligten Ebenen experimentieren; Sie können es statt mit „Multiplizieren" auch mit „Hartes Licht" versuchen.

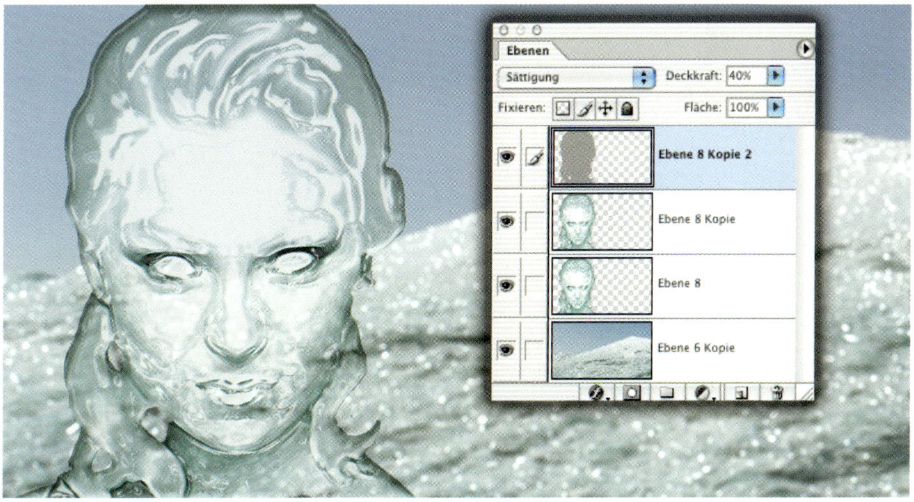

20 Sättigung reduzieren ▲

Anfangs hatte ich darauf hingewiesen, dass Eis eigentlich nicht blau ist, sondern farblos. Versuchen Sie also auch herauszufinden, was passiert, wenn Sie die Sättigung der beiden Kopf-Ebenen verringern. Sie können das direkt tun; um spätere Änderungen zu gewährleisten, sollten Sie allerdings besser Einstellungs-Ebenen verwenden. Ich habe hier einmal einen anderen Weg gewählt und in einer neuen Ebene eine Auswahl aus dem Kopf darunter geladen, grau gefüllt und die Ebene auf den Verrechnungsmodus „Sättigung" bei reduzierter Deckkraft gesetzt.

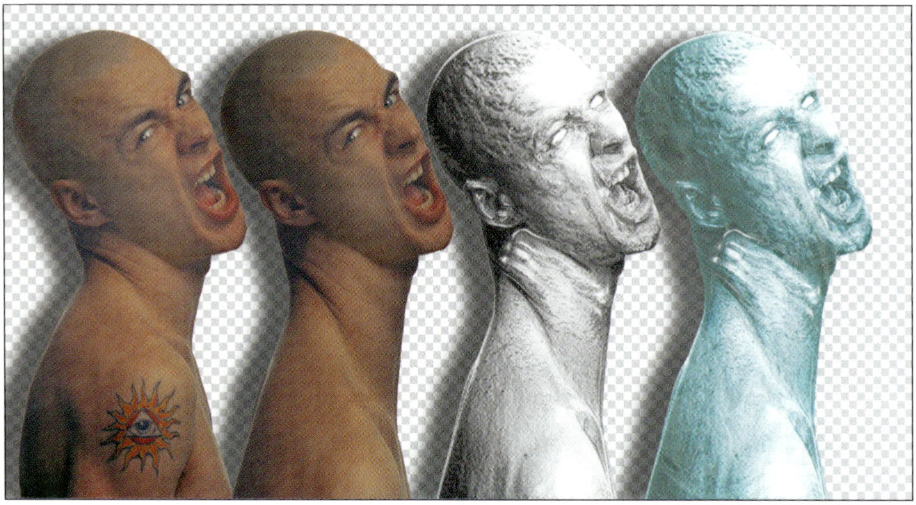

21 Glatzkopf

Für die Aufmacherillustration zu diesem Workshop verwendete ich ein Foto der BackArts-CD „Glatzköpfe" – ein blankes Haupt hat den Vorzug, dass man nicht erst mit der Vorbehandlung der Frisur beginnen muss. Nach einigen Bildmanipulationen wie der extremen Verlängerung des Halses nahm ich weitgehend dieselben Vorbereitungen vor wie bisher beschrieben. Wie erwähnt ist der beschriebene Weg nur einer von zahllosen, die zu vergleichbaren Ergebnissen führen. Nähere Betrachtung der Illustration zeigt, dass das Ergebnis hier anders aussieht.

22 Hintergrund mit ArtMatic Voyager ▲

Den Hintergrund entnahm ich diesmal keinem Archiv, sondern generierte ihn digital. Das Ergebnis sieht aus wie zum Beispiel mit Bryce erstellt, das ist aber nicht der Fall. Entstanden ist die Schneelandschaft unter Einsatz der Software ArtMatic Voyager. (Während ArtMatic Strukturen und ganze Szenen in vom KPT-Strukturforscher vertrauter Art und Weise entstehen lässt, erzeugt Voyager Landschaften. Sowohl für die Terrains wie für die Landschaftsstrukturen lassen sich die in ArtMatic gerenderten Bilddaten übernehmen.)

23 Hintergrund mit „Glas" verzerren

Es gibt mehrere Möglichkeiten, den durch das Eisobjekt hindurch sichtbaren Hintergrund zu verzerren. Die einfachste funktioniert unter Einsatz des Verzerrungsfilters „Glas". Auf der Filteroberfläche finden Sie drei Einstellungsregler für den Grad von Verzerrung und Glättung sowie Skalierung der zu Grunde liegenden Struktur. Sie können unter „Struktur" eine Liste mit Vorgaben anwählen; für unsere Zwecke eignet sich „Riffelglas" als Näherung am besten. Da durch das Objekt ohnehin vergleichsweise wenig zu erkennen ist, fällt es nicht auf, wenn die Hintergrundverzerrung optisch nicht stimmt. Laden Sie die Kopf-Ebene auf der Landschafts-Ebene als Auswahl, blenden Sie den Kopf aus und wenden Sie den „Glas"-Filter an (rechts). In diesem Fall habe ich zusätzlich die in der Auswahl liegenden dunklen Bereiche hinsichtlich Farbe und Helligkeit verändert, da sie innerhalb des Kopfes zu stark hervortraten.

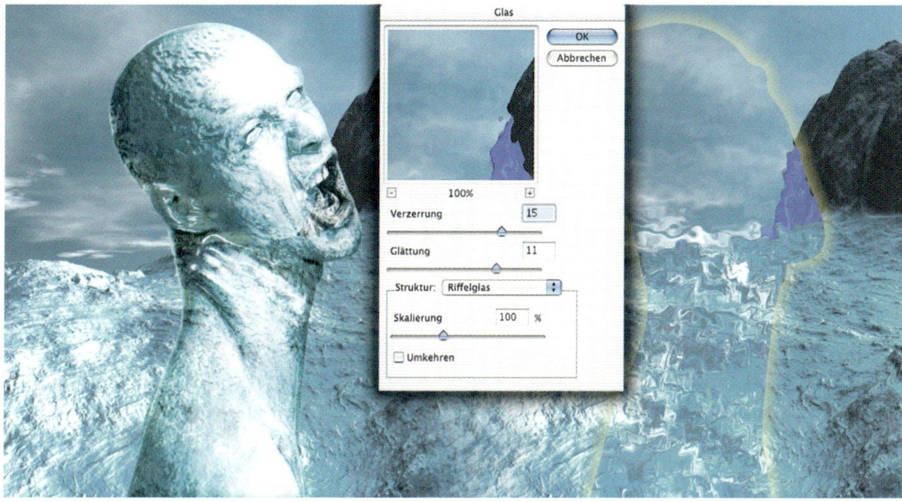

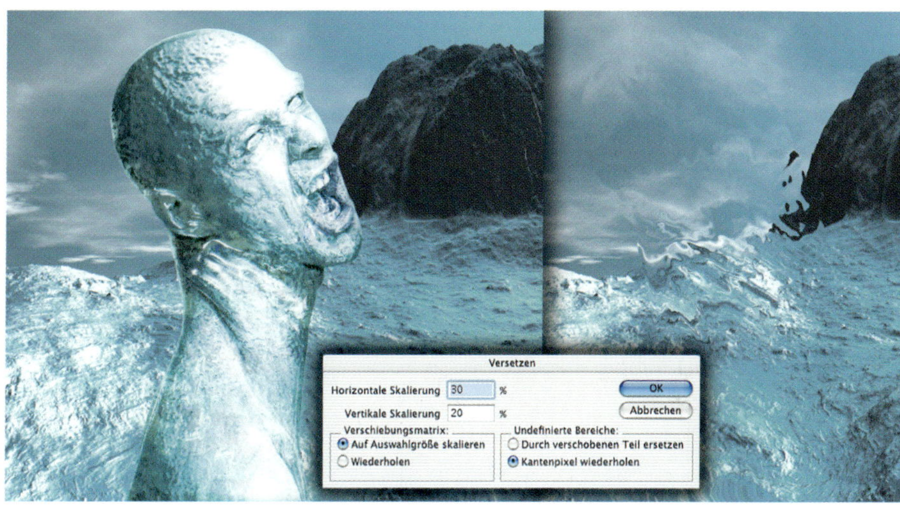

24 „Versetzen"-Filter ▲

Eine bessere, allerdings vorbereitungsintensivere Variante funktioniert mit dem „Versetzen"-Filter (oder der Matrix als „Struktur" des „Glas"-Filters): Kopieren Sie den Kopf, erzeugen Sie ein neues, leeres Graustufendokument, setzen Sie ihn ein und reduzieren Sie auf die Hintergrundebene. Sichern Sie im Photoshop-Format. Wählen Sie den Kopf auf seiner Ebene in der Montage aus und rufen Sie den „Versetzen"-Filter auf. Geben Sie die gewünschten Werte ein; im sich öffnenden Feld wählen Sie die gesicherte Photoshop-Datei als Versetzen-Matrix.

Tropfen digital auftragen

Perlende Wassertropfen und herablaufende Flüssigkeiten lassen sich unter Einsatz von Photoshops Ebeneneffekten hervorragend darstellen. Einmal angelegt, können Sie den Effekt sichern und später immer wieder verwenden. | **Doc Baumann**

Die **Leseranfrage** zu unserem vorausgehenden „Eisblock"-Workshop hatte noch einen zweiten Aspekt angesprochen: „ ... Am besten mit ein paar Wassertropfen auf der Oberfläche, um das Ganze realistischer wirken zu lassen ... hoffe, dass das möglich ist!", erbat sich Arnd.

Da der Eisblock-Artikel sehr lang und unüberschaubar geworden wäre, wenn wir die Darstellung der Wassertropfen gleich mit abgehandelt hätten, widmen wir ihr hier einen Extra-Workshop. Sie erfahren zunächst, wie Sie mit Hilfe von Photoshops Brush-Engine Tropfenspuren vorbereiten und damit auf einer leeren Ebene malen. Danach wenden wir uns den Ebeneneffekten zu; aus einer Kombination von Schlagschatten, Schatten und Schein nach innen, abgeflachter Kante und Relief sowie gegebenenfalls einer Farb- und Strukturüberlagerung lassen sich recht überzeugende Flüssigkeiten entwickeln. Variieren Sie die Variablen – je nach Tropfengröße und Hintergrund eignen sich ganz andere Einstellungen.

Abschließend stelle ich Ihnen noch ein Plug-in vor, das zu annehmbaren, wenn auch nicht gleichwertigen Ergebnissen führen: „Water Drops" aus Eye Candy 4000 vom Plug-in-Hersteller Alien Skin.

1 Echte und digitale Tropfen

Wie bereits im vorausgehenden Workshop zum Thema Eisblock erwähnt, besteht die beste Vorbereitung zur Nachahmung realer Erscheinungen in deren genauem Studium. In diesem Fall habe ich auf ein Foto aus meinem Archiv zurückgegriffen, das Wassertropfen auf einem Autodach zeigt. Die rechte Bildhälfte füllte ich mit der Hintergrundfarbe, erzeugte eine neue Ebene und experimentierte so lange mit geeigneten Einstellungen für die Form der Tropfen und die Kombination der Ebeneneffekte, bis das Ergebnis dem Original weitgehend glich. Wie man bei Illustrationen bestimmte Aspekte überzeichnen kann, um sie hervorzuheben, so lassen sich auch mit diesen digitalen Effekten Tropfen bei Bedarf noch echter als echt wiedergeben.

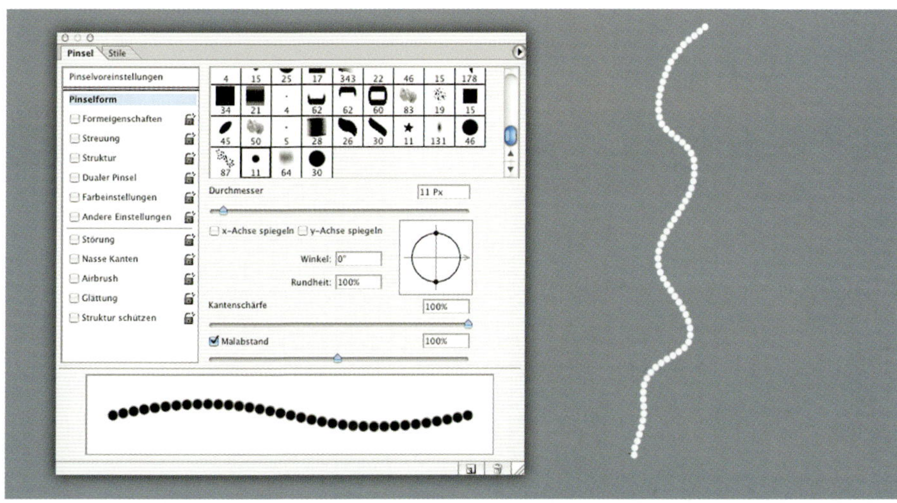

2 Malspur: Form und Abstand ▲

Früher hätte man jeden einzelnen Wassertropfen separat malen müssen, was sogar dann einen erheblichen Aufwand bedeutet hätte, wenn man sich auf runde Tropfen beschränkt hätte. Mit den vielfältigen Einstellungen aus Photoshops Brush-Engine, die mit der Version 7 eingeführt wurde, können Sie nun Werkzeugspuren definieren, die nach entsprechender Vorbereitung so etwas im Handumdrehen erledigen lassen. Erzeugen Sie zunächst eine neue leere Ebene (weil Sie der Pinselspur sonst später keine Ebeneneffekte zuweisen können) und stellen Sie für den Pinsel eine passende Kombination aus „Durchmesser" und „Malabstand" her. Bei Bedarf lassen sie sich später nachjustieren.

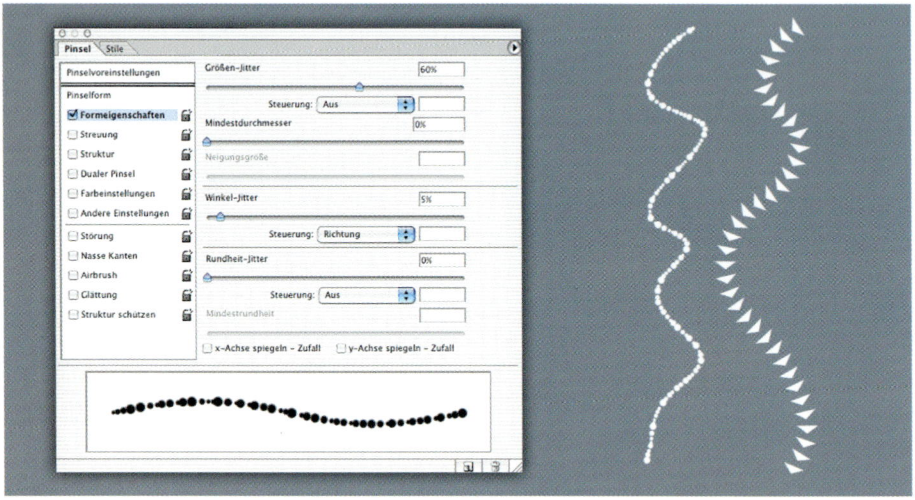

3 Malspur: Formeigenschaften

Klicken Sie in den „Pinsel"-Einstellungen das erste Feld unter „Formeigenschaften" an. Hier ändern Sie drei Parameter: Der erste Schieberegler mit der Bezeichnung „Größen-Jitter" definiert, wie die Größe der vorgewählten Werkzeugspitze variiert. Falls erwünscht könnten Sie mit dem Regler darunter für „Mindestdurchmesser" festlegen, dass dieser nie kleiner wird, als Sie es vorgeben. „Winkel-Jitter", die Abweichung des Rotationswinkels, habe ich auf 5 Prozent gestellt, was sich aber nur dann sichtbar auswirkt, wenn wir die Werkzeugform später unter „Pinselvorsteinstellungen" zur Ellipse verzerren. Für die Steuerung des Winkels schließlich aktivierte ich „Richtung", eine der wichtigsten Funktionen der Brush-Engine: Damit folgt eine Werkzeugspitzenform, etwa ein Pfeil, der Cursorbewegung.

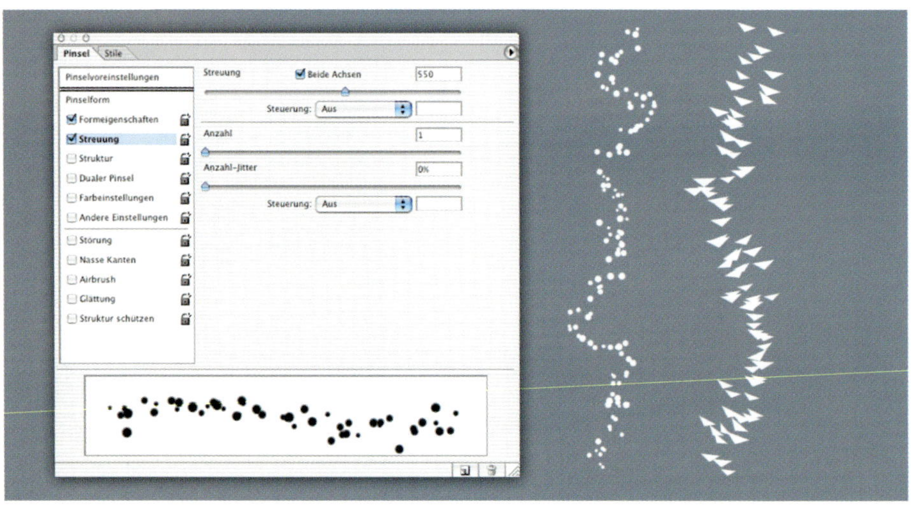

4 Malspur: Streuung ▲

In der Zeile darunter finden Sie den Eintrag zu „Streuung". Hier nehmen Sie zwei Änderungen vor: Setzen Sie den Wert für die Streuung entsprechend hoch, so dass die Abdrücke nicht nur exakt entlang der von Ihnen gezogenen Linie eingefügt werden, sondern innerhalb einer Toleranzbreite, die Sie mit diesem Regler beeinflussen. Aktivieren Sie außerdem „Beide Achsen", um zu erreichen, dass die Abdrücke sowohl in Richtung der gemalten Spur wie im rechten Winkel dazu verstreut werden. Auch die „Anzahl" ist regulierbar.

5 Malspur: Abflachung und Richtung

Während sich die Vorgabe der Richtungsverfolgung (Abb. 3) und der „Winkel-Jitter" bei runden Werkzeugspitzen nicht sichtbar bemerkbar machen, ist das anders, wenn Sie „Winkel" und „Rundheit" unter „Pinselform" beeinflussen. Sie können das durch Eingabe numerischer Werte tun – einfacher und intuitiver geht es, wenn Sie einen der beiden Punkte in dem kleinen Vorschaufenster anfassen und direkt ziehen. Malen Sie nun eine Spur ins Bild, so sehen Sie, dass die Malspur nun genau der Bewegungsrichtung folgt. Soll dieser Effekt nicht ganz exakt ausfallen, vergrößern Sie den Wert von „Winkel-Jitter".

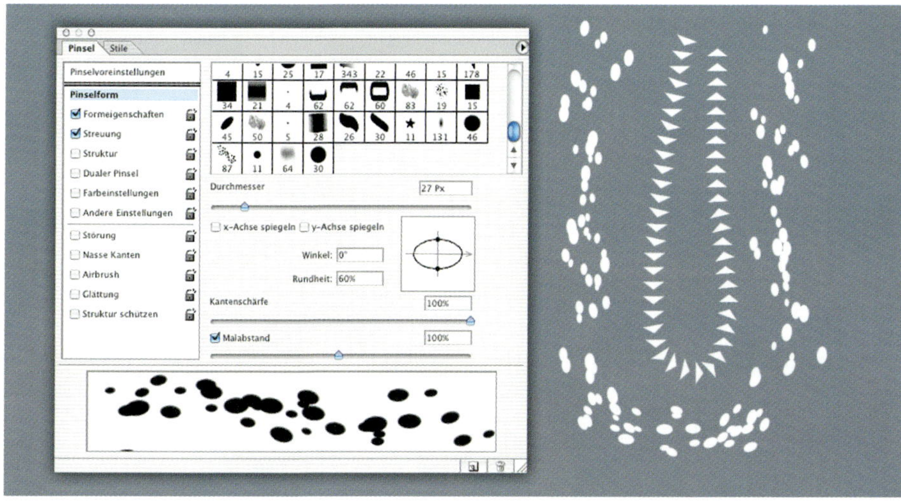

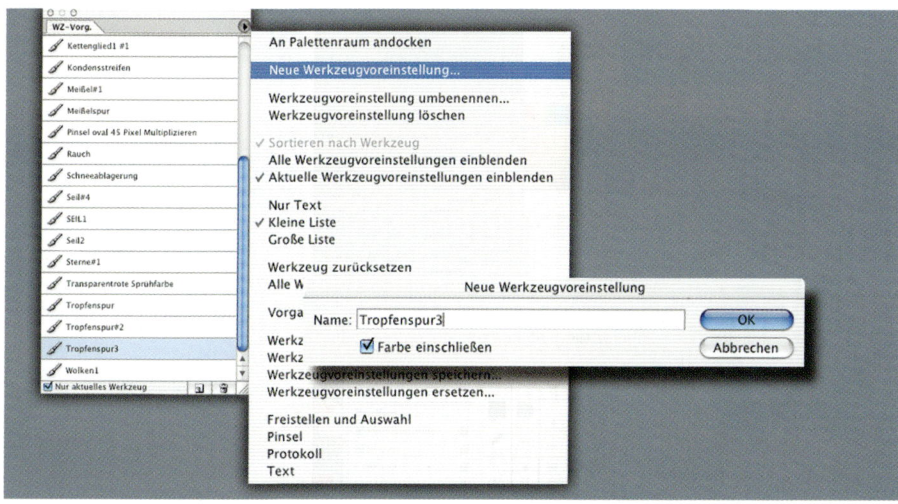

6 Werkzeugvoreinstellung sichern ▲

Diese Definition der Malspur war aber nicht der einzige Fortschritt, den Photoshop 7 in dieser Hinsicht bot: Durch Anklicken des Pfeils rechts oben in der Palette „Werkzeug-Voreinstellungen" öffnen Sie ein Menü, in dem Sie die Kombination der aktuellen Parameter dauerhaft sichern können. Nach Anklicken von „Neue Werkzeugeinstellung" öffnet sich ein Fenster, in dem Sie dafür einen Namen eingeben, bei Bedarf auch die aktuelle Malfarbe bestätigen. Denken Sie daran, dass alle Ergänzungen dieser Art – auch bei Farben, Ebenenstilen, Verläufen und so weiter – erst dann endgültig gesichert sind, wenn Sie sie im „Vorgaben-Manager", unten im Bearbeiten-Menü, gespeichert haben.

7 Ebenenaufbau

Die Datei sieht nun so aus wie in der nebenstehenden Abbildung: Auf der Hintergrundebene befindet sich die blaugraue Farbfüllung. Das könnte natürlich auch jedes beliebige Bild sein, wobei es optisch sinnvoll sein sollte, dass sich Tropfen auf dessen Oberfläche befinden, bei Szenen wäre das in der Regel entweder ein Foto der Szene statt dieser selbst oder der Blick durch eine Fensterscheibe. Auf der Ebene darüber liegen die verstreuten weißen Abdrücke, die mit dem Pinsel gemalt wurden und später die Form der Tropfen vorgeben sollen.

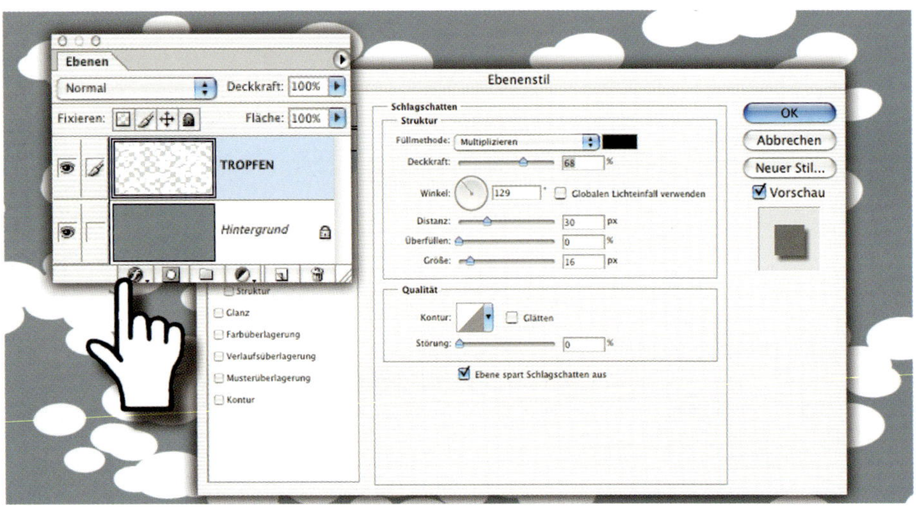

8 Ebeneneffekte aufrufen ▲

Am schnellsten erreichen Sie die Ebeneneffekte, wenn Sie am Fuß der Ebenen-Palette auf das Icon mit dem kursiven „f" klicken. Alternativ gelangen Sie zum selben Einstellungsfeld, indem Sie im Menü dieser Palette auf „Fülloptionen" oder im Ebenen-Menü auf „Ebenenstil" gehen.

9 Ebeneneffekt: Schlagschatten

Wie im Fenster der Brush-Engine ist auch bei den Ebenenstilen zu unterscheiden zwischen dem Aktivierungsfeld ganz links einerseits, das gedimmt oder mit einem Häkchen versehen und folglich aktiv sein kann, und dem Anklicken des Effektnamens dahinter andererseits, der das zugeordnete Einstellungsfeld rechts davon zugänglich macht. Der erste benötigte Effekt ist „Schlagschatten“, da auch Flüssigkeiten einen leichten Schatten auf die Oberfläche darunter werfen. Neben der „Füllmethode“ „Multiplizieren“ ist es bei Flüssigkeit sinnvoll, als Farbe nicht Schwarz zu nehmen, sondern eine abgedunkelte Version des Hintergrunds aus dem angeklickten Farbfeld zu wählen. Während es in der Regel hilfreich ist, bei „Winkel“ die Option „Globalen Lichteinfall verwenden“ zu aktivieren, empfiehlt sich bei diesem Projekt deren Abschaltung. Wählen Sie für „Distanz“ und „Größe“ (also den Weichzeichnungsradius) sehr kleine Werte; auch „Deckkraft“ der Farbe sollte hier zurück genommen werden.

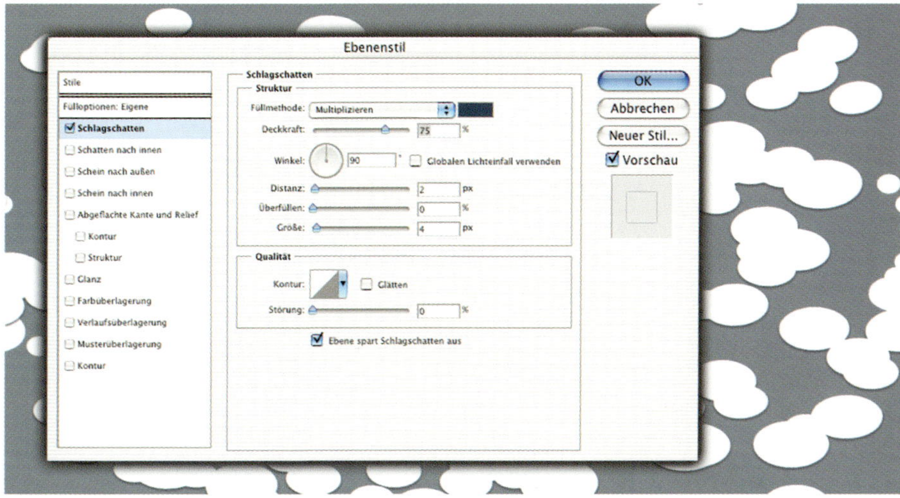

10 „Fläche“ auf Null setzen ▲

Vielen Anwendern ist der Unterschied zwischen den Werten für „Deckkraft“ und „Fläche“ oben rechts in der Ebenen-Palette unklar. Meist kommt ja tatsächlich dasselbe heraus, ob Sie nun den einen oder den anderen Wert herabsetzen. Während „Fläche“ nur die Sichtbarkeit der Pixel einer Ebene betrifft, während die hinzugefügten Effekte voll eingeblendet bleiben, beeinflusst „Deckkraft“ Pixel und Effekte gleichermaßen. Unsere Darstellung von Wasser soll sich allein aus den Effekten ergeben, ohne die Pixel zu berücksichtigen; der Wert für „Fläche“ wird daher auf Null gesetzt. Wollen Sie später einmal statt Wasser Milch darstellen, erhöhen Sie den Wert, bis eine angemessene weiße Färbung sichtbar wird. Nach der Herabsetzung von „Fläche“ ist nur noch der zugewiesene Schlagschatten zu sehen.

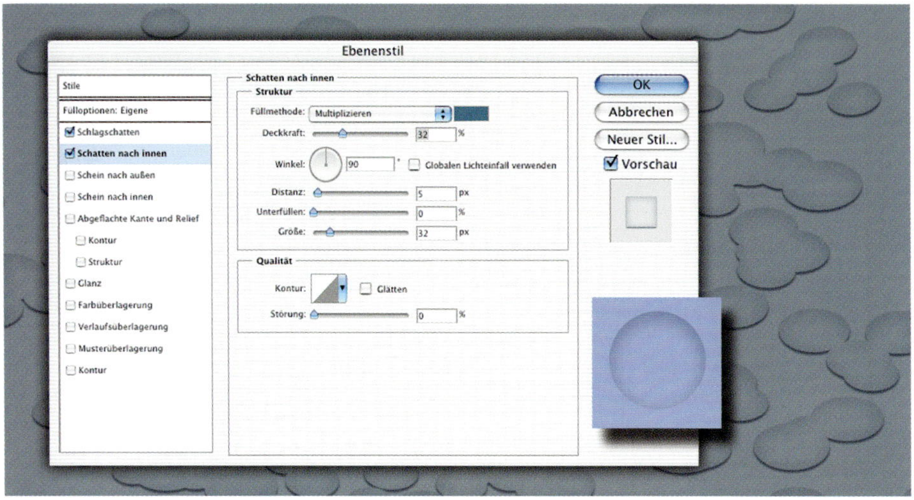

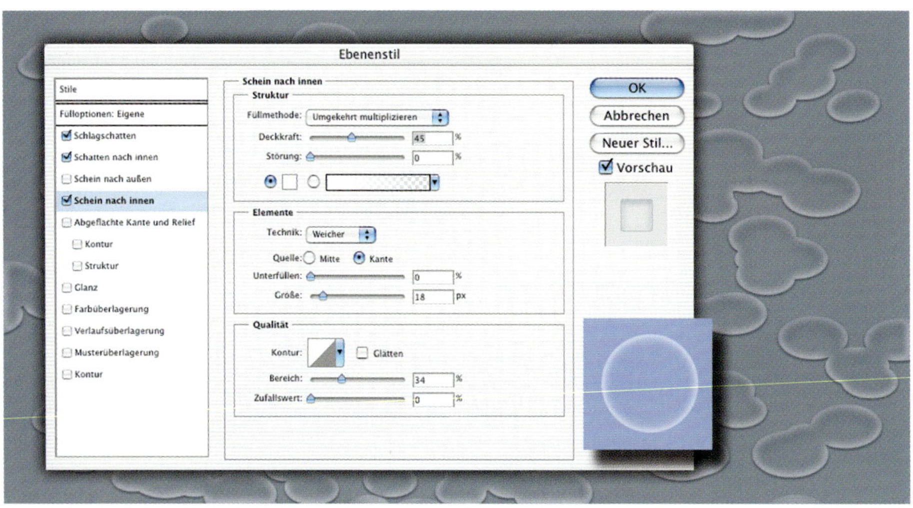

11 Ebeneneffekt: Schatten nach innen

„Schatten nach innen" ist ebenso wie „Schlagschatten" ein richtungsorientierter Effekt. Sie geben also einen Winkel vor. Sein Hauptanwendungsgebiet hat dieser Effekt dort, wo ein Loch mit Blick auf eine darunter liegende, parallele Ebene dargestellt werden soll. Daher ist die Schattenwirkung dort am stärksten, wo auch die Lichtquelle positioniert ist. Während hierbei üblicherweise ein schmaler Schattenrand nur in Richtung der Beleuchtung angestrebt wird, erweitern wir für unsere Zwecke „Distanz" und vor allem „Größe" (also Weichzeichnung der Schattenränder), bis die Schattierung auch auf der gegenüberliegenden Seite erscheint.

12 Ebeneneffekt: Schein nach innen ▲

Anders als die bisher verwendeten ist „Schein nach innen" kein richtungsbezogener Effekt. Er arbeitet mit hellen Farben, die im Modus „Umgekehrt (früher: negativ) multiplizieren" angewandt werden. Als „Quelle" wählen Sie „Kante"; bei „Mitte" ließe sich so ein zentrales Glanzlicht setzen. Sie können solche Effekte natürlich auch abweichend von ihrer Namensgebung einsetzen. In diesem Fall bedeutete das etwa, dass Sie mit einer dunklen Farbe und dem Modus „Multiplizieren" oder „Hartes Licht" eine gleichmäßige Randschattierung erzielen würden.

13 Ebeneneffekt: Abgeflachte Kante

Unter „Abgeflachte Kante und Relief" wählen Sie als Stil „Angeflachte Kante innen" und als „Technik" „Abrunden". Obwohl wir bei unseren Wassertropfen davon ausgehen, dass die Beleuchtung von oben kommt, wird die Lichtquelle hier so gesetzt, als käme sie schräg von unten. Der Grund dafür ist die Lichtbrechung innerhalb des Tropfens, die unten einen hellen Saum erzeugt. Die Stärke der resultierenden Schattierungen und Aufhellungen regeln Sie beim kombinierten Anblick aller Effekte am besten mit der Deckkraft von „Tiefenmodus" und „Lichtermodus" (unten). „Farbtiefe" (oben) definiert die Ausprägung des Reliefs. Für „Glanzkontur" reicht hier wie bei den vorausgehenden Einstellungen eine einfache 45-Grad-Schräge; Sie können aber auch mit komplexeren Kurven experimentieren.

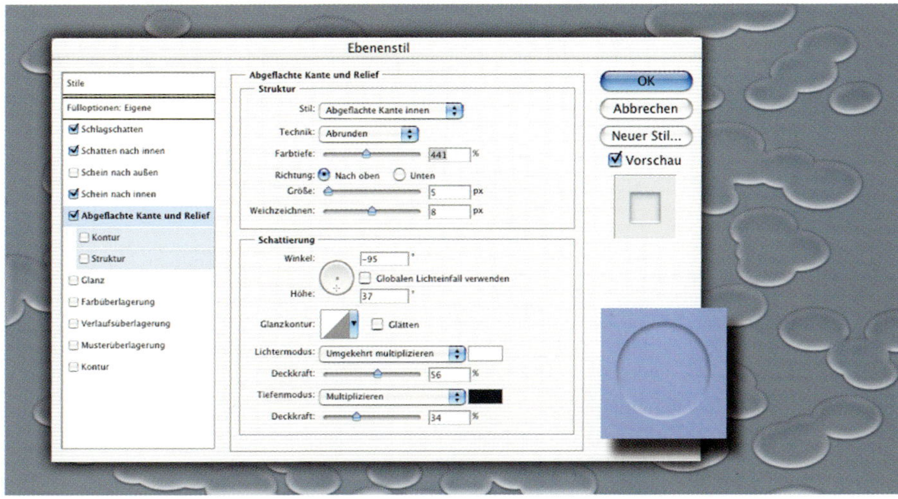

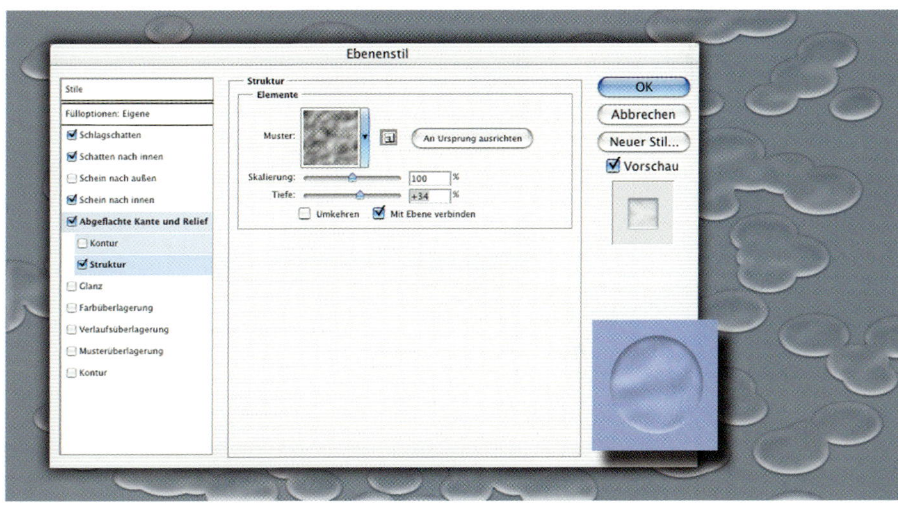

14 Ebeneneffekt: Struktur ▲

Als Unterpunkt von „Abgeflachte Kante und Relief" finden Sie „Struktur". Sie können damit eine unter den „Muster"-Vorgaben gesicherte Struktur zuweisen, und zwar nicht – wie weiter unten – als Musterüberlagerung, sondern als Höhen-Map. Für Tropfen ist eine Struktur verzichtbar und sogar eher störend. Stellen Sie allerdings größere Flächen dar, die mit Flüssigkeit bedeckt sind, kann es sinnvoll sein, ihre Oberfläche leicht zu strukturieren und so eine Bewegung oder Zähigkeit anzudeuten. Die Ausprägung der Licht- und Schatteneffekte folgt den Vorgaben, die Sie unter „Abgeflachte Kante und Relief" eingestellt haben.

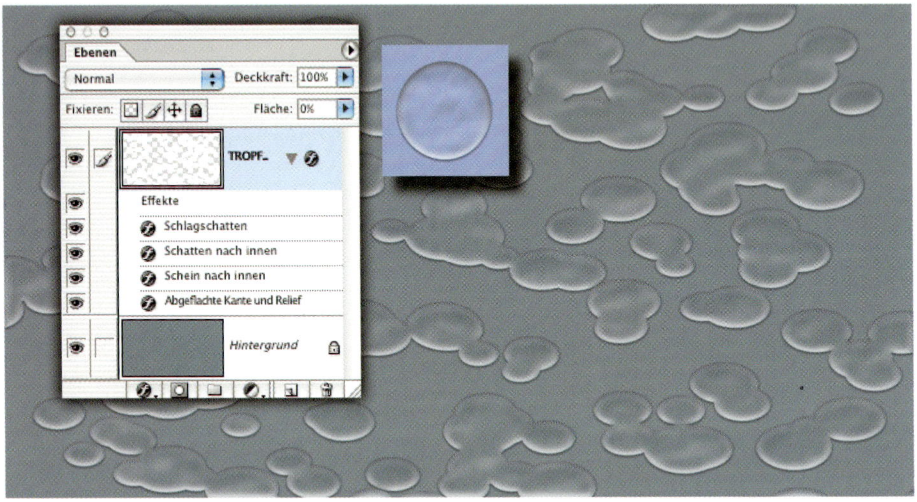

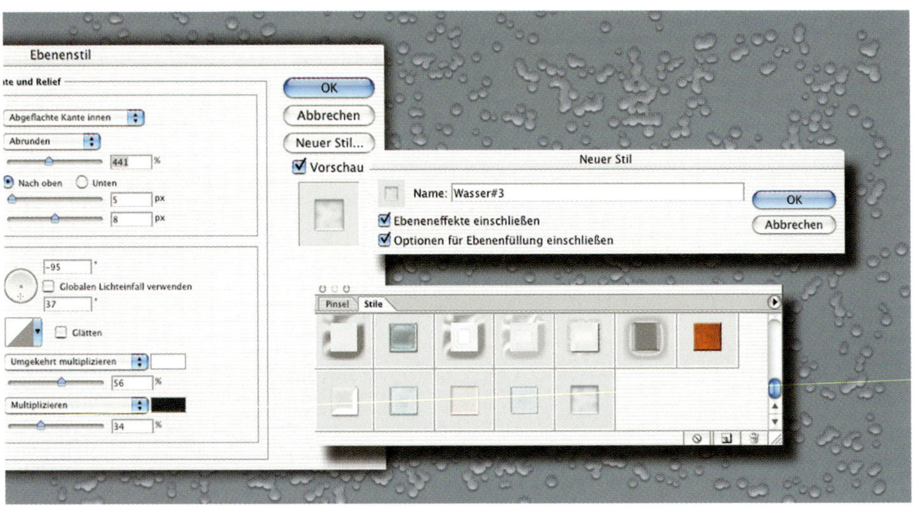

15 Ebenen-Palette

Ein Blick auf die Ebenen-Palette zeigt, dass der oberen Ebene mit den verteilten Pinselabdrücken nun eine Liste von vier Effekten zugewiesen ist. Sie können diese insgesamt aus- und wieder einblenden, indem Sie auf das Augensymbol vor „Effekte" klicken. Wollen Sie nur einen einzelnen Effekt unsichtbar machen, gehen Sie ausschließlich für dessen Zeileneintrag so vor. Wollen Sie den Effekt dauerhaft entfernen, ziehen Sie die Zeile in den Papierkorb rechts am Fuß der Palette. Nehmen die Effekt-Einträge in der Palette zu viel Platz ein, klicken Sie auf das hier als Dreieckspfeil mit der Spitze nach unten angezeigte Symbol; der Pfeil wird waagerecht ausgerichtet und die Einträge sind ausgeblendet.

16 Neuen Stil sichern ▲

Ähnlich wie bei den Werkzeugeinstellungen können Sie auch die vorgenommenen Kombinationen aus Ebeneneffekten unter einem eigenen Namen speichern und später erneut aufrufen und anwenden. Obwohl die kleinen Preview-Icons das Ergebnis bereits recht gut wiedergeben (jedenfalls dann, wenn Sie ihre Darstellung im Paletten-Menü auf „groß" gesetzt haben), sollten Sie grundsätzlich bei Sicherungen dieser Art nicht darauf verzichten, dem Effekt einen aussagekräftigen Namen zu geben. Irgendwann haben Sie eine lange Liste von Einträgen; dann fällt es schwer, das Ergebnis nur durch das Icon vorauszusehen.

17 Varianten

In meiner eigenen Palette der Ebeneneffekte gibt es allein für Wasser und Flüssigkeiten eine große Menge von Einträgen. Manchmal ist es leichter, den gerade gewünschten Effekt dadurch zu erreichen, dass Sie einen ähnlichen aufrufen und die Parameter anpassen, in anderen Fällen mag es weniger Arbeit bedeuten, wenn Sie bereits unterschiedliche Effekte gespeichert haben und diese ausprobieren. So angenehm es allerdings ist, auf eine lange Effekte-Liste zugreifen zu können – Photoshop bestraft das beim Programmstart durch lange Wartezeit, bis alle geladen sind. Mitunter ist der Effekt auch zu ausgeprägt, dann hilft es, wenn Sie die Deckkraft der Ebene herabsetzen (der Wert für „Fläche" steht ja bereits ohnehin auf Null).

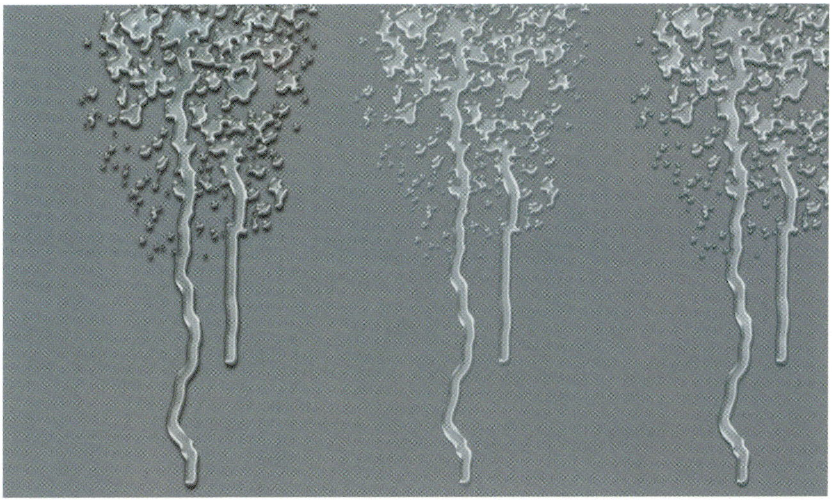

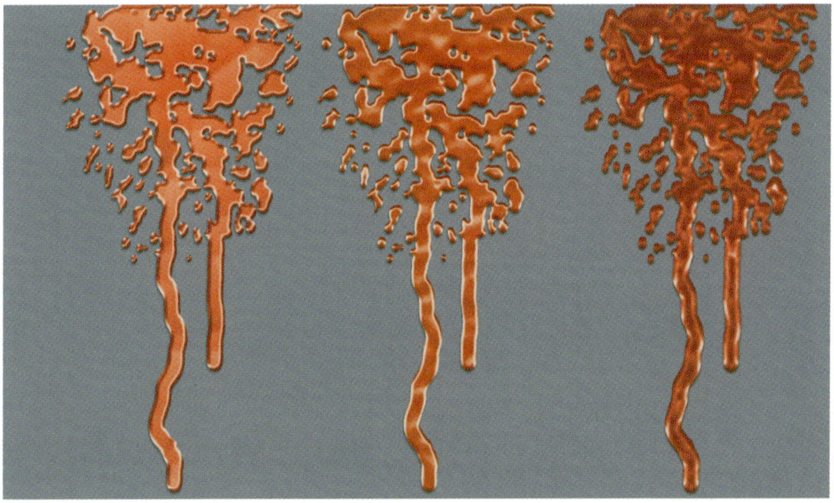

18 Färben ▲

Nicht immer wollen Sie nur Wasser oder eine andere farblose Flüssigkeit darstellen. Dann bieten sich unterschiedliche Möglichkeiten an. Zunächst können Sie die Pixel der Ebene in der gewünschten Farbe füllen und den Wert für „Fläche" hochsetzen. Als Modus für die Ebene eignet sich zum Beispiel gut „Hartes Licht". Alternativ oder zusätzlich setzen Sie das Effektfeld für „Farbüberlagerung" auf eine Farbe mit entsprechender Deckkraft und geeignetem Modus. Zur weiteren Verfeinerung der Darstellung probieren Sie bei „Abgeflachte Kante" unterschiedliche „Glanzkonturen" aus.

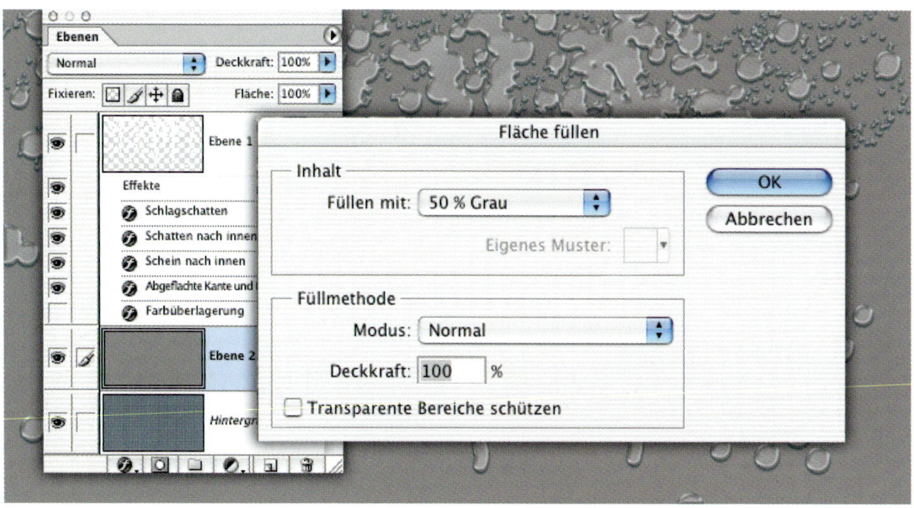

19 Hintergrund unverzerrt

Ein weiterer visueller Hinweis auf eine überlagernde Flüssigkeit ist neben deren Form und Verteilung – die Sie mit den Pinseleinstellungen erzielt haben – und ihrer Kombination aus Transparenz, Reflexen und Schatten – dafür dienten die Ebeneneffekte – die Art und Weise, wie der Hintergrund durch sie verzerrt wird. Abbildung 24 des Eisklotz-Workshops auf Seite 279 zeigt bereits kurz eine geeignete Darstellungsweise. Nebenstehend sehen Sie eine Flüssigkeitsebene oberhalb eines strukturierten Hintergrunds, der in diesem Bearbeitungsstadium allerdings noch völlig flach erscheint.

20 Graue Ebene einziehen ▲

Um den Hintergrund mit seinem Quadratraster verzerren zu können, verwenden Sie dasselbe Verfahren wie bei dem Eisklotz: Sie erstellen eine Verzerrungs-Matrix und nehmen sie als Grundlage für den Filter „Versetzen". Zur Vorbereitung erzeugen Sie über der Hintergrundebene eine neue Ebene; über das Feld für „Fläche füllen" (Umschalt- und Löschtaste) füllen Sie sie mit 50-prozentigem Grau. Dieser Grauton bleibt bei Verwendung der Matrix neutral und versetzt die Referenzpixel des Bildes um den Wert Null.

21 Matrix vorbereiten

Bei aktivierter grauer Ebene laden Sie die Pixel der darüberliegenden Ebene mit den Tropfen als Auswahl. Bestimmen Sie Schwarz als Vordergrundfarbe. Im Menü „Bearbeiten" öffnen Sie „Kontur füllen"; ich habe hier die Breite auf 4 Pixel gesetzt. Wichtig ist, dass Sie bei „Position" festlegen: „Innen". Das Ergebnis sehen Sie in der linken Bildhälfte. Die Auswahl ist noch aktiv. Wählen Sie nun den Gaußschen Weichzeichner und definieren Sie einen Radius, der die schwarze Kontur zu einem dem Auswahlrand folgenden, weich begrenzten Schatten macht, ohne allerdings den Binnenbereich der Auswahl ebenfalls abzudunkeln. Heben Sie die Auswahl auf, wählen Sie „Alles auswählen" und erzeugen Sie ein neues Dokument – das automatisch dieselbe Größe erhält – im Graustufenmodus. Setzen Sie den Inhalt der Zwischenablage ein, reduzieren Sie auf die Hintergrundebene und sichern Sie diese Datei im Photoshop-Format.

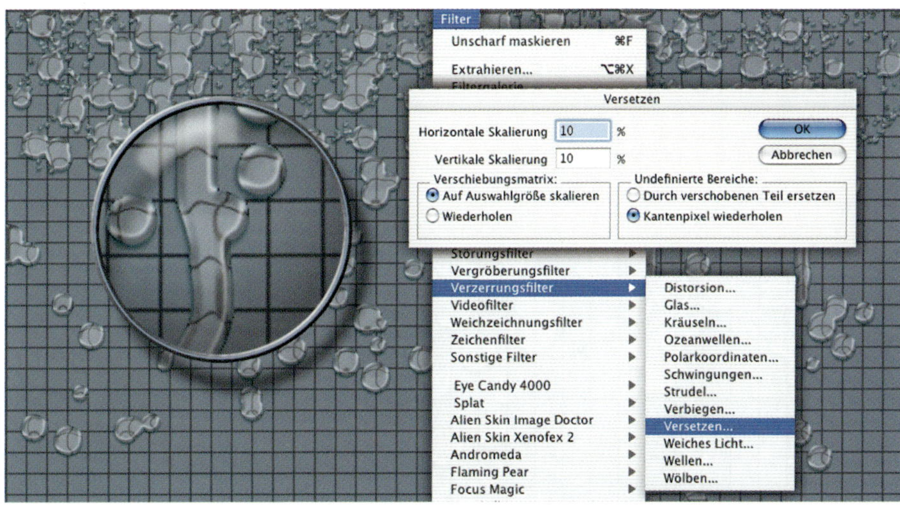

22 Hintergrund verzerrt ▲

Wenden Sie sich wieder der ursprünglichen Datei zu. Die graue Ebene können Sie jetzt löschen. Gehen Sie zur Hintergrundebene und rufen Sie aus dem Menü der Verzerrungsfilter „Versetzen" auf. Geben Sie für horizontale und vertikale Skalierung Zahlenwerte ein (hier 10; der waagerechte Wert könnte bei einem Quadratraster allerdings ebenso gut Null sein). Nach der OK-Bestätigung verlangt Photoshop nach der Matrix – wählen Sie die eben gesicherte Graustufendatei. Die Pixel werden entsprechend verlagert. Der „Versetzen"-Filter funktioniert übrigens nur auf der Hintergrundebene, nicht auf anderen Ebenen.

23 Anderer Hintergrund

Als Ebeneneffekt gesicherte Vorgaben zur Darstellung von Tropfen und Flüssigkeit führen zu realistischeren Ergebnissen, wenn Sie für die Einzeleffekte nicht einfach Schwarz zum Abtönen verwenden, sondern dunkle Farben aus dem darunter liegenden Bild selbst. Gerade bei perlenden Tropfen auf nackter Haut macht sich der Unterschied deutlich bemerkbar, so dass es sich lohnt, hierfür eine eigene Einstellung anzulegen. Eine pauschale Zuweisung von Blautönen, die Assoziationen zu Wasser hervorrufen sollen, sind nicht generell angebracht. So wurden hier für das alte Foto Brauntöne verwendet, für die Frau rechts Hautfarben.

24 Tropfen auf einem Glas ▲

Mit diesem Verfahren können Sie zum Beispiel die Kondenstropfen und herabrinnendes Wasser auf der Außenseite eines Trinkglases darstellen, und sogar sein Inhalt lässt sich auf einer eigenständigen Ebene so simulieren (links). Wenn die Ebeneneffekte dabei so eingestellt sind, dass sich ein visuell glaubwürdiges Ergebnis einstellt, können Sie noch einen Schritt weiter gehen und Tropfen sowie gefüllten Inhalt des Glases als separates Objekt isolieren (rechts) – ein Effekt, den Sie sogar durch die ausgeklügeltesten Freistellungstechniken auf diese Weise kaum erzielen dürften. Auch hinzugefügte Wassertropfen auf der Haut ließen sich auf diesem Weg von den Menschen darunter isolieren.

25 Eye Candy Plug-in „Water Drops"

Bevor Photoshop die hier beschriebenen Möglichkeiten zur Darstellung von Tropfen anbot, war das am besten für diesen Zweck geeignete Werkzeug das Plug-in „Water Drops" aus Eye Candy. Es bietet sechs Regler für die wichtigsten Einstellungsgrößen: Größe der Tropfen, Grad der Bedeckung durch Tropfen, Kantenabschattung, Deckkraft, Färbungsstärke sowie Brechung des Hintergrunds. Eine Flüssigkeitsfarbe können Sie direkt aus dem Bild oder einer Farbpalette wählen. Das Plug-in arbeitet allerdings nicht wie Photoshops Ebeneneffekte ebenen-, sondern auswahlbezogen. Die nebenstehende Abbildung zeigt die Variante „Runde Tropfen".

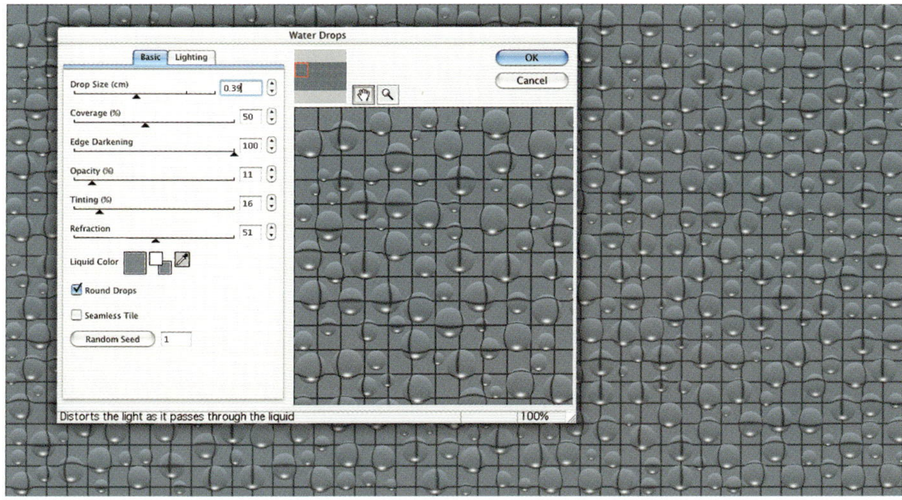

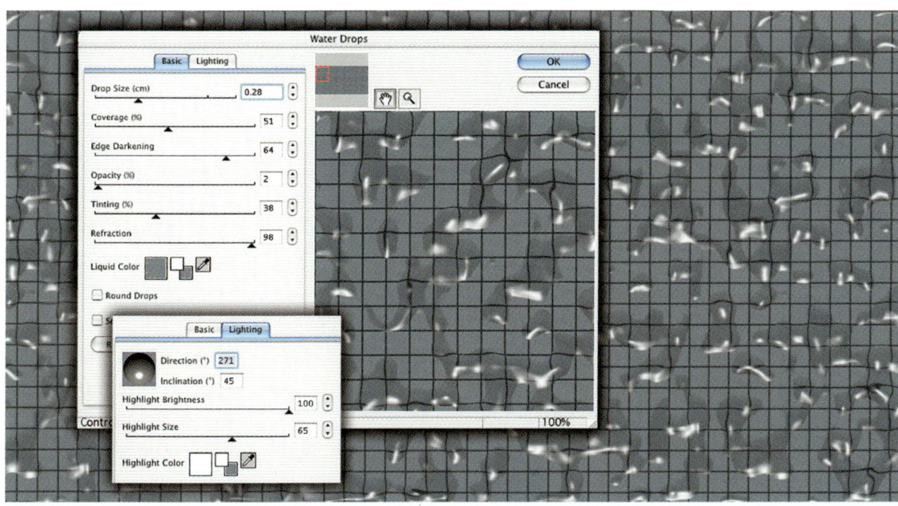

26 Eye Candy: Unregelmäßige Tropfen ▲

Vorzug der runden Tropfenform ist die Möglichkeit einer gleichmäßigen, nicht-überschneidenden Verteilung, etwas, was mit den mittels der Brush-Engine verteilten Abdrücken nicht geht. Auch „Water Drops" kann bei Deaktivieren von „Round Drops" für eine unregelmäßige Verteilung sorgen. In einem zweiten Menü regeln Sie numerisch oder interaktiv Beleuchtungsrichtung und - stärke. Unabhängig von der Flüssigkeitsfarbe können Sie hier die Lichtfarbe einstellen. Die Navigation in der Vorschau entspricht weitgehend Photoshop-Regeln. Haben Sie eine interessante Parameterkombination zusammengestellt, können Sie diese unter eigenem Namen für spätere Wiederverwendung sichern.

Beleben mit Strukturen

Objekte und Bilder gewinnen einen ganz neuen visuellen Charakter, wenn sie mit überlagerten Strukturen ergänzt werden. **Doc Baumann** zeigt, wie sich zum Beispiel die Bilder seiner CD „Strukturen – Wände aus Rom" für solche Zwecke einsetzen lassen.

Strukturen lassen sich mit etlichen Plug-ins künstlich erzeugen. Eines der interessantesten, der „KPT Strukturforscher", ist leider in Corels neuer „KPT Collection" nicht mehr enthalten. Eine vielseitige Alternative leider nur für Mac-User – bietet ArtMatic Pro, ein 3D-Landschaftsgenerator mit einem bemerkenswerten Konzept. Auch Photoshops Uralt-Filter „Wolken" leistet für viele Anwendungsbereiche hervorragende Dienste.

Großflächige Strukturen ohne sich wiederholende Elemente sind für manche Anwendungszwecke allerdings vorzuziehen. Die Fotos meiner CD habe ich unter diesem Aspekt in Rom aufgenommen: Die Wände zeigen Merkmale von Alter und Verfall, ohne deswegen schäbig zu wirken. Die Farben sind überwiegend angenehm warm, Flecken und Risse zufällig verteilt.

Allerdings ging es mir bei den Aufnahmen und ihrer Zusammenstellung weniger um ihre Eignung als Hintergründe (ein Beispiel sehen Sie rechts), sondern um die Übertragung der Strukturen auf andere Bilder oder ausgewählte Objekte. Alles, was Sie dafür benötigen, sind die Funktionen von Photoshops Ebenen-Palette: Die Verrechnungsmodi sowie die Möglichkeit, gezielt Helligkeits- oder Farbbereiche aus der aktuellen oder der darunterliegenden Ebene auszublenden.

Das bietet Ihnen eine große Anzahl von Möglichkeiten, zumal Sie die Ebenen duplizieren und so unterschiedliche Modi miteinander vermischen können. Hinzu kommt als weitere Option die Regelung der Ebenen-Deckkraft. Auf den nächsten Seiten sehen Sie verschiedene Anwendungsbeispiele. Die meist rötlichen oder gelblichen Farben des Verputzes eignen sich zum Beispiel hervorragend, um durch entsprechende Überlagerungseinstellungen die Anmutung alter Fotografien zu erzeugen. Strukturen mit Rissen dienen nach dem weichen Ausblenden heller Bereiche dazu, das darunter liegende Bild mit überzeugenderen Rissen zu überziehen, als Plug-ins dies vermögen.

Gruppieren Sie schließlich eine Ebene, die ein Strukturbild enthält, mit einer darunter liegenden, auf der ein freigestelltes Objekt steht, können Sie eine neue Oberfläche auftragen und durch Verschieben der oberen Ebene den am besten passenden Bereich festlegen. Den Einsatzmöglichkeiten solcher Strukturdateien sind kaum Grenzen gesetzt.

Dem in Illustrator CS mit dem 3D-Tool konstruierten Rotationskörper (links) sieht man seine digitale Herkunft an. Mit überlagerter Struktur gewinnt das Gefäß antiken Charme. Sie ließe sich auch direkt in Illustrator als Oberfläche zuweisen.

1 Ausgangsfoto: Konstantinbogen

Da die auf der CD gesammelten Aufnahmen ausnahmslos Wandstrukturen wiedergeben, die ich in Rom fotografiert habe, bietet sich als Bildmotiv ebenfalls eine Szene aus der antiken Hauptstadt an – der zwischen Kolosseum und Forum Romanum stehende Triumphbogen des Konstantin. Das Motiv ist beliebig austauschbar; es gibt hinsichtlich der Eignung von Bildern für diese Art der Strukturierung keine Einschränkungen. Rechts daneben sehen Sie eine der Bilddateien der CD, die verwitterten Verputz zeigt.

2 Modus „Farbig nachbelichten" ▲

Das wichtigste Mittel zur Übertragung der Struktur auf ein Bild ist die Ebenen-Palette mit ihrer Ausklappliste von Verrechnungsmodi in der linken oberen Ecke. Ebenso von Bedeutung ist die daneben angebrachte Regelung der Deckkraft. Das Feld darunter spielt in diesem Zusammenhang keine große Rolle, „Fläche" bezieht sich zwar ebenfalls auf die Deckkraft der Pixel der jeweiligen Ebene, ist aber nur sinnvoll in Kombination mit hinzugefügten Ebenen-Effekten (die bei einem „Flächen"-Wert von Null alleine sichtbar sind, also ohne die Pixel, denen sie zugewiesen sind). Zwar sollte man die ungefähre Wirkungsweise der Modi kennen, vieles erschließt sich jedoch auch durch Experimentieren. So bleibt hier bei „Farbig nachbelichten" das Weiß unbeeinflusst.

3 Farbbereich ausblenden

Die dritte Variable neben Modus und Deckkraft, die selten angewandt wird, ist das Ausblenden von Helligkeits- oder Farbbereichen; das Einstellungsfeld öffnen Sie durch einen Doppelklick auf das Icon der Ebene in der Ebenen-Palette. Der Eingriff kann sowohl in Bezug auf die aktuelle wie auf die darunter liegende Ebene vorgenommen werden. Mit gedrückter Alt-Taste können Sie die Regler splitten. Hier habe ich das Bild modifiziert, indem ich auf der Struktur-Ebene für die darunter liegende Bogen-Ebene die Tiefen durch Splitten weich ausgeblendet habe.

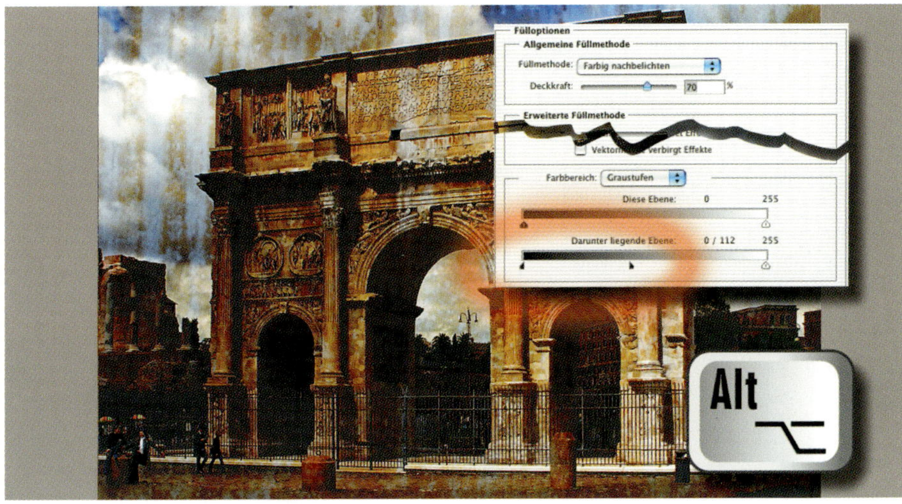

4 Verschiedene Modi ▲

Wie unterschiedlich sich die Struktur-Ebene in der Bildwirkung bemerkbar machen kann, zeigt Ihnen dieses Beispiel. Von links nach rechts wurden hier angewandt: „Linear nachbelichten“ mit einer Deckkraft von 60 % (eine kontrastreichere Variante von „Multiplizieren“), „Linear abwedeln“ mit 90 % (kontrastreichere Variante von „Umgekehrt (früher: negativ) multiplizieren“ mit mehr Weißanteilen), schließlich „Überlagern“ mit 100 %, was vor Photoshop CS „Ineinanderkopieren“ hieß (eine „Multiplizieren“/„Negativ multiplizieren“-Kombination, getrennt durch die 50 %-Helligkeitsschwelle). Es entstehen übrigens ganz andere Ergebnisse, wenn Sie die Reihenfolge der Ebenen umkehren.

5 Weitere Modus-Einstellungen

Auch hier wurde das Bild wieder – wenn auch weniger klar erkennbar – horizontal in drei Abschnitte unterteilt: Links „Hartes Licht" mit 100 %, in der Mitte „Strahlendes Licht", ebenfalls mit voller Deckkraft, rechts „Lineares Licht" mit 50 %. Jeder dieser Modi hat seinen eigenen Reiz; von einer generellen Nicht-Eignung einzelner kann man nicht sprechen, da es immer auf die jeweilige Gestaltungsabsicht ankommt. So führt zum Beispiel „Strahlendes Licht" – vor allem im RGB-Modus – zu sehr kräftigen und gesättigten Farben. Das passt zwar wenig zu diesem Motiv, zu anderen dagegen sehr gut.

6 Modus-Kombination

Da das Ergebnis, das der für eine Ebene vorgegebene Modus bewirkt, immer eine Verrechnung der Farben mit der darunter liegenden Ebene zeigt, ensteht eine praktisch unendliche Anzahl von Möglichkeiten dadurch, dass Sie solche Ebenen kombinieren. Hier sehen Sie etwa das Zusammenwirken aller drei Modi aus Abbildung 4; dabei wurde die Struktur-Ebene zweimal dupliziert und den Duplikaten dann die jeweiligen Modi zugewiesen. Das Ergebnis erinnert etwa an ein der Witterung ausgesetztes Wandgemälde, aus dem Teile ausgewaschen und herausgebrochen sind; auch die verbleibenden Farben haben durchaus den Charakter eines Freskos.

7 Weitere Modus-Kombination

Bei diesem Bild wurden dagegen zwei Struktur-Ebenen eingesetzt, eine im Modus „Überlagern“, die andere im Modus „Umgekehrt (früher: negativ) multiplizieren“. Hier gleicht dasselbe Bild nun einer alten, ausgeblichenen Farbfotografie mit erheblichem Restaurierungsbedarf. Mit entsprechenden Einstellungen könnten Sie die Farben der Bogen-Ebene auch völlig zum Verschwinden bringen und das ganze resultierende Bild nur mit den Ockerfarben des Verputzes tönen. Notfalls legen Sie eine weitere Einstellungsebene des Typs „Farbe“ darüber und stellen ihre Deckkraft so ein, dass sich der von Ihnen gewünschte Effekt ergibt.

8 Rissige Farbe

Es war ein willkommener Zufall, dass diese Wand mit rissiger Farbe früher weiß gestrichen worden war. Hier beschränken sich die für eine Kombination interessanten Merkmale der Struktur auf die Risse und die Schatten beziehungsweise Aufhellungen der Farbschollen. Zwar könnte man auch dann allein die Risse auf ein Bild übertragen, wenn es ein farbiger Anstrich gewesen wäre, so aber kann man sich alle farbbezogenen Eingriffe ersparen und muss sich nur um die Helligkeitswerte einer solchen Ebene kümmern. In Kombination mit einem Bild oder Objekt wirken die Risse ohnehin immer anders; um Wiederholungen zu vermeiden, können Sie sich durch einfaches Spiegeln oder Drehen der Struktur-Ebene behelfen.

9 Multiplizierende Struktur-Ebene

Hier wurde lediglich eine ganz einfache Einstellung vorgenommen: Ich setzte die überlagernde Struktur-Ebene mit den Rissen auf den Modus „Multiplizieren". Dieser Modus ignoriert weiße Farbanteile und dunkelt mit den übrigen das unten liegende Bild ab. Er eignet sich daher gut dazu, Graustufenbilder, Strichgrafik oder Text mit anderen Ebenen zu vermischen, ohne diese erst mühsam von ihrem weißen Untergrund freistellen zu müssen. Hier bleiben nicht nur die schwarzen Risse sichtbar, sondern das ganze Bild wird leicht von Graustufen abgedunkelt und wirkt daher etwas schmutzig.

10 Helle Graustufen ausblenden ▲

Sehr viel klarer wird das Ergebnis, wenn Sie wieder – durch Doppelklick auf die Thumbnail-Darstellung der Struktur-Ebene – im sich öffnenden Einstellungsfeld der „Fülloptionen" mit den Reglern der Farbbereichs-Ausblendung experimentieren. Würden Sie den kompletten Weiß-Regler des oberen Balkens nach links schieben, würden abrupt alle darüber liegenden Helligkeitswerte abgeschnitten, was harte Farbbereichskanten im Bild nach sich zöge. Durch Splitten des Reglers mit der Alt-Taste blenden Sie weich aus. Das Bild wird wieder klarer, nur die Risse und die von Ihnen verursachten Schatten bleiben sichtbar.

11 Büste und Verputz

Bleiben wir auch bei der Objektzuweisung bei den römischen Altertümern. Wie bei unserer Aufmacher-Illustration mit dem strukturierten Gefäß geht es hier darum, nicht komplette Bilder, sondern einzelne Objekte mit einer neuen Oberfläche zu versehen. Je heller und farbloser das Objekt ist, um so einfacher ist der Eingriff. Die vielseitigsten Möglichkeiten bieten sich Ihnen, indem Sie das zu strukturierende Objekt zunächst freistellen. Darüber setzen Sie die Struktur-Ebene ein, die Sie mit der gezeigten Tastenkombination mit der darunter liegenden Ebene gruppieren – die Struktur-Pixel sind nur oberhalb der Objekt-Pixel sichtbar, der Rest wird automatisch maskiert. Sie können so die Struktur beliebig verschieben und den passendsten Ausschnitt suchen.

12 Starke und schwache Struktur ▲

Links habe ich dem Kopf die Struktur-Ebene im Modus „Multiplizieren“ zugewiesen, rechts mit „Linear nachbelichten“, in beiden Fällen mit reduzierter Deckkraft. Im ersten Fall ändert sich die ganze Materialanmutung, im zweiten bleibt der Marmor erkennbar und wird nur dezent gefärbt. Hier habe ich übrigens ergänzend, da die Tiefen des Gesichts zu blass wirkten, den Kopf dupliziert und das Duplikat multiplizierend auf eine Ebene darüber gelegt, um ein kontrastreicheres Ergebnis zu erzielen. Zu anderen, nicht weniger interessanten Ergebnissen kämen Sie, wenn umgekehrt der Kopf etwa im Modus „Überlagern/Ineinanderkopieren“ der Struktur-Ebene beigemischt würde.

Gestickte Pixel

Mit diesem kleinen Workshop beantworten wir wieder einmal eine Leseranfrage: Wie lassen sich Texte oder Bilder so wiedergeben, als seien sie gestickt? | **Doc Baumann**

Die Anforderungen an Problemlösungen mit digitaler Bildbearbeitung sind in der Praxis wirklich grenzenlos. Bei manchen Anfragen müssen wir zwar passen, weil der Weg zweidimensional einfach nicht realisierbar wäre und die dritte Dimension mit einbezogen werden müsste, bei anderen können wir weiter helfen. So etwa bei dieser:

„Hallo Doc! Ich bin aufmerksamer Leser Ihrer Zeitschrift und auch schon der Tutorials vor fünf Jahren in diversen Zeitschriften, und ich bin in Photoshop ziemlich gut dabei.

Ich versuche gerade, ein Logo in Photoshop zu erstellen für den Druck. Es soll so aussehen, als sei es auf eine Waschanleitung (diese kleinen kratzigen Dinger in den Hemden und Pullovern) gestickt. Habe es schon mit verschiedenen Methoden versucht, sieht aber nicht so toll aus. Für einen kleinen Tipp oder einen Hinweis, wo ich im Netz so einen Workshop finden könnte, wäre ich mehr als dankbar …

Mit freundlichem Gruß aus Nürnberg, Alexander Tschopoff (Mediengestalter)"

Im Netz kenne ich zwar keinen, aber es ist ja auch viel spannender, sich dazu selbst was auszudenken. Ein paar Lösungsansätze finden Sie auf den folgenden Seiten, wobei mir vier Varianten eingefallen sind: Einsatz der Musterfüllung mit selbst angelegten Mustern, alternativ dazu der des Muster-Stempels, das Arbeiten mit dem Pinsel mit eigenen Werkzeugspitzen, dies alles jeweils in Verbindung mit den Ebeneneffekten „Schlagschatten" sowie „Abgeflachte Kante und Relief".

Auf der Suche nach hilfreichen Vorlagen musste ich auf ziemlich alte Stücke aus meinem Kleiderschrank zurückgreifen, weil ich in den neueren leider nur noch gedruckte Schildchen dieser Art finden konnte. Wie ich schon in etlichen anderen Workshops erwähnte: Das ausgiebige Studium dessen, was Sie digital nachahmen wollen, sollte immer am Anfang stehen. Und in solchen Fällen ausnahmsweise einmal nicht das der Gegenstände selbst, sondern das ihrer Bilder.

Oft hat man einen allgemeinen und nicht sehr genauen Eindruck davon, wie dies oder jenes aussieht, und versucht dann, es nachzubauen – der Blick auf ein Foto davon würde mitunter zeigen, auf was besonderer Wert gelegt werden müsste. Und dass manche Details anders aussehen, als man sie in Erinnerung hat. So steht auch bei diesem Workshop zunächst das ausgiebige Anschauen des Vorbildes am Anfang.

Sticken

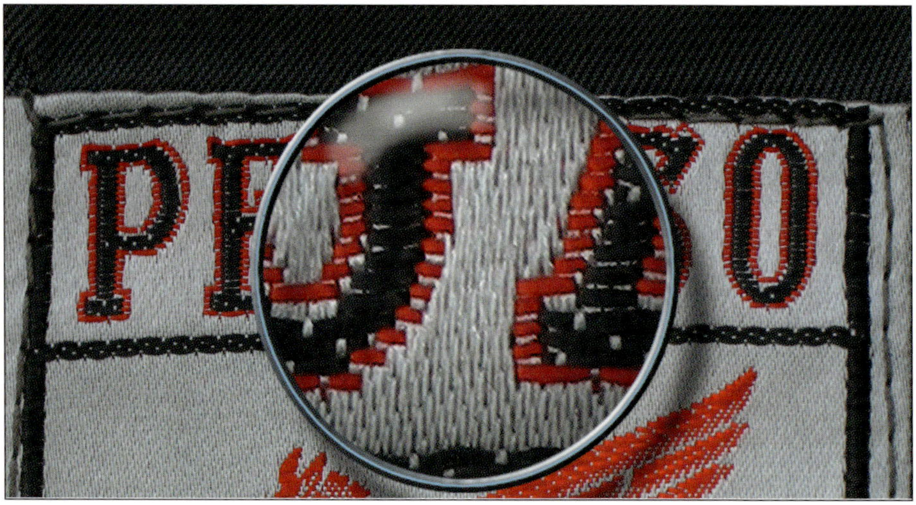

1 Original-Einnäher

Es bedurfte ausgiebiger Suche in meinem Kleiderschrank, bevor ich ein wirklich gesticktes und nicht bloß gedrucktes eingenähtes Schildchen dieser Art aufgetrieben hatte – in einem Seidenanzug aus den frühen Sechzigern (was man nicht alles aufhebt ...). Interessant ist eine solche Makro-Aufnahme, um genau zu studierten, wie eine solche Stickerei aussieht: die hellen Fäden im Hintergrund als Basis, darauf die dickeren farbigen für das Motiv. Je nach Art des verwendeten Garns und seiner Stärke sind an den Fäden selbst Glanzeffekte, Körperschatten und gedrehte Struktur zu erkennen, zudem ein leichter Schlagschatten auf den Hintergrund.

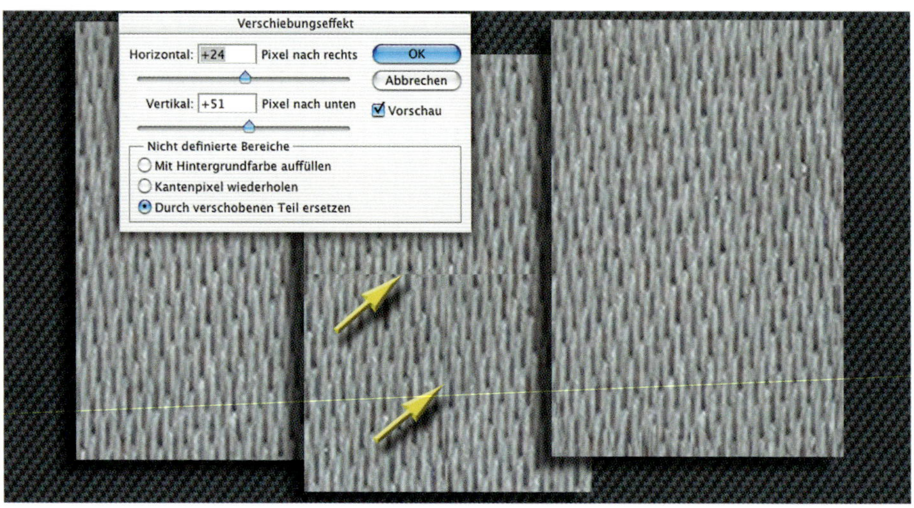

2 Repetitives Muster anlegen ▲

Diesen kleinen Trick hatten wir Ihnen in vorausgehenden Workshops bereits vorgestellt: Um aus dem Foto einer strukturierten Fläche ein Wiederholungsmuster zu erzeugen, das an den Rändern seiner Kachelungselemente bruchlos zu benachbarten Kacheln anschließt, verwenden Sie für die Ausgangsdatei (links) den – unter „Sonstige" untergebrachten – Filter „Verschiebungseffekt". Verlagern Sie die Pixel um ungefähr halbe Höhe und Breite der Datei, wobei „Durch verschobenen Teil ersetzen" unbedingt aktiviert werden muss (Mitte). Danach retuschieren Sie mit Stempel, Reparatur-Pinsel oder verschobenen Auswahlen die Struktur im Bereich der nun in die Bildmitte verlagerten ehemaligen Bildgrenzen. Zur Kontrolle wiederholen sie den Filtereinsatz noch einmal, um zu sehen, ob alle Anschlüsse stimmen. Wählen Sie die Datei komplett aus und bestimmen Sie im „Bearbeiten"-Menü „Muster festlegen"; nach Zuweisung eines Namens finden Sie das Muster nun überall, wo die Muster-Palette eingesetzt wird.

3 Muster anwenden

Unter „Fläche füllen" wählen sie die Variante „Muster" (das an dieser Stelle im Unterschied zum Ebeneneffekt „Musterfüllung" leider nicht skalierbar ist). Der Vorteil gegenüber dem Ebeneneffekt besteht darin, dass Sie es mit bearbeitbaren Pixeln zu tun haben, die Sie zum Beispiel wie in diesem Fall leicht aufhellen können.)

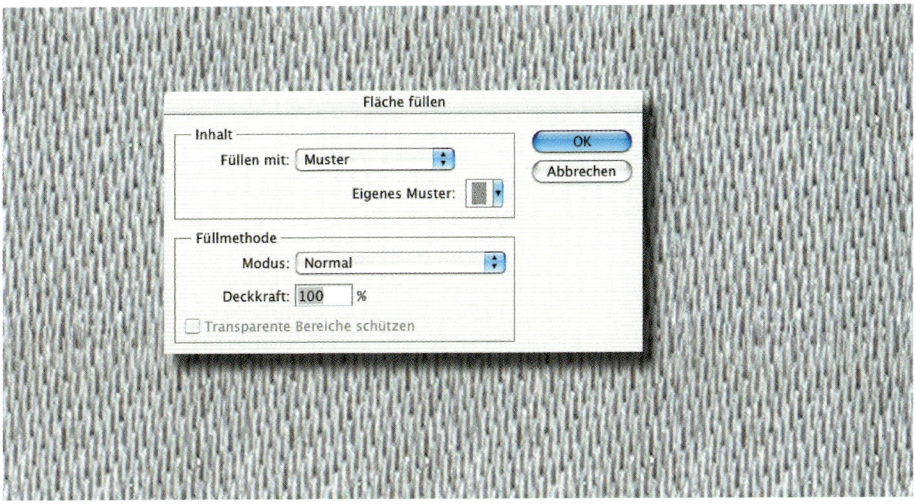

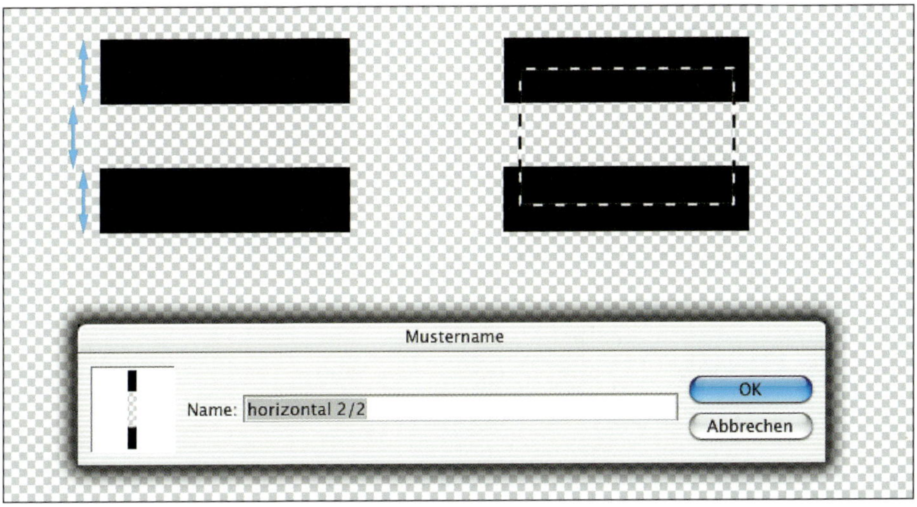

4 Waagerechtes Strichmuster anlegen ▲

Zur Darstellung der Stickfäden erzeugen Sie ein weiteres Muster, diesmal mit Transparenzunterstützung. Zoomen Sie stark in die Datei. Verwandeln Sie die Hintergrundebene in eine normale Ebene, indem Sie sie in der Ebenen-Palette doppelt anklicken und ihren neuen Namen bestätigen. Füllen Sie ein zwei Pixel hohes Rechteck schwarz; verschieben Sie ein Duplikat um zwei Pixel nach unten. Wählen Sie einen Bereich von der horizontalen Mitte des oberen bis zur Mitte des unteren Rechtecks aus (das erleichtert die Einschätzung des Linienabstandes). Rufen Sie bei aktiver Auswahl wiederum „Muster festlegen" auf und geben Sie einen Namen ein. Die Preview-Darstellung wird verzerrt angezeigt.

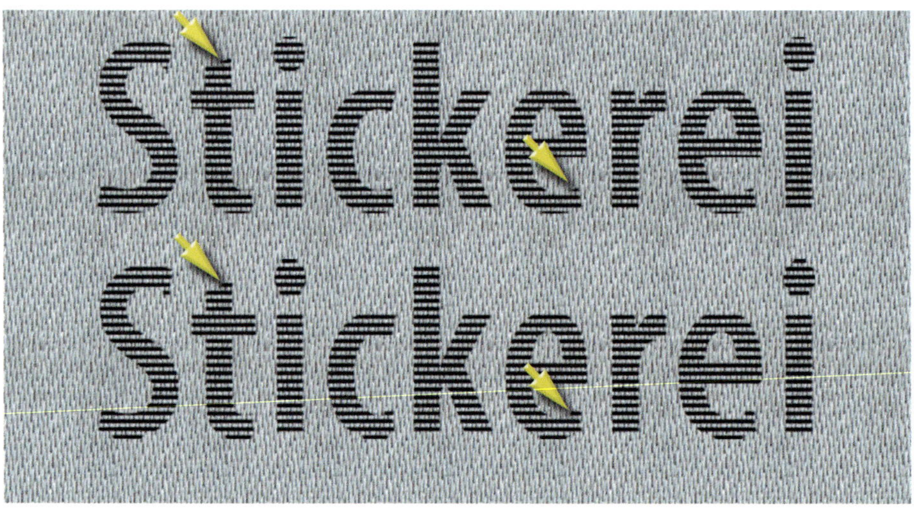

5 Textauswahl erzeugen

Obwohl ich natürlich weiß, dass es die Option gibt, Text direkt als Auswahl zu erstellen, bevorzuge ich oft die Methode, ihn auf einer neuen Ebene in herkömmlicher Form einzugeben (oben), die Ebene auszublenden und auf einer leeren Ebene durch Anklicken mit gedrückter Strg-/Befehlstaste als Auswahl zu laden. Diese Auswahl füllen Sie nun mit dem soeben vorbereiteten Streifenmuster (Mitte). Da dieses Muster transparente Bereich einschließt, werden nur die Pixelstreifen eingefügt, während die Abstände dazwischen durchsichtig bleiben.

6 Unvollständige Fäden ergänzen ▲

Auf den ersten Blick sieht die Stickerei schon ganz überzeugend aus. Auf den zweiten allerdings nicht mehr, da Fäden entweder über oder unter dem durchstochenen Stoff liegen, aber nicht halb zu sehen sein können. Zwei solcher Stellen sind hier (oben) mit Pfeilen markiert. Damit es bildlogisch glaubwürdig wirkt, muss dort also nachgebessert werden. Das ist manuell am schnellsten erledigt: Stellen Sie eine Pinsel-Werkzeugspitze passender Größe ein. Wenn sich keine geeignete in Ihrer Palette findet, nehmen Sie eine mit ähnlichem Durchmesser und vergrößern Sie über das numerische Feld oder mit Hilfe der Tasten „Ö“ (vergrößern) oder „#“ (verkleinern). Reparieren Sie die zu schmalen Fäden; bei längeren lassen Sie sich von der Umschalttaste beim exakt waagerechten Ziehen unterstützen.

7 Ebeneneffekte

Färben Sie die Fäden auf Ihrer Ebene nach Wunsch. Das geht alternativ durch den Ebeneneffekt „Farbüberlagerung", durch Laden der Pixel dieser Ebene als Auswahl und Füllen mit Farbe oder Füllen nach vorheriger Aktivierung der Option oben in der Ebenen-Palette: „Transparente Pixel fixieren". In der vergrößerten Darstellung in der Mitte habe ich den Buchstaben von links nach rechts zugewiesen: „Farbüberlagerung" (St), „Schlagschatten (ic), „Abgeflachte Kante und Relief" (ke) sowie im letztgenannten Feld „Struktur" (rei). Darunter sowie klein oben rechts sind alle Effekte kombiniert angezeigt.

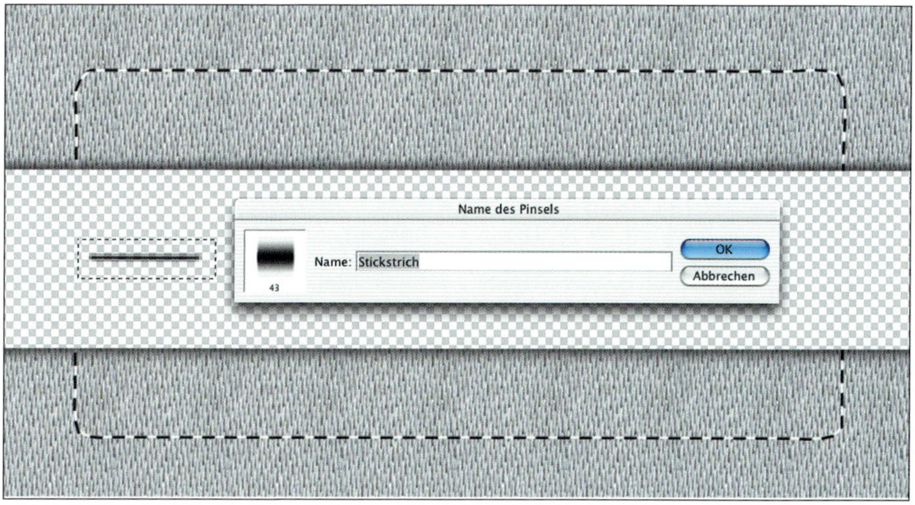

8 Faden-Werkzeugspitze und Auswahl ▲

Ein weiteres Verfahren, um gestickte Fäden aufzubringen, funktioniert nicht mit einer Musterfüllung, sondern durch Nachmalen eines Pfades mit einer Malspitze. Die Spitze ist schnell erzeugt: Wählen Sie mit dem Auswahl-Rechteck ein kleines, langgezogenes Rechteck aus, wobei nach oben und unten sowie vor allem nach beiden Seiten etwas Spielraum für den Abstand der später daraus entwickelten Fäden bleiben muss. Geben Sie der Spitze einen Namen; sie erscheint nun in der Werkzeugspitzen-Palette. Auf einer neuen Ebene ziehen Sie ein großes Auswahl-Rechteck auf. Im Auswahl-Menü unter „Auswahl verändern > Abrunden" geben Sie einen hohen Radius ein (hier 50), um die Ecken des Rechtecks abzurunden.

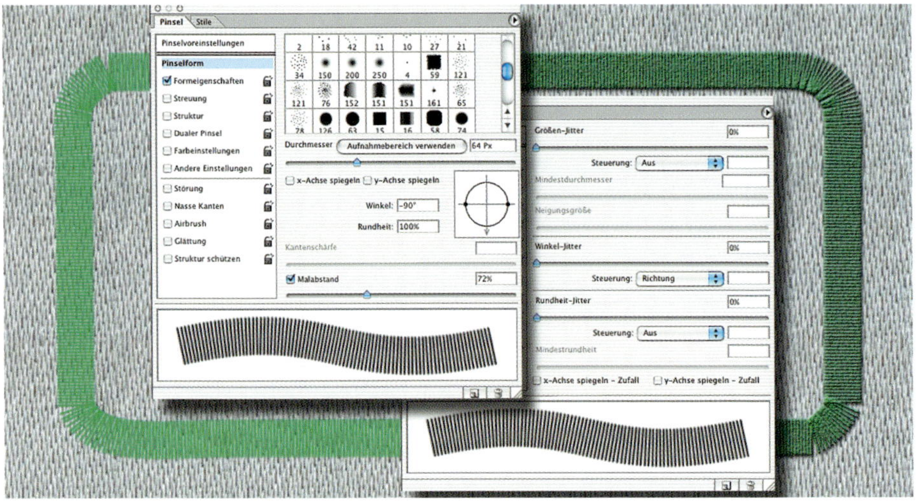

9 Umrandung nachmalen

Verwandeln Sie das abgerundete Auswahl-Rechteck zunächst in einen Pfad, indem Sie am Fuß der Pfade-Palette auf das Symbol für „Arbeitspfad aus Auswahl erstellen" klicken. Vorsichtshalber sichern Sie diesen Pfad. Damit aus unserer zuvor angelegten Werkzeugspitze ein für den nächsten Schritt brauchbarer Faden wird, drehen Sie sie in der Pinsel-Palette unter „Pinselform" zunächst um 90 Grad und erhöhen dann den „Malabstand" nach Augenmaß. Im Einstellfeld „Formeigenschaften" wählen Sie unter „Steuerung" für „Winkel" „Richtung". Bestimmen Sie die Fadenfarbe. In der Pfade-Palette klicken sie auf das Symbol für „Pfadkontur mit Pinsel füllen" (links). Das Hinzufügen der in Abbildung 7 genannten Ebeneneffekte macht aus den entlang des Pfades verteilten Strichen plastische Fäden (rechts).

10 Mustergefüllte Form ▲

In derselben Weise, in der Sie zuvor Schrift als gestickt wiedergegeben haben, können Sie nun auch beliebige Formen darstellen. Hier habe ich das vorgegebene Ornament „Bourbonische Lilie" aus der Formen-Palette aufgezogen (links) und wie zuvor auf einer neuen Ebene als Auswahl geladen, mit dem Muster gefüllt und mit Ebeneneffekten versehen. Sie können das in diesem Fall auch auf derselben Ebene machen, auf der der gestickte Rand liegt, dann werden die gewählten Effekte direkt auf die neuen „Fäden" angewandt.

11 Fäden mit Pinsel malen

Je nach beabsichtigter Wirkung kann die Gleichmäßigkeit des Musters erwünscht oder störend sein. Um es etwas unregelmäßiger darzustellen, habe ich in diesem Beispiel die zuvor angelegte Werkzeugspitze direkt auf der mit Effekten versehenen Ebene innerhalb der geladenen Lilien-Auswahl angewandt. Dabei blieb die Spitzen-Ausrichtung bei 0 Grad (also waagerecht), und der eingestellte Malabstand wirkte sich auf den vertikalen Abstand aus. Ich zog den Pinsel senkrecht, setzte dann neu an und malte die nächste Spur daneben. Bei nicht exakt senkrechter Zugrichtung entstehen zum Teil Verdichtungen, die aber ganz interessant aussehen können.

12 Gestickte Maske ▲

Um einiges komplizierter ist die Stick-Umsetzung dieser römischen Maske, einer Brunnenfigur (links). Sie wurde zunächst stark weichgezeichnet, dann über „Verlaufsumsetzung“ (vergleiche Band 1, Seite 248) in vier Farbflächen gesplittet. Diese trennte ich auf vier separate Ebenen und ging dann in der zuvor beschriebenen Weise vor, um Musterfüllungen zu erreichen. Die entstehenden Fäden färbte ich durch die darüber liegenden, jeweils mit ihnen gruppierten Farb-Ebenen. Um kürzere Fäden wiederzugeben, löschte ich in jeder der vier Faden-Ebenen mit diagonalen Spuren, so dass sich dort Unterbrechungen zeigen. Realistischer wäre allerdings manuelles, senkrechtes Unterbrechen der Fäden.

13 Vorbereitung des Musterstempels

Da man nie wissen kann, zu welchen konkreten Zwecken Sie eine solche Digitalstickerei später in der Praxis einmal anwenden wollen, zeige ich Ihnen noch ein weiteres Verfahren, das sich von den bislang vorgestellten nicht erheblich unterscheidet, aber dennoch gewisse Vorzüge bezüglich des unregelmäßigen Auftrags aufweist: Erzeugen Sie auf einer leeren Ebene ein kleines weißes Rechteck (im grünen Feld oben in Originalgröße, darunter vergrößert dargestellt) und machen Sie mittels der genannten Ebeneneffekte daraus ein Fadenstück. Wählen Sie das Rechteck mit ausreichend Abstand nach oben und unten sowie nach den Seiten hin aus und legen sie es als neues Muster fest.

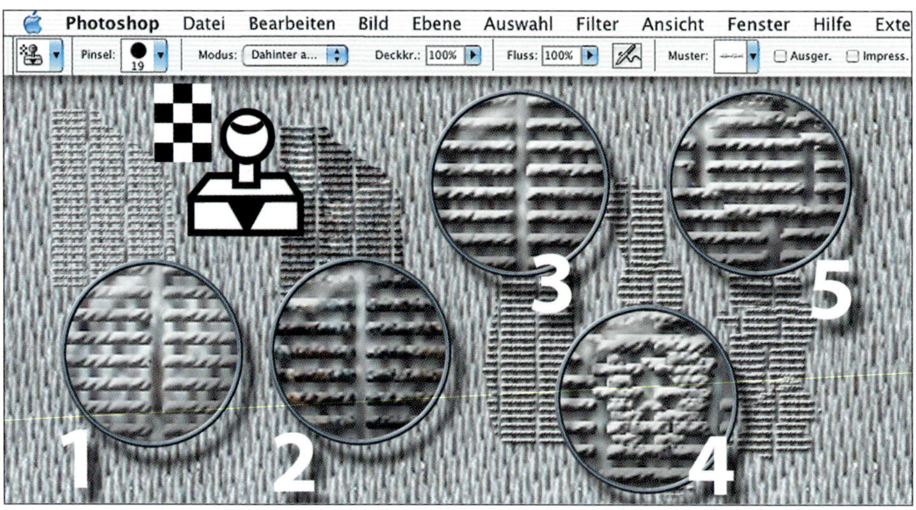

14 Einsatz des Musterstempels ▲

Erzeugen Sie eine neue Ebene, wählen Sie in der Werkzeug-Palette den Musterstempel (im Feld des Kopierstempels) und in der Optionenleiste unter „Muster“ den gerade angelegten Faden. In der im Normalfall aktivierten Variante „Ausgerichtet“ trägt das Werkzeug die Elemente in einem festen Raster auf (1), auch bei erneuten Ansetzen des Stempels. Versehen Sie die Fäden wie zuvor mit den Ebeneneffekten „Schlagschatten“, „Abgeflachte Kante und Relief“ sowie „Struktur“ (2 und 3; 2 zeigt zudem die Färbung durch ein Bild auf einer überlagernden, gruppierten Ebene). Zur unregelmäßigen Verteilung der Fäden schalten Sie die Option „Ausgerichtet“ in der Leiste ab (4). Weisen Sie dem Stempel dann noch den Modus „Dahinter auftragen“ zu, kann das das Ergebnis noch weiter verbessern (5).

15 Musterstempel ausgerichtet

Setzen Sie den Musterstempel in der vorgegebenen Variante „Ausgerichtet“ ein, unterscheidet sich das Ergebnis nicht weiter von einer einfachen Musterfüllung. Der einzige Unterschied bei dieser Datei im Vergleich zu der mustergefüllten innerhalb der Auswahl besteht darin, dass hier die Färbung der Faden-Ebene dadurch zu Stande kommt, dass die Ebene mit Linie und – in Pixel umgewandelter – Schrift als gruppierte Ebene darüber liegt.

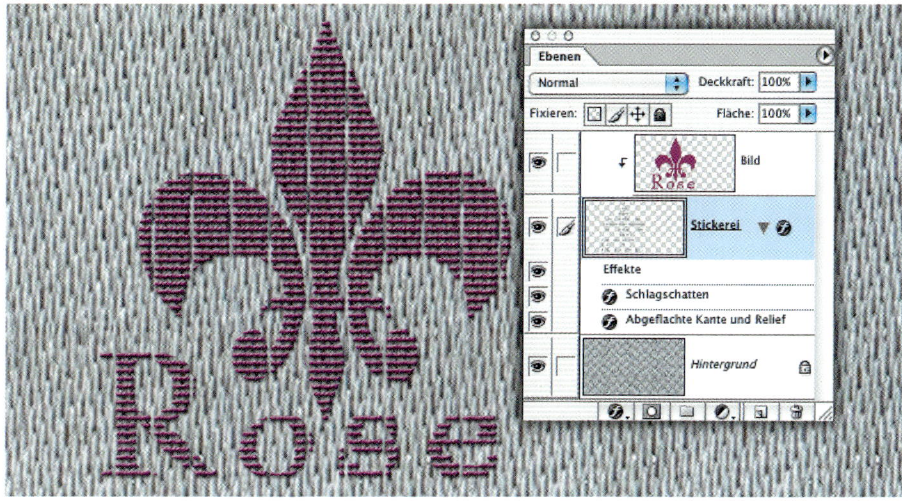

16 Musterstempel nicht ausgerichtet ▲

Visuell spannendere Ergebnisse erzielen Sie, wenn Sie mit der Option „Nicht ausgerichtet“ wie zu Abbildung 14 beschrieben vorgehen. Eine Alternative zum Arbeiten nur innerhalb der Auswahl besteht darin, die überlagernde Form/Text-Ebene als Orientierung zu nutzen, indem Sie sie mit geringer Deckkraft einblenden (in diesem Falle natürlich nicht gruppiert). Dann enden die gemalten Fäden nicht abrupt an der Kontur, sondern stehen leicht über (ganz links). Füllen Sie danach die überlagernde Ebene komplett mit Farbe, werden alle Fäden eingefärbt (Mitte). Alternativ und exakter können Sie auf der Faden-Ebene manuell nachmalen beziehungsweise mit dem Radiergummi löschen (rechts).

Airbrush mit Sprüheffekt

Die digitale Spritzpistole aus Photoshop versprüht einen feinen, gleichmäßigen Farbnebel. DOCMA-Leser Christian Benedict suchte nach einem Effekt, der einzelne Farbtröpfchen oder sogar kleine Kleckse erkennen lässt. Dafür gibt es verschiedene Lösungswege. | **Doc Baumann**

Dank der Pinsel-Palette, die Photoshop seit seiner Version 7 anbietet, ist die Simulation der unterschiedlichsten Malwerkzeuge sehr viel einfacher geworden. Manche Anwender trauern dem Airbrush nach, der seitdem unter den Werkzeugen nicht mehr mit einem eigenständigen Tool-Icon vertreten ist. Im Prinzip unterscheidet sich allerdings eine Pinselspur, die mit einer großen, weich begrenzten Werkzeugspitze gemalt wurde, kaum von der einer Spritzpistole. Ihre spezielle, vom Pinsel nicht unterstützte Funktion, auch das unbewegte Werkzeug immer neue Abdrücke erzeugen zu lassen, kann in der Palette einfach als Option zugeschaltet werden.

Damit sind die vertrauten weichen Übergänge digital gut darzustellen. Manchen ist der Airbrush (oder die? Der Duden weiß es auch nicht) allerdings zu gleichmäßig – sie hätten statt der Spitz- lieber eine Sprotz-Pistole. (Kurzer Exkurs für alle, die nie mit einem solchen Gerät gearbeitet haben: Abhängig von der Viskosität der Farbe und dem eingestellten Luftdruck kann ein Airbrush nicht nur feinsten Farbnebel versprühen, sondern auch Tröpfchen, die auf Papier oder Wand zu kleinen Kreisen verlaufen.)

Mit den Einstellungen der Pinsel-Palette, besonders „Formeigenschaften“ und „Streuung“, lässt sich das recht gut nachahmen. Dabei können Sie entweder eine punkt- oder kreisförmige Spitze einsetzen und diese entlang der Spur verteilen oder mit selbst angelegten Werkzeugspitzen arbeiten.

Eine schöne Spitze erhalten Sie etwa mit einer schwarz gefüllten und weich begrenzten Kreisauswahl auf einer Ebene im Modus „Sprenkeln“ bei herabgesetzter Deckkraft. Nach der Vereinigung mit der weißen Hintergrundebene verkleinern Sie den Bereich ein wenig (um durch das Interpolieren harte Pixelkanten aufzuweichen) und machen daraus eine eigene Spitze, die zu den Rändern hin sanft ausläuft.

Es lohnt ohnehin, mit dem Modus „Sprenkeln“ zu experimentieren; Sie können so Airbrush-Effekte erzielen, ganz ohne ein Werkzeug einzusetzen. Besonders effektiv simulieren Sie damit die eher ungewollte, aber gerade deshalb recht realistisch wirkende Ausbreitung des Sprühnebels unter eine nicht sauber abdeckende Maske. Wobei hier natürlich eine Papier- oder Klebemaske und keine digitale gemeint ist. Zu weiteren Verbesserungen der Ergebnisse verhilft im übrigen der Einsatz von Stift und Grafiktablett.

AIRBRUSH

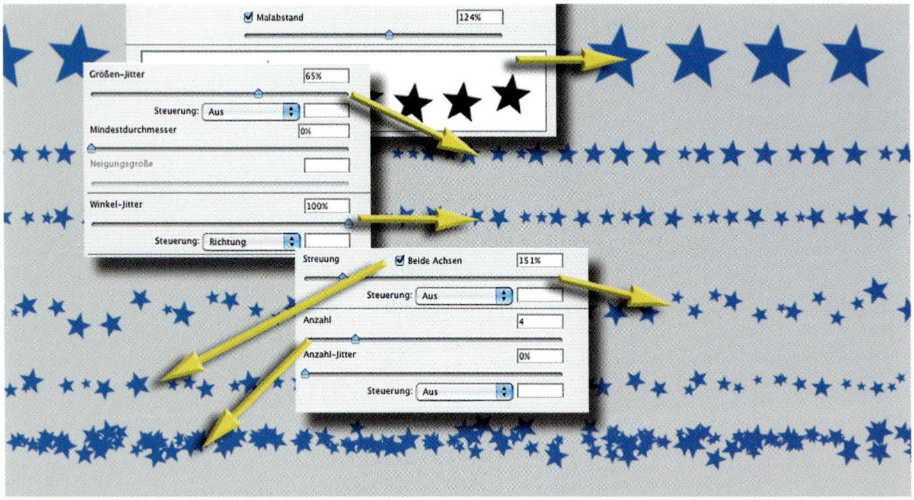

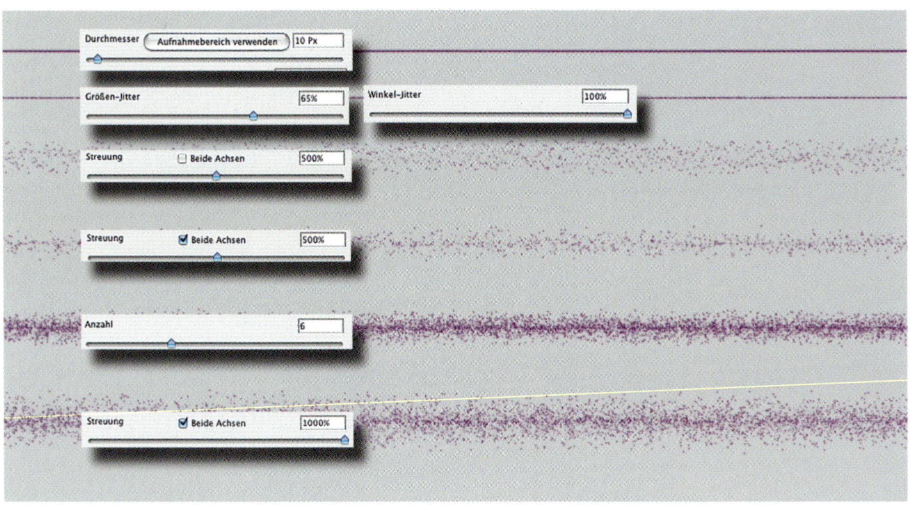

1 Einstellungen in der Pinsel-Palette

Fünf Regler in der Pinsel-Palette helfen, einen beliebigen Werkzeugspitzenabdruck zufällig entlang einer Spur zu verteilen: Unter „Pinselform" variieren Sie den „Malabstand" (in Prozent des Durchmessers), um einen durchgehenden Strich in Einzelabdrücke aufzulösen. Unter „Formeigenschaften" verschieben Sie die Regler für „Größen-Jitter" sowie „Winkel-Jitter", den Letztgenannten auf 100 Prozent. Unter „Streuung" aktivieren Sie „Beide Achsen" und wählen einen passenden Wert, ebenso erhöhen Sie die „Anzahl".

2 Airbrush-Wirkung ▲

Hier sehen Sie dieselben Einstellungen noch einmal am Beispiel einer einfachen 10-Pixel-Spitze, die zunächst eine glatte Linie malt. Ein hoher „Größen-Jitter" lässt die einzelnen Punkte schrumpfen (nicht wachsen), „Winkel-Jitter" wirkt sich bei kreisförmigen Abdrücken nicht sichtbar aus, wohl aber etwa bei Ellipsen. Einfache „Streuung" verteilt die Abdrücke im rechten Winkel zur Spurrichtung, die Aktivierung von „Beide Achsen" beeinflusst zusätzlich ihren Abstand entlang dieser Richtung. „Anzahl" schließlich vervielfacht die Menge der verstreuten Punkte. Ein höherer Wert von „Streuung" (unten) löst die Spur weiter auf.

3 Eine Spitze für Sprühtröpfchen

Um eine Werkzeugspitze anzulegen, die zu ihren Rändern hin sanft ausläuft und an fein versprühte Tröpfchen erinnert, aber nicht einfach Farbe vernebelt, gehen Sie folgendermaßen vor: Erzeugen Sie über einer weißen Hintergrundebene eine neue, auf der Sie eine kreisförmige Auswahl mit breiter weicher Kante aufziehen (1). Füllen Sie sie schwarz (2). Setzen Sie die Ebene auf „Sprenkeln" mit etwa 50 Prozent Deckkraft (3). (Bis hierher könnten Sie auch eine normale weiche Spitze verwenden und im „Sprenkeln"-Modus malen, allerdings immer mit hart begrenzten Pixeln.) Für geglättete Pünktchen wählen Sie den Bereich nach Vereinigen der Ebenen aus und verkleinern ihn ein wenig. Machen Sie aus einer Auswahl des Bereichs eine neue Werkzeugspitze (im „Bearbeiten"-Menü) und setzen Sie dafür den „Winkel-Jitter" auf 100 Prozent. Die Spur rechts zeigt oben ein Wiederholungsmuster, unten dank der Winkeldrehung einen gleichmäßig wirkenden Sprühstrahl.

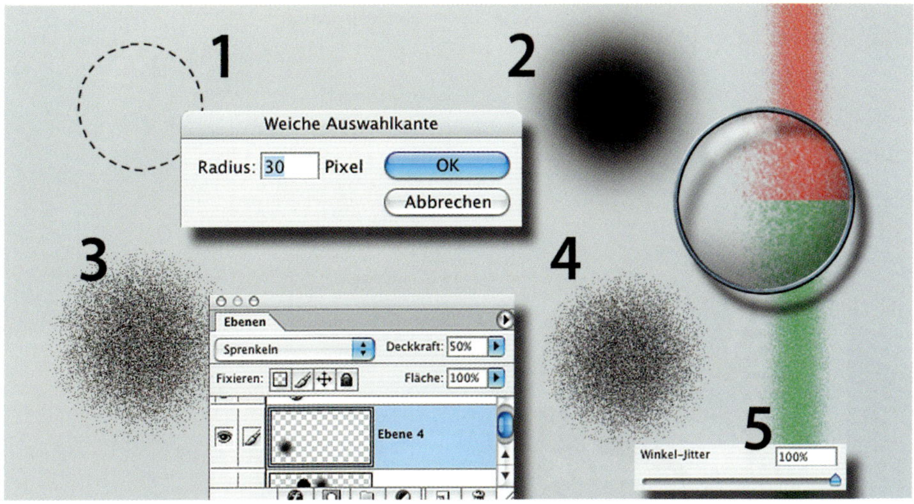

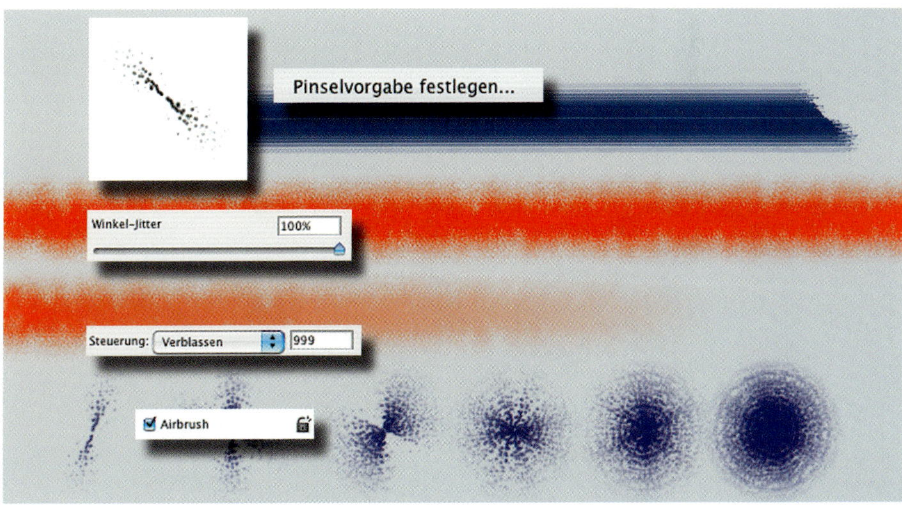

4 Klecks-Spitze ▲

Erzeugen Sie eine Werkzeugspitze wie die links oben, so malen Sie damit zunächst nur wie mit einem Borstenpinsel (oben, blau). Stellen Sie nun den „Winkel-Jitter" auf 100 Prozent, rotiert die Spitze entlang der Spur um ihr Zentrum (rot); das lässt sich auch mit „Verblassen" kombinieren (Andere Einstellungen > Deckkraft). Die Wirkung der aktivierten „Airbrush"-Option sehen Sie bei unterschiedlich langem Drücken der Maustaste bei unbewegtem Werkzeug (unten).

Foto: Corel

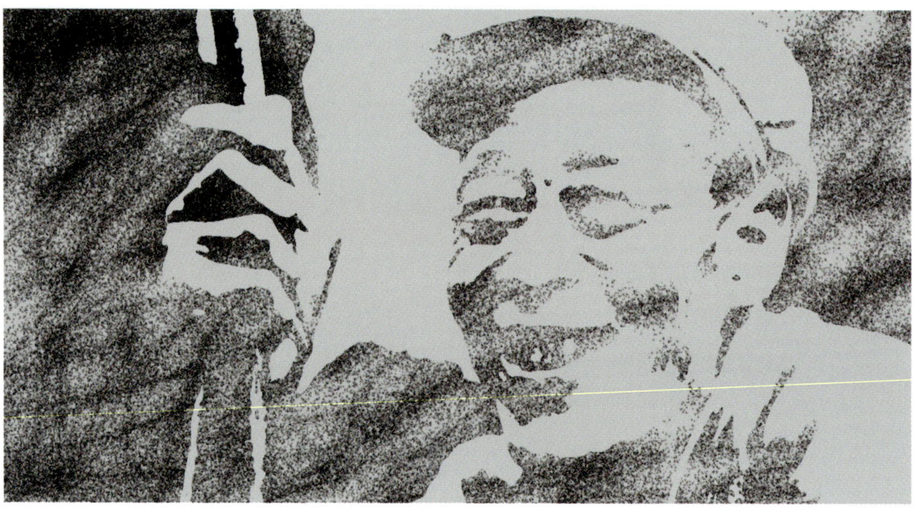

5 Porträtaufnahme

Als Vorlage für eine Airbrushgrafik dieser Art eignet sich am besten ein Foto mit klaren Kontrasten. Ich habe hier ein Porträt aus der Corel Stock Photo Library durch Veränderung der Hintergrundfarben zunächst ein wenig modifiziert, die Ebene dupliziert, leicht weichgezeichnet und auf das Ergebnis „Schwellenwert“ mit einer visuell passenden Position des Reglers angewandt. Nach einer Negativumwandlung (unten links eingeblendet) kopierte ich diese Ebene und fügte sie als neuen Alphakanal für die spätere Airbrush-Maskierung ein.

6 Erste Sprühschicht ▲

Das hier vorgestellte Airbrush-Verfahren zeigt eine flächige Variante auf der Basis ausgeschnittener Masken und unterscheidet sich im Ergebnis deutlich von fotorealistischen Techniken, bei denen – ebenfalls unter Einsatz von Schnittmasken – feinste Übergänge weich gesprüht werden. Die hier demonstrierte Vorgehensweise ist also vergleichsweise grob und lässt das auch klar erkennen; mit ihrer realen Entsprechung werden zum Beispiel schnell Logos auf Hauswände gesprayt. Das erklärt auch die in den weiteren Schritten gezeigte Untersprühung der Maskenränder, da es sich meist nicht um Klebefolien, sondern um einfache ausgeschnittene Papier- oder Kunststoffmasken handelt.

7 Zweite Sprühschicht

Selbstverständlich würde das Ergebnis wesentlich perfekter wirken und zudem sehr viel schneller erreicht werden, wenn Sie die aus dem Alphakanal als Auswahl geladene Maske einfach mit Schwarz füllten – aber das würde den erwünschten Effekt des manuellen Sprayens verschwinden lassen. Hier ist eben gerade keine Perfektion, sondern durchaus ein etwas ruppiges Erscheinungsbild gefragt. Übermalen Sie also die zu färbenden Flächen nicht so oft, bis diese einheitlich getönt sind, sondern nehmen Sie Flecken und Reste der Hintergrundfarbe bewusst in Kauf.

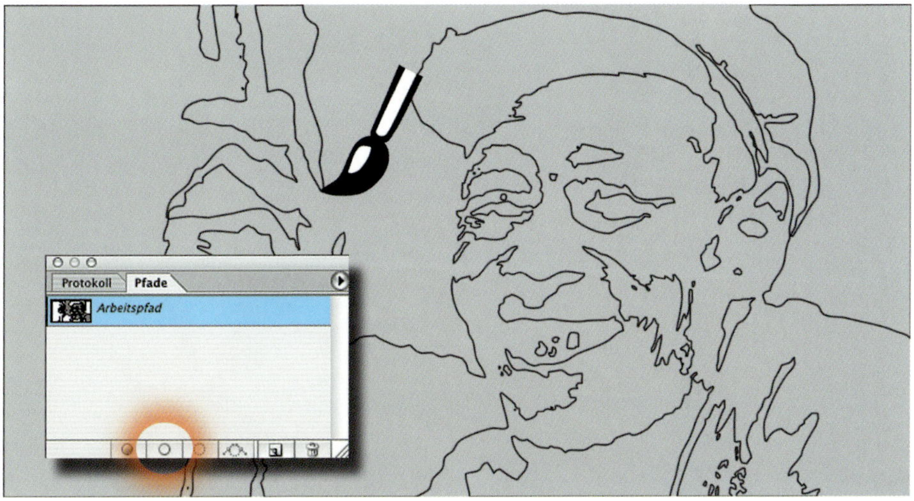

8 Untersprühung vorbereiten ▲

Die eigentlich unerwünschte, weil etwas unsauber wirkende Untersprühung der Maskenränder können Sie nun manuell hinzumalen, nachdem Sie die nach wie vor bestehende und zwischenzeitlich ausgeblendete Auswahl leicht erweitert und/oder mit einer weichen Auswahlkante versehen haben. Schneller geht es folgendermaßen: Erzeugen Sie eine neue Ebene. Machen Sie aus der Selektion einen Pfad (Pfadpalette>Arbeitspfad aus Auswahl erstellen). Wählen Sie die vorbereitete Airbrush-Spitze mit allen gewünschten Parametern einschließlich Farbe und Deckkraft. (Wollen Sie sie häufiger verwenden, sichern Sie sie als neue Werkzeug-Vorgabe.) Klicken Sie am Fuß der Pfade-Palette auf das Symbol für „Pfadkontur mit Pinsel füllen".

9 Untersprühung: Pfad nachgemalt

Photoshop wendet nach Anklicken des Nachmalen-Icons das vorgewählte Werkzeug – in unserem Fall also den Pinsel mit allen zuvor eingestellten Parametern, die ihn zum leicht klecksenden Airbrush machen – entlang des Pfades an (linke Bildhälfte). Es hängt nun von den vorausgehenden Arbeitsschritten ab, wie das Ergebnis wirkt: Ich habe das Originalbild auf der Hintergrundebene belassen, eine graue Ebene als neuen sichtbaren Hintergrund darüber gelegt, die dunklen Flächen auf wiederum einer weiteren Ebene gesprüht und schließlich auf einer letzten den Pfad nachmalen lassen.

10 Fertige Grafik ▲

Bei diesem Ebenenaufbau deckt die innerhalb der Auswahl besprühte Fläche nicht vollständig, da zwischen den eingefügten Pixeln transparente Bereiche stehen bleiben. Anders wäre es, wenn Sie direkt auf einer neuen, mit Farbe gefüllten Ebene arbeiten würden. Es kann nun vorkommen, dass der Randbereich wegen der doppelten Überdeckung – einmal durch das manuell ausgeführte Sprayen, dann durch den nachgemalten Pfad – zu dunkel erscheint, vor allem dann, wenn man ihn mehrfach nachmalen lässt. Praktisch wirkt sich das kaum sichtbar aus; falls doch, laden Sie einfach erneut die Auswahl und löschen die dadurch selektierten Pixel auf dieser Ebene.

11 Ebene durch „Sprenkeln" füllen

Sehr viel schneller und gleichmäßiger – sofern Sie das wollen – erzielen sie einen Airbrush-Effekt ganz ohne den Einsatz eines manuell geführten Malwerkzeugs. Machen Sie sich den Modus „Sprenkeln" zu Nutze, den wir bereits zuvor beim Anlegen der auslaufenden Werkzeugspitze eingesetzt hatten. Diesmal wenden Sie ihn auf eine mit Farbe gefüllte Ebene bei reduzierter Deckkraft (hier etwa 80 Prozent) an. Sie können auch eine weich begrenzte Werkzeugspitze im Modus „Sprenkeln" und mit reduzierter Deckkraft als Airbrush anwenden, erhalten dann jedoch wie in diesem Fall hart konturierte Pixel.

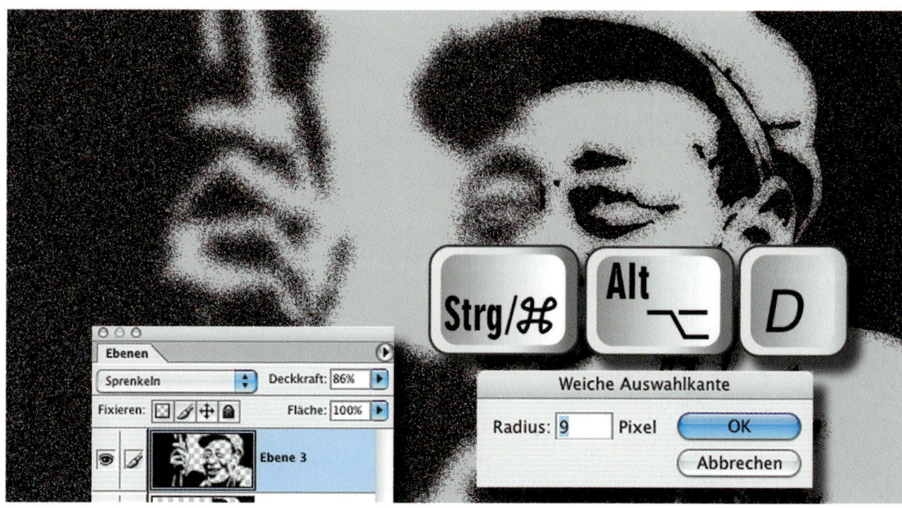

12 Weiche Kanten durch „Sprenkeln" ▲

Den zuvor per Pfad-Nachmalen realisierten Effekt der leichten Untersprühung entlang der Maskenkanten erzielen Sie hier auf einem anderen Weg: Legen Sie eine neue Ebene an, gleichfalls im Modus „Sprenkeln" und mit annähernd identischer Deckkraft wie die darunterliegende. Laden Sie die Auswahl erneut und weisen Sie ihr eine weiche Auswahlkante zu. Füllen Sie nun die Ebene mit derselben Farbe wie zuvor. Die Farbfüllung wird dadurch deckender, am Rand entsteht eine weich auslaufende Kante mit verstreuten Pixeln. Sofern Ihnen der Effekt für ein eigenes Bild nicht zusagt, verändern Sie die Wirkung durch abweichende Deckkraftwerte der beiden Ebenen.

13 Gesprenkelt und weichgezeichnet

Ob Ihnen die pixelige oder die naturalistischer wirkende leicht weichgezeichnete Version besser gefällt, können Sie am Beispiel dieses Bildes entscheiden. Hier liegt im Hintergrund keine einfache Farbfläche, sondern gescanntes Papier (von der CD „Paper Textures"). Auf der darüberliegenden Ebene habe ich die Auswahl geladen und mit dunklem Rot gefüllt. Dabei blieb die Pixel-Struktur in der linken Hälfte erhalten. In der rechten wandte ich den „Gaußschen Weichzeichner" mit einem Radius von 0,3 an.

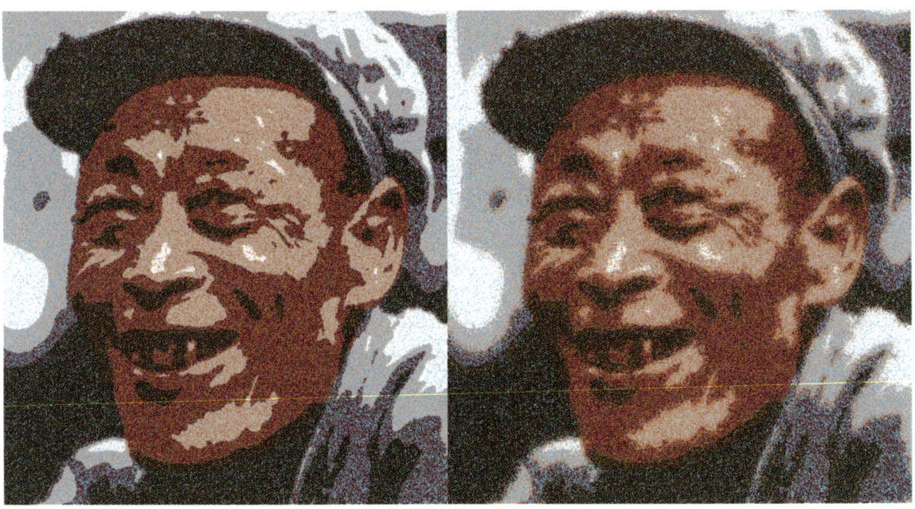

14 Farbige Version ohne und mit Rand ▲

Diese Version entstand, indem ich das Foto in ein Graustufenbild umwandelte, weichzeichnete und mit der Tontrennung bearbeitete. Die resultierenden Stufen wurden jeweils per Zauberstab ausgewählt, die Auswahl in einem eigenen Alphakanal gesichert. Für jede Farbe erzeugte ich eine neue Sprenkel-Ebene, lud dort eine Auswahl und füllte sie mit einer geeigneten Farbe (links). In der Fassung mit unsauberem Rand ging ich in derselben Weise vor wie zu den Abbildungen 8 und folgende erläutert und ließ die Kontur per Pfadfüllung nachziehen (rechts). Beide Versionen haben ihren eigenen Reiz; erscheint Ihnen der weiche Rand zu ausgeprägt, setzen Sie den Werkzeugdurchmesser für das Nachmalen des Pfades herunter.

Bildbuchstaben

Foto: Karl-Heinz Tobias

Bilder und Schriftzüge zu kombinieren ist einen Sache, eine andere ist die Verbindung von Buchstaben und Bildern. | **Christoph Künne**

Wir alle kennen solche Grafik-Spielereien von Postkarten, aus Prospekten oder sehen dergleichen in animierter Form als Trailer in Kino und Fernsehen. Buchstaben, die mit Fotos gefüllt sind, nehmen wir heute beileibe nicht als Seltenheit wahr. Dennoch gibt es dafür keine Schriftsätze, die sich einfach in ein Textverarbeitungsprogramm laden lassen.

Das hat zum einen technische Gründe, denn Schriften basieren auf Vektoren und nicht auf Pixel-Informationen. Zum anderen bildet hier die Schrift nur die Hülle des Inhalts. Im Vordergrund stehen also die Bilder, von der Schrift wird nur verlangt, dass sie möglichst fett ausgezeichnet ist, um viel vom Motiv zeigen zu können. Zwar wurden in der Vergangenheit einige CDs mit themenorientierten Bildbuchstaben auf den Markt gebracht, doch konnten sie sich wegen der unpraktischen Form – sie lagen in Bildformaten vor – nicht am Markt etablieren. Ist ja auch etwas mühsam, Worte aus einzelnen Dateien zusammenzusetzen, die jeweils einzeln importiert werden müssen. Da hat uns die Bequemlichkeit bei der Arbeit mit Computern schon längst verdorben. Bildbuchstaben sind also trotz aller technischen Möglichkeiten des Digitalzeitalters immer noch ein großes Stück weit Handarbeit. Noch vor ein paar Jahren waren solche Jobs Spezialaufgaben für Lithographen. Und dann auch nicht für die einfachen, sondern eher für die Meister ihres Fachs.

Der Auftraggeber hat gerade mal den Entwurf aufgezeichnet. Die technisch höchst aufwändige Umsetzung blieb ein Geheimnis der Fotochemiker. Aber wie gesagt, das war einmal. Heute lassen sich Text-Bildintegrationen mit Photoshop an jedem Büro-PC realisieren.

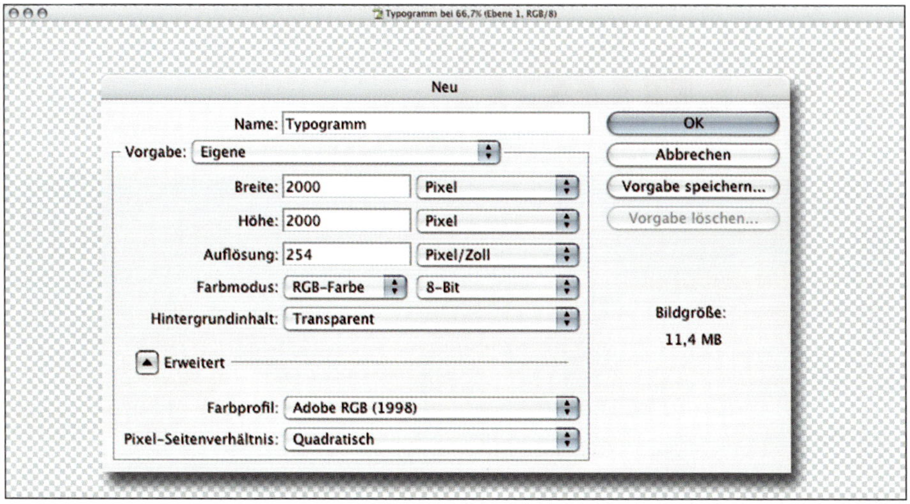

1 Die Ausgangsdatei

Um die einzelnen Ablaufschritte besser trennen zu können und später dadurch flexibler zu sein, beginnen wir nicht gleich auf der Bilddatei, sondern auf einem Datei-Rohling. Erzeugen Sie eine neue, leere Datei. Den Befehl „Neu“ finden Sie im Menü „Datei“. Im folgenden Dialog legen Sie nach der Namenvergabe die gewünschte Bildbreite und -höhe an (hier 2000 mal 2000 Pixel). Vor der Bestätigung wählen Sie beim Eintrag „Hintergrundinhalt“ die Variante „Transparent“.

2 Der erste Buchstabe ▲

Damit Sie bei der Gestaltung Ihres Typogramms möglichst viele Freiräume haben, legen Sie alle Buchstaben auf einzelnen Textebenen an. In unserem Fall bei dem Wort „F O T O H E F T“ also acht. Beginnen Sie mit dem „F“. Aktivieren Sie zunächst das Textwerkzeug und wählen anschließend in den Werkzeugoptionen eine fette Schrift in weißer Farbe und stellen den Schriftgrad auf einen hohen Wert ein. (hier: Arial Black bei 200 pt) Dann klicken Sie an eine bliebige Stelle etwa im unteren Drittel des Bilds und geben den Buchstaben via Tastatur ein.

3 Der zweite Buchstabe

Um den zweiten Buchstaben zu erhalten, duplizieren Sie die erste Textebene mit der Tastenkombination Strg-/Befehlstaste+J, markieren den Inhalt wie in einer Textverarbeitung oder durch Doppelklick auf die Ebenen-Miniatur in der Ebenenpalette und ändern sie dem Text entsprechend. Anschließend verschieben Sie den neuen Buchstaben mit dem „Bewegen“-Werkzeug.

4 Die weiteren Buchstaben ▲

Auf diese Weise verfahren Sie auch mit den verbleibenden vier Typoelementen. Achten Sie beim Verschieben darauf, dass sich die Buchstaben einerseits überlagern und anderseits in einem symmetrischen Verhältnis zueinander stehen, so dass das Ganze am Ende wie ein homogenes Objekt wirkt.

Tipp:
Wenn Sie Schwierigkeiten bekommen, das eine oder andere Textobjekt beim Auswählen zu treffen, können Sie die gerade nicht benötigten anderen Ebenen für den Auswahlvorgang per Klick auf das Augensymbol in der Ebenenpalette ausblenden.

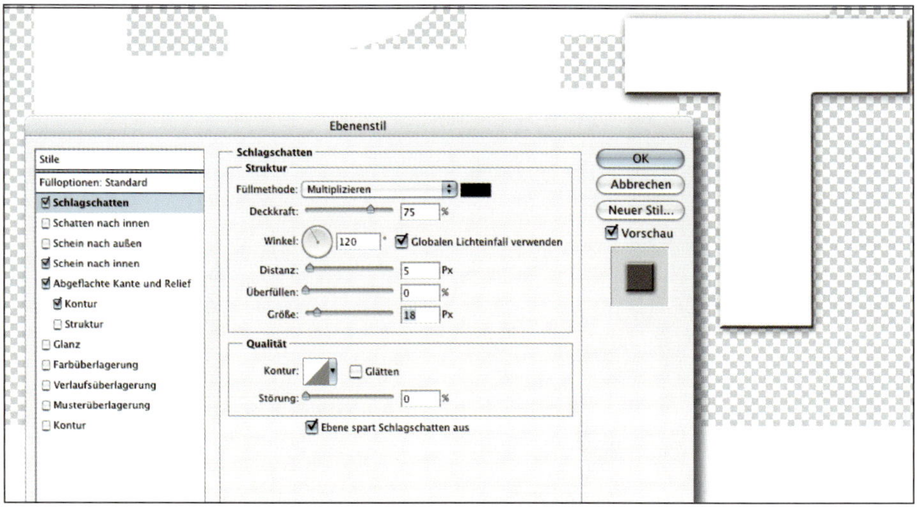

5 3D-Look

Damit die Buchstaben so ausgerichtet und angeordnet werden können, dass man sie am Ende auch noch lesen kann, sollte man ihnen einen Rand zuweisen. Aktivieren Sie die oberste Ebene, klicken mit der rechten Maustaste in den entsprechenden Eintrag der Ebenenpalette und wählen dort die „Fülloptionen". Dort aktivieren Sie die Schalter „Schlagschatten", „Schein nach innen" und „Abgeflachte Kante und Relief" mit „Kontur". Feineinstellungen nehmen Sie nur im Eintrag Schlagschatten vor. Hier erhöhen Sie die „Größe" soweit, bis Sie auch auf der linken Buchstabenseite einen grauen Rand sehen.

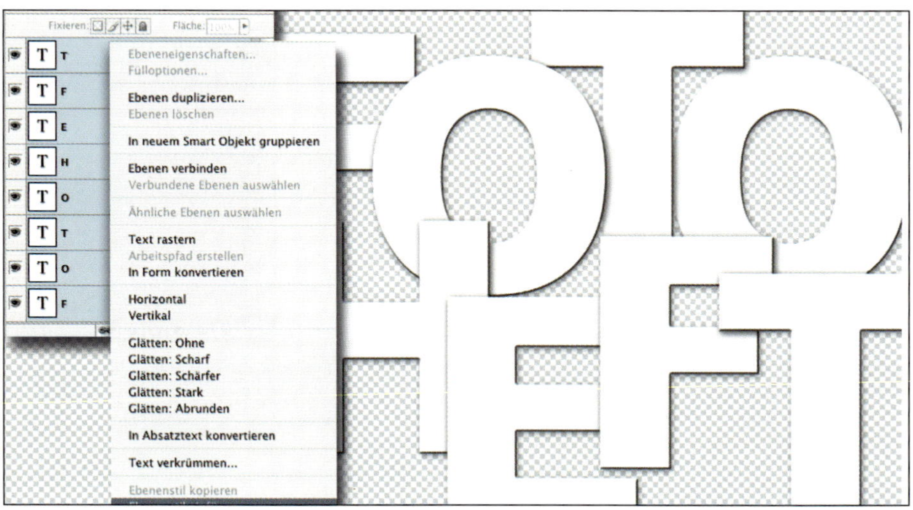

Tipp:

Für mehr Übersichtlichkeit in der Ebenenpalette sollten Sie die Effektauflistungen mit einem Klick auf das kleine Dreieck am Effektsymbol der Ebene ausblenden.

Wenn Sie ein Element in diesem Stadium erneut verschieben wollen, müssen Sie zuvor die Ebenenverknüpfung wieder aufheben. Dazu klicken Sie einfach erneut auf die Verkettungssymbole vor der Ebenenvorschau.

6 Effekte übertragen ▲

Um diesen Effekt auch auf alle anderen Textebenen zu übertragen, ohne die Einstellungen jeweils einzeln für jede Ebene vornehmen zu müssen, wählen Sie im Kontextmenü der „T"-Ebene den Befehl „Ebenenstil kopieren". Danach verknüpfen Sie zunächst die restlichen Textebenen über die Ebenenpalette miteinander. Bis Photoshop CS finden Sie dort ein Kettensymbol, ab CS2 markieren Sie die Ebenen mit gehaltener Shift-Taste. Im Anschluß weisen Sie die Formatierung über den Befehl „Ebenenstil in verbundene einfügen" im Kontextmenü zu.

7 Hintergrundbild

Öffnen Sie an dieser Stelle ein passendes Hintergrundbild und kopieren Sie es entweder per „drag & drop“ oder über die Zwischenablage in das Typogramm. Da es zunächst zu groß ist, passen Sie die Größe mit dem Befehl „Skalieren“ aus dem Eintrag „Transformieren“ des „Bearbeiten“-Menüs ein. Damit Sie die außerhalb der Bildfläche liegenden Anfasser auch sehen und benutzen können, verkleinern Sie das Bild entweder mit den Tasten Strg/Befehl + „-“) oder über das Scrollrad Ihrer Maus. Abschließend bestätigen Sie die Transformation mit einem Doppelklick auf das Bild.

8 Differenz-Überlagerung ▲

Nachdem Sie das Hintergrundbild in der Ebenenpalette an die unterste Position gezogen haben, ändern Sie den Verrechnungsmodus der Textebenen. Hier habe ich sie einheitlich auf „Differenz“ gesetzt, da dabei durch die gleichartige Textfärbung interessante Überschneidungseffekte entstehen. Wer die Textfarben nachträglich variiert, kann auch mit anderen Verrechnungsmodi herumexperimentieren.

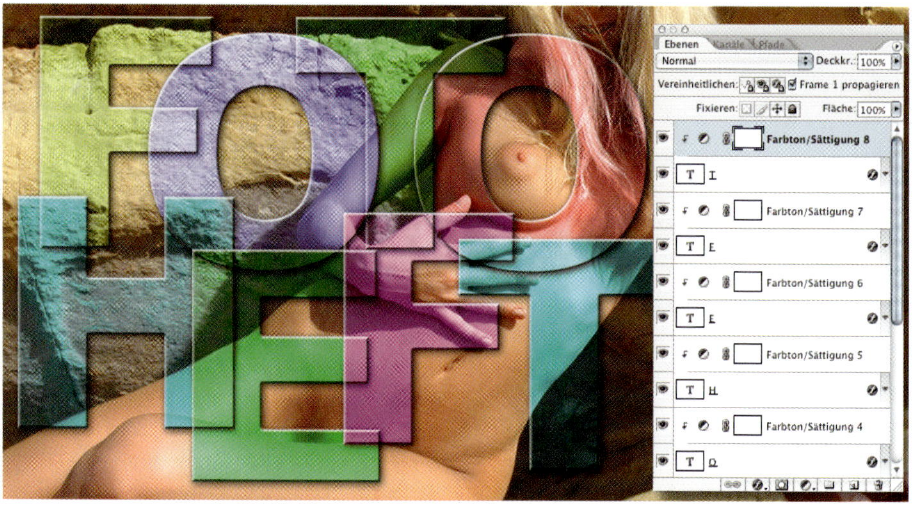

9 Unterschiedliche Einstellungen

Aber es gibt viele Möglichkeiten, die Schriftelemente mit unterschiedlichen Färbungen vom Hintergrund abzusetzen. Eine besteht darin, für jede Textebene eine individuelle Einstellungsebene zu erzeugen. Damit sich diese nur auf eine Ebene auswirkt, müssen Sie eine sogenannte „Schnittmaske“ mit der darunter liegenden Ebene erzeugen. Hier habe ich alle Ebenen auf den Verrechnungsmodus „Farbton“ gesetzt und die Färbung über Einstellungsebenen vom Typ „Farbton/Sättigung“ gesteuert.

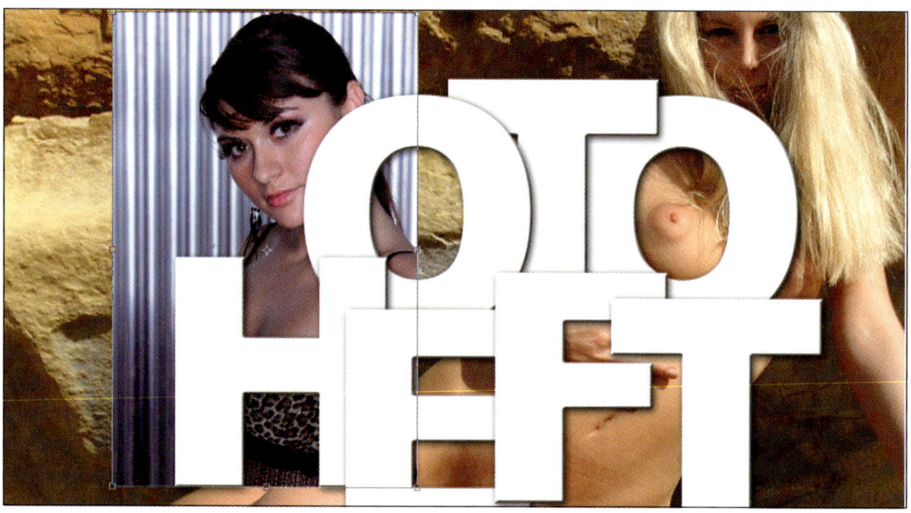

10 Viele Bilder ▲

Um den Namen „Fotoheft“ bildlich umzusetzen, sind sicherlich mehrere Bilder angebracht. Dazu müssen Sie Ihr Bild „umrüsten“. Ziehen Sie zunächst alle Einstellungsebenen auf das kleine Papierkorbsymbol unten in der Ebenenpalette. Damit werden sie gelöscht. Anschließend setzen Sie den Verrechnungsmodus aller Ebenen wieder auf „Normal“. Kopieren Sie danach das erste Bild als Ebene oberhalb des jeweiligen Buchstabens ein und skalieren es, bis es etwa auf Buchstabenhöhe und -breite steht.

11 Bilder anpassen

Anschließend erstellen Sie auch hier wieder eine Schnittmaske. Per Tastatur geht das bis Photoshop CS mit der Tastenkombination Strg/Befehl+G, danach mit Strg/Befehl+Alt+G. Diesen Vorgang wiederholen Sie für alle Buchstaben. Damit die Vielfältigkeit nicht beliebig aussieht, achten Sie darauf, Bildelemente zu einem Thema oder in einer ähnlichen Farbigkeit zu kombinieren. Wichtig ist auch der sichtbare Ausschnitt. Sie können ihn jederzeit anpassen, indem Sie das Bild auf der Schnittmaske verschieben.

12 Versatzstücke eines Bildes ▲

Man kann das Schriftbild aber auch aus mehreren Versatzstücken eines Ursprungsbildes gestalten. Dazu duplizieren Sie die Hintergrundebene so oft wie Buchstaben vorhanden sind, erstellen mit den Kopien Schnittmasken und aktivieren dann in der Ebenenpalette jeweils den gruppierten Bildteil, um den sichtbaren Bildausschnitt zu verschieben. Natürlich können Sie die Bilder auch in der Größe durch Skalieren anpassen.

Tipp:
Mehr Leben entsteht, wenn Sie die Einheitlichkeit der Schrifttype gegen alle Leserlichkeit aufbrechen. Allerdings sind Sie schnell mit dem Problem konfrontiert, dass die Buchstaben nur selten so flächig ausfallen wie bei unserer breiten Arial. Dann hilft meist nur noch Vergrößern. Viel Spaß beim Ausprobieren!

Schriftrelief korrigieren

Seit es Photoshops Ebeneneffekte gibt, wird „Abgeflachte Kante und Relief" häufig zur plastischen Darstellung von Schrift eingesetzt. Die Effekte sind oft beeindruckend, mitunter aber auch typographisch schmerzhaft. Wir zeigen Ihnen, warum manche Reliefkanten nachbearbeitet werden müssen. | **Doc Baumann**

O**b auf dem Prospekt** des Möbelhauses oder in der Anzeige des Geschenkeladens, ob auf Filmplakaten oder Buchtiteln – die Grafiker haben ihre Begeisterung für räumlich wirkende Texteffekte entdeckt. Als man sich zur Erzeugung solcher Lettern noch mit 3D-Software auskennen musste, traf man das Phänomen relativ selten an. Auch einige schon lange für Photoshop verfügbaren Plugins brachten die Blockbuchstaben nicht so recht voran. Aber dann kam Photoshop mit einer ganze Kiste voller Ebeneneffekte, und sofort fand „Abgeflachte Kante und Relief" eine begeisterte Fan-Gemeinde.

Wogegen eigentlich wenig zu sagen wäre – es sieht in vielen Fällen ja ganz eindrucksvoll aus. Allerdings hat man bei manchen Werken das Gefühl, ihre Designer hätten noch nie vor einer alten Inschrift oder einem imposanten Denkmal gestanden und sich dort bewusst angeschaut, was es da zu lesen gibt.

Wobei es nicht um den Inhalt geht, sondern um die Form. Denn ein erhabener Buchstabe, meist aus Bronze gegossen, ist in der Regel so gestaltet, dass er zu den Kanten hin 45-Grad-Schrägen aufweist, die sich in der Buchstabenmitte in einem scharfen Grat treffen. Wie ein solcher Grat aussieht und wo er verlaufen muss, ist nicht schwer herauszufinden. Wie er keinesfalls aussehen sollte ebenfalls.

Man muss sich nur entsprechend bearbeitete Versalien wie M, W, V, Y, N oder A anschauen, also solche mit spitzen Winkeln, um zu erkennen, dass die merkwürdigen Rundungen bei einem echten erhabenen Buchstaben so nie entstehen würden.

Beschränkt sich der Effekteinsatz auf eine dezente Kantenschräge, macht sich das nicht bemerkbar. Sobald Sie jedoch „Hart" oder „Weich meißeln" als „Technik" wählen und die Schrägen mittig als Grat zusammenführen, ist vor allem bei den genannten Buchstaben eine Nachbearbeitung unumgänglich, wenn es realistisch wirken soll. Bei „Abrunden" tritt das Problem weniger offensichtlich auf; bei zu ausgeprägten Werten entstehen aber auch hier merkwürdige Formen, die sich allerdings schwerer korrigieren lassen.

1 Relief durch Beleuchtungseffekte

Da manche Anwender noch mit älteren Photoshop-Versionen arbeiten, zum Einstieg ein kurzer Blick darauf, wie man Reliefeffekte ohne Ebenenstile realisiert: Kopieren Sie den Text in einen Alphakanal, wo er Weiß auf Schwarz steht. Wenden Sie den Gaußschen Weichzeichner mit Werten um die 3 Pixel an. Im Kompositkanal rufen Sie den Renderingfilter „Beleuchtungseffekte" auf, wählen für Lichtart „Diffuses Licht" und für „Relief-Kanal" den vorbereiteten Alphakanal. Je stärker die Weichzeichnung, um so breiter wird die beleuchtete beziehungsweise schattierte Kante. Um zu einem Ergebnis wie dem in der nebenstehenden Abbildung zu gelangen, benötigen Sie allerdings so viel Vorbereitung, dass Sie es auch gleich mit Lassoauswahlen machen können.

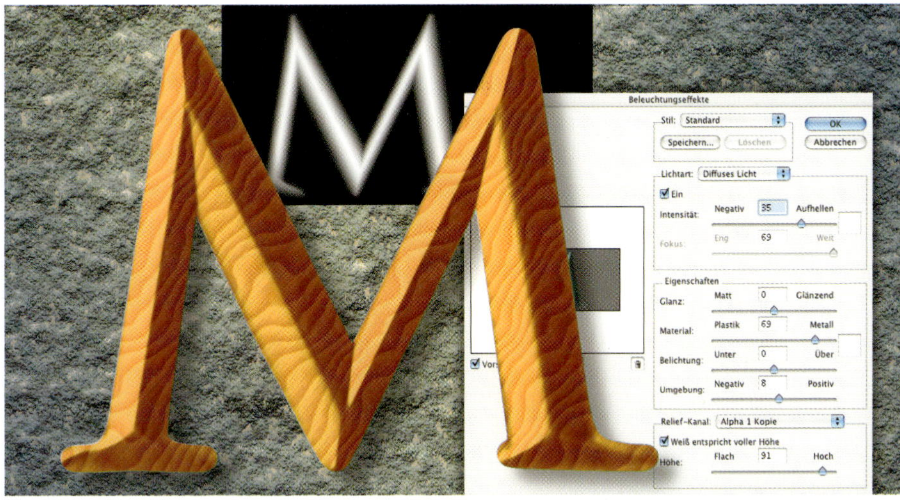

2 Reliefbuchstabe ▲

Sehr viel schneller und besser geht es dagegen unter Einsatz des Ebeneneffekts „Abgeflachte Kante und Relief", mit dessen Möglichkeiten wir uns allerdings an dieser Stelle nicht weiter befassen wollen. Wichtig ist an dieser Stelle nur, dass er in der Regel zwar beeindruckende Ergebnisse liefert, bei spitzen Winkeln allerdings Artefakte erzeugt, die sich aus dem Algorithmus der Reliefgenerierung ergeben. Leider trifft man immer wieder auf solche Buchstabenmonster, die so theoretisch zwar dreidimensional durchaus existieren könnten, aber trotzdem ziemlich hässlich aussehen. Sie sollten also nach Möglichkeit manuell nachbearbeitet werden.

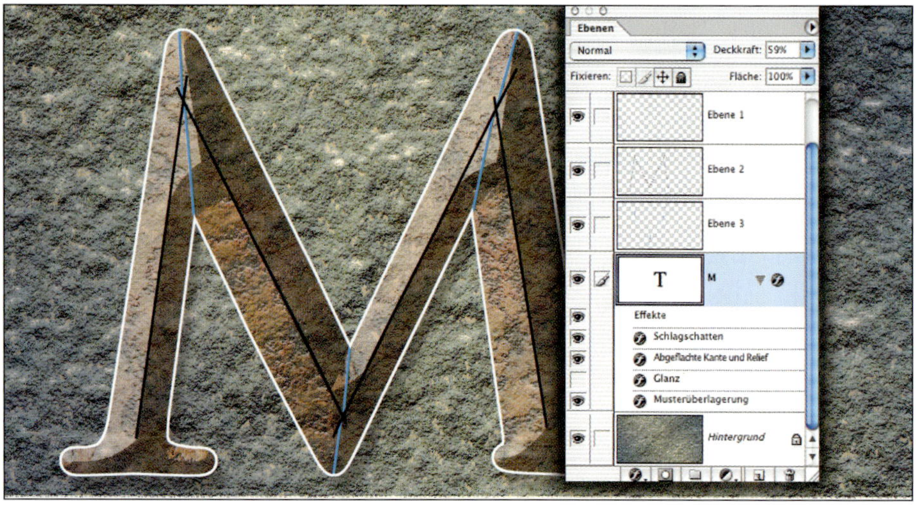

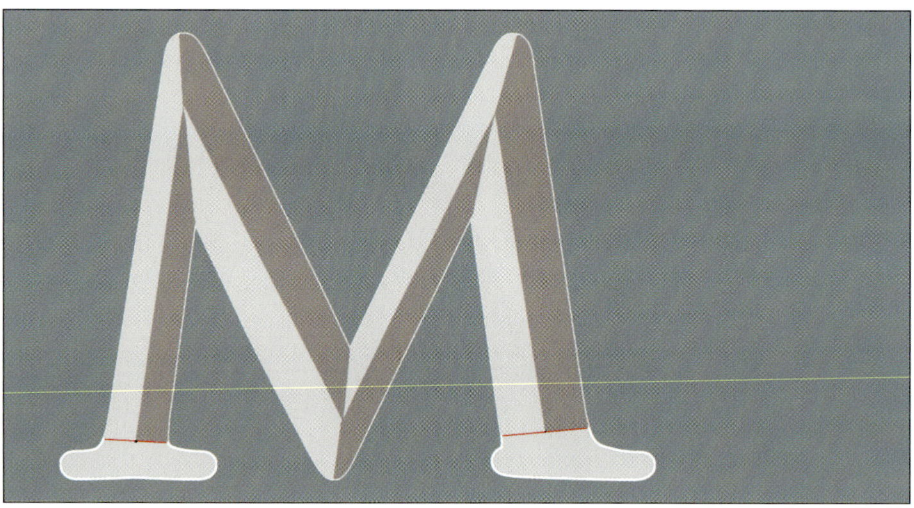

3 Konturen zeichnen

Erzeugen Sie eine neue leere Ebene oberhalb der Text-Ebene; damit Sie die Linien, die Sie nun einziehen werden, besser erkennen können, reduzieren Sie die Deckkraft der Text-Ebene soweit nötig. Ich habe für dieses Beispiel mehrere Ebenen für diese Linien angelegt, aber praktisch reicht auch eine einzige. Laden Sie den Buchstaben mit gedrückter Strg-/Befehlstaste als Auswahl und lassen Sie diese über „Kontur füllen" umrahmen (weiß). Dort, wo die Reliefkonstruktion stimmig ist, wie etwa bei den beiden Serifen, müssen Sie nichts weiter ergänzen. Für die problematischen Bereiche ziehen Sie zunächst entlang der Grate in der Mitte der Buchstabenstämme dünne Linien (schwarz); dann verbinden Sie deren Kreuzungspunkte mit den spitzen Innen- und Außenwinkeln des Buchstabens (blau).

4 Fläche vorbereiten ▲

Klicken Sie mit dem Zauberstab bei angemessen hoher Toleranzeinstellung in die von Linien umschlossenen Bereiche und füllen Sie die entstehenden Auswahlen mit Farbe. Es reichen zwei Farben beziehungsweise Graustufen: die eine für die vom Licht getroffenen Flächen, die andere für die im Schatten liegenden. Gegebenenfalls erweitern Sie die entstandene Auswahl vor dem Füllen um ein Pixel, damit die zuvor eingezogenen Linien ebenfalls überdeckt werden. Kürzen Sie die Konstruktionslinien vorher so, dass sie sich an den Kreuzungspunkten nur berühren und weiter laufende Teile abgeschnitten werden. Die unteren Bereiche des M's, die nicht korrigiert werden müssen, wurden hier einfach durch Querstriche abgetrennt (rot). Später benötigen Sie ja ohnehin nicht die ganzen Flächen, sondern nur die im Umfeld der spitzen Winkel.

5 Vorlage überlagern

Die Ebenen-Palette zeigt den aktuellen Aufbau der Photoshop-Datei: Auf der Hintergrundebene liegt die Struktur der Wandfläche, auf welcher der Buchstabe befestigt ist – sie wurde übrigens mit dem Plug-in SuperBladePro erzeugt. Darüber befindet sich der Originalbuchstabe mit den ihm zugewiesenen Ebeneneffekten. Ganz oben liegt das entlang der Buchstabengrate nachkonstruierte Duplikat des M's, dessen passgenaue Deckung hier durch Reduzierung der Deckkraft der Ebene auf die Hälfte deutlich gemacht wird.

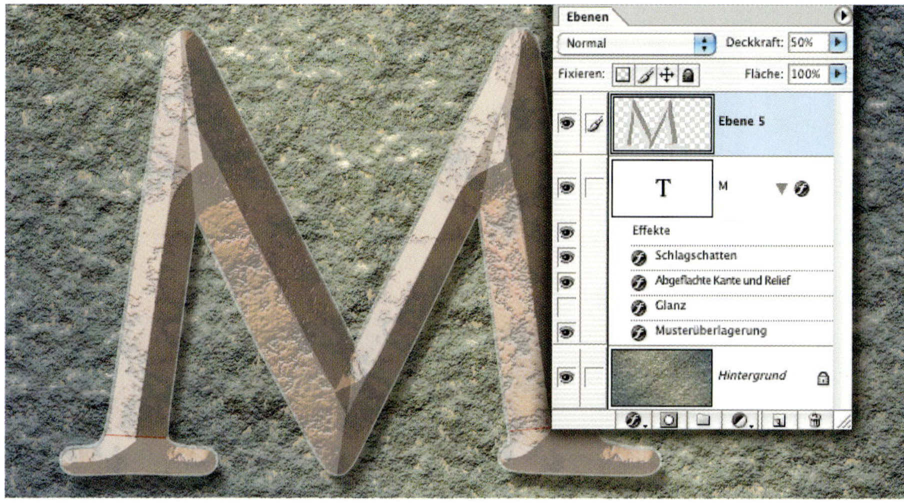

6 Farbe auswählen ▲

Setzen Sie die Deckkraft der oberen Ebene mit dem nachkonstruierten Buchstaben auf volle Deckkraft. Wählen Sie aus der Werkzeug-Palette den Zauberstab – schneller geht es mit Drücken der W-Taste – und klicken Sie eine der Flächen an. Sie wird dadurch zur Auswahl. Klicken Sie auf das Augen-Symbol links in der Ebenenzeile, um die konstruierte Ebene auszublenden. Klicken Sie die Buchstaben-Ebene an, damit sie aktiv wird und Sie dort Eingriffe vornehmen können.

7 Dunkle Bereiche retuschieren

Die entstandene und an Ihrem Monitor sichtbare Auswahl unterscheidet sich im Bereich der Umgebung des spitzen Winkels von den Konturen des Original-Buchstabens. Aktivieren Sie das Stempel-Werkzeug – auch hier wieder ist der Zugang über die Tastatur der schnellste: Drücken Sie also die S-Taste; sollte von einem früheren Einsatz noch der an derselben Stelle untergebrachte Muster-Stempel aktiv sein, drücken Sie Umschalttaste-S. Mit diesem Werkzeug retuschieren Sie nun innerhalb der Auswahl unerwünscht gefärbte Bereiche. In der Optionen-Leiste deaktivieren Sie vorsichtshalber den Eintrag „Alle Ebenen einbeziehen“.

8 Helle Bereiche retuschieren ▲

Achten Sie darauf, Quellbereiche mit dem Stempel zu übertragen, die möglichst weit von den zu übermalenden Flächen entfernt sind, damit eine benachbarte Strukturähnlichkeit nicht auffällt. Halten Sie das Symbol, das die zu duplizierenden Pixel überstreicht, möglichst innerhalb der Buchstabenfläche – zunächst bei den schattierten Kanten, dann bei den beleuchteten. Wählen Sie jedesmal die zu bearbeitende Fläche aus der Ebene darüber, wie bei Abbildung 6 beschrieben, und retuschieren Sie so Teilfläche für Teilfläche. Am Ende sollte das M so aussehen wie nebenstehend; im Kreis noch einmal zum Vergleich die ursprüngliche Form.

9 Anwendung auf längere Texte

Aus praktischen Gründen sind solche Retuschen nur dort sinnvoll, wo es sich zum einen um begrenzte Textmengen handelt und wo zum anderen die Bearbeitung aus Gründen des gestalterischen Anspruchs wichtig ist – etwa bei einem Buchcover oder einer Poster-Headline. Das Problem tritt ja ohnehin nur auf, wenn die Kantenschräge bis zur Bildung eines Grates verstärkt wird; außerdem sind die meisten Buchstaben davon weniger betroffen. Hier habe ich gezielt ein Wort verwendet, das in den Versalien N, A und M Nachbearbeitungsbedarf zeigt; das E ist unproblematisch. Auch die absolute Größe der Formen spielt eine Rolle; bei kleinen Schriftgraden fällt die Abweichung kaum auf.

10 Linear-Antiqua ▲

Wegen der waagerechten Ansätze der Serifen ist es praktisch bedeutungslos, ob es sich um eine normale Antiqua oder um eine serifenbetonte handelt; die Anschlüsse bilden selten spitze Winkel. Bei klassizistischer Antiqua mit Haarlinien bietet sich die Reliefdarstellung ohnehin weniger an. Aber das Problem tritt nicht nur bei Nachahmungen alter Bronzebuchstaben auf – es entsteht in gleicher Weise bei jeder modernen Linear-Antiqua (früher als „Grotesk“ bezeichnet). Wegen der strengeren Konstruktion der Buchstaben und dem Wegfallen der Serifen wirken die Verformungen hier noch störender. Der Unterschied zwischen der unbearbeiteten und der korrigierten Version fällt deutlich auf.

Nachtschichten

Um aus einer bei Tageslicht fotografierten Aufnahme eine Nachtszene zu machen, reicht es nicht aus, das Bild stark abzudunkeln. Das hier vorgestellte Verfahren lässt sich sich – mit ein paar Anpassungen – für die meisten Fotos verwenden. | **Doc Baumann**

Die **optimale Vorbereitung**, um mit den Werkzeugen digitaler Bildbearbeitung etwas Bestimmtes nachzuahmen, besteht in den meisten Fällen darin, das gewünschte Ergebnis zu fotografieren und es mit einer veränderten Aufnahme derselben Szene zu vergleichen. Vieles, was einem als digital erzeugte Manipulation zunächst recht überzeugend erscheint, wirkt flach und unglaubwürdig, wenn man es in direkter Gegenüberstellung mit einem Bild der tatsächlichen Situation betrachtet.

Bei künstlichen Nachtaufnahmen müssen Sie gar nicht lange herumprobieren, um herauszufinden, dass bloßes Abdunkeln, auf welchem Weg auch immer, zu keinen überzeugenden Resultaten führt. Erfolgversprechender ist es da schon, den Weg der Filmemacher einzuschlagen und mit der sogenannten „Amerikanischen Nacht" zu experimentieren – ein Begriff, der vor allem durch den gleichnamigen Film von Truffaut bekannt wurde. Das Verfahren besteht darin, einen starken Blaufilter vors Objektiv zu schrauben; die kräftig abgedunkelte und getönte Szene wirkt dann einigermaßen nächtlich. In Photoshop überlagern Sie dazu Ihrem Ausgangsbild eine farbgefüllte Ebene mit dunklem Blau im Modus „Multiplizieren" oder „Linear Nachbelichten".

Eine recht ansehnliche Alternative bietet der „Fotofilter" (unter Bild>Anpassen); wählen Sie als Farbe ein dunkles, nicht zu stark gesättigtes Blau, setzen Sie den „Dichte"-Regler auf 100 Prozent und deaktivieren Sie die Option „Luminanz erhalten".

Als Schnellverfahren lässt sich das zwar einsetzen, aber ein wirklich befriedigendes Ergebnis erzielen Sie damit allein nicht. Das ist schon etwas aufwendiger:

Das Verfahren, das ich Ihnen vorstellen möchte, baut auf der Verrechnung duplizierter Ebenen auf, multiplizierend und linear nachbelichtend mit jeweils halber Deckkraft und nach Runterfahren der Sättigung auf Null. Sie können so zwar Dunkles weiter abdunkeln, zuvor helle Bereiche bleiben aber weitgehend hell.

Und die, vor allem der Himmel, sollen ja ebenfalls dunkel werden. Hier hilft eine Wiederholung der soeben durchgeführten Schritte weiter, diesmal allerdings mit negativ umgekehrten Ebenen. Dabei wird Helles dunkel und beeinflusst die Ebenen darunter, während sich die nun weißen Tiefen nicht weiter bemerkbar machen. Wenn das noch immer nicht ausreicht, benötigen Sie eine Auswahl des Himmels, mit der Sie selektiv weiterarbeiten können.

Zum Schluss verbessern Sie das Ergebnis noch durch eine blaue Ebene, Absenken oder Anheben der Deckkraft einzelner Ebenen oder das Ausblenden von Helligkeitsbereichen; so passen Sie den Effekt dem jeweiligen Bild an. Für häufige Anwendung machen Sie aus den vielen Arbeitsschritten eine Aktion.

1 Ausgangsfoto

Aus naheliegenden Gründen werden Sie für den hier vorgestellten Nachteffekt vor allem Aufnahmen verwenden, die Außenszenen wiedergeben, obwohl es natürlich prinzipiell auch mit Fotos aus dem Inneren von Gebäuden funktioniert. Ich habe das vorgeschlagene Verfahren mit einer größeren Anzahl von Bildern ausprobiert; bei den meisten entsteht dabei schnell ein – auf das jeweilige Foto bezogen – brauchbares Ergebnis, das sich aber durch leichte Modifikationen, insbesondere Änderungen der Deckkraft der beteiligten Ebenen – in fast allen Fällen weiter optimieren lässt.

2 Duplizieren und Multiplizieren ▲

Beginnen Sie damit, dass Sie die Hintergrundebene Ihres Bildes duplizieren. Sie können das mittels des Menüs ausführen – arbeitssparender sind immer die Tastaturkombinationen (bei Funktionen, die damit nicht ausgestattet sind, können Sie sie selbst unter Bearbeiten > Tastaturbefehle anlegen). Für den hier nötigen Befehl ist das Kürzel Strg-J (Mac: Befehlstaste-J). Setzen Sie den Modus der duplizierten Ebene oben links in der Ebenen-Palette auf „Multiplizieren“. Dabei werden alle Farben abgedunkelt, um so mehr, je dunkler die Pixel in den beiden beteiligten Ebenen sind. Reduzieren Sie die Deckkraft der oberen Ebene auf 50 Prozent.

3 Linear Nachbelichten, Sättigung

Duplizieren Sie die obere Ebene ein weiteres Mal. Sie behält dabei alle eingestellten Merkmale, also auch den Verrechnungsmodus und die zuvor zugewiesene Deckkraft. Bei dieser Ebene ändern Sie nur den Modus, und zwar von „Multiplizieren“ auf „Linear Nachbelichten“, das eine noch ausgeprägtere Abdunklung zur Folge hat. Um nur die Helligkeit der Ebene mit jener der darunter liegenden zu kombinieren und nicht auch deren Farbwerte, setzen Sie die Sättigung auf Null. Den Befehl „Sättigung verringern“ finden Sie unter „Bild>Anpassen“, alternativ verwenden Sie die abgebildete Tastenkombination.

4 Invertieren ▲

Dunkle Bereiche auf diesem Weg noch dunkler zu machen, ist relativ einfach – helle abzudunkeln dagegen etwas komplizierter. Der nächste Schritt besteht darin, dass Sie wiederum die zuletzt erzeugte Ebene – die bereits in (simulierte) Graustufen umgewandelt wurde – abermals duplizieren und zum Negativ machen. Der schnellste Weg dorthin führt über die Tastenkombination Strg-I (Mac: Befehlstaste-I). Das Ergebnis unterscheidet sich übrigens erheblich vom dem, das Sie erhalten würden, wenn Sie der duplizierten Ebene einfach den Modus „Differenz“ zuweisen. Setzen Sie die Ebene auf „Linear Nachbelichten“, so erkennen Sie die Wirkung unmittelbar.

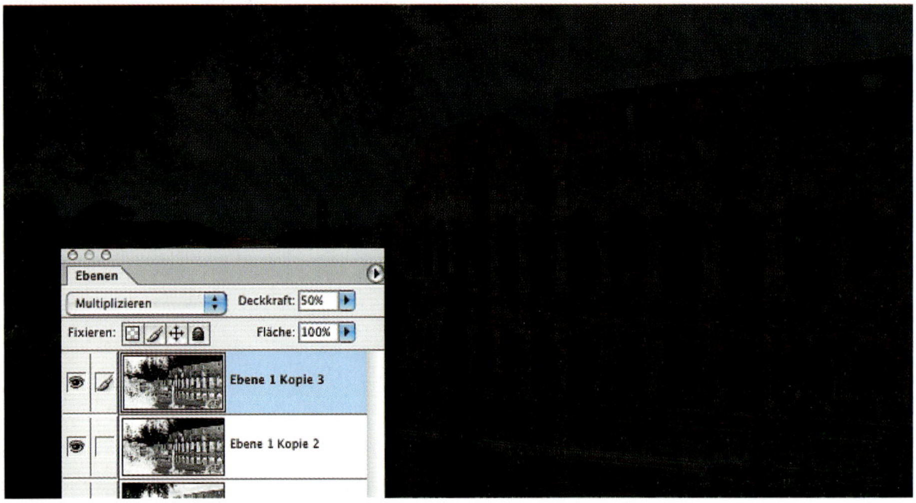

5 Multiplizieren

Auch diese als Negativ umgekehrte Ebene, die von den unteren die Deckkraft von 50 Prozent übernommen hat, wird wiederum dupliziert. Diesmal weisen Sie Ihr den Modus „Multiplizieren" zu. Das Bild wird nun trotz der nur 50-prozentigen Deckkraft sehr dunkel (und das bereits am Monitor – im Druck dürften kaum noch Differenzierungen zu erkennen sein). Sie haben nun also fünf Ebenen: Das Original, zwei abdunkelnde Positive und zwei weitere abdunkelnde Negative, jeweils in den Modi „Multiplizieren" und „Linear Nachbelichten".

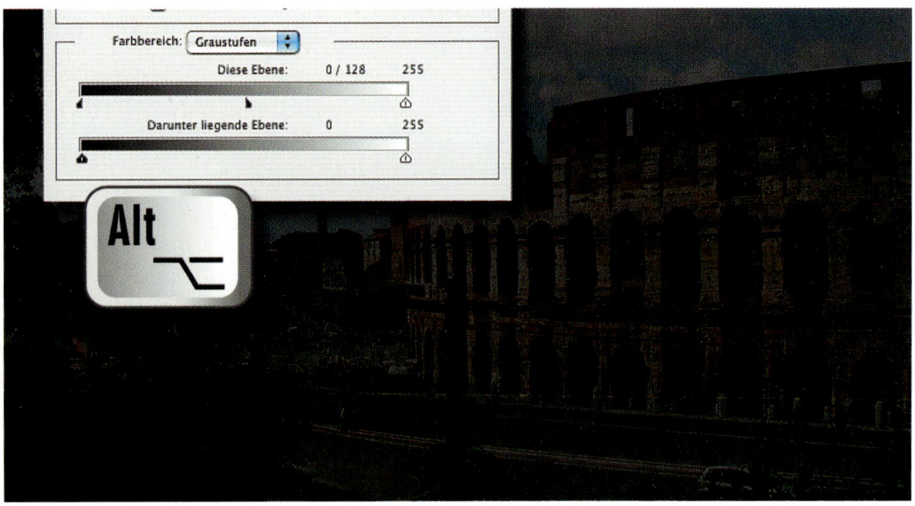

6 Farbbereich ausblenden ▲

Um das Gesamtbild nun etwas aufzuhellen, stehen Ihnen verschiedene Verfahren zur Verfügung, die jeweils von den Gegebenheiten des konkret vorliegenden Bildes abhängen: Experimentieren Sie zum Beispiel auf den einzelnen Ebenen mit leichter Reduzierung der Deckkraft unter 50 Prozent. (Damit die Ergebnisse einigermaßen verbindlich sind, schauen Sie sich die Beiträge auf den seiten 56 und 60 genauer an.) Ein anderes Verfahren funktioniert über Doppelklicken des Thumbnails einer Ebene in der Ebenen-Palette; dort reduzieren Sie unten unter „Farbbereich" mit gedrückter Alt-Taste die Sichtbarkeit der dunklen Ebenenbereiche.

7 Maske vorbereiten

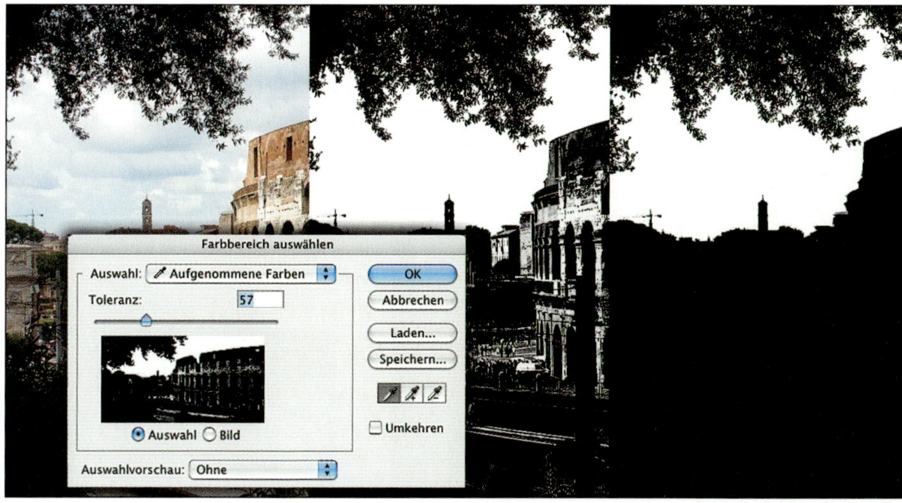

Oft ist der schwierigste Bildbereich, der einfach nicht den Helligkeitsgrad annimmt, den man gern erreichen möchte, der Himmel. In solchen Fällen bleibt nichts anderes übrig, als ihn auszuwählen, die Auswahl in einer Ebenenmaske zu sichern, und sie entweder als Ebenenmaske oder für eine Helligkeitsänderung zu verwenden. In diesem Fall bin ich so vorgegangen, dass ich den oberen Bildteil grob mit dem Lasso vorgewählt und innerhalb dieser Auswahl „Farbbereich auswählen" (Auswahl-Menü) eingesetzt habe. Nach der Umwandlung in den Maskierungsmodus (Mitte) habe ich den weißen Himmel erneut mit dem Zauberstab selektiert, die Auswahl umgekehrt, und den unteren Bildbereich mit einem großen, schwarzen Pinsel übermalt (rechts).

8 Himmel-Ebene multiplizierend ▲

Den Maskierungsmodus wandelte ich per Q-Taste in eine Auswahl um, erzeugte eine neue Ebene, setzte sie auf „Multiplizieren" und füllte sie mit einem dunklen Blau (CMYK: 96/78/22/56). Das Ergebnis ist in der rechten Bildhälfte zu sehen. Innerhalb einer solchen Auswahl können Sie zum Beispiel auch – wie bei unserer Aufmacherillustration zu diesem Beitrag – Sterne einfügen. (Der Weg dorthin: Himmel duplizieren, schwarz füllen, duplizieren, weiß füllen, Modus: Sprenkeln, 1 Prozent Deckkraft, weiße und schwarze Ebene vereinigen.)

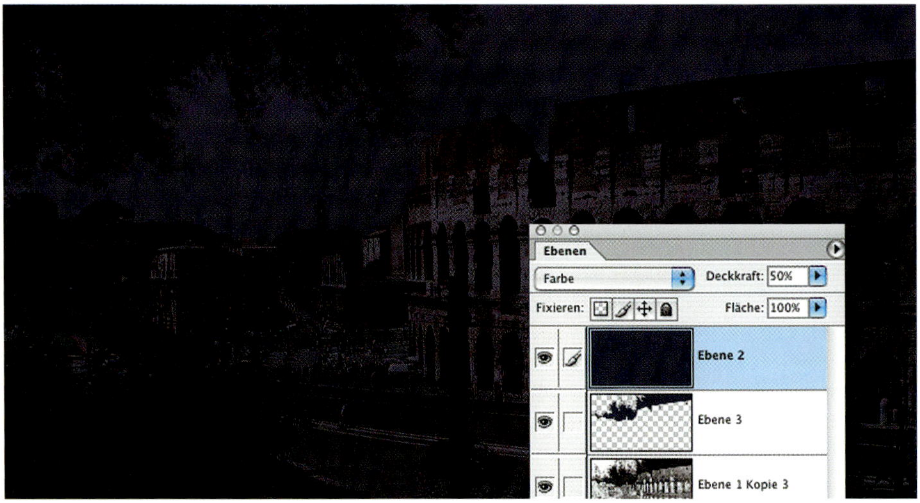

9 Blaue Ebene

Für eine überzeugende Nachtansicht sind die Farben des Bildes noch immer zu kräftig. Selbst wenn sie auf Grund langer Belichtungszeit auf einem Foto so zu sehen wären, entspräche das nicht der menschlichen Wahrnehmung, die bei schwacher Beleuchtung nur Helligkeitsunterschiede erkennt. Eine dunkelblaue Ebene im Modus „Farbe" bei einer Deckkraft von 50 Prozent macht den Tag nun endgültig zur Nacht. Alternativ könnten Sie auch den „Fotofilter", ab Photoshop CS unter „Bild>Anpassen" benutzen; als Einstellungebene angewandt, müssen vorher nicht einmal die beteiligten Ebenen auf eine vereinigt werden.

10 Rhein in Düsseldorf ▲

Schauen wir uns eine andere, bei Tag fotografierte Szene an: ein Blick über den Rhein in Düsseldorf. Auch hier wird sich bei der weiteren Bearbeitung erweisen, dass die problematischste Stelle der Himmel ist. Ich habe ihn daher nach einem ähnlichen Verfahren wie eben beim Colosseum ausgewählt und die Auswahl in einem Alphakanal gesichert.

11 Nachtumwandlung

Die verwendeten Arbeitsschritte entsprechen genau den soeben am römischen Beispiel demonstrierten – was unter anderem den Sinn hat, Ihnen vorzuführen, dass das Verfahren nicht nur bei einem speziellen Bild funktioniert, sondern ohne weiteres auch auf andere übertragbar ist. Natürlich ist das Ergebnis hier zu dunkel. Aber wie bereits erwähnt, haben Sie ja jederzeit die Möglichkeit, es durch Reduzierung der Deckkraft einzelner Ebenen aufzuhellen oder entsprechende Einstellungen unter „Farbbereich ausblenden" vorzunehmen. Der Ebenenaufbau ist derselbe wie beim Colosseum: Multiplizierende und linear nachbelichtende Duplikat-Überlagerungen bei 50 Prozent Deckkraft, wiederholt mit den invertierten Duplikaten bei heruntergefahrener Sättigung; dazu eine separate Ebene für den Himmel sowie eine blau färbende Ebene ganz oben.

12 Kopierte Lichter einfügen ▲

Interessante Ergebnisse entstehen, wenn Sie das simulierte Nachtbild mit einem echten mischen. Hier habe ich dieselbe Szene noch einmal bei Nacht aufgenommen, eine Luminanzauswahl getroffen (mit gedrückter Strg-/Befehlstaste in die Komposit-Zeile der Kanäle-Palette klicken) und die so ausgewählten Lichter aus der echten in die nachgeahmte Nachtszene übertragen, die ansonsten der Abbildung 11 entspricht. Lichtquellen und beleuchtete Flächen sind überzeugende Komponenten, um eine dunkle Szene zu ergänzen. In der Regel haben Sie natürlich keine passende Nachtaufnahme – sonst müssten Sie sie nicht nachahmen –; dann müssen Sie Lichter und aufgehellte Flächen manuell erzeugen.

13 Straßenszene

Das große Bild zeigt eine Straße bei Tageslicht, ebenfalls in Düsseldorf aufgenommen, das kleine links unten dieselben Häuser bei Nacht. Wie bereits eingangs bemerkt, ist die beste Kontrolle für das überzeugende Zuweisen digitaler Effekte der Vergleich mit den tatsächlichen Gegebenheiten. Die echte Nachtszene hilft auf diese Weise bei der Beurteilung, wann die simulierte wirklich überzeugend erscheint. Leider hat man diese Möglichkeit nicht immer, in solchen Fällen muss man sich auf visuelle Erfahrung und Plausibilität verlassen.

14 Abdunkeln ▲

Bei diesem Bild habe ich das Abdunkeln und Tönen der hellen Bereiche auf einem anderen Weg umgesetzt. Auch hier muss am Anfang eine Auswahl stehen, wobei ich eine Luminanzauswahl erzeugt und diese als Ebenenmaske für eine Einstellungsebene vom Typ „Tonwertkorrektur“ verwendet habe. Damit konnte ich nicht allein den Himmel, sondern ebenso alle anderen hellen Bildstellen gezielt abdunkeln. Die weiteren Arbeitsschritte entsprechen weitgehend den zuvor bei den beiden anderen Projekten beschriebenen.

15 Lichtquellen hinzufügen

Nach den diversen Abdunklungsschritten wenden Sie sich den Lichtquellen zu, wobei es zunächst nur um Selbstleuchtendes geht wie etwa die Straßenlaternen oder die von innen beleuchteten Fenster. Für deren Darstellung legen Sie eine neue Ebene an und setzen sie auf den Modus „Negativ/Umgekehrt Multiplizieren". Dann fügen Sie mit geeigneter Farbe (Fenster wirken wegen der Farbtemperatur von Lampen meist gelblich) helle Bereich per Pinsel oder gefüllter Auswahlen hinzu. Duplizieren Sie diese Ebene und wenden Sie auf eine der beiden den „Gaußschen Weichzeichner" mit einem passenden Radius an, damit die Konturen nicht zu hart erscheinen. Hier habe ich auf einer weiteren Ebene für die Laternen mit einer selbst erzeugten Werkzeugspitze Strahlen hinzugeklickt, die per Durchmessereinstellung in der Pinsel-Palette mit zunehmender Entfernung kleiner werden.

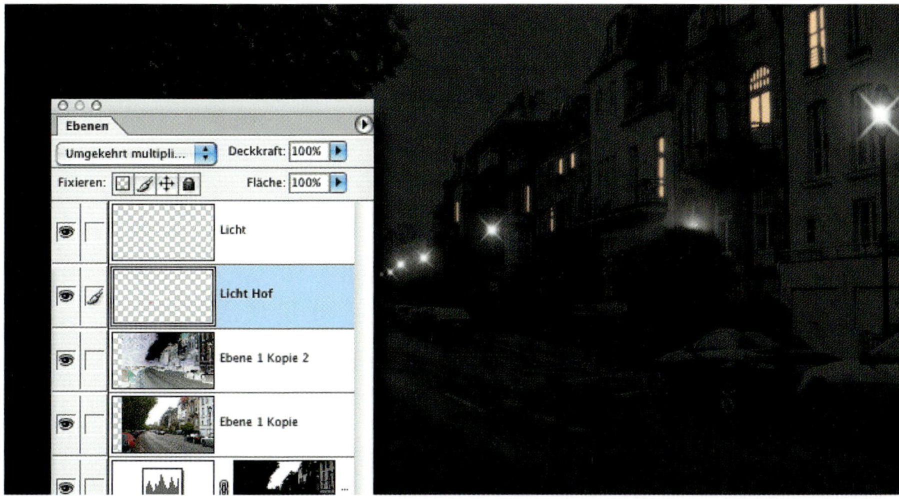

16 Original mit Ebenenmaske ▲

Einen bemerkenswerten Effekt erzielen Sie, indem Sie ein Duplikat des Originalbildes über die anderen Ebenen schieben und ihm eine schwarze Ebenenmaske zuweisen. Gegebenenfalls tönen Sie es mit einer Einstellungsebene „Farbbalance" leicht orange. In der Ebenenmaske legen Sie nun bei geringer Werkzeugdeckkraft mit weißem Pinsel Bereiche frei, die der Beleuchtung entsprechen, etwa unter den Laternen und hinter ihnen an den Hauswänden oder auf der Oberseite der geparkten Autos, deren Reflexe der Abwedler noch verstärken kann. Dieser abschließende Schritt lässt das Bild recht realistisch erscheinen.

Beleuchtungseffekte

Photoshop kann Bilder nicht nur heller oder dunkler machen, sondern sie wie mit Scheinwerfern beleuchten. Doch Vorsicht! Diese Lichteinwirkung arbeitet nur zweidimensional und eignet sich nicht für Objekte. | **Doc Baumann**

Man **könnte Leonardos Gemälde** der Mona Lisa in beliebiger Weise mit Scheinwerfern anstrahlen – an der Beleuchtung der wiedergegebenen Szene änderte sich dadurch nichts. Die Welt in einem Bild, ob Gemälde oder Fotografie, ist eigenständig und weitgehend unabhängig von der Welt seiner Betrachter. Das scheint selbstverständlich zu sein, aber man trifft immer wieder auf digitale Bilder, bei denen versucht wurde, diese beiden Welten zu vermischen. Das dabei benutzte Werkzeug ist der Filter „Beleuchtungseffekte", und bei seiner Anwendung scheint durchaus nicht klar zu sein, dass man damit zwar ebene Oberflächen, aber keine Objekte beleuchten kann.

Da Photoshop ein Bildbearbeitungsprogramm – also keine 3D-Software – ist, lassen sich damit auch nur zweidimensionale Eingriffe vornehmen. Alles, was im Ergebnis dreidimensional erscheint, verdankt sich dem geschickten Einsatz von Ebenenstaffelung, Unschärfezonen oder Berücksichtigung perspektivischer Gesetzmäßigkeiten. Entsprechend simuliert „Beleuchtungseffekte" das Auftreffen von Lichtstrahlen – in den Varianten diffus, Spot und Strahler – auf eine Fläche. Was dabei entsteht, ist visuell durchaus überzeugend und gut zu steuern. Aber es funktioniert nur unter der Voraussetzung, dass Sie damit eine glatte Oberfläche anstrahlen und keinen Körper mit dreidimensionaler Erstreckung.

Eigentlich. Mit ein wenig Vorbereitung kann es Ihnen nämlich durchaus gelingen, auch Gegenstände ins rechte Licht zu setzen, wie unsere nebenstehende Illustration zeigt. Mehr dazu finden Sie am Ende dieses Workshops. Zuvor möchte ich Ihnen noch zeigen, welche Möglichkeiten der Filter sonst noch bereithält und wie Sie ihn dazu einsetzen können, Strukturen aufzuprägen. Kleiner Praxistipp dazu am Rande: Wenn die – wegen der winzigen Vorschau – mal anders ausfallen als geplant, müssen Sie den Schritt nicht unbedingt wiederholen: Experimentieren Sie mit „Verblassen" (Umschalt-, Strg- und F-Taste), neben der Deckkraft auch mit den dort angebotenen Verrechnungsmodi.

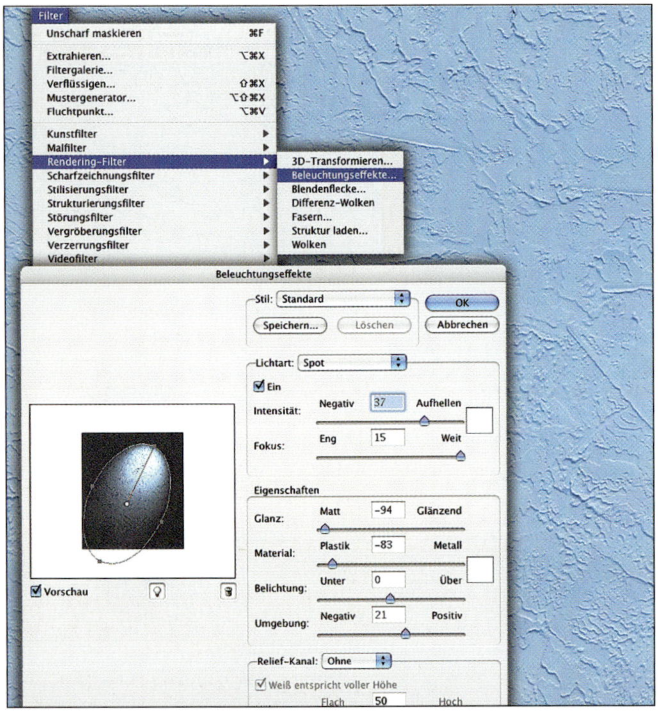

1 Filteroberfläche

Die bei den „Rendering-Filtern" untergebrachten „Beleuchtungseffekte" begleiten Photoshop seit seinen Anfängen; die Mini-Vorschau wurde seitdem leider nie angepasst. Trotz seines ehrwürdigen Alters bietet das Modul viele faszinierende Möglichkeiten zur Beleuchtungssimulation.

2 Filter angewandt

Nachdem Sie die Ausrichtung des Scheinwerfers im Vorschaufenster und alle Parameter an den Reglern rechts daneben vorgegeben haben, entsteht nach der OK-Bestätigung ein Ergebnis wie dieses, das einen schräg von rechts oben leuchtenden Strahler wirkungsvoll nachahmt.

3 Licht steuern

Der kleine Kreis im Zentrum, der jeweils die Lichtfarbe anzeigt, dient zur Positionierung des Scheinwerfers; der mit einer Linie damit verbundene auf der Ellipse zu ihrer Rotation oder Dehnung, die seitlichen Punkte steuern die Kegelbreite. Auch Lichtfarbe und Fokus sind einstellbar.

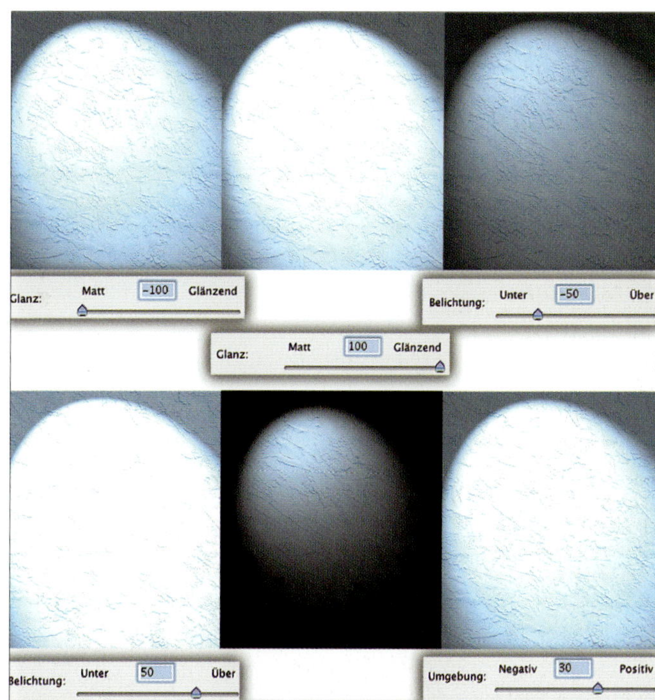

4 Wirkung

Wie die beleuchtete Fläche aussieht, hängt von vielen Vorgaben ab, unter anderem Wirkungseinstellungen zwischen „Matt" und „Glänzend", „Plastik" und „Metall", „Unter-" und „Überbelichtung" sowie der Stärke des Umgebungslichts. Der Oberfläche können Sie bei Bedarf eine Objektfarbe zuweisen.

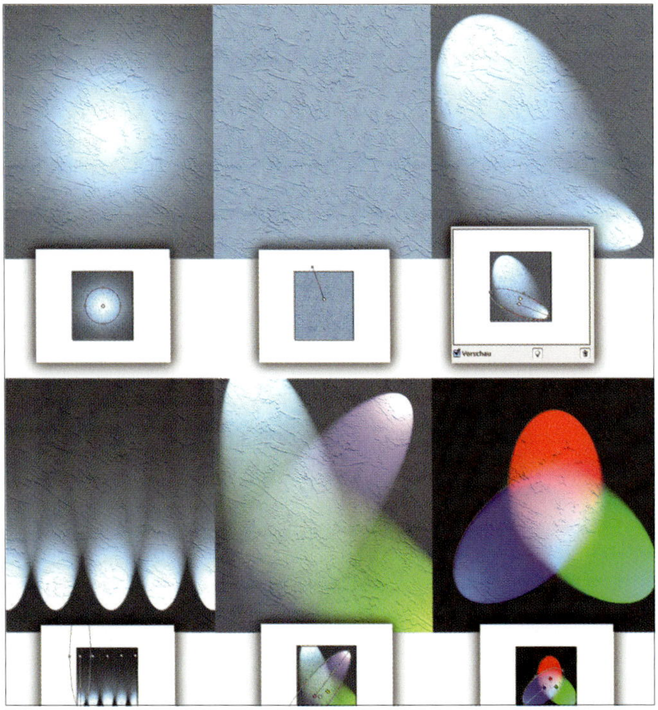

5 Varianten

Neben der bisher demonstrierten Variante „Spot" gibt es auch kreisförmig beleuchtende „Strahler" und „diffuses Licht", das Tageslicht entspricht. Durch Ziehen des Glühlampen-Icons ins Vorschaufeld fügen Sie zusätzliche Lichtquellen mit eigenen Farben und Merkmalen hinzu.

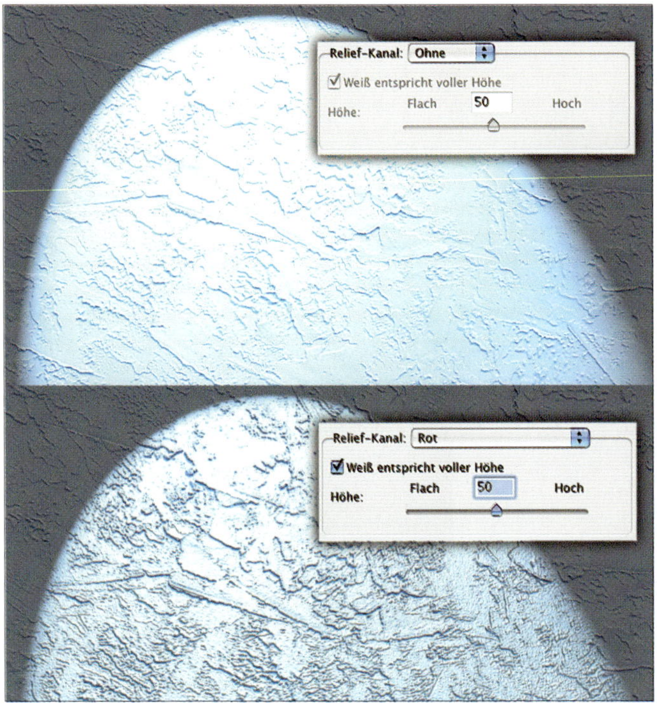

6 Reliefkanal

In der Regel verwenden Sie „Beleuchtungseffekte" nur zur Aufhellung von Oberflächen. Sie können jedoch auch einen der Farbkanäle als „Relief-Kanal" definieren. Dadurch werden die Strukturen der beleuchteten Oberfläche wie bei starkem Streiflicht hervorgehoben.

7 Reliefverstärkung

Sie können sich diesen Effekt zu Nutze machen, indem Sie entsprechende Oberflächen akzentuieren. Dieses römische Relief wurde mit diffusen Licht von schräg links oben beleuchtet (die Länge der Linie bestimmt die Entfernung der Lichtquelle); Relief-Kanal war der Grün-Kanal.

8 Beleuchtetes Bild

Vergegenwärtigen Sie sich immer, dass die Beleuchtungseffekte nur ebene Oberflächen betreffen und keine Objekte. Hier kann also nicht das Hallendach selbst beleuchtet werden, sondern nur seine Darstellung als Foto. Den Schatten auf der Wand habe ich manuell hinzugefügt.

10 Falsch beleuchtetes Objekt

Dieser Einsatz der Beleuchtungseffekte verrät daher sofort, dass es sich nicht um eine angestrahlte Statue handelt, sondern um ihr auf diese Weise behandeltes Bild (Original unten eingeblendet). Die Lichtverteilung betrifft auf unnatürliche Weise den kompletten Raum.

11 Angepasstes Objekt

Obwohl auch hier noch immer vieles zu kritisieren ist – etwa der glatte Rand des Kegels am oberen Rand der Statue, der wegen der Erhöhungen und Vertiefungen dort geschwungen verlaufen müsste – ist diese Montage visuell deutlich glaubwürdiger. Die Beleuchtungseffekte betreffen hier nur die freigestellte Statue; der Raum im Hintergrund wurde so stark abgedunkelt, dass er der Helligkeit der nicht beleuchteten Objektbereiche entspricht. Die künstliche muss mit der vorhandenen Lichtrichtung übereinstimmen.

Vignetten

Es gibt freiwillig erzeugte Vignetten und solche, die als ungewollte Begleiterscheinung auftreten. Dieser Workshop erklärt, wie Sie die Vignettierung als kreatives Stilmittel einsetzen. | **Christoph Künne**

Fotos (außer 7): stockxchng|T. Lepeskin

Der Begriff „Vignette" assoziiert in Zeiten der Wiedereinführung des Wegezolls umgangssprachlich eher Autobahngebühren als Randabschattungen auf Fotos. Ursprünglich kommt der Begriff aus der Buchkunst und bezeichnet eine kleine, ornamentale Verzierung. In der Fotografie versteht man unter Vignettierung die Abschattung von Bildecken und -rändern. Sie entsteht hauptsächlich bei Weitwinkeloptiken, in der physischen Form, wenn man eine für das Objektiv ungeeignete Gegenlichtblende verwendet, die an den Ecken ins Bildfeld hineinragt. Manchmal reicht es auch schon aus, mit einem Objektiv von schlechter Qualität zu fotografieren. Bildet sich dann ein optisch bedingter Vignettierungseffekt, erscheinen die Bildränder nicht nur leicht dunkler als die Bildmitte, sondern oft auch unscharf.

Ovale, runde, rechteckige oder individuell geformte Vignetten kann man aber natürlich auch absichtlich herbeiführen. Im analogen Labor wurden diese Effekte mithilfe spezieller, aus schwarzer Pappe ausgeschnittener Masken umgesetzt.

Mit Photoshop lassen sich Vignetteneffekte aller Art ohne viel Vorbereitung gestalten. Einfache geometrische Formen erzeugt die Formauswahl, für komplexere Formen steht eine große Zahl vordefinierter Vektorgrafiken über das Freie-Form-Werkzeug bereit.

Solche Auswahlen kann man jedoch auch benutzen, um in einem Foto durch nachträgliche Steuerung der Helligkeit subtil auf den Mittelpunkt zu verweisen oder auch um moderne Aufnahmen so erscheinen zu lassen, als stammten sie aus der ersten Hälfte des letzten Jahrhunderts, als nicht-vignettierende Objektive noch nicht für jeden Fotografen erschwinglich waren. Oder um einer technisch perfekten Aufnahme einen Schuss Hoga- oder Lomo-Stil hinzuzufügen.

Die Möglichkeiten der Gestaltung sind vielfältig. Manchmal ist es einfach auch nur ganz angenehm, einem Bild durch die nachträgliche Vignettierung den fehlenden optischen Rand zu geben.

1 Hartkantige Porträt-Vignetten

Die größte Vielfalt an Vignettentypen, -formen und -spielarten findet sich beim Einsatz in Porträtfotos. Hier fällt der Vignette die Aufgabe zu, den Abgebildeten aus dem Aufnahmekontext zu isolieren. Ganz ähnlich einer Freistellung, nur einfacher. Sie wählen mit dem Auswahlwerkzeug ein Oval aus, kehren die Auswahl um und erzeugen eine Einstellungs-Ebene von Typ „Volltonfarbe". Um den Effekt weiter zu verfeinern, kann man die Ebene in den Fülloptionen auch noch mit einem Schlagschatten und einem Relief belegen und so der Vignette etwas Räumlichkeit verleihen. Eine zusätzliche „Farbton/Sättigungs"-Einstellebene erlaubt Ihnen eine zeitgemäße Tonung.

2 Weich auslaufende Formen ▲

Die historisch beliebtesten Varianten sind Vignetten, die an den Kanten weich in eine Hintergrundfarbe übergehen. Auch hier beginnen Sie wieder mit einer Auswahl des später sichtbaren Bereichs und kehren diese sofort um. Den weichen Rand erzeugt der Dialog „Weiche Auswahlkante" aus dem Menüpunkt „Auswahl". Je nachdem, wie groß das Bild ist und wie stark der Effekt ausfallen soll, wählen Sie eine Stärke zwischen 10 und 50 Pixeln. Die Färbung des Hintergrunds steuern Sie mit der Auswahl der Hintergrundfarbe im Farbwähler. Normalerweise sind Schwarz und Weiß voreingestellt. Vorder- und Hintergrundfarbe wechseln Sie durch Drücken der Taste „X".

3 Farb- und Formvignetten

Heutzutage erfreuen sich farbige Vignetten mit individueller Form großer Beliebtheit, sowohl im privaten Bereich als auch in der Werbung. Formvorlagen liefert das „Eigene-Form-Werkzeug“. Hier finden Sie eine große Zahl von Symbolen, wenn Sie im Kontextmenü der Formauswahl „Alle“ aufrufen. Ziehen Sie eine Form über dem Bild auf und klicken mit gehaltener Strg-/Befehls-Taste auf den Formebeneneintrag in der Ebenenpalette, bevor Sie die Formebene wieder löschen. Was bleibt ist eine Auswahl der Form, mit der Sie wie oben verfahren.

4 Reduzierte Hintergründe ▲

Eine Variation der Formvignette hebt die Auswahl nicht durch Abdeckung des restlichen Bildes hervor, sondern durch farbliche Unterschiede. So kann man den Hintergrund zum Beispiel mit einer Art Milchglas-Effekt stark aufhellen, entsättigen und zusätzlich noch weichzeichnen. Eine andere von vielen Alternativen, die nur durch die eigene Fantasie begrenzt werden, sind stärker grafisch orientierte Effekte, bei denen das Bild von unbunt nach bunt changiert. In jeden Fall ist es ratsam, bei den Umfärbungen mit Einstellungsebenen zu arbeiten, damit die Experimente auch später noch in den Details modifizierbar bleiben.

5 Randabschattung

Subtiler zeigen sich Vignetten, die wie beim Einsatz minderwertiger Objektive die Bildränder abschatten. Legen Sie dazu eine neue, leere Ebene an und füllen diese mit einem radialen Verlauf. Dieser sollte in der Mitte transparent sein und an den Rändern in einem mittleren Grau auslaufen. Das erreichen Sie, indem Sie den Verlauf in der Bildmitte beginnen lassen und ihn ein Stück hinaus über den Rand ziehen. Die Abstimmung nehmen Sie mit den Ebenen-Verrechnungsmodi und dem Deckkraftregler vor. Als brauchbare Ausgangseinstellung können Sie im Modus „Multiplizieren" und einer Deckkraft von rund 40 Prozent beginnen. Sollte der Verlauf zu hell oder zu dunkel geraten sein, lässt er sich mit den Gradationskurven weiter abstimmen.

6 Randweichzeichnung ▲

Die Unschärfe der abgedunkelten Bereiche, die mit einer Randabschattung oftmals einhergeht, ist indes etwas schwieriger zu erzeugen. Wählen Sie den Inhalt der Verlaufsebene aus (Strg/Befehl+A) und kopieren ihn in die Zwischenablage. Dann gehen Sie in die Kanal-Palette, erzeugen mit einem Klick auf das Abreißblocksymbol bei gehaltener Alt-Taste einen neuen, weißen Alpha-Kanal und fügen den Inhalt der Zwischenablage dort ein. Deaktivieren Sie den Alpha-Kanal durch einen Klick auf das Augensymbol und kehren zur Ebenen-Palette zurück, wo Sie die Hintergrundebene anklicken. Über das Auswahl-Menü laden Sie den umgekehrten Alpha-Kanal als Auswahl und bearbeiten diese mit einem Weichzeichnungsfilter.

7 RAW-Vignetten

Eine eingebaute Vignettierungsfunktion bietet der RAW-Konverter von Photoshop. Diese hat eigentlich den Zweck, Randabschattungen schlechter Objektive auszugleichen, also aufzuhellen – nicht solche Bildmerkmale künstlich zu erzeugen. Um an den Einstellungsparameter heranzukommen, aktiviert man zunächst den Schalter „Erweitert“ im RAW-Dialog und wechselt in den Reiter „Blende“. Der "Vignettenbetrag" kann von „100“ (hell) bis „-100“ (dunkel) verschoben werden. Wie stark sich die Vignettierung auswirkt, steuert der Regler „Vignetten-Mittelpunkt“. Photoshop CS2 bietet diese Funktion für alle Bilder unter dem Verzerrungsfilter „Blendenkorrektur“.

8 Photo/Graphic Edges ▲

Wer sich für solche Effekte begeistert oder ihren kommerziellen Nutzen zur Veredelung von Portraits im Fotostudio sieht, sollte sich unbedingt das Photoshop-Plug-in „Photo/Graphic Edges“ aus dem Hause autofx (Vertrieb in Deutschland: www.arktis.de) ansehen. Hier stehen für 199 Euro etwa 500 Vignettenränder zur Wahl. Zusätzlich sind 9.500 weitere Rahmen im Paket enthalten. Die Oberfläche ist recht übersichtlich, nur dauern die Berechnungen auch auf aktueller Hardware einige Zeit.

Wasserspiegelungen

Für die Darstellung einer Reflexion im Wasser reicht es nicht aus, ein Duplikat der Szene mit „vertikal spiegeln" umzuklappen. Auf was Sie alles achten sollten, beschreiben wir in einer Antwort auf eine Leseranfrage. | **Doc Baumann**

Genau genommen ist eine optisch korrekte Spiegelung mit einer Software wie Photoshop gar nicht möglich, da jedes Bildbearbeitungsprogramm nur zweidimensional arbeiten kann. Es ist lediglich in der Lage, Bildbereiche senkrecht umzuklappen. Stellen Sie sich einen Tisch vor, der in einer Pfütze steht. Aus normaler Standhöhe blicken Sie von oben auf seine Platte herab. Würden Sie ihn kopieren, einsetzen, verschieben und digital spiegeln, wäre seine Oberfläche in der Pfütze merkwürdigerweise immer noch zu erkennen – tatsächlich aber müssten Sie ihn gespiegelt von seiner Unterseite her sehen, die im Foto unsichtbar ist. Nur, wenn sich die Kamera fast in Höhe der Wasserfläche befindet, entspricht eine solche Reflexion ungefähr den optischen Gesetzen.

Mit einer vergleichbaren Schwierigkeit hatte Roman Tyborski zu kämpfen, als er ein am Strand aufgenommenes Foto mit einem neuen Himmel kombinieren wollte: „Ich habe mich einige Zeit mit dem folgenden Problem beschäftigt, bin aber zu keinem Ziel gekommen: Das Bild zeigt eine Person am Meer mit verändertem Himmel. Nun stellt sich mir das Problem, dass sich die Sonne des veränderten Hintergrundes nicht im Meer spiegelt. Ich konnte zwar durch den Gaußschen Weichzeichner das schon durchsichtigerer gewordene, kopierte Hintergrundbild im Meer verschwimmen lassen, trotzdem war das nicht annähernd das, was ich mir vorgestellt habe. Deshalb wäre ich ihnen sehr dankbar, wenn Sie eine Lösung dafür finden könnten."

Doc Baumann: Ihr Problem der Sonnenspiegelung im Meer ist ein Sonderfall der Reflexion von beliebigen Gegenständen oder Szenen in Wasserflächen. Zusätzlich zu den eingangs erwähnten Einschränkungen kommt dabei hinzu, dass eine solche Spiegelung nicht einfach durch ein vertikal umgeklapptes Duplikat wiedergegeben werden kann, sondern dass man zudem eine eigene Wasseroberfläche erzeugen muss und die Spiegelung durch die Wellen verzerrt wird. Optisch korrekte Lösungen dafür gibt es, wie erwähnt, in einem Bildbearbeitungsprogramm wie Photoshop nicht, dazu benötigte man eine 3D-Software. Allerdings gibt es Verfahren, denen man nicht auf den ersten Blick ansieht, dass die Ergebnisse nicht wirklich stimmen. Bevor wir uns ein mögliches Verfahren anschauen, das die Reflexion der Sonne im Meer simuliert, betrachten wir zunächst, wie man eigene Wasserwellen erzeugt (echte kann man selten verwenden, da sich in ihnen ja bereits eine andere Szene spiegelt) und dort mit Filter-Unterstützung Reflexionen einfügt und verzerrt. Am Ende des Workshops zeige ich Ihnen, wie das Strandfoto zu behandeln ist; dabei reicht es nicht aus, nur einen neuen Himmel einzufügen und die Spiegelung der Sonne zu ergänzen – für eine insgesamt glaubwürdige Montage müssen auch die Farbstimmung angepasst und Schatten, die sich aus der neuen Gegenlichtsituation ergeben, ergänzt werden.

1 Echte Spiegelung

Um ein Phänomen, das man digital nachstellen will, möglichst überzeugend wiederzugeben, ist es immer empfehlenswert, ein Foto der realen Gegebenheit genau zu studieren. Hier ist das die Spiegelung eines Gebäudes am Ufer des Flusses Lot in der französischen Stadt Cahors.

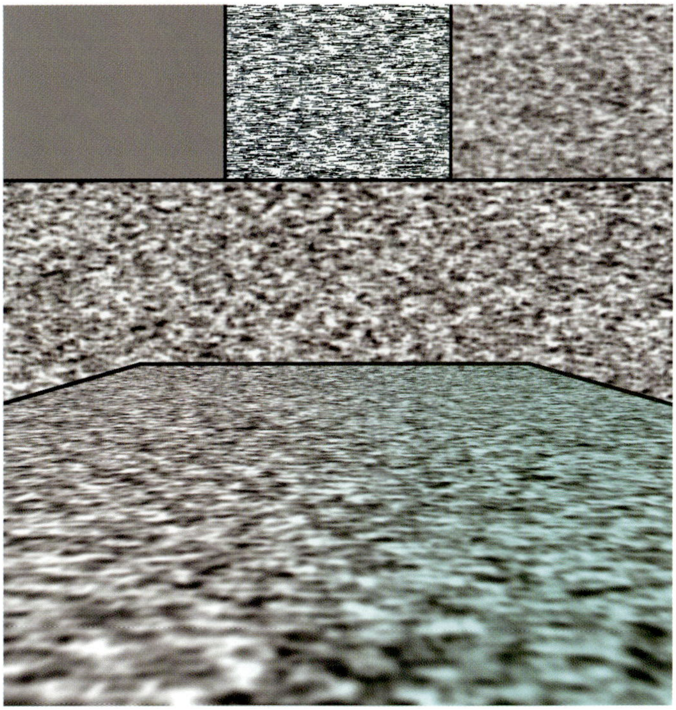

2 Kunst-Wellen

Um eigene Wellen zu erzeugen, gehen Sie so vor: Füllen Sie eine Ebene grau. Wenden Sie den Zeichenfilter „Strichumsetzung“ horizontal mit langen Strichen an. Soften Sie das Ergebnis und machen Sie es kontrastreicher. Zuletzt transformieren Sie es perspektivisch (unten).

3 Matrix

Legen Sie die Wellen auf einer Ebene oberhalb der zu spiegelnden Szene an. Wählen Sie „Alles" aus und kopieren Sie die Ebene. Eine „neue Datei" erhält automatisch dieselbe Größe; fügen Sie das Bild ein und reduzieren Sie auf die Hintergrundebene. Sichern Sie das Dokument im Photoshop-Format.

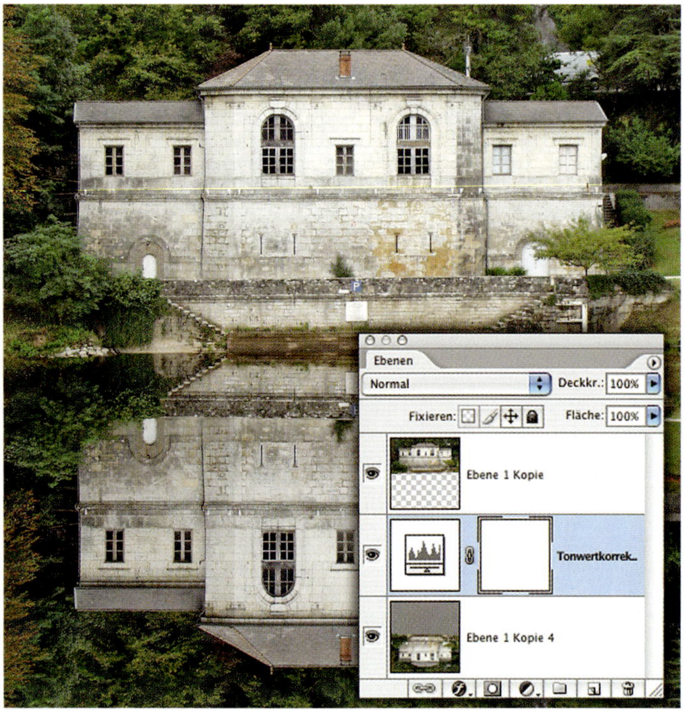

4 Duplikat spiegeln

Wählen Sie in einem Foto den Bereich aus, den Sie spiegeln wollen und duplizieren Sie ihn zwei Mal auf neue Ebenen. Das untere dieser Ebenenduplikate transformieren Sie mit „Vertikal spiegeln" und verschieben es. Dunkeln Sie es per Einstellungsebene leicht ab.

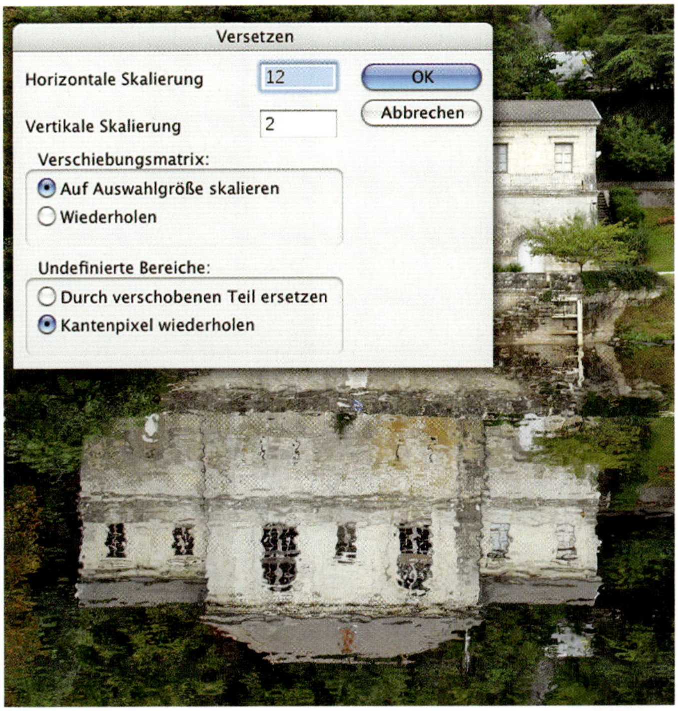

5 Versetzen-Filter

Von dieser gespiegelten Ebene ausgehend, rufen Sie den Verzerrungsfilter „Versetzen" auf. Der Wert für „Horizontale Skalierung" sollte deutlich höher sein als der für vertikale. Nach der OK-Bestätigung bestimmen Sie die in Schritt 3 erzeugte Datei als Matrix für den Versatz.

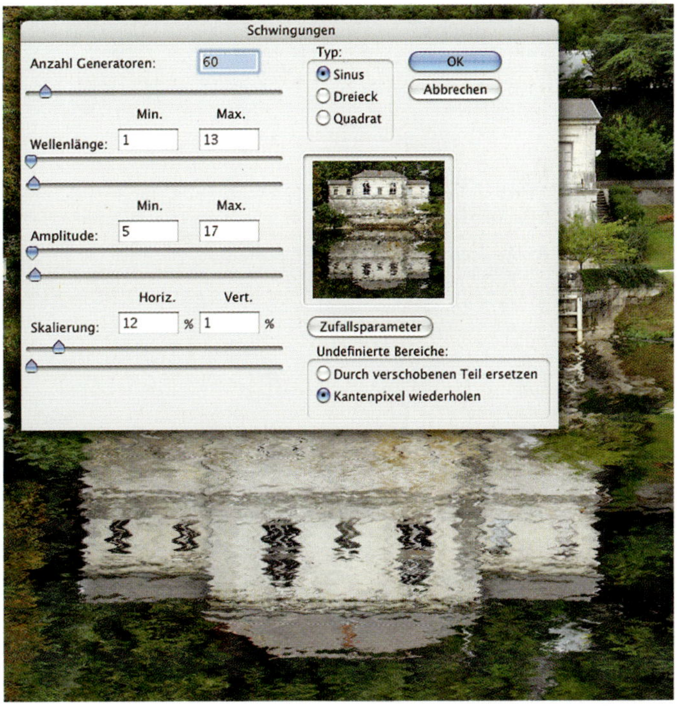

6 Schwingungen

Zusätzlich können Sie gegebenenfalls mit dem Verzerrungsfilter „Schwingungen" weitere Wellenverwerfungen darstellen. Der Wert für „Vertikale Skalierung" (unten links) sollte minimal ausfallen; auch die anderen Parameter außer „Generatoren" erhalten kleine Werte.

7 Bewegungsunschärfe

Erzeugen Sie ergänzend in einem neuen Alphakanal einen Schwarz-Weiß-Verlauf (oben rechts). Laden Sie ihn als Auswahl für die Spiegelungs-Ebene. Wenden Sie innerhalb der Auswahl den Weichzeichnerfilter „Bewegungsunschärfe“ im 90-Grad-Winkel an

8 Objekte in Schrägsicht

Wenn das zu spiegelnde Objekt keine exakt waagerechte Grenze zur Wasserfläche hin aufweist wie das eben vorgestellte Haus, ist die digitale Reflexion sehr viel aufwendiger. Bei der mittelalterlichen Brücke von Cahors läuft die Spiegelachse schräg durchs Bild.

9 Brücke gespiegelt

Die recht komplizierte Vorgehensweise sei hier nur kurz angerissen: Sie müssen in einem solchen Fall jedes Teilobjekt, genau genommen sogar jede einzelne Fläche, gesondert auswählen, duplizieren, vertikal spiegeln und gestaffelt von vorn nach hinten positionieren und anpassen.

10 Leserfoto

Kommen wir nach diesen Vorbereitungen endlich zum Foto von Roman Tyborski. Er hatte in seinem eigenen Montageversuch einen orangefarbenen Himmel mit Sonne in den Hintergrund eingefügt, aber am sonstigen Bild nichts verändert.

11 Beleuchtung anpassen

Zunächst einmal müssen Sie den Rest der Szene der Farbstimmung des Sonnenaufgangs angleichen; das geschieht hier mit einer Orange-Ebene im Modus „Linear nachbelichten" bei 50 Prozent Deckkraft. Hinzu kommen wegen des Gegenlichts Abdunklungs- und Schlagschatten-Ebenen.

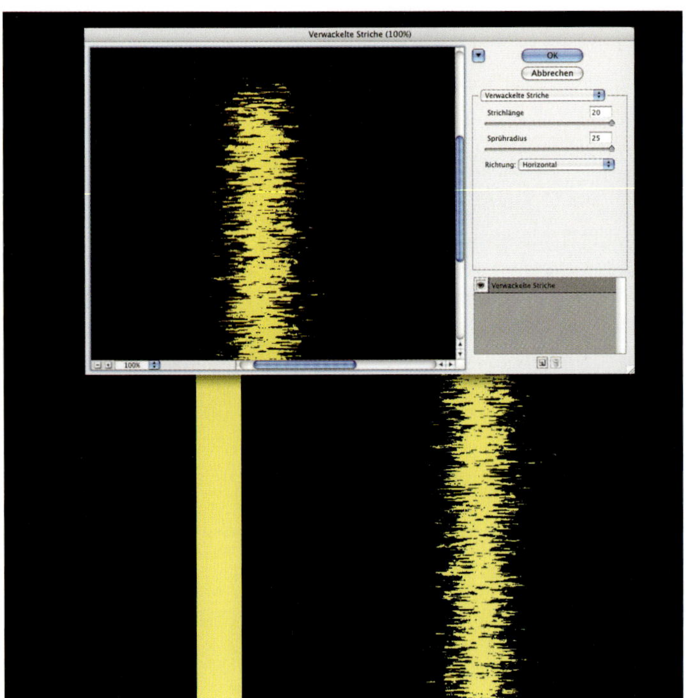

12 Verwackelte Striche

Die Reflexion der Sonne auf dem Meer erzeugen Sie mittels des Zeichenfilters „Verwackelte Striche", Ausrichtung „horizontal", Länge und Radius maximal. Damit der Filter zu diesem Ergebnis gelangt, darf die umgebende Fläche nicht transparent sein; füllen Sie sie schwarz.

13 Linear abwedeln

Je nach Bildzusammenhang eignen sich unterschiedliche Verrechungsmodi für die so vorbereitete Reflexions-Ebene. In diesem Fall führt „Linear abwedeln" zum besten Ergebnis. Wegen der unterschiedlichen Hintergrundzonen habe ich die Reflexion auf drei Ebenen aufgesplittet.

14 Farbbereich ausblenden

Den mittleren dieser Bereiche sehen Sie hier. Doppelklicken auf die Thumbnail-Darstellung der Ebene öffnet „Ebenenstil"; dort finden Sie unten Regler zum Ausblenden von Farbbereichen. Mit gedrückter Alt-Taste blenden Sie die dunklen Pixel der darunter liegenden Wellen weich aus. Da die so auszublendenden Stellen hinten beim Meer und vorn am Strand jeweils andere Farbbereiche betreffen, wurde auf den drei Ebenen mit abweichenden Werten gearbeitet. In der fertigen Montage erscheint die Sonnenreflexion als harmonischer Bestandteil des Fotos.

Neuer Himmel

Ist der Himmel in einem Foto überbelichtet oder ohne dramatische Wolken, schafft ein künstlicher oder eingefügter Ersatz Abhilfe. Aber auch die Szene muss den neuen Gegebenheiten angeglichen werden. | **Doc Baumann**

Den **Himmel auf Erden** kann ich Ihnen zwar nicht versprechen – aber immerhin einen für den Monitor. Vor allem dann, wenn auf einem Ihrer Bilder keiner zu sehen ist, wo eigentlich einer sein sollte. Das Problem ist Ihnen sicherlich aus der Praxis vertraut: Wegen des begrenzten Kontrastumfangs von Filmen oder lichtempfindlichen Elementen in der Digitalkamera wird heller Himmel oft überbelichtet, wenn Objekte im Vordergrund noch ausreichend Detailzeichnung aufweisen. Oder diese sind viel zu dunkel, was auch nicht erfreulicher ist.

Ein Leser hatte kürzlich ebenfalls mit diesem Problem zu kämpfen und suchte eine passende Lösung: „Bei einer meiner Aufnahmen war beim Fotografieren bedeckter Himmel, den ich jetzt durch einen blauen Himmel ersetzen will. Ich habe in Photoshop schon einiges versucht, doch durch die Zweige auf dem Foto war das Auswählen stark erschwert und nicht praktikabel."

Nun, bei diesem Problem sind zwei Aspekte zu berücksichtigen: Zunächst das schwierige Auswählen feinster Aststrukturen im Vordergrund, dann das Rekonstruieren oder Ersetzen des überbelichteten Himmels. Beginnen wir mit den Ästen. Um zu einem perfekten Ergebnis zu gelangen, reicht eine ganz grobe Auswahl. Der Trick dabei ist, dass der Vordergrund in der Regel deutlich dunkler ist als der Himmel im Hintergrund. Sie müssen also nur die Äste ungefähr mit dem Lasso auswählen, die Auswahl auf eine neue Ebene – über den später eingezogenen Ersatzhimmel – schieben und auf den Modus „Abdunkeln" setzen. Ergänzend können Sie zu helle Ebenenbereiche, wie bei Abbildung 8 erläutert, im Einstellungsfeld „Ebenenstil" ausblenden.

Für einen überzeugenden Himmel gibt es mehrere Lösungen: Sie wählen den alten Himmel aus und dunkeln ihn stark ab; dabei werden oft viele zuvor unsichtbare Details und Farben erkennbar. Oder Sie ziehen dort einen blauen Farbverlauf ein und überlagern ihn mit einer Wolkenfilter-Ebene (Abbildung 6 bis 8). Die besten Ergebnisse erzielen Sie mit dem Einsetzen eines Ersatz-Himmels. Kleine Eigenwerbung: Auf meiner Bild-CD „Wolken", früher bei www.arktis.de und jetzt bei Addison-Wesley, finden Sie 150 Wolkenfotos für diverse Tageszeiten und Wetterlagen. Achten Sie dabei auf die Übereinstimmung von Beleuchtungsrichtung, Horizonthöhe und Lichtstimmung.

1 Ausgangsfoto

Dieses Foto, das ich in Rom aufgenommen habe – es zeigt einen Ausschnitt des Victor-Emmanuel-Denkmals – ist ein typisches Beispiel für ein im Vordergrund ordentlich belichtetes Bild. Der diesige Himmel allerdings erscheint als helle, fast weiße Fläche ohne jegliche Details.

2 Farbauswahl

Wie unser Leser bereits zutreffend erwähnte: Feine Strukturen wie Äste erschweren die Auswahl erheblich. Suchen Sie den Farbkanal mit dem stärksten Kontrast (hier Cyan), legen Sie gegebenenfalls eine manuelle Vorauswahl fest, dann selektieren Sie den Himmel mit „Farbbereich auswählen".

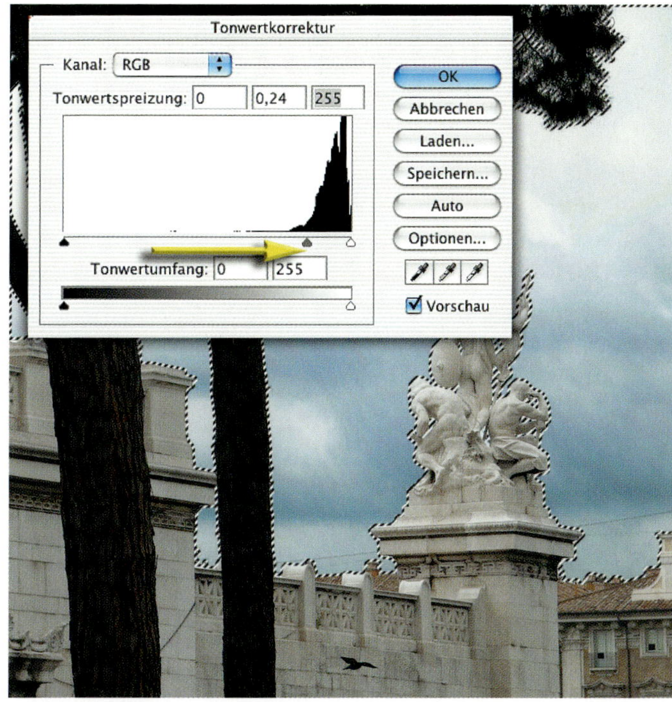

3 Tonwertkorrektur

Wahrscheinlich müssen Sie die Auswahl noch manuell verfeinern; ich habe das im Maskierungsmodus bei den hellen Stellen des Denkmals getan. Ziehen Sie nun im Dialog „Tonwertkorrektur" den mittleren Gamma-Regler nach rechts, werden oft erstaunlich viele, zuvor unsichtbare Farben wieder sichtbar gemacht.

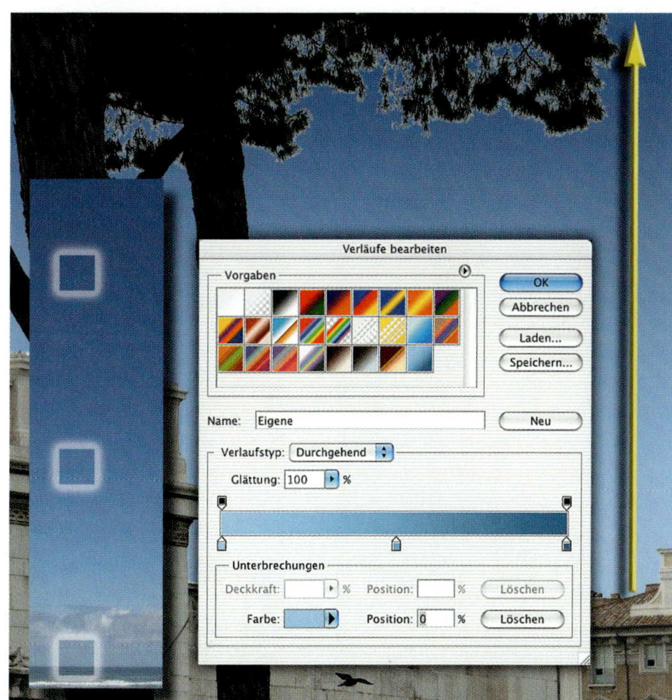

4 Farbverlauf anlegen

Ist durch Rekonstruieren nichts zu retten, können Sie in der Auswahl einen linearen Verlauf aufziehen. Gehen Sie nicht einfach von Hell- zu Dunkelblau, sondern entnehmen Sie aus einem Foto mit unbewölktem Himmel echte Farbwerte. Dabei sind drei Farbpositionen besser als zwei.

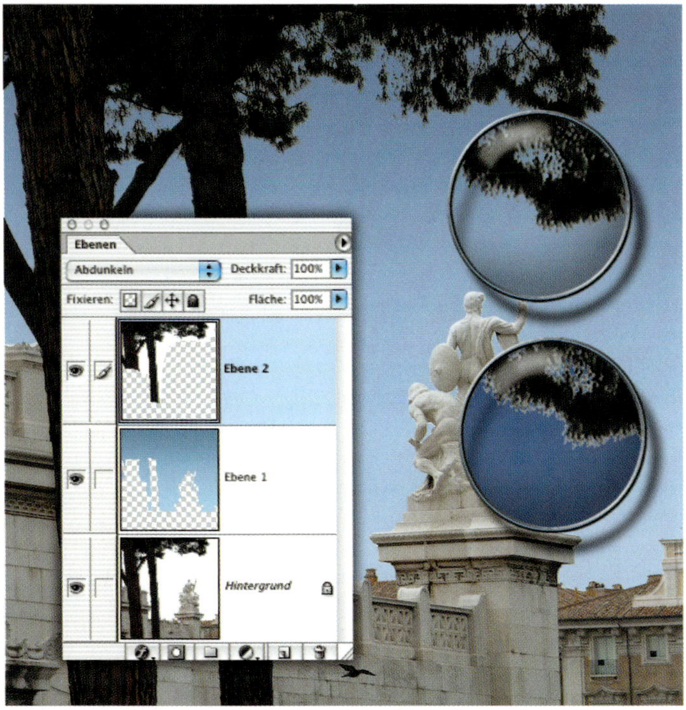

5 Abdunkelnde Ebene

Schon ganz gut; noch überzeugender wird es mit leichtem „Störungen hinzufügen". Doch an den Zweigen sind jetzt unerwünschte helle Konturen zu erkennen. Ein mögliches Gegenmittel: Bäume grob auswählen, Auswahl duplizieren, entstehende Ebene im Modus „abdunkeln" nach oben setzen.

6 Wolken-Filter

Ein blauer Himmel allein passt nicht zur Beleuchtung im Bild, ein paar Wolken würden nicht schaden. Füllen Sie eine neue leere Ebene zwischen Himmel- und Baum-Ebenen mit dem Wolken-Filter; Schwarz und Weiß sollten dabei die Vorder- und Hintergrundfarben sein.

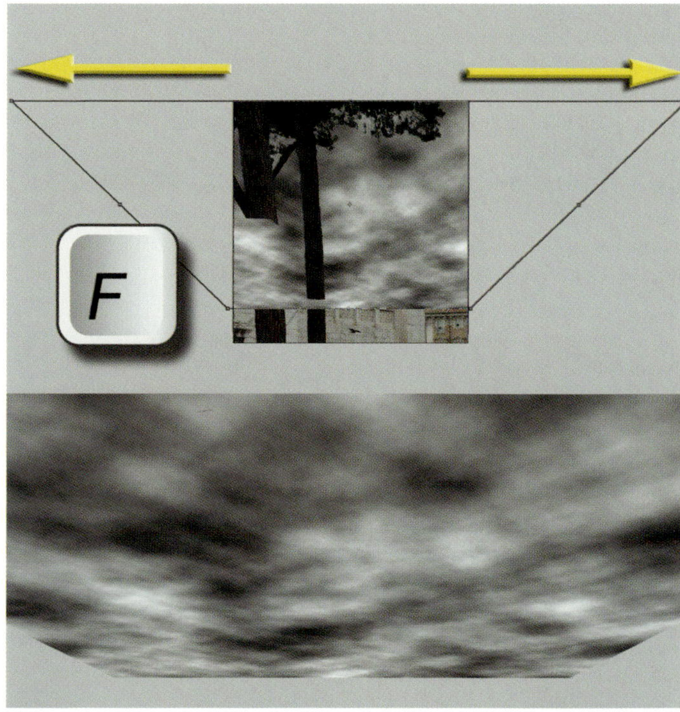

7 Perspektivisch verzerren

Vergessen Sie Tutorials, die Ihnen vorschlagen, das reiche zur Wolkendarstellung! Damit solche Kunst-Wolken einigermaßen echt aussehen, müssen Sie sie stark perspektivisch verzerren. Wechseln Sie zuvor per F-Taste in den Vollbild-Modus, so können Sie auch über die Bildgrenzen hinaus ziehen.

8 Bereiche ausblenden

Ein Doppelklick auf die Wolken-Zeile in der Ebenen-Palette öffnet Ihnen das Einstellungsfeld „Ebenenstil“ (oben), wo Sie unter „Farbbereich“ helle und dunkle Bereiche der aktuellen Ebene ausblenden können. Bei gedrückter Alt-Taste lassen sich die Regler zum weichen Ausblenden splitten.

9 Wolken aufhellen

Sind Ihnen die künstlichen Wolken zu blass, weisen Sie ihrer Ebene eine Tonwert-Einstellungs-Ebene zu, in der Sie den Gamma-Regler (den grauen in der Mitte) nach links schieben; Sie können auch mit dem Weißpunkt-Regler experimentieren. Das hebt die Wolken besser heraus.

10 Himmel importieren

Einen sehr viel überzeugenderen Himmel erhalten Sie natürlich, wenn Sie nicht mit künstlichen, sondern mit echten Wolken arbeiten. Maske und und Ebenen für den Bereich, in den Sie sie einsetzen, haben Sie ja bereits vorbereitet. Importieren Sie einfach ein passendes Bild über die Zwischenablage.

11 Farbanpassung

Achten Sie bei dem eingefügten Himmel-Foto auf Übereinstimmung der Beleuchtungsrichtung und der Horizonthöhe. Zu einem stark bewölkten Himmel passen keine harten Schlagschatten in der Szene. Und gleichen Sie wie hier die Stimmung durch Farb- und Helligkeitsregelung an den Himmel an.

12 Dunkler Himmel

Während bei der vorausgehenenden Montage bei einem eingefügten Abendhimmel der Vordergrund mit einer Einstellungsebene rötlich eingefärbt wurde, erfolgte hier eine Farbverschiebung in Richtung Blaugrün, um die bedrohliche Stimmung der schweren Regenwolken aufzugreifen.

Angewandter Minimalismus

Auf den ersten Blick wirken die Motive von Apples Werbekampagne für ihre iPods recht einfach gestrickt. Bei genauerem Hinsehen zeigt sich aber, dass man ziemlich tief in die Trickkiste greifen muss, um solche Grafiken zu erzeugen. | **Christoph Künne**

Schwarze Silhouetten ekstatisch tanzender Menschen vor poppigen Einfarb-Hintergründen – das Ganze garniert mit einem weißen iPod und den signifikanten weißen Kabeln für die Ohrhörer.

So sieht seit fast zwei Jahren der Werbeauftritt der großangelegten Kampagne für Apples MP3-Player aus. Der iPod hat inzwischen Kultstatus erreicht und ist gleichzeitig für viele (Nicht-)Besitzer zum Statussymbol geworden. Derzeit kommt kaum ein Musikvideo ohne demonstrativ gezeigte weiße Ohrhörer aus, und die iPod-Anzeigen scheinen auch außerhalb der Technikpresse allgegenwärtig. Da die Marketing-Abteilung von Apple alle wichtigen Großstädte der westlichen Welt mit den bunten Plakaten pflastern ließ, griff der iPod-Hype bald schon auf viele über, die bis dato noch nicht dem Charme der Lifestyle-Computer aus Cuppertino erlegen waren. Inzwischen haben sich knapp fünf Millionen Liebhaber für das Gerät gefunden. Dieser Siegeszug hat Apples Renommee ebenso wie seinen Aktienkurs deutlich gestärkt. Damals lief eine Meldung über die Nachrichtenticker, dass Apple zur einflussreichsten Marke des Jahres 2004 gekürt worden ist.

Dieses Beispiel für Werbung, die wirkt, hat natürlich ebensoviele Nachahmer wie Spötter auf den Plan gerufen. Aktuell liegt es bei den Fans der Marke im Trend, die eigenen Erinnerungsbilder mit dieser spezifischen Ästhetik aufzupeppen. Da überzeugende Ergebnisse nicht per Knopfdruck zu gestalten sind, bieten findige Grafiker ihre diesbezüglichen Dienste ab 20 Dollar pro Motiv bereits im Internet an. Wer jedoch mit Photoshop umgehen kann, bedarf ihrer nicht.

Während die Silhouetten in der ersten Motivreihe der Kampagne noch in Reinschwarz daherkamen, ist der grafische Anspruch bei den Folgemotiven der zweiten Serie etwas gestiegen. Das unmodulierte Schwarz bleibt jetzt maximal auf die Hautpartien beschränkt, wobei Kleidung und Accessoires durch Andeuten von Oberflächenstrukturen einfacher zu identifizieren sind.

Diese stilistische Verwässerung der Grundidee hat neben dem etwas wertiger erscheinenden Ergebnis auch einen echten Vorzug: Die Wahl der Ausgangsbilder, aus denen man solche Grafiken gewinnen kann ist sehr viel einfacher geworden. Blieb man zuvor auf Motive beschränkt, die anhand ihrer scherenschnittartig freigestellten Konturen bereits alles über die verrichtete Handlung sagen mussten, lassen sich jetzt auch Fotos verarbeiten, die Aktivitäten etwas weniger plakativ zeigen. Dennoch – weit schwieriger, als den Effekt zu erzeugen, ist die Auswahl einer geeigneten Bildvorlage. Sie sollte im Idealfall die ganze Person zeigen. Die Extremitäten müssen im Scherenschnitt klar erkennbar sein. Also keine verschränkten Arme oder Beine und keine Motive, in denen die Hände andere Körperteile überdecken.

Doch solche Bilder hat man nicht immer zur Hand. Wer nach Motiven für Übungszwecke sucht, wird bei virtuellen Fotoclubs wie der Fotocommunity oder mit der Bildsuche von Google schnell fündig, wenn er nach Stichworten wie „Tanz", „Tänzer" und ihren englischen Entsprechungen sucht.

Sollen die Bilder später veröffentlicht werden, gilt es, die Bildrechte zu beachten. Dann stöbert man sicherheitshalber in Fotobörsen wie photocase.de, wo sich die Teilnehmer auch mit der kommerziellen Verwendung ihrer Bilder einverstanden erklärt haben. Fürs Selbermachen der Ausgangsbilder gibt es einfache Regeln: Am besten sind Studioaufnahmen vor einem einfarbigen Hintergrund, der sich später leicht entfernen lässt. Für Motive, die der ersten Motivserie nachempfunden werden sollen, kann man auch Gegenlicht-Schnappschüsse ohne Vordergrundzeichnung verwenden. Angeblitzte Vertreter dieses Genres sollten genug Vordergrundstrukturen aufweisen, um sie für beide Umsetzungen zu nutzen.

Einfache Version

1 Vordergrundobjekt freistellen

Die Qualität des Ausgangsbildes ist für die einfache Version zunächst nebensächlich. Es kommt nicht auf Details an, und zur Not tut es auch eine gescannte Zeichenskizze. Nur die Konturen müssen erkennbar sein. Zur Freistellung von Bildelementen gibt es etliche Techniken, die ich an dieser Stelle gar nicht alle aufzählen und für die Anforderungen dieses Projekts bewerten will. Wichtig ist hier die Kombination von Motiv und späterer Anmutung. In diesem Fall geht es darum, am Ende klare, runde, idealtypische Linien zu bekommen. Von daher eignet sich zur Erfassung des Umrisses das Zeichenstift-Werkzeug.

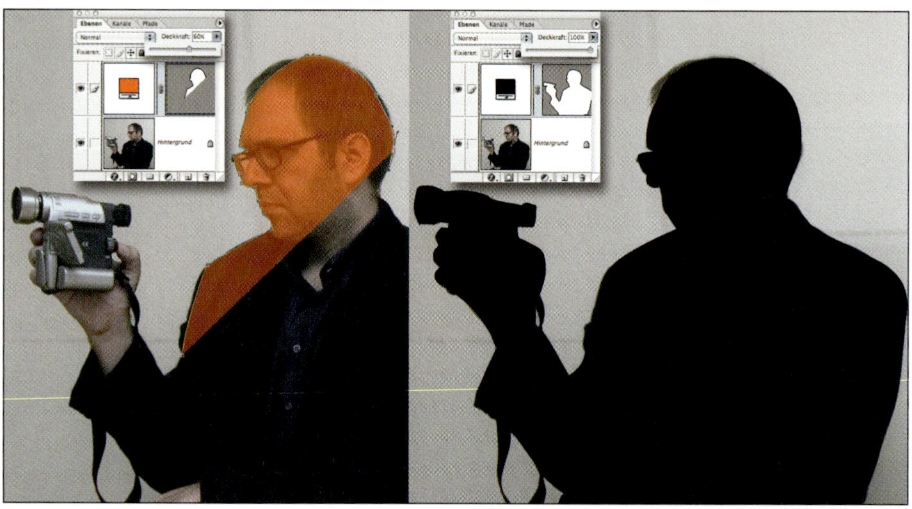

2 Formebene abstimmen ▲

Wenden Sie das Zeichenstift-Werkzeug im Modus „Formebenen" an und setzen die Formebene während der Freistellung auf etwa 50 Prozent Deckkraft, damit sie Ihnen als teiltransparente optische Hilfe dient. Zeichnen Sie nicht einfach alle Details exakt nach. Versuchen Sie, mit so wenig Kurvenpunkte wie möglich auszukommen. Dadurch erscheinen die Formen anschließend klarer und wirken plakativer, als wenn Sie jedes Detail nachempfinden. Zum Abschluss der Bearbeitung setzen Sie die Form-Ebenenfarbe auf Schwarz und die Deckkraft wieder auf 100 Prozent.

3 Hintergrund umfärben

Den einfarbigen Hintergrund erhalten Sie vergleichsweise einfach. Duplizieren Sie die gerade erzeugte Ebene durch die Tastenkombination Strg-/Befehl-J. Färben Sie die neue Ebene ein. Je poppiger die Farben, desto stärker später der Kontrast. Anschließend klicken Sie mit der rechten Maustaste (Mac: Ctrl-Taste beim Klicken halten) auf die Vektor-Ebenenmaske des obersten Eintrags in der Ebenenpalette und wählen den Befehl zum Rastern die Vektormaske. Durch diesen Kunstgriff können Sie das Ergebnis anschließend einfach invertieren und erhalten so einen exakt passenden Hintergrund.

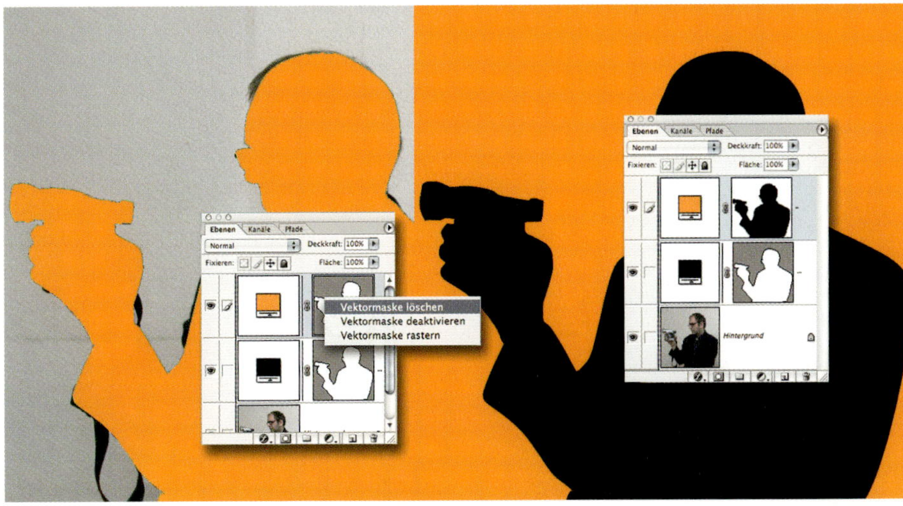

4 Optionale Ohrhörer ▲

Wer die weißen Original-Apple Ohrhörer mit aufs Bild bringen will, die inzwischen soweit als Statussymbol anerkannt sind, dass einige Hersteller fast vom Verkauf weiß gefärbter Normal-Ohrstöpsel leben können, kann diese recht einfach simulieren. Aktivieren Sie das Zeichenstift-Werkzeug erneut, setzen aber diesmal seinen Arbeitsmodus auf „Pfade“ und zeichnen damit Linien für die Kopfhörerkabel sowie Kreise für die Ohrstöpsel. Dann wählen Sie den Pinsel, eine harte Werkzeugspitze mit 3 bis 5 Pixel Stärke, weiß als Vordergrundfarbe und legen eine neue, leere Ebene an. Abschließend füllen Sie die Pfadkontur.

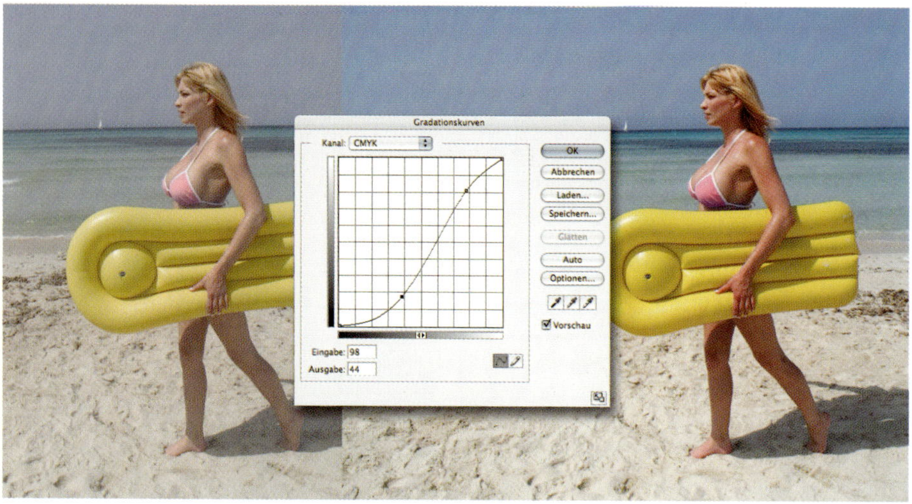

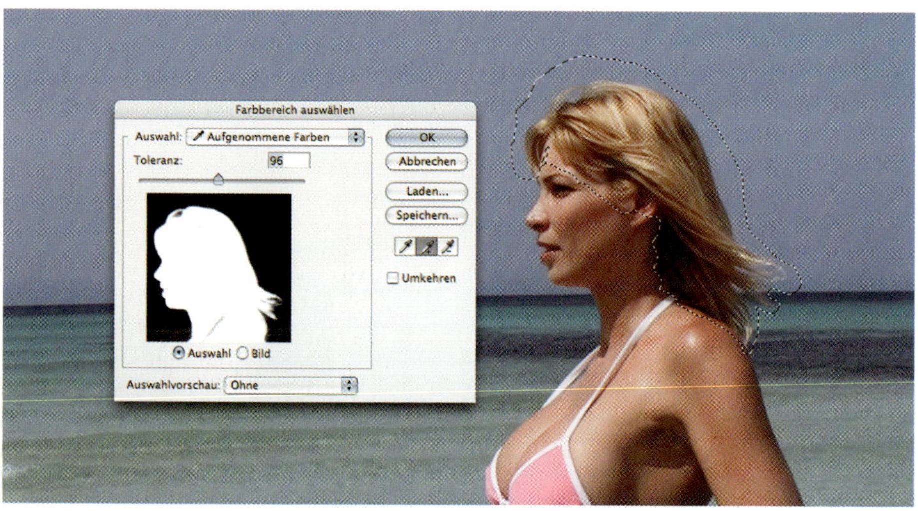

Fotos 5-16: Karl-Heinz Tobias

Komplexe Version

5 Ausgangsmaterial

Die komplexeren Kampagnen-Motive zeichnen sich dadurch aus, dass sie Strukturen im Schwarz durchscheinen lassen und mit Teiltransparenzen bei den Haaren sowie mit weich auslaufenden Körperschatten arbeiten. Die Ausgangsmotive für solche Adaptionen sollten möglichst detailreich sind. Starke JPEG-Kompressionen können sich ebenso als sehr störend bemerkbar machen wie Unschärfen. Idealerweise umfasst die Abbildung die ganze Person. Bildkorrekturen sind nur dann sinnvoll, wenn man wie hier den Kontrast erhöht, um Motivteile anschließend besser freistellen zu können.

6 Farbauswahl ▲

Die Haare freizustellen, ist mit dem Zeichenstift-Werkzeug sowohl sehr mühsam als auch in der Ergebnisqualität nicht überzeugend. Um mit einer Farbauswahl zu arbeiten, umfahren Sie die Haare möglichst nah mit dem Lasso, bevor Sie den Dialog „Farbbereich auswählen“ aus dem Auswahlmenü aufrufen. Klicken Sie dort mit der Auswahlpipette auf einen typischen Haarton und heben den Toleranzregler soweit an, dass möglichst viele Haare ausgewählt werden. Der Hintergrund muss dabei aber sattschwarz bleiben. Sie können bei Bedarf mit den anderen beiden Pipettentypen zusätzliche Farbbereiche hinzufügen oder abziehen.

7 Kanal-Korrekturen

Nach dem Farbauswahl-Vorgang sichern Sie die aktive Auswahl über den Auswahl-Menü-Befehl „Auswahl speichern". Anschließen sehen Sie in dem entsprechenden Alpha-Kanal, inwieweit noch Korrekturbedarf herrscht. In unserem Beispiel sind die Konturen in Ordnung, aber außerhalb der Auswahl ist noch ein grauer Schatten zu sehen. Laden Sie den Kanal für die Korrekturen als Auswahl, kehren den Auswahlbereich um und verstärken die Tiefen mit der Gradationskurve, um den Schatten zu entfernen. Sollten im Innenbereich noch Teile fehlen, können Sie diese mit weißer Farbe nachmalen.

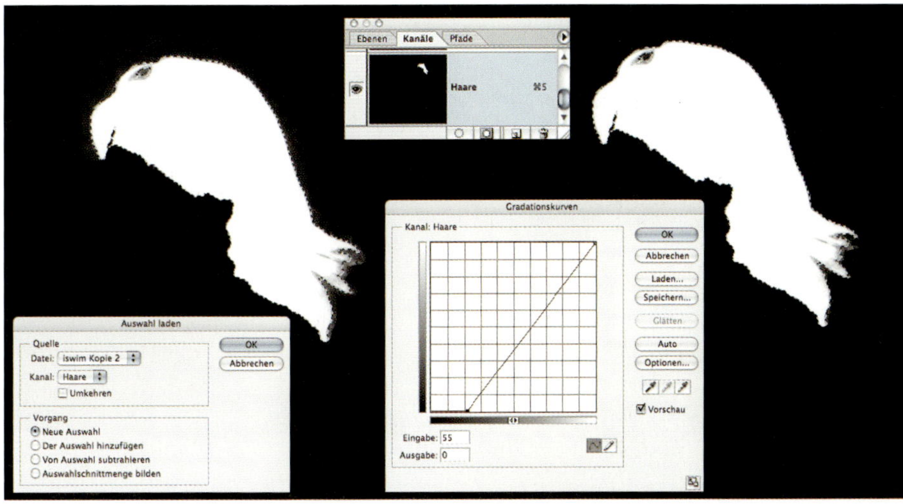

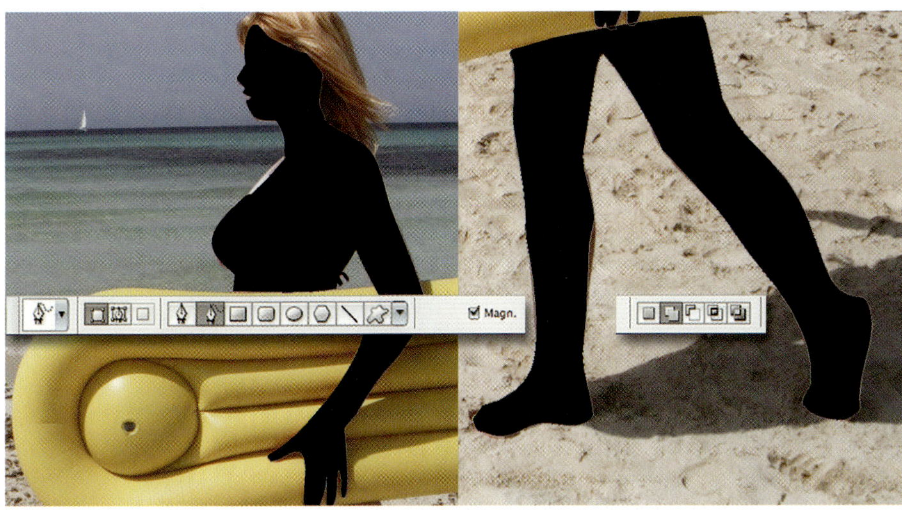

8 Magnetische Formen ▲

Heben Sie die Auswahl auf, wechseln wieder in die Normalansicht und wenden Sie sich dem Rest des Körpers zu. Statt das Zeichenstift-Werkzeug wie oben im Standardmodus zu verwenden, setzen Sie diesmal das „Freiform-Zeichenstift-Werkzeug" im Modus „Magn.(etisch)" ein und umfahren damit den oberen Teil des Körpers. Die Haare bleiben dabei natürlich außen vor. Den unteren Körperteil addieren Sie im nächsten Schritt im Werkzeugmodus „Dem Formbereich hinzufügen".

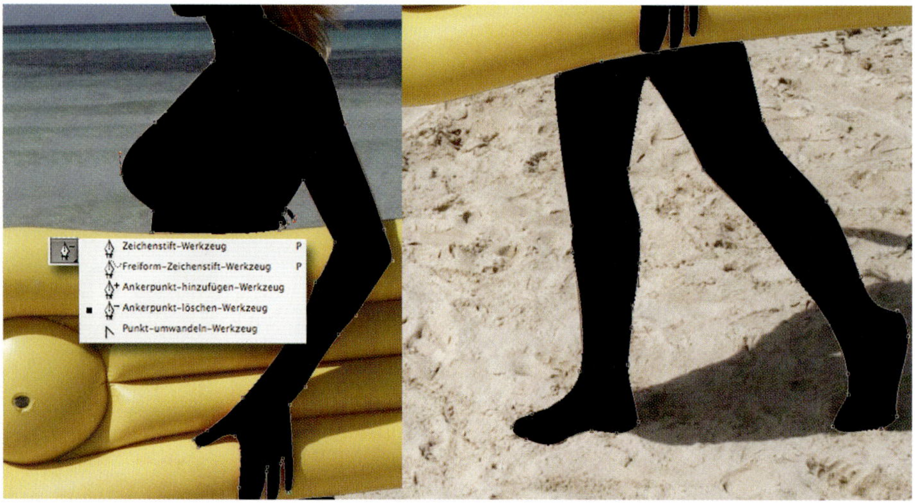

9 Formen anpassen

Die Automatik erledigt ihre Aufgabe an den meisten Stellen sehr ordentlich, aber leider nicht immer. Daher müssen Sie so erzeugte Formen manuell nachbearbeiten. Klicken Sie dazu mit dem „Direkt-Auswahl-Werkzeug" auf den Pfad und gleichen Sie die falsch gesetzten Kurvenpunkte an. Sie können auch mit den anderen Zeichenstift-Werkzeugen Punkte hinzufügen oder entfernen. Nutzen Sie die Überarbeitung, um die Gesamtkontur zu glätten oder fehlende Bereiche, wie hier an den Füßen, hinzuzufügen.

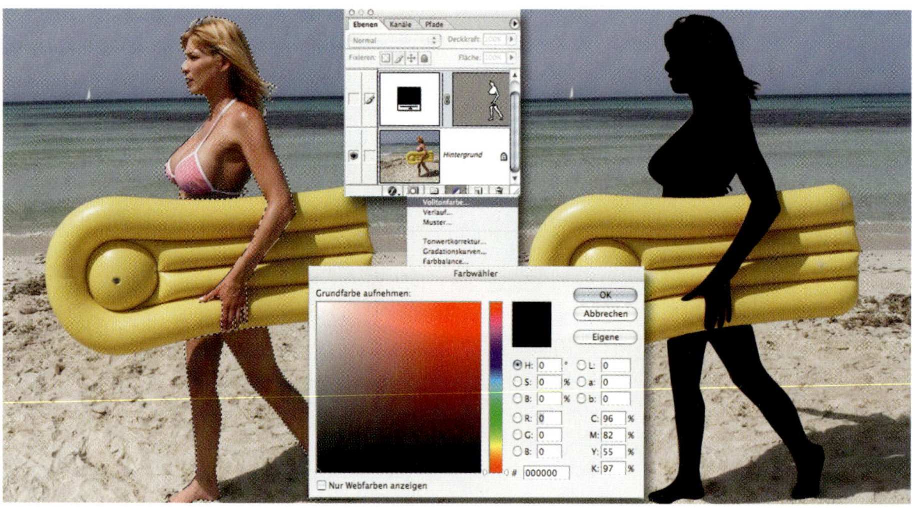

10 Vollständige Silhouette ▲

Um nun zu einer vollständigen Silhouette der Frau zu kommen, müssen Sie die ausgewählten Teile kombinieren. Laden Sie zunächst die Auswahl der Haare. Dann klicken Sie mit gehaltener Strg- /Befehl- und Shift-Taste auf den Eintrag der Formebene in der Ebenen-Palette und fügen so diesen Bereich zu der Auswahl hinzu. Blenden Sie die Formebene danach aus und legen eine Füllebene von Typ „Volltonfarbe" an, die Sie schwarz einfärben.

11 Die Luftmatratze

In dieser Illustration soll die Luftmatratze als realistisches Objekt erhalten bleiben. Dazu werden zunächst die Sandreste mit dem Reparatur-Pinsel wegretuschiert. Anschließend erzeugen Sie eine neue knallgelbe Formebene aus diesem Objekt, lagern sie unterhalb der Silhouette an und verrechnen Sie im Ebenen-Modus „Farbig nachbelichten“ mit dem Ausgangsbild. Diese Verstärkung ist nötig, um einen Eindruck von verstärkter Brillanz zu erwecken, der mit der plakativen Farbe des im nächsten Schritt angelegten Hintergrunds optisch mithalten kann.

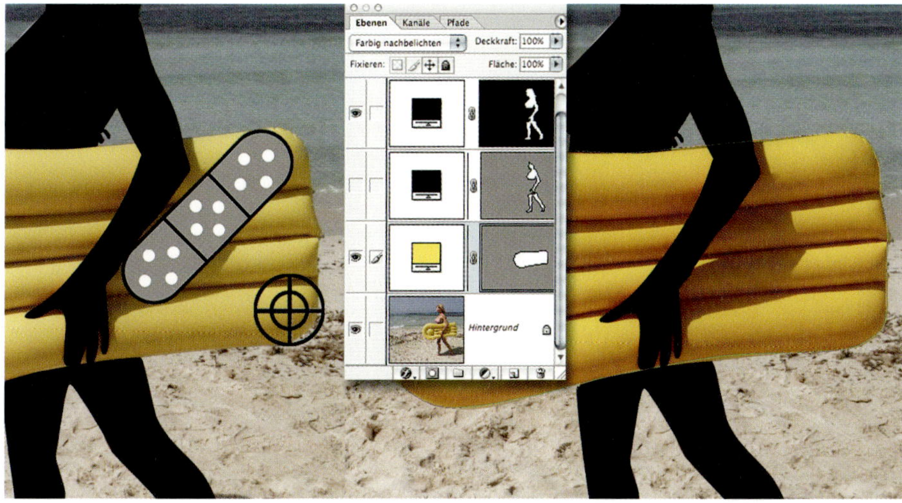

12 Der Hintergrund ▲

An dieser Stelle der Bearbeitung sollten Sie entscheiden, ob das Bild später im Hoch- oder im Querformat erscheint. Wenn Sie es zu diesen Zeitpunkt noch nicht genau wissen, entscheiden Sie sich für ein Quadrat und erweitern die Arbeitsfläche im gleichnamigen Bild-Menü-Dialog entsprechend. Bedenken Sie, dass im unteren Bereich noch ein Schatten Platz finden muss. Wählen Sie dann die Silhouette und die Luftmatratze gemeinsam aus, kehren die Auswahl um und erzeugen eine neue Vollton-Einstellungsebene in hellem Blau.

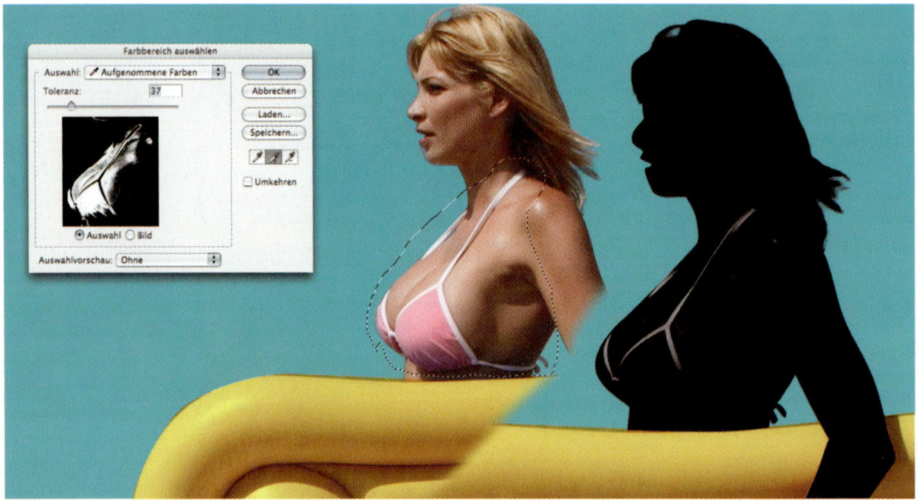

13 Angedeutete Strukturen

Damit die schwarze Silhouette nicht so flach erscheint, kann man sie mit Strukturen aus dem Originalbild belegen. Dazu blenden Sie die Silhouetten-Ebene aus. Auf der Hintergrundebene stellen Sie das Kleidungsstück oder den ganzen Oberkörper grob frei und rufen den Dialog „Farbbereich auswählen“ auf. Hier wählen Sie bei geringer Toleranz die entsprechenden Farbbereiche aus, kopieren sie in die Zwischenablage und fügen sie zuoberst ein. Danach aktivieren Sie die ausgeschalteten Ebenen wieder und passen die Strukturen mit dem Deckkraftregler an.

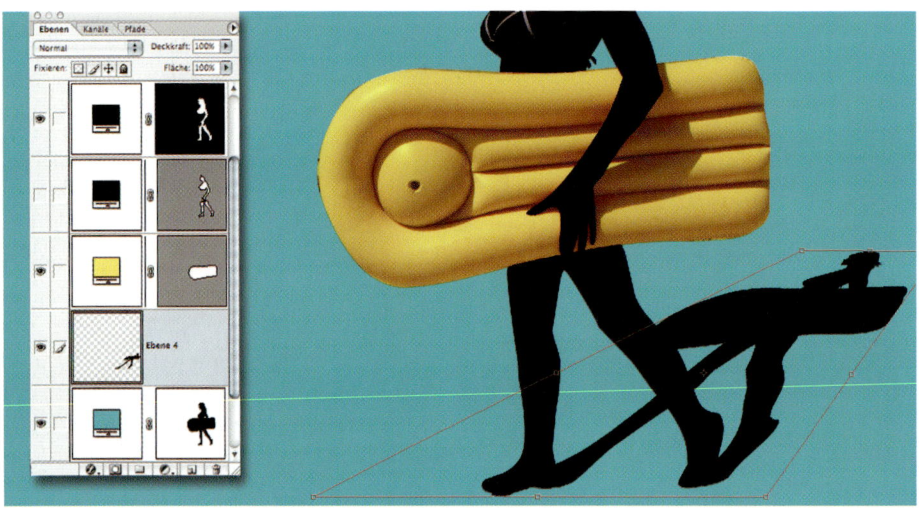

14 Ein Schlagschatten ▲

Bei dem Schatten haben die Grafiker von Apple ein relativ einfaches Verfahren gewählt. Die gesamte Silhouette wird einfach in (angenommener) Lichtrichtung verzerrt auf den Boden gelegt und läuft dann weich aus. In unserem Fall ist die Lichtrichtung durch den Schlagschatten auf der Luftmatratze vorgegeben. Um diesen Effekt vorzubereiten, erzeugen Sie erneut eine Auswahl aus Silhouette und Luftmatratze. Diese füllen Sie auf einer neuen, leeren Ebene mit schwarzer Farbe. Die Ebene verschieben Sie nach unten, bis sie direkt über dem blauen Hintergrund liegt. Dann verzerren Sie sie, wie gezeigt, mit den Transformationswerkzeugen aus dem Bearbeiten-Menü.

15 Schatten anpassen

Damit der Schatten nach hinten hin weich ausläuft, legen Sie auf der Schatten-Ebene eine Ebenenmaske an und füllen diese mit einem weichen Verlauf von weiß nach schwarz. Sollte Ihnen der Auftrag immer noch zu heftig erscheinen, können Sie zusätzlich auch noch die Ebenen-Deckkraft nach unten korrigieren. Beim Verlauf des Schattens orientieren Sie sich am einfachsten am Originalbild. Notfalls wählen sie den Schatten dort aus und fügen ihn wie die Strukturen aus Schritt 13 ein.

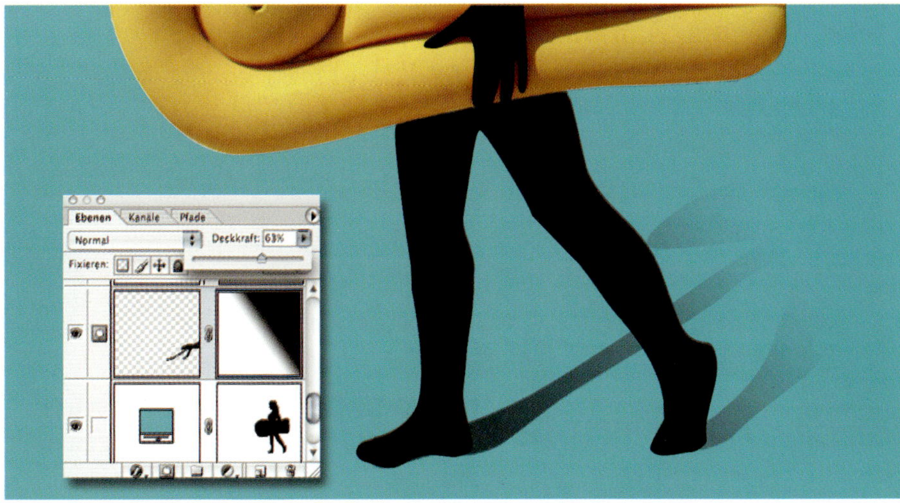

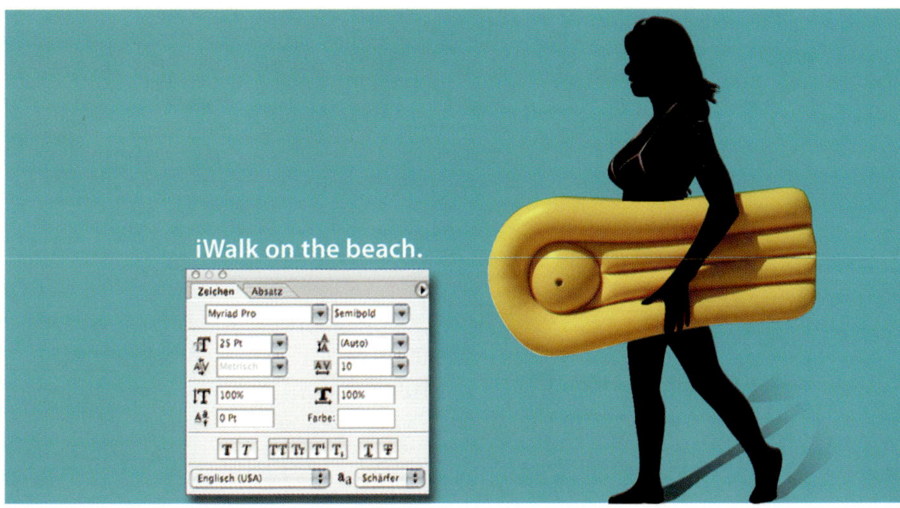

16 Der Schriftzug ▲

Was Sie als Text einsetzen, ist zweitrangig. Damit die Optik stimmt, sollten Sie sich dabei aber der aktuellen Apple-Hausschrift bedienen. Das ist derzeit die Myriad im Schriftschnitt Semibold. Früher war es übrigens eine auf 80 Prozent gestauchte Garamond, die so genannte „Apple-Garamond". Normalerweise wird die Myriad Pro als OpenType Font mit Photoshop installiert und steht in allen Adobe-Anwendungen mit fünf Schnitten in den Auszeichnungen „Normal" und „Kursiv" zur Verfügung. Stilecht wird die Typo grundsätzlich in weiß gesetzt und leicht spationiert. Achten Sie auch darauf, den Schriftzug in der Bildmitte zu positionieren.

NEU

Die Photoshop-Bibliothek:
Die Reihe **Photoshop-Basiswissen** in der Edition DOCMA, herausgegeben von Doc Baumann und Christoph Künne, vermittelt Grundlagenwissen und widmet sich jeweils einem Thema oder einer Technik. Konzentriert, ausführlich und praxisnah.

Auswählen –
Band 1
ISBN 3-8273-2311-8

Farbkorrektur für Fotografen –
Band 2
ISBN 3-8273-2312-6

Schärfen und Weichzeichnen –
Band 3
ISBN 3-8273-2313-4

Digitale Negative: Camera Raw –
Band 4
ISBN 3-8273-2314-2

Perspektive –
Band 5
März 2006
ISBN 3-8273-2315-0

Porträts retuschieren –
Band 6
März 2006
ISBN 3-8273-2316-9

Montagen und Collagen –
Band 7
März 2006
ISBN 3-8273-2317-7

Ebenen –
Band 8
März 2006
ISBN 3-8273-2318-5

Komplett 4farbig, je 112 Seiten, je € 14,95 [D] / € 15,40 [A] / sFr 25,50

[The Sign of Excellence]
ADDISON-WESLEY
www.addison-wesley.de

Designed by **Martin Horngacher** München